Linguistische Stil- und Textanalyse

„Den Stil verbessern – das heißt
den Gedanken verbessern und nichts weiter!“
(Friedrich Nietzsche)

Ulrike Krieg-Holz / Lars Bülow

Linguistische Stil- und Textanalyse

Eine Einführung

narr\f
ranck
e\atte
mpto

Bibliografische Information der Deutschen Nationalbibliothek

Die Deutsche Nationalbibliothek verzeichnet diese Publikation in der Deutschen Nationalbibliografie; detaillierte bibliografische Daten sind im Internet über http://dnb.dnb.de abrufbar.

Dischingerweg 5 · D-72070 Tübingen
www.narr-studienbuecher.de · info@narr.de

Satz: pagina GmbH, Tübingen
Gedruckt auf chlorfrei gebleichtem und säurefreiem Werkdruckpapier.
Printed in Germany

ISBN 978-3-8233-6769-7

Inhalt

1. Text als linguistischer Gegenstand

Am Anfang jeder textanalytischen Überlegung sollte die Frage nach der Definition des Untersuchungsgegenstandes stehen: **Was ist ein Text?**

Prinzipiell wird das Spektrum unterschiedlicher Textauffassungen durch zwei extreme Positionen eingegrenzt. Die eine bezeichnet als ‚Text' alles das, was an beobachtbar geäußerter Sprache – wie auch immer realisiert – vorliegt. Die andere Position bezieht den Textbegriff auf das Funktionieren von Sprache jenseits der Satzgrenze. Diese Blickrichtung vom Satz zum Text soll hier den methodologischen Ausgangspunkt bilden, von dem aus verschiedene Herangehensweisen an die linguistische Beschreibung von Texten entwickelt werden bzw. die Analyse der Wesensmerkmale von Texten erfolgt.

In der Struktur einzelner Sprachen können u. a. folgende Ebenen erscheinen:

- Text
- Satz
- Wortgruppe
- Wort
- Minimale Elemente (bedeutungstragende: z. B. Morpheme, bedeutungsunterscheidende: z. B. Phoneme)

Der Begriff ‚**Text**' bezeichnet in diesem Zusammenhang zunächst die sprachliche Struktur oberhalb der Struktur des Satzes. Dementsprechend wird der Text aufgefasst als ein übersatzförmiges, d. h. **transphrastisches** Gebilde (vgl. engl. *phrase* ‚Satz'). Das bedeutet jedoch nicht, dass eine textlinguistische Analyse erst oberhalb der Satzebene beginnt. Vielmehr bedarf sie auch der systematischen Betrachtung der Elemente auf tieferliegenden Ebenen der Sprachbeschreibung. Es bedeutet ebenfalls nicht, dass ein Text immer unbedingt aus Einheiten zusammengesetzt ist, die als Sätze definiert werden können. Das heißt, Texte können – wie noch zu zeigen sein wird (vgl. Kap. 3 und 4) – grundsätzlich nicht ausschließlich durch grammatische Einheiten (wie die des Satzes) bestimmt werden, sonst müssten zahlreiche, für einzelne Textsorten besonders charakteristische Textelemente von vornherein von der Analyse ausgeschlossen werden. Dazu würde der Slogan *SOS-Kinderdorf – Wir sind Familie!* einer Werbeanzeige ebenso gehören wie *Brot im Tank* als Überschrift zum Thema „Herstellung des Biokraftstoffs E10 aus Getreide" in einer überregionalen Tageszeitung.

Mit der Blickrichtung vom Satz zum Text verbindet sich eine Perspektive, die den Text als etwas Ganzes Lesbares und in sich mehr oder weniger Geschlossenes betrachtet. Dabei geht es weniger um solche Fälle wie den Zettel mit der Aufschrift *Prüfung!* an einer Bürotür, die sehr weite Definitionen des Begriffes ‚Text' einschließen (vgl. Kap. 1.1), sondern vor allem um komplexere sprachliche Gebilde, wie es die spätlateinische Wurzel des Wortes *Text* (lat. *textus* ‚Gewebe, Geflecht', abgeleitet vom Verb *texere* ‚weben, flechten') in Analogie zur Struktur von Textilien bereits suggeriert.

Der Begriff der ‚**Textualität**' bezeichnet dabei die Menge an Eigenschaften, die ein sprachliches Gebilde zu einem Text machen. Dazu muss zunächst die Frage beantwortet werden, welche Gemeinsamkeiten etwa zwischen einem Buch, einem Zeitungsartikel, einem Brief, einer Printanzeige oder einer Internetseite bestehen. Auf dieser Grundlage kann dann der Frage nachgegangen werden, welche Kriterien erfüllt sein müssen, damit ein sprachliches Gebilde, also eine bestimmte Ansammlung sprachlicher Erscheinungsformen, als Text wahrgenommen wird. Diese Bedingungen an Texte und deren spezifische Eigenschaften werden in der sprachwissenschaftlichen Forschung mit den Termini ‚**Textualitätskriterien**' oder ‚**Textualitätsmerkmale**' erfasst. Die Bestimmung und Beschreibung dieser Textualitätskriterien bzw. Textualitätsmerkmale ermöglicht dann eine Definition des Begriffes ‚Text' (vgl. Kap. 1.1).

Texte signalisieren Textualität durch bestimmte Hinweise, sog. **Textualitätshinweise**, die wiederum auf der Grundlage der Textualitätsmerkmale bestimmt und systematisiert werden können (vgl. Kap. 1.2). Sowohl die Textualitätsmerkmale als auch die Textualitätshinweise bestehen dabei aus sprachlichen und außersprachlichen Komponenten.

Wichtig ist an dieser Stelle der Hinweis, dass sich der Ausdruck ‚Text' in diesem Buch ausschließlich auf die **schrift**basierte Kommunikation bezieht. Die grundlegende Unterscheidung zwischen mündlichem und schriftlichem Sprachgebrauch scheint auf den ersten Blick unproblematisch, sie wird innerhalb der Sprachwissenschaft traditionell mit dem Begriff des Mediums verbunden. Schriftlichkeit wurde im Allgemeinen komplementär zur Mündlichkeit wahrgenommen und daher im Vergleich mit dieser und in Abgrenzung von dieser definiert und charakterisiert. Der Begriff der Schriftlichkeit umfasst neben den gesellschaftlichen Traditionen und Funktionen des Schreibens vor allem die Merkmale und die Charakteristik geschriebener Texte, ihre Textkonstitution und die Bindung an die Schriftsprache unter dem Gesichtspunkt des sprachlichen Systems. Dabei ist vorerst von elementarer Bedeutung, ob eine Äußerung aufgeschrieben ist oder nicht. Die kognitiven Produktions- und Verarbeitungsprozesse unterscheiden sich beim Schreiben und Lesen deutlich vom Sprechen und Zuhören, was zum Teil an den Eigenschaften des Mediums liegt. So gilt das Schreiben in der Regel als langsamer und als stärker geplanter Prozess, worauf besser strukturierte und kohärentere Texte zurückgeführt werden, die komplexer aufgebaut und in mehreren Arbeitsgängen konzipiert, überarbeitet und korrigiert werden können.

Die Ausdrucksvielfalt der geschriebenen Sprache ist gegenüber der gesprochenen Sprache einerseits eingeschränkt, weil sie nicht über paraverbale Ausdrucksformen verfügt (z. B. Lautstärke, Stimmqualität, Rhythmus) oder mit nonverbalen Ausdrucksformen verbunden ist (Mimik, Gestik, Körperhaltung, Blickverhalten usw.). Andererseits verfügt sie über Ausdrucksmittel, die die gesprochene Sprache nicht hat und die oft als Kompensationsformen interpretiert werden. In der geschriebenen Sprache entsprechen dem Parasprachlichen im engeren Sinne dabei weniger die häufig genannten Satzzeichen, sondern eher die sehr stark differenzierbaren Schrifttypen und Schriftgrößen sowie die besonderen Eigenschaften der Trägermedien.

Schriftlichkeit ist generell gekennzeichnet durch Einwegigkeit (deshalb Monologizität), durch die Reduktion der para- und nonverbalen Kommunikationsmöglichkeiten, die auf der syntaktischen, lexikalischen und textlinguistischen Ebene kompensiert werden müssen[1], durch fehlende Synchronie von Produktion und Rezeption sowie durch das Fehlen des unmittelbaren pragmatischen Kontextes, wodurch weitere verbale Kompensationen notwendig sind. Alle vier Punkte werden häufig als pragmatische Defizite von Schriftlichkeit zusammengefasst, d.h., die Spezifika der schriftlichen Kommunikation gelten als Mängel, die durch größere sprachliche Anstrengungen kompensiert werden müssen, dafür aber auch die größere kulturgeschichtliche Leistung darstellen.

Modernere Bestimmungen des Konzepts der Schriftlichkeit nehmen neben der medialen Umsetzung vom phonischen ins graphische Medium eine konzeptionelle Schriftlichkeit an, die auf bestimmte Merkmale der Kommunikationssituation (vgl. Kap. 4.3.1) zurückgeführt wird. Dazu gehört beispielsweise das Kriterium der raum-zeitlichen Distanz der Kommunikationsteilnehmer.

Schriftliche Texte stellen den Gegenstandsbereich der **Textlinguistik** dar. Die Textlinguistik wird in der germanistischen Forschung als eigenständige linguistische Teildisziplin angesehen. Sie wird in der Regel von der **Gesprächsanalyse** abgegrenzt, die einen eigenständigen Beschreibungsrahmen für die mündliche Kommunikation bildet.

Definition:
Die **Textlinguistik** ist eine sprachwissenschaftliche Disziplin, die sich mit den formalen und funktionalen Eigenschaften von schriftlichen Texten beschäftigt. Im Fokus stehen dabei die satzübergreifende Analyse sprachlicher Regularitäten und das Ziel, die konstitutiven Merkmale der sprachlichen Einheit ‚Text' zu bestimmen.

In anderen Sprachwissenschaften hat die Textlinguistik mitunter eine andere Position. So wird sie im angloamerikanischen Raum in der Regel als Teilbereich einer umfassenden **Diskursanalyse** (*discourse analysis*, DA) gesehen.

Weiterführende Literatur:

Coseriu, Eugenio: Textlinguistik. Eine Einführung. Narr Francke Attempto, Tübingen 2007.
Hausendorf, Heiko / Kesselheim, Wolfgang: Textlinguistik fürs Examen. Vandenhoeck & Ruprecht, Göttingen 2008.
Schubert, Christoph: Englische Textlinguistik. Eine Einführung. Erich Schmidt, Berlin 2008.

1 Im Geschriebenen werden para- und nonverbale Ausdrucksformen etwa durch Großschreibung, Fettdruck, Emoticons u.v.m. kompensiert.

1.1 Textualitätsmerkmale

Im Gegensatz zum Alltagsverständnis von Text beruhen sprachwissenschaftliche Textdefinitionen auf Überlegungen zu den Kriterien, die einen Text zu einem Text machen, die also die Bedingung für Textualität sind. Sie werden im folgenden **Textualitätsmerkmale** genannt.

Eine frühe, über lange Zeit etablierte Textdefinition stammt von de Beaugrande / Dressler (1981), die davon ausgehen, dass genau sieben dieser Textualitätsmerkmale erfüllt sein müssen, damit ein Text zustande kommt. Es sind die Kriterien:

- Kohäsion
- Kohärenz
- Intentionalität
- Akzeptabilität
- Informativität
- Situationalität
- Intertextualität

Das erste der sieben Merkmale ist die **Kohäsion**. Sie bezieht sich auf die Art, wie Texte auf der Textoberfläche durch grammatische Formen miteinander verbunden sind. Bei dieser grammatischen Beziehung zwischen den Einheiten eines Textes handelt es sich häufig um satzübergreifende Relationen, d. h. solche Phänomene, die für eine transphrastische Analyse von Bedeutung sind.

Das Merkmal der **Kohärenz** umfasst nicht die grammatischen Mittel, sondern die Bedeutungsaspekte von Texten wie etwa Kausalitäts-, Referenz- und Zeitbeziehungen, also die inhaltlichen Zusammenhänge. Es geht dabei um die Herstellung und um das Verstehen von Textsinn durch die Verknüpfung des im Text repräsentierten Wissens mit dem Weltwissen der Kommunikationsbeteiligten. Sinn bedeutet in diesem Zusammenhang die im Text aktualisierte Bedeutung eines sprachlichen Ausdrucks, Textsinn die Gesamtheit der einem Text zugrunde liegenden Sinnrelationen, die mit der realen Welt natürlich nicht übereinstimmen müssen.

Die beiden Merkmale Kohäsion und Kohärenz gehören zu den **textinternen** Merkmalen von Texten, eben weil sie sich auf die inhärente grammatische und semantische Struktur eines Textes beziehen. Demgegenüber gelten die übrigen Merkmale als **textexterne**, die die kommunikativen und pragmatischen Eigenschaften von Texten betreffen.

Das Kriterium der **Intentionalität** bezieht sich auf die Absicht des Textproduzenten, einen kohäsiven und kohärenten Text zu erzeugen, um ein bestimmtes kommunikatives Ziel zu erreichen. Mit dem Kriterium der **Akzeptabilität** wird die Erwartung des Textrezipienten beschrieben, dass ein Text zusammenhängend und für ihn in irgendeiner Weise nützlich oder relevant ist.

Unter **Informativität** wird das Ausmaß an Erwartbarkeit oder Bekanntheit der dargebotenen Textelemente verstanden. Das bedeutet, je weniger die Inhalte erwartet oder bekannt sind, umso höher ist der Grad an Informativität. Um Textualität herzustellen, ist dabei jedoch ein Mindestmaß an neuer Information notwendig.

Mit dem Kriterium der **Situationalität** wird versucht, die Faktoren zu beschreiben, die einen Text für eine Kommunikationssituation relevant machen. Dazu gehört beispielsweise der Aspekt der juristischen Relevanz, der dazu führt, dass Verträge oder Versicherungspolicen in der Regel länger sind als ein Kochrezept.

Das letzte Kriterium ist die **Intertextualität**, die auf zweifache Weise verstanden werden kann: 1. als Bezug auf die Textsorte und 2. als Bezug auf andere Texte. Im ersten Fall geht es um die Differenzierung von Klassen von Texten mit typischen Mustern von Eigenschaften. So haben Kleinanzeigen, Beipackzettel, Bedienungsanleitungen oder Sonette bestimmte formale und inhaltliche Merkmale. Im zweiten Fall betrifft Intertextualität bestimmte Textsorten wie Kritiken, Buchbesprechungen oder Parodien, bei denen das Verständnis stark von der Vorkenntnis anderer Texte, auf die Bezug genommen wird, abhängt.

Auch wenn die genannten Kriterien von vielen Autoren aufgegriffen werden, bedeutet dies durchaus nicht, dass sie allgemein gültig und unumstritten sind. Nach wie vor sind die Bestimmung von Textualitätsmerkmalen und die damit verbundene Terminologie vielfältig. Als unverzichtbar wird in der Regel die Kohärenz dargestellt, da sie sich auf die Sinnkontinuität eines Textes bezieht. Diese wird vielfach als das dominierende Textualitätsmerkmal angesehen, weil sie zentral für das Zustandekommen eines Textes ist. Das erklärt zugleich auch, warum ein einzelnes Wort (wie das oben genannte *Prüfung!*) hier nicht als prototypischer Text betrachtet wird, denn in diesem Fall erübrigt sich natürlich das Kriterium der Kohärenz.

Das Kriterium der Kohäsion, der grammatischen Abhängigkeiten und semantischen Beziehungen in einem Text, scheint auf den ersten Blick sehr wichtig. Sie kann jedoch fehlen, wie der folgende Text – ein Gedicht von Sarah Kirsch, bei dem in großen Teilen auf Kohäsion verzichtet bzw. bewusst gegen ihre Regeln verstoßen wird – zeigt:

Ich in der Sonne deines Sterbemonats

Ich in der Sonne deines Sterbemonats
Ich im geöffneten Fenster
Ich betreibe Gewohntes: trockne
Gewaschenes Haar

Schaukeln fliegen
Am Augenwinkel vorbei, Wespen
Stelzen auf faulenden Birnen
Angesichts weißer Laken
Schreit der Wäschereihund: er ist noch klein

Flieg Haar von meinem Kamm
Flieg zwischen Spinnenfäden
Schwarzes Haar totes Haar
Eben noch bei mir

(Sarah Kirsch[2])

Dessen ungeachtet soll Kohäsion hier als Textualitätsmerkmal definiert werden, weil wohl die Mehrzahl aller Texte über diesen an der Textoberfläche signalisierten Zusammenhang verfügen. Texte, die (die Regel bestätigende) Ausnahmen davon bilden, kompensieren fehlende Kohäsion häufig – so zeigt auch das o. g. Gedicht – durch Musterhaftigkeit, im Sinne einer besonderen Strukturiertheit. Bei zahlreichen Texten bzw. Textsorten treten Kohäsion und Musterhaftigkeit kombiniert auf. Das heißt, diese Texte können überwiegend kohäsiv sein (Fließtext), zugleich jedoch Bestandteile aufweisen (z. B. Überschriften, Schlagzeilen), die an der Oberfläche allein durch die Musterhaftigkeit des Textes / der Textsorte die Zusammengehörigkeit der Textelemente anzeigen. Aus diesem Grund wird das Textualitätsmerkmal Kohäsion im Folgenden ergänzt durch das Kriterium der **Musterhaftigkeit**. Musterhaftigkeit bezieht sich auf die Beschreibungsebene der Textgliederung, also die äußere Form und Strukturiertheit von Texten. Sie schließt ein weiteres wichtiges Kriterium für die Definition von Texten scheinbar unweigerlich mit ein: die **Begrenztheit**.

Das Kriterium der **Intentionalität** soll hier nicht als eine notwendige Bedingung für Textualität angesehen werden, sondern vielmehr als grundlegende Voraussetzung für jegliche Art von Kommunikation. Die Intention des Textproduzenten, ein bestimmtes kommunikatives Ziel zu erreichen, ist jedoch ein wichtiger Parameter für die Klassifikation und Beschreibung von Textsorten, weshalb der handlungsorientierte Charakter des Intentionalitätskriteriums in den Beschreibungsansatz von Textsorten einfließen wird (vgl. Kap. 4.3.2 textexterne Determinanten von Textsorten: Textfunktion). Um eine eher allgemeine Voraussetzung für erfolgreiches Kommunizieren handelt es sich auch beim Kriterium der **Akzeptabilität**, das erst dann annähernd objektiv und adäquat beschrieben werden kann, wenn es in Relation zu einer Textsorte gesetzt wird. Denn neben dem allgemeinen Weltwissen und der Fähigkeit, beim Verstehen eines Textes Sinn zu stiften, spielt das Textsortenwissen eine wichtige Rolle dafür, ob ein Rezipient einen bestimmten Text – ein Gedicht, einen Kinderreim, ein Vertragsformular oder einen Lebenslauf – akzeptabel findet oder nicht. Deshalb wird das Kriterium der Akzeptabilität hier ebenfalls als wichtiger Bestandteil der Textsortenbeschreibung und Klassifikation angesehen, und zwar im Sinne von stilistischer Angemessenheit der Textgestaltung sowie Aspekten von Normerwartung und Normverstoß in Abhängigkeit zur konkreten Kommunikationssituation (vgl. Kap. 4.3.1 und Kap. 4.3.5).

Das Kriterium der **Informativität** ist im oben dargestellten Sinne insofern problematisch, als es einen Text, der nur Bekanntes enthält, als nicht informativ kennzeichnet. Demzufolge

2 Vgl. Kirsch 1993, S. 28.

müsste ein Text, der nur Unerwartetes und Unbekanntes enthält, äußerst informativ sein. Informativität kann allerdings auch als Thematizität verstanden werden, d. h. als grundlegende Eigenschaft des Textes, ein Thema zu haben, denn athematische Texte existieren nicht. Während die thematische Zusammengehörigkeit eine wichtige Bedingung für die Texterstellung darstellt, die sich im Textualitätsmerkmal der Kohärenz und den damit verbundenen sprachwissenschaftlichen Konzepten widerspiegelt (Formen der Wiederaufnahme, Frames, Scripts s. u.), kann das Thema eines Textes wiederum ein bedeutsames Kriterium für eine Textsortensystematik sein (z. B. Wetterbericht, Traueranzeige; vgl. Kap. 4.3.3).

Ebenfalls ein entscheidendes Kriterium für die Klassifikation von Textsorten ist die **Situationalität** (vgl. Kap. 4.3.1). Sie stellt ein allgemeines textexternes Merkmal von Kommunikation dar, weil jede Form von Kommunikation in einen bestimmten situativen Kontext eingebettet ist. Zu diesem situativen Kontext gehören zeitliche und räumliche Konstellationen ebenso wie die Charakterisierung der Interaktionsteilnehmer. Die situative Dimension der Text- bzw. Textsortenbeschreibung betrifft zudem die Unterscheidung von Kommunikationsbereichen (Kap. 4.2) und den medialen Aspekt. Der mediale Aspekt besteht zunächst in der traditionellen Gegenüberstellung zwischen mündlicher und schriftlicher Kommunikation. Darüber hinaus betrifft er die Frage nach den Massenmedien und den anderen Formen der technisch vermittelten Kommunikation. Eine besondere Rolle spielt in diesem Zusammenhang auch die mediale Verfasstheit eines Kommunikationsproduktes (z. B. Anteil an Text, Bildern oder graphischen Darstellungen, Eigenschaften der Trägermedien wie Papierqualität, Farben usw.).

Der Begriff der **Intertextualität** stammt aus der Literaturwissenschaft, wo er einst im Sinne der ‚Auflösung / Entgrenzung' des Textbegriffs die Forschungsdiskussion nachhaltig beeinflusst hat, mittlerweile jedoch ausgefasert und zum Etikett für schwer zu überschauende Forschungsrichtungen geworden ist. Innerhalb der Sprachwissenschaft gehört zum Kriterium der Intertextualität vor allem der Aspekt, dass Texte einen direkten oder vermittelten Bezug zu vorgängigen und nachgängigen Texten haben können und dass Texte – selbst wenn sie auf keinen praktischen Effekt im engeren Sinne abzielen – das spätere kommunikative Verhalten beeinflussen. Das Ausmaß eines solchen Einflusses kann mehr oder weniger groß und mehr oder weniger sichtbar sein: z. B.

Mondgedicht

…, –
fertig ist das Mondgedicht.

(Robert Gernhardt[3])

---

3 Vgl. Gernhardt, Robert: Mondgedicht. Aus: Ders., Wörtersee. S. Fischer Verlag GmbH, Frankfurt am Main 1996.

Deutlich erkennbar ist der Einfluss, wenn der Textproduzent explizite Bezüge herstellt, d. h., wenn er den gelesenen Text oder Passagen daraus wiederholt, zusammenfasst, übersetzt, kommentiert, interpretiert oder bewertet. Dabei besteht aus sprachwissenschaftlicher Sicht ein wichtiger Punkt in der sprachlich fassbaren Markierung intertextueller Bezüge im Text, weil ihre unterschiedliche Ausprägung ein Kriterium für die Beschreibung von Texten / Textsorten sein kann. Derartige intertextuelle Bezüge sind textsortenspezifisch geprägt und lassen sich konkret an einzelnen Textsortenexemplaren nachweisen. Sie sind für einige Textsorten charakteristisch (z. B. Rezension). Andere Textsorten sind gerade nicht als kooperative Texte angelegt, sie streben zumindest primär keine Interaktion zwischen Text-Produzenten an (z. B. einseitige Kommunikationsformen in den Massenmedien). Kooperativ sind sie dennoch insoweit, als auf jeden Text und jede Textsorte in irgendeiner Form (Kritik, Zustimmung usw.) reagiert werden kann. In diesem Verständnis ist Intertextualität ein Kriterium, das eine große Bandbreite an Abstufungen enthält und daher als brauchbares Merkmal, das entweder erfüllt ist oder nicht, kaum anwendbar ist.

Gegenüber dieser Form von Intertextualität, die die konkreten Beziehungen zwischen Einzeltexten betrifft und als sog. „spezielle" oder auch „syntagmatische" Intertextualität bezeichnet wird, kann die „allgemeine" oder „paradigmatische" (auch „texttypologische") Intertextualität als ein generelles Textmerkmal aufgefasst werden. Es bezieht sich auf die grundsätzliche Textsortengeprägtheit aller Texte. Diese intertextuelle Prägung von Texten spiegelt sich in der mentalen Repräsentation von Textmustern und Textsorten, denn die Kommunikationsbeteiligten setzen bei der Textproduktion und Textrezeption ihre im Bewusstsein gespeicherte kommunikative Erfahrung und das entsprechende Wissen über andere Texte intuitiv oder bewusst ein. Intertextualität wird in diesem Sinne als integrale Komponente vorheriger Kommunikationserfahrung betrachtet, durch die sich gleiche oder ähnliche Texte in Bezug auf Invarianten und Varianten im Sprachbewusstsein miteinander verbinden, verallgemeinert werden und so Prototypen und Strukturmodelle herausbilden können. Das bedeutet, der Aspekt der allgemeinen Intertextualität bzw. der intertextuellen Prägung als generelles Merkmal von Texten fällt mit dem Textualitätsmerkmal der Musterhaftigkeit zusammen, wobei zur Vereinfachung der Terminologie im Umkreis der Intertextualitätsproblematik eine Beschränkung auf den Begriff ‚Musterhaftigkeit' vorgeschlagen wird.

Demzufolge können vier Merkmale erfasst werden, die zusammen für die Bestimmung dessen ausreichen, was aus einem lesbaren Etwas einen Text macht. Textualität schließt also folgende Merkmale ein:

- Kohärenz
- Kohäsion
- Musterhaftigkeit
- Begrenztheit

Aus dieser Menge der für einen Text konstitutiven Eigenschaften kann eine Definition von Text abgeleitet werden. Eine mögliche Definition von Text lautet deshalb folgendermaßen:

Definition:
Ein **Text** ist ein begrenztes sprachliches Gebilde, das einen thematischen Zusammenhang aufweist, in der Regel innertextuell verknüpft ist und / oder durch Musterhaftigkeit den Zusammenhalt seiner Elemente an der Textoberfläche signalisiert.

Weiterführende Literatur:

De Beaugrande, Robert Alain / Dressler, Wolfgang Ulrich: Einführung in die Textlinguistik. Niemeyer, Tübingen 1981.

Fix, Ulla / Poethe, Hannelore / Yos, Gabriele: Textlinguistik und Stilistik für Einsteiger. Ein Lehr- und Arbeitsbuch. Peter Lang, Frankfurt am Main 2001.

Krause, Wolf-Dieter (Hrsg.): Textsorten. Kommunikationslinguistische und konfrontative Aspekte. Peter Lang, Frankfurt am Main 2000.

Vater, Heinz: Einführung in die Textlinguistik. Struktur, Thema und Referenz in Texten. Wilhelm Fink, München 1994.

1.2 Textualitätshinweise

Textualität kommt – wie oben näher ausgeführt wurde – dann zustande, wenn ein sprachliches Gebilde bestimmte Merkmale aufweist. Eine sprachliche Erscheinungsform als Text zu analysieren, bedeutet deshalb zunächst, Hinweise auf diese Textualitätsmerkmale zu rekonstruieren. Dazu gehören:

- Hinweise auf die thematische Zusammengehörigkeit
  - Kohärenz
- Verknüpfungshinweise
  - Kohäsion
- Abgrenzungshinweise
  - Begrenztheit
- Gliederungshinweise
  - Musterhaftigkeit

Wichtig ist in diesem Zusammenhang, dass das Verhältnis zwischen Textualitätshinweisen und sprachlichem Ausdruck nicht immer eins zu eins ist, sondern auch in derselben sprachlichen Form verschiedene Textualitätshinweise zusammenfallen können. Ein Beispiel dafür ist die Überschrift dieses Unterkapitels („1.2 Textualitätshinweise“). Sie liefert einerseits einen Hinweis für die Textgliederung, der erkennen lässt, wo eine neue textuelle Einheit beginnt und wie ihr Stellenwert innerhalb des gesamten Textes ist. Andererseits liefert sie einen thematischen Hinweis, durch den verstanden werden soll, worum es in einer textuellen Einheit geht und auf welche Weise das Thema der textuellen Einheit mit dem Textganzen verbunden ist.

Abgrenzungs- und Gliederungshinweise

Die Begrenzbarkeit sprachlicher Erscheinungsformen nach außen und ihre Gliederung nach innen stehen zueinander in enger Beziehung, weshalb sie gemeinsam erläutert werden sollen. Woher wissen wir, wo ein Text anfängt und wo er aufhört? Woher wissen wir, welche Untereinheiten er enthält, was dazugehört und was nicht?

Es gibt Hinweise auf Textgrenzen, die dem Leser signalisieren, wo eine textuelle Einheit beginnt und wo sie aufhört. In seltenen Fällen geben diese Signale Wörter wie *Anfang* oder *Ende*, häufiger gibt das Schriftbild mit seinen Seiten- und Zeilenumbrüchen, Leerzeichen, Schrifttypen, Schriftgrößen und vielen anderen Hervorhebungen derartige Zeichen. Relevant kann auch die Materialität der Schrift sein. So unterscheiden sich etwa die Textgrenzen eines Buches von denen eines Briefes: Buchdeckel vs. Briefumschlag.

Bisher fehlen in der germanistischen Forschungs- und Lehrliteratur klare operationale Kriterien für eine Klassifizierung der Abgrenzungs- und Gliederungshinweise von Texten. Prinzipiell scheint es bei der Beschreibung textueller Grenzen und Muster darauf anzukommen, Einheiten nachzuzeichnen, die im Text schon vorgezeichnet sind, und diese dann unter Berücksichtigung ihrer Produktions- und Rezeptionsbedingungen nach der Art ihrer Materialität zu klassifizieren. Zu unterscheiden ist dabei zwischen Abgrenzungs- und Gliederungshinweisen innerhalb und außerhalb des eigentlichen Textes, wobei im Zentrum des linguistischen Interesses naturgemäß die innersprachlichen Hinweise zu Textgrenzen und Textmustern stehen.

Abgrenzungshinweise außerhalb des Textes sind besonders leicht zu identifizieren, wenn sie mit den materialen Grenzen des Zeichenträgers zusammenfallen und somit sinnlich stark wahrnehmbar, d. h. greifbar, spürbar und deutlich sichtbar sind. Dies kann bei einem Bucheinband, der den Anfang und das Ende der Lektüre suggeriert, ebenso der Fall sein wie bei einzelnen, losen bedruckten oder beschriebenen Zetteln oder Blättern wie einem Beipackzettel, bei dem die materiale Einheit einen Hinweis auf die Ganzheit des Aufgedruckten oder -geschriebenen gibt.

Schwerer kann die Abgrenzung von einzelnen Texten innerhalb eines Zeichenträgers sein (z. B. einer Erzählung in einem Sammelband, einer Anzeige in einer Zeitung). Zu den Abgrenzungshinweisen außerhalb des eigentlichen Textes zählen dann bestimmte Merkmale des Layouts / Designs wie beispielsweise der schwarze Trauerrand um eine Todesanzeige. Neben diesen Abgrenzungshinweisen außerhalb des Textes existieren in der Regel innerhalb des Textes zahlreiche Hinweise auf die Ganzheit des Textes. Sie sollen im Folgenden **Ganzheitshinweise** genannt werden.

Abb. 1: Buchcover (Gudula List „Wie Kinder soziale Phantasie entwickeln")

In Abhängigkeit von der Textsorte und der materialen Grundlage eines Textes können sich Ganzheitshinweise auf verschiedenen Ebenen befinden. Im Falle eines Buches (vgl. Abb. 1) gehören dazu sprachlich-typographische Hinweise wie der Titel (z. B. *Wie Kinder soziale Phantasie entwickeln*), Titeleien (Titelangaben) wie Autorenangaben (z. B. *Gudula List*), Verlagsangaben (z. B. *narr/francke/attempto*) und die Angabe der ISBN-Nummer (vgl. Abb. 1). Derartige Angaben sollen dazu dienen, im Inneren des Textganzen Anfang und Ende zu markieren. Dabei stehen die Ganzheitshinweise, wenn die Textgrenzen den materialen Grenzen des Zeichenträgers entsprechen, zumeist an einem prominenten Ort für die typographische Gestaltung, auf dem Einband. Dies ist bei Büchern ebenso der Fall wie etwa bei umfangreicheren Werbeprospekten (vgl. Abb. 2). Hier stehen an Stelle eines Titels und des Autorennamens der Name des beworbenen Produkts und des Herstellers / des Unternehmens.

Abb. 2: Verlagsprospekt (Narr/Francke/Attempto-Verlag „Neuheiten\1. Halbjahr 2016")

Ferner können zu den Ganzheitshinweisen diejenigen Elemente gezählt werden, die darauf aufmerksam machen, dass der „eigentliche" Textinhalt erst beginnt bzw. an dieser Stelle bereits endet. Dazu gehören Begrüßungs-, Anrede- und Verabschiedungsformeln ebenso wie das Wort *Ende* bei bestimmten Textsorten. Gerade bei den Eröffnungs- und Beendigungshinweisen kann vielfach jedoch keine scharfe Unterscheidung zwischen Ganzheits- und Gliederungshinweis vorgenommen werden. So sind in jedem Fall bei einem Zeitungsartikel die Überschrift und das Kürzel des Autorennamens bzw. der Agentur als Ganzheitshinweis, also als innersprachlicher Abgrenzungshinweis, anzusehen, zugleich stellt gerade die Überschrift ein wichtiges Gliederungsmerkmal der Textsorte dar. Wie die Beispiele zeigen, werden Textgrenzen zudem oft mehrfach angezeigt. Im Falle eines Briefes können dies z. B. die materiale Einheit, sprachlich-typographische oder metasprachliche Hinweise (z. B. *Post Scriptum*) sein.

Gliederungshinweise beziehen sich stets auf ein Textganzes, dessen innere Struktur weiter unterteilt werden kann. Dazu gehören Hinweise, die dazu beitragen, dass ein Textganzes in Teiltexte eingeteilt werden kann, die Teiltexte in weitere Teiltexte, wodurch sich eine hierarchische Relation zwischen textuellen Unter- und Obereinheiten ergibt.

Genauso wie bei den Abgrenzungshinweisen kann bei den Gliederungshinweisen zwischen textinternen und -externen unterschieden werden. Außersprachliche Gliederungshinweise ergeben sich in vielen Texten gleich auf den ersten Blick durch das Druck- oder

Schriftbild (Drucksatz) und die darin zum Ausdruck kommenden typographischen Möglichkeiten der Textgestaltung, des Layouts (z.B. Zeilenumbrüche, Freiräume, links- und rechtsbündiger Druck). Die Synthese von außersprachlichen und innersprachlichen Gliederungshinweisen zeigt sich beispielsweise deutlich bei Überschriften oder Titeln, die zum einem über einer textuellen Einheit stehen und graphisch durch verschiedene Mittel hervorgehoben werden können (andere Schriftgröße, Fettdruck usw.) und sich zum anderen durch eine bestimmte Musterhaftigkeit auf der sprachlichen Ebene auszeichnen.

Für innersprachliche Gliederungshinweise soll hier – analog zum Begriff des stilistischen Handlungsmusters – der Terminus ‚Musterhinweis' vorgeschlagen werden. **Musterhinweise** bestehen zunächst aus metakommunikativen Hinweisen wie dem Wort *Inhaltsverzeichnis* oder der Überschrift *Zu diesem Buch* in diesem Lehrbuch. Musterhinweise ergeben sich zudem durch das Vorhandensein bestimmter Textelemente wie z.B. der Dachzeile, der Hauptzeile / Schlagzeile und der Unterzeile in journalistischen Textsorten oder der Adresse des Empfängers, der Anschrift des Empfängers, der Orts- und Datumsangabe, der Betreffzeile, der Anrede und Mitteilung sowie der Grußformel und Unterschrift bei einem Geschäftsbrief. Wie die Beispiele zeigen, sind Hinweise auf Musterhaftigkeit – ebenso wie andere Gliederungs- und Abgrenzungshinweise – immer auch Hinweise auf Textsorten oder Kommunikationsbereiche, die aus der Vertrautheit von Lektüreanlässen und Lektürekontexten resultieren und sich folglich wahrnehmungs- und wissensabhängig ergeben. Dies betrifft in besonderem Maße auch die Musterhaftigkeit des textuellen Gewebes, die sich einerseits in komplexen stilistischen Merkmalen wie den konvergenten und divergenten stilistischen Mustern (vgl. Kap. 3.3), andererseits in speziellen, durch die Textanordnung bedingten Hinweisen spiegelt.

Modelle für Musterhinweise, die aus der Textanordnung resultieren, gelten als typisch für den Kommunikationsbereich der Belletristik und die damit verbundene primäre Textfunktion ‚Ästhetisch Unterhalten'. Aus dieser Unterhaltungsfunktion ergibt sich vielfach eine charakteristische Formorientierung. Ein typisches Beispiel dafür sind die Reimformen in einem Gedicht:

Es ist alles eitel

Du siehst, wohin du siehst, nur Eitelkeit auf Erden.
Was dieser heute baut, reißt jener morgen ein;
Wo jetzt noch Städte stehn, wird eine Wiese sein,
Auf der ein Schäferskind wird spielen mit den Herden.

Was jetzt noch prächtig blüht, soll bald zertreten werden.
Was jetzt so pocht und trotzt, ist morgen Asch' und Bein,
Nichts ist, das ewig sei, kein Erz, kein Marmorstein.
Jetzt lacht das Glück uns an, bald donnern die Beschwerden.

Der hohen Taten Ruhm muss wie ein Traum vergehn.
Soll denn das Spiel der Zeit, der leichte Mensch bestehn?
Ach, was ist alles dies, was wir für köstlich achten,

Als schlechte Nichtigkeit, als Schatten, Staub und Wind;
Als eine Wiesenblum’, die man nicht wieder find’t.
Noch will, was ewig ist, kein einzig Mensch betrachten!

(Andreas Gryphius, 1637[4])

Auch in anderen Kommunikationsbereichen können sich Musterhinweise aus der Art der Textanordnung ergeben. Innerhalb der Gebrauchstextsorten geschieht dies zum einen häufig bei Texten, die ebenfalls – wenn auch sekundär – der Unterhaltung dienen sollen und in denen durch betont auffällige bzw. abweichende Textgestaltung versucht wird, die Aufmerksamkeit des Lesers zu steuern (z. B. Werbeanzeigen). Musterhaftigkeit bedeutet in diesem Zusammenhang zumeist Figuriertheit in der Form und / oder im sprachlichen Ausdruck, die oft mit dem Auftreten rhetorischer Figuren einhergeht (z. B. Alliteration: *Bitte ein Bit!*) und kaum von komplexen stilistischen Handlungsmustern abzugrenzen ist (Kap. 3.3). Ganz andere, jedoch sehr deutliche Hinweise auf Musterhaftigkeit der Textanordnung ergeben sich innerhalb der Gebrauchstextsorten außerdem aus Aufzählungen, die als alphabetische oder numerische Listen und Verzeichnisse textuelle Untereinheiten oder auch textuelle Ganzheiten (z. B. Telefonbuch) bilden können.

Die genannten Beispiele zeigen, dass Musterhinweise häufig auf Wiederholungen basieren. Dies kann – wie im Falle der Alliteration – die Wiederholung einzelner Buchstaben des Alphabets sein. Es kann ebenso die Wiederkehr von bestimmten Graphem- und Phonemkombinationen[5] sein, die zu verschiedenen Reimvarianten (wie Endreim, Binnenreim, Anfangsreim usw.) führt. Auch aus der Wiederholung von Wörtern und syntaktischen Konstruktionen können textsortenspezifische Musterhinweise resultieren. Typische Beispiele dafür sind sogenannte ‚Schlüsselwörter‘ in Texten der Unternehmenskommunikation wie z. B. das Wort *Freude* in der Marketingkampagne des Unternehmens BMW oder die Wiederholung abschnittsförmiger Einheiten innerhalb von Liedtexten.

In der folgenden Übersicht wird die terminologische Differenzierung von Abgrenzungs- und Gliederungshinweisen nochmals zusammenfassend abgebildet (vgl. Abb. 3).

4 Vgl. Gryphius, Andreas (1961): Werke in drei Bänden. 3. Bd. Hildesheim: Olms, S. 102; hier in einer modernisierten Fassung.

5 Ein **Phonem** ist das kleinste lautliche Segment (abstrahiert aus dem Schallstrom der Rede), das potentiell eine bedeutungsunterscheidende (distinktive) Funktion haben kann. Den Phonemen lassen sich regelhaft Segmente des Geschriebenen, d. h. **Grapheme**, zuordnen. Diese Zuordnungen werden **Graphem-Phonem-Korrespondenz-Regeln** genannt. Sie geben an, welches Segment des Geschriebenen im Normalfall einem bestimmten Phonem entspricht, wobei einem Phonem oder einer Phonemfolge ein einfaches Graphem oder eine Folge von Graphemen zugeordnet sein kann: z. B. [ŋ] → <ng> [ʀɪŋ] <Ring>. Im Deutschen wird in der Mehrzahl der Fälle einem Phonem genau ein Graphem zugeordnet: z. B. [a] → <a> [kalt] <kalt>, [ɛ] → <e> [vɛlt] <Welt>.

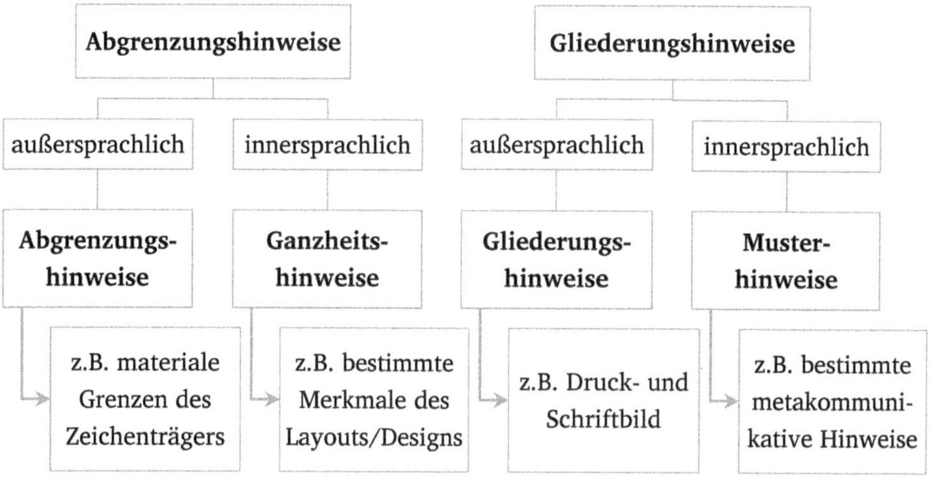

Abb. 3: Abgrenzungs- und Gliederungshinweise im Überblick

Verknüpfungshinweise

Texte sind sinnvolle Verknüpfungen sprachlicher Zeichen in einer bestimmten Abfolge. Als charakteristisch für diese Abfolge gilt der Anschluss satzförmiger Einheiten aneinander und die damit einhergehende Bildung einer übersatzförmigen Einheit. Dies ist nicht zwingend erforderlich, denn ein Text kann auch aus Einheiten bestehen, die nicht als Sätze zu definieren sind. Besteht ein Text jedoch – zumindest partiell – aus Sätzen, so wird die Frage nach den Formen der Textverknüpfung relevant, im anderen Fall wird der Zusammenhalt des Textes stärker auf der Ebene der Textgliederung (vor allem durch Musterhaftes) angezeigt und ergibt sich dann wahrnehmungs- und wissensabhängig (vgl. Kap. 2.1.1).

Textverknüpfung wird durch grammatische und lexikalische Elemente an der **lesbaren Textoberfläche** bewirkt und beruht auf semantischen Beziehungen innerhalb eines Textes. Gerade hinsichtlich dieses semantischen Aspekts stimmt sie mit einem Kohäsionsbegriff überein wie er von Halliday / Hasan (1976) eingeführt wurde.[6]

> The concept of cohesion is a semantic one; it refers to relations of meaning that exist within the text, and that define it as a text. (Halliday / Hasan 1976, S. 4)

6 In der linguistischen Forschungs- und Lehrliteratur werden die Begriffe ‚Kohäsion' und ‚Kohärenz' sowie die darunter gefassten Phänomene unterschiedlich bestimmt. Mitunter wird hier die Differenzierung anhand von verschiedenen Zeichenklassen vorgenommen, indem die Abgrenzung von Kohäsion und Kohärenz über die Beschaffenheit der jeweils zum Einsatz kommenden Paradigmen erfolgt (z. B. Kohäsion durch Verwendung von Elementen mit abgeschlossenem Paradigma, Kohärenz durch Lexeme aus den offenen Wortklassen; vgl. Fritz 2005, S. 1072).

Hinweise auf Textverknüpfung signalisieren einerseits bestimmte **grammatische Elemente**. Dazu gehören vor allem **Pro-Formen**, sog. Stellvertreterwörter, die zum inhaltlichen Zusammenhang eines Textes beitragen, indem sie auf andere Elemente des Textes verweisen. Hinsichtlich der Verweisrichtung kann zwischen ‚anaphorisch' und ‚kataphorisch' unterschieden werden. Dabei beziehen sich anaphorische Elemente auf einen vorangehenden Teil des Textes, kataphorische Elemente weisen auf Elemente eines Textes voraus. Pro-Formen referieren auf denselben außersprachlichen Gegenstand oder Sachverhalt wie ihr Bezugselement und verbinden damit einen Ausdruck mit anderen Sprachzeichen des textuellen Gewebes. Wegen ihrer zumindest vordergründigen semantischen Leere stellen sie zugleich Suchanweisungen im Text dar. Textverknüpfungshinweise gehen auch von grammatischen Elementen aus, die dem Rezipienten zu verstehen geben, wie bereits Gelesenes und noch zu Lesendes zueinander in Beziehung gesetzt werden sollen, indem sie die logische Beziehung zwischen Vorgänger- und Nachfolgertext durch **Konnektoren** spezifizieren. Die Verbindung von Sätzen zu einem Text wird zudem durch Interpunktion angezeigt, weshalb von den verschiedenen **Interpunktionszeichen** ebenfalls starke Verknüpfungshinweise ausgehen. Darüber hinaus beruht Textverknüpfung auch auf der beständigen Wiederholung bzw. dem kontinuierlichen Auftreten einzelner grammatischer Merkmale, vor allem der sogenannten **Tempuskonstanz**. Hinweise auf Textverknüpfung unterscheiden sich nicht nur hinsichtlich ihrer Richtung, sondern auch ihrer Reichweite, der Größe der verknüpften Einheiten und der Spezifik der angezeigten Beziehung. Sie werden traditionell in ihrer grammatischen Relation zum Satz erfasst, obwohl sie ihre eigentliche Wirkung oft erst auf der Ebene des Textes entfalten. Die ausführliche Beschreibung der einzelnen grammatischen Verknüpfungszeichen erfolgt deshalb in Zusammenhang mit der obersten Ebene textlinguistischer Beschreibung und Analyse, der Textebene (vgl. Kap. 2.1.2 „Textkonstitution").

Hinweise auf Textverknüpfung geben auch **lexikalische Elemente**, insbesondere Substantive, Verben und Adjektive als die wichtigsten Vertreter der offenen Wortklassen. Lexikalische Textverknüpfung kommt insbesondere durch **Rekurrenz**, d. h. die wörtliche Wiederholung von Lexemen, zustande. Zur Einheitlichkeit und inhaltlichen Kontinuität trägt auch partielle Rekurrenz als komplexere Form der lexikalischen Repetition sowie **Substitution** bei. Unter Substitution wird die Ersetzung eines Ausdrucks durch einen anderen bei gleichbleibendem Bezug auf einen außersprachlichen Sachverhalt verstanden (sog. „Referenzidentität"; vgl. auch Kap. 3.2.3). Sie basiert auf systematischen Beziehungen im Lexikon, weshalb die Verwendung von Synonymen, Hypero- und Hyponymen, Antonymen u. v. m. ebenfalls einen Hinweis auf die Textverknüpfung darstellen kann.

Hinweise auf die thematische Zusammengehörigkeit

Jeder Text, der informativ und verständlich sein soll, hat ein Thema. Mitunter haben Texte auch mehrere Themen, die miteinander verflochten oder gegeneinander gestellt werden. Hinweise auf die thematische Zusammengehörigkeit umfassen deshalb Hinweise auf die thematische Struktur von Texten, die zur Einführung, Beibehaltung, Entwicklung, Beendigung und gegebenenfalls der Wiederaufnahme von Themen dienen (vgl. Hausendorf/Kesselheim 2008).

Hinweise auf die thematische Zusammengehörigkeit erlauben es, die thematischen Stränge eines Textes bzw. seine Informationsstruktur nachzuzeichnen. Sie fallen in vielen Fällen mit Verknüpfungshinweisen zusammen. So dienen Pronomina nicht nur der Textverknüpfung, sondern geben auch einen Hinweis auf die thematische Zusammengehörigkeit, indem sie die Beibehaltung einer bestimmten Thematik im Text anzeigen. Ebenso signalisiert die Substitution den gleichbleibenden Bezug und enthält darüber hinaus eine Variation mit der inhärenten Option zur Themenentwicklung.

Gegenüber derartigen – in grammatischer und lexikalischer Hinsicht fest verankerten – Hinweisen auf die thematische Zusammengehörigkeit ergeben sich andere stärker wissensabhängig, z. B. durch die Vertrautheit mit bestimmten Gebrauchskontexten von Ausdrücken. Es geht dabei um den Teil der Sinnkontinuität von Texten, der vom Rezipienten durch kognitive Prozesse konstruiert wird (vgl. de Beaugrande/Dressler 1981, S. 84 f.), weil es der **Kontext** und sein gespeichertes **Weltwissen** erlauben, im Text nicht ausdrücklich genannte Schlussfolgerungen zu ziehen.

Solche Hinweise auf die thematische Zusammengehörigkeit, die während des Rezeptionsprozesses durch Interpretation und Inferenz hergestellt werden, lassen sich mithilfe von theoretischen Konzeptionen zur kognitiven Wissensrepräsentation nachzeichnen. Dazu gehören allgemeine Formen der Wissensrepräsentation wie sie im Rahmen der Forschung zur Künstlichen Intelligenz entwickelt wurden: sog. *frames* und *scripts* (vgl. Minsky 1977 und Schank/Abelson 1977). Ein **Frame** bezieht sich auf eine Datenstruktur im Sinne eines Wissensbündels, das mit alltäglichen Standardsituationen verbunden ist und zusammengehörende, hierarchisch geordnete Elemente enthält. Zu einem Frame gibt es typische *slots*, die mit sog. *fillers* versehen werden. Der Frame ‚Haus' umfasst beispielsweise Slots wie ‚Küche', ‚Badezimmer' und ‚Adresse'. Die Wörter eines Textes werden beim Textverstehen als Fillers diesen im Weltwissen gespeicherten Slots zugeordnet oder – falls der Text für bestimmte Slots keine Fillers enthält – durch das Mittel der Inferenz[7] aus seiner Weltkenntnis ergänzt. Wenn ein Rezipient die Frames kennt, die in einem Text vorkommen, wird dadurch das Textverstehen erheblich erleichtert (vgl. Schubert 2008, S. 72 f.). Dies ist auch bei einem **Skript** der Fall, welches im Vergleich zum statischen Frame den beteiligten Elementen zusätzlich eine chronologische Reihenfolge zuordnet. Es beschreibt einen charakteristischen Handlungsablauf einschließlich der zugehörigen Gegenstände und Aktanten (beispielsweise die Handlungsroutinen und Akteure beim Einkauf eines Produkts in einem Geschäft).

Auch das Isotopiekonzept ist schließlich dazu geeignet, Hinweise auf die thematische Zusammengehörigkeit abzubilden. **Isotopie**hinweise resultieren aus der Wiederkehr seman-

7 Der Begriff ‚Inferenz' bezeichnet den kognitiven Prozess, unausgedrückte, aber zum Textverständnis notwendige Inhalte, durch Implikationen, Präsuppositionen und eigenes Wissen zu ergänzen und zu erweitern.

tischer Merkmale in einem Text. Dabei handelt es sich jedoch nicht um standardisierte lexikalische Beziehungen, sondern um eine textbezogene Aktivierung semantischer Merkmale, die sich relativ und in Differenz zu anderen Lexemen ergibt und einen thematischen Strang bildet.

Gegenüber thematischen Hinweisen, die an der Textoberfläche grammatisch und lexikalisch verankert sind, unterliegen letztere, die sich wissens- und kontextabhängig ergeben, obwohl sie im Text selbst nicht benannt sind, stärker individuellen Aspekten des Textverstehens. Deshalb kann Kohärenz rezipientenabhängig bis zu einem gewissen Grad variieren, je nachdem, wie viel Interpretationsspielraum der Text bietet.

2. Ebenen der Textbeschreibung

2.1 Textebene

Die primäre und oberste Ebene der textlinguistischen Analyse ist die Textebene. Entsprechend den o. g. theoretischen Voraussetzungen geht die Beschreibung der Textebene von der Vorstellung aus, dass der Untersuchungsgegenstand ‚Text' ein synthetisches Gebilde oberhalb der Satzebene darstellt, das auf vielfältige Weise organisiert ist. Die grundsätzliche Unterscheidung solcher Organisationsformen spiegelt die Binnengliederung dieses Unterkapitels wider, indem zunächst zwischen Aspekten der **Textgliederung** (Kap. 2.1.1) und Elementen der **Textkonstitution** (Kap. 2.1.2) differenziert wird. Das Zusammenwirken beider verdeutlichen z. B. bestimmte Ausprägungen komplexer stilistischer Handlungsmuster wie sie insbesondere in Überschriften von Zeitungen, Zeitschriften und Prospekten oder auch in Betreffzeilen von Geschäftsbriefen zu finden sind, die in der Regel durch ein spezifisches Layout vom eigentlichen Text abgegrenzt werden. Es handelt sich um sog. „strukturell determinierte stilistische Muster" (vgl. Kap. 3.3.3), wie beispielsweise Satzverkürzungen durch Prädikatsauslassung (z. B. *Westerwelle erfolgreichster FDP-Chef aller Zeiten*; *Der neue BMW7er – hellwach, selbst in tiefster Nacht*) oder Satzfragmente (z. B. *Uniklinik im Finanz-Koma; Sicherheit, die entspannt und begeistert*).

2.1.1 Textgliederung

Den Ausgangspunkt für die Beschreibung der Gliederung eines Textes bildet die **Abgrenzung** eines textuellen Ganzen nach außen. In vielen Fällen ist die Festlegung der Außengrenzen unproblematisch, wenn die materiellen Grenzen des Zeichenträgers mit den Textgrenzen übereinstimmen oder eine typische Technik der Textsammlung (z. B. eine Zeitschrift) vorliegt, die klare Hinweise für die Abgrenzung einzelner Texte liefert (z. B. eine Geburtsanzeige innerhalb dieser Zeitschrift).

Die **Außengrenzen** – in Form von außersprachlichen Abgrenzungshinweisen und innersprachlichen Ganzheitshinweisen – zeigen den Umfang eines Textes an und legen damit zugleich die textuelle Obereinheit fest, auf die sich die weitere Differenzierung von Textteilen bezieht. Die **Aufteilung der Innenwelt** eines Textes in unterschiedliche (teils hierarchisch strukturierte) Einheiten erfolgt aufgrund von Gliederungs- und Musterhinweisen und basiert zum großen Teil auf einem Musterwissen im Sinne einer Top-down-Verarbeitung. Diese beteiligt unsere Vorerfahrungen, unser Wissen, unsere Erwartungen, unsere Motive und den kulturellen Hintergrund bei der Wahrnehmung der Welt. In Bezug auf die Prozesse der Textproduktion und Textrezeption ist davon auszugehen, dass die Kommunikationsbeteiligten ihre im Bewusstsein gespeicherte kommunikative Erfahrung und das entsprechende Wissen über Texte, das das Ergebnis einer Verallgemeinerung bestimmter Qualitäten von Texten ist, intuitiv oder bewusst einsetzen. **Musterwissen** ist folglich eine integrale Komponente vorgängiger Kommunikationserfahrung. Es beruht darauf, dass sich durch das Hören und Lesen von Textexemplaren gleiche oder ähnliche Texte im Hinblick auf Varianten und Invarianten miteinander verbinden, verallgemeinert abgebildet werden und somit Prototypen und Strukturmodelle, eben Muster von Texten herausbilden können.

Aus dem Umstand, dass bei der Textproduktion zwangsläufig auf überlieferte Vorgaben, Einheiten und Muster zurückgegriffen wird, resultiert jedoch nicht, dass jeder Text unbedingt ein vorgegebenes Muster realisiert. Denn auch relativ freie Kompositionen, im Sinne von untypischen Kombinationen von Einzelmerkmalen, können dazu geeignet sein, eine Kommunikationsaufgabe optimal / adäquat zu lösen. Ausschlaggebend ist die Frage, wie deutlich eine bestimmte Menge von Texten spezifiziert ist bzw. wie standardisiert eine Textsorte ist. Hinsichtlich einer Textsortenklassifikation (vgl. Kap. 4.3.4) ist demgemäß eine Skala anzunehmen, an deren einem Ende Texte in Formularform[8] stehen, am anderen Texte, bei denen die individuelle Aussage- und Gestaltungsabsicht eine zentrale Rolle spielt. Dazwischen befinden sich Textsorten, die mehr oder weniger stark standardisiert sind und insofern als kommunikative Routinen auf der Textebene bezeichnet werden können, als sie einander unter verschiedenen Gesichtspunkten sehr stark ähneln.

8 Solche Texte können zum Teil auch maschinell erstellt werden wie z. B. Steuerbescheide, Bankauszüge oder Versicherungspolicen.

Ihre Nachricht vom: 12.12.2014
Unser Zeichen: BM/140815

Bearbeiter: Hr. Mustermann
Tel.: 0711 / 3582-21
Fax: 0711 / 3582-21
E-Mail: Mustermann@Musterverlag

Datum: 28.01.2015

Frau
Guney Özel
Universität Musterstadt
Seminar für Deutsche Philologie
Musterstr. 68
78001 Musterstadt

Rechnung für den Titel
Müller, „Einführung in die Sprachwissenschaft"

Sehr geehrte Frau Özel,

wie per E-Mail mit Ihrer Kollegin Frau Ender vereinbart erhalten Sie anbei eine Rechnung über Ihre Buchbestellung von 100 Exemplaren unseres Titels Müller, „Einführung in die Sprachwissenschaft".

Wir bedauern den Verzug, mit dem Sie die Sendung erreicht. Wegen der Urlaubsabwesenheit eines Mitarbeiters ist die Bestellung offenbar unbearbeitet geblieben.

Für Ihre Bestellung bedanken wir uns. Sollten Sie Fragen zur Rechnung haben, können Sie sich jederzeit gerne mit uns in Verbindung setzen.

Mit freundlichen Grüßen

Heinz Mustermann

Anlage

Abb. 4: Beispiel Geschäftsbrief (Narr Francke Attempto Verlag 2016)

Gliederungs- und Musterhinweise kennzeichnen nicht nur bestimmte (oft hierarchische) Relationen zwischen textuellen Einheiten, sondern können durch ihren Bezug auf ein Textganzes zugleich auch eine thematische Verbindung der gegliederten Textteile bewirken. Im Falle von stärker standardisierten bzw. formalisierten Textsorten wie einem Geschäftsbrief (vgl. Abb. 4) sind Gliederungs- und Musterhinweise wie die Platzierung von Anschrift, Datumsangabe, Betreff, Anrede- und Verabschiedungsformen großenteils normiert und vorgegeben, während bei denjenigen Textsorten, bei denen die individuelle Aussage- und

Gestaltungsabsicht des Textproduzenten eine weit größere Rolle spielt, nur noch bestimmte Eckdaten angegeben werden können. Die Ebene der Textgliederung lässt sich deshalb bei diesen zuletzt genannten, wenig standardisierten Textsorten insbesondere anhand der Frage, in welchem Ausmaß ein Text eine Textsorte repräsentiert und wie er mit den entsprechenden Vorgaben umgeht, beschreiben. Dies wird im Folgenden exemplarisch an der Textsorte ‚Werbeanzeige' gezeigt, weil Werbeanzeigen die Aufmerksamkeit des Rezipienten erregen sollen und deshalb sehr verschieden gestaltet sind, um jede Stereotypisierung zu vermeiden. Gleichwohl ergeben sich Gemeinsamkeiten vieler ein- bis zweiseitiger Printanzeigen bezüglich der äußeren Gliederung des Textes in mehrere, meistens drei funktionale Textelemente. Im Schema des dreiteilig gegliederten Werbetextes sind dies Schlagzeile, Fließtext und Slogan:

Besonders auffällig sind die unterschiedlichen Erscheinungsformen der **Schlagzeile** (Headline), die sich nicht zwangsläufig über der Gesamtanzeige befinden muss, sondern auch zwischen Bild und Fließtext, innerhalb des Bildes oder seltener am Anzeigenrand platziert sein kann. Schlagzeilen können auch aus zwei oder mehreren sich ergänzenden Teilen bestehen (Topline und / oder Subheadline) oder einem optisch hervorgehobenen Kurztext. Ein eindeutiges Identifikationsmerkmal der Schlagzeile ist ihre Typographie, denn sie erscheint im Vergleich zu anderen Textelementen fast ausnahmslos in fetteren und größeren Lettern oder ist in Form von Kursiv- und / oder Versal- und / oder Sperrdruck usw. hervorgehoben.

In den meisten Anzeigen findet sich in variierender Position ein **Fließtext** (Copy), der der differenzierten Produktpositionierung dienen soll, indem er das Thema der Schlagzeile näher ausführt und präzisiert oder das Bildmotiv der Anzeige sprachlich formuliert bzw. mit weiteren Angaben ergänzt. Der Fließtext kann auch ein lediglich graphisches Kommunikationselement der Anzeige sein, das insbesondere bei kurzzeitig betrachteten Anzeigen allein durch die Form eines zusammenhängenden Schriftblocks eine gewisse Glaubwürdigkeit erzeugt. Das heißt, dem Fließtext als kommunizierendem Anzeigenelement können prinzipiell zwei Funktionen zugeordnet werden: eine informatorische, denn dem Leser soll Wissenswertes über das Beworbene mitgeteilt werden, und eine suggestive, die Kompetenz und Glaubwürdigkeit vermittelt und damit zur Übernahme der werblichen Behauptungen führen soll.

Hinsichtlich der Textlänge und der äußerlichen Gestalt variieren Fließtexte sehr. Längere Texte enthalten vielfach Gliederungsmerkmale wie Einzüge, Absätze oder Zwischenüberschriften (Sublines). Letztere sollen dem Rezipienten einen Überblick über die einzelnen Textabschnitte ermöglichen, indem sie deren Inhalt prägnant zusammenfassen. Sie können so vor allem dem wenig involvierten Leser einen komprimierten Eindruck über die im Fließtext enthaltenen Informationen verschaffen. Zu diesem Zweck werden auch häufig einzelne Wörter oder Wortgruppen innerhalb des Textes unterstrichen, fett oder andersfarbig gedruckt, um auch beim flüchtigen Betrachten der Anzeige die Wahrnehmung der wichtigsten Informationen über das Beworbene zu ermöglichen. Weitere Gestaltungsmerkmale bilden Vorlauftexte (sog. Intros), die meistens fett oder halbfett gedruckt sind und sich insofern gegenüber dem Rest des Fließtextes abheben. Sie dienen als Vorspann, mit dem durch Teilinformationen die Aufmerksamkeit der Rezipienten auf das Thema des Gesamttextes gelenkt werden soll. In vielen Anzeigen folgen auf den Fließtext sog. Claims, d. h. kurze Zusammenfassungen, die inhaltlich eng an den jeweiligen Fließtext gebunden sind. Sie treten nicht in anderen Anzeigen auf, die dasselbe Produkt unter verändertem Aspekt bewerben, und sind dadurch von Slogans abzugrenzen.

Der **Slogan** wird anzeigen-, häufig auch medienübergreifend eingesetzt und als eine Textkonstante verstanden, die unabhängig vom jeweiligen Werbemittel an ein bestimmtes zu Bewerbendes gebunden ist. Er beinhaltet immer den Firmen-, Marken- oder Produktnamen, da es eine seiner wichtigsten Funktionen ist, diesen Namen bekannt zu machen. In der Regel befindet sich der Slogan an einer exponierten Position innerhalb der Printanzeige, vorzugsweise am unteren rechten Ende.

Neben diesen drei zentralen Textelementen haben vor allem **Bildmotive** eine besondere Bedeutung für die Gliederung von Printanzeigen, denn unabhängig vom Involvement[9] des Rezipienten werden Bilder fast immer als erstes und am längsten betrachtet, wodurch dem Bild als Anzeigenelement eine herausragende kommunikative Funktion zukommt.

Die Bildelemente von Werbeanzeigen können nach ihrer Funktion in **Key-Visual**, Catch-Visual und Focus-Visual unterschieden werden, wobei das erstgenannte „Schlüsselbild" in der Regel das Beworbene selbst, etwa ein konkretes Produkt, abbildet. Mit dem Begriff ‚**Catch-Visual**' wird der künstlerisch gestaltete Bezugsrahmen bezeichnet, der das Beworbene jeweils situativ umgibt. Das Catch-Visual soll folglich als Blickfang fungieren, indem es den Blick des potentiellen Rezipienten auf sich zieht, um ihn danach auf das Key-Visual zu dirigieren.

Die Bezeichnung ‚**Focus-Visual**' erfasst bestimmte Wiederholungen von Teilen des Bildmotivs, wobei es sich in der Regel um einzeln stehende, kleinere Bildelemente handelt, die die Realität stark abstrahieren und der Erklärung bestimmter Verwendungs- oder Einsatzbedingungen des Beworbenen dienen sollen. Dementsprechend liegt ihre Funktion auch darin, dem Rezipienten das Verständnis bestimmter sprachlich beschriebener Vorgänge durch Abbildungen zu erleichtern.

Hinsichtlich der funktionalen Unterscheidung einzelner Text- und Bildelemente ist zudem zu bemerken, dass Schlagzeilen und Bildelemente normalerweise insofern in ihrer Funktion übereinstimmen, als sie den Rezipienten zum Betrachten der gesamten Anzeige veranlassen sollen. Dabei können sie sich in vielen Fällen kommunikativ ergänzen, indem etwa durch Wechselbeziehungen zwischen Schlagzeile und Bildelement das Erzielen witziger Effekte ermöglicht wird. In Bezug auf die Form der Informationsvermittlung sind Bilder gegenüber sprachlichen Anzeigenelementen prinzipiell weniger eingeschränkt, sie sind vielfach nicht klar abgrenzbar und enthalten zahlreiche Interpretationsmöglichkeiten. Deshalb haben die sprachlichen Elemente innerhalb von Text-Bild-Zusammenhängen

9 Unter Involvement wird die innere Beteiligung, das Engagement verstanden, mit dem sich jemand einem Gegenstand oder einer Aktivität zuwendet. Die vorhandene Intensität des Involvements kann im Marketing auch als Aktivierung des Konsumenten aufgefasst werden, d. h. hohes Involvement ist mit einem hohen Aktivierungsgrad verbunden, so dass es den Kunden anregt, sich gedanklich oder emotional mit einem Produkt oder einer Dienstleistung auseinander zu setzen.

oft die Funktion, die Interpretation einzuschränken bzw. sie in eine vom Produzenten intendierte Richtung zu lenken.

Beispielanalyse

Anhand dieser – hier nur grob skizzierten – Beschreibungskriterien lassen sich nun einzelne Vertreter der Textsorte ‚Werbeanzeige' im Hinblick auf die Ebene der Textgliederung beschreiben. Dies soll exemplarisch an der Printanzeige „Audi" (vgl. Abb. 5) gezeigt werden:

Die einseitige Printwerbung ist in vier ungleich große Felder unterteilt, deren farbliche und typographische Gestaltung die inhaltliche Zusammengehörigkeit des linken oberen Viertels mit dem rechten unteren Viertel signalisiert. Verstärkt durch den Doppelpfeil wird eine semantische Beziehung zwischen der abgewandelten Form des Produktnamens *Audi ultra* (für *Audi TTRS*) und der Wortneubildung *Leichtgeschwindigkeit* nahe gelegt. Funktionell sind die Textteile als Schlagzeile zu interpretieren, das Textelement *Die Zukunft automobilen Leichtbaus* entsprechend als Subheadline. Durch die Zusammensetzung der beiden Textteile zur Aussage *Audi ultra >> Leichtgeschwindigkeit* entsteht zugleich ein bestimmter Typ des strukturell determinierten stilistischen Handlungsmusters (vgl. Kap. 3.3.3). Die Verwendung solcher stilistischer Muster gilt wiederum als typisches Textsortenmerkmal von Werbeanzeigen (vgl. Kap. 4.3.5) und ist dabei vor allem an syntaktisch reduzierte Textsortenelemente wie Schlagzeile oder Slogan gebunden, die die zweigliedrige Minimalstruktur des deutschen Satzes (Subjekt und Prädikat) in der Regel unterschreiten. Typisch für Slogan- und Schlagzeilenelemente ist darüber hinaus ihre Extrastellung, die erheblich zur Figurierung und Stilisierung beiträgt. Im Beispieltext nimmt das Sloganelement *Audi Vorsprung durch Technik* gemeinsam mit dem Firmenlogo eine Einzelposition im oberen rechten Anzeigenviertel ein. Der Fließtext findet sich demgegenüber am linken unteren Ende und weist deutliche Gliederungsmerkmale wie Absätze, Fettdruck oder Schriftartwechsel auf, die eine drei- bis vierfache Unterteilung bewirken.

Abb. 5: Werbeanzeige (Audi TTRS[10])

10 Vgl. ADAC-Motorwelt Ausgabe 11, 2011 S. 21.

Formal stellt die Überschrift *Der Audi TTRS mit 4,5 kg/PS Leistungsgewicht* dabei erneut ein strukturell determiniertes stilistisches Muster dar, das inhaltlich als Verdichtung von Informationen des darauf folgenden kohärenten Haupttextes zu deuten ist. Inwiefern die Internetadresse *www.audi.de/vorsprung-durch-technik* (letzter Zugriff: August 2016) als separates Teilelement des Fließtextes zu verstehen ist, bleibt offen: dafür sprechen Fettdruck und fehlendes Satzschlusszeichen, dagegen die syntaktische Integration in die vorhergehende Äußerung. Getrennt durch einen Absatz schließt sich ein weiterer kurzer Textabschnitt an, in dem stichpunktartig zwei technische Angaben genannt werden.

Als zentrales Bildelement ist die Abbildung des beworbenen Produktes (das Schlüsselbild) im rechten unteren Anzeigenviertel anzusehen, das als Referenzobjekt zum Anzeigentext eindeutig identifizierbar ist. Außerdem bildet eine Abbildung den Hintergrund des oberen linken Viertels. Dieses Focus-Visual dient zur Erklärung des produktspezifischen Zusatznutzens (*Audi Space Frame-Bauweise*), indem es durch Visualisierung das Verständnis der sprachlich beschriebenen Produkteigenschaften erleichtern soll.

Die Analyse macht deutlich, dass sich die Printanzeige „Audi" anhand der oben genannten Kriterien, die Eckdaten für die Gestaltung der wenig standardisierten Textsorte ‚Werbeanzeige' angeben, bezüglich der Ebene der Textgliederung gut beschreiben lässt:

Als Außengrenzen, die die textuelle Obereinheit festlegen, sind die Ränder der Zeitschriftenseite zu betrachten. Auch wenn diese nur teilweise mit den materiellen Grenzen des Zeichenträgers (ADAC Motorwelt 11/2011) übereinstimmen, so gelten doch eine oder zwei Seiten umfassende Printanzeigen als sinnlich stark wahrnehmbar – zumal es sich um eine typische Technik der Textsammlung (Zeitschrift) handelt, die vielfach selbige integriert. Die Textgliederung der Printanzeige weicht deutlich von anderen, vor allem den in Zeitschriften üblichen journalistischen Darstellungsformen ab, woraus wiederum deutliche Abgrenzungs- und Ganzheitshinweise[11] resultieren.

In Bezug auf bestimmte Gliederungshinweise, die die außersprachliche Gestaltung betreffen, sind hauptsächlich die typographischen Besonderheiten des Layouts zu nennen. Musterhinweise ergeben sich hingegen durch das Vorhandensein der typischen Textelemente sowie der Musterhaftigkeit des textuellen Gewebes. So kommen ebenso wie zentrale Bildelemente alle drei funktionalen Textelemente (Schlagzeile, Fließtext und Slogan) im untersuchten Textsortenexemplar vor. Die Schlagzeile ist zweiteilig gegliedert, wobei der erste Teil, der den Produktnamen enthält, zusammen mit der Subheadline abgebildet ist, während der zweite Teil auf den produktspezifischen Zusatznutzen verweist und eine Einheit mit dem Schlüsselbild herstellt. Die Spaltung der Schlagzeile wirkt ebenso wie die Vierteiligkeit des Anzeigenhintergrundes einer stereotypen Gestaltung des Werbemittels entgegen.

11 Solche Abgrenzungshinweise (außersprachlich) bestehen etwa in der farblichen Gestaltung des Anzeigenhintergrunds oder der Abbildung des Produktes, Ganzheitshinweise (innersprachlich) z. B. in bestimmten Angaben zum beworbenen Unternehmen wie dem Slogan als kampagnenübergreifendes Element.

Den Musterhinweisen können auch die verwendeten stilistischen Handlungsmuster zugeordnet werden, die hier in allen drei funktionalen Textelementen vorkommen und damit sowohl zur Stilisierung des Textes beitragen, als auch die Möglichkeit implizieren, von üblichen Formen des expliziten Bewertens abzuweichen.

Alles in allem ergibt sich daraus, dass das analysierte Textsortenexemplar als repräsentativer Vertreter der Textsorte ‚Werbeanzeige' angesehen werden kann, weil es einerseits der Erwartungsnorm entspricht, andererseits deutlich als Ergebnis einer individuellen Lösung der Kommunikationsaufgabe interpretiert werden kann.

Auch wenn die Problematik der Gliederung von Texteinheiten innerhalb von weniger standardisierten Textsorten hier am Beispiel ‚Werbeanzeige' diskutiert wird, scheint in diesem Zusammenhang erstens der Hinweis wichtig, dass es längst nicht für alle Textsorten vergleichbare Beschreibungskriterien gibt. Für den weitaus größeren Teil der in der Kommunikationsgemeinschaft vorkommenden Textsorten liegen lediglich grobe Beschreibungs- bzw. Klassifikationsvorschläge vor (vgl. Kap. 4.1), die die Ebene der Textgliederung kaum berücksichtigen. Zweitens ist prinzipiell auf die Verschiedenartigkeit von wissenschaftlichen Analyseergebnissen und einer Textsortenkompetenz im Sinne von Sprachbewusstsein hinzuweisen. Denn Textsorten stellen nicht nur das Ergebnis der theoretisch-analytischen Tätigkeit von Linguisten[12] dar, die die kommunikative Realität mehr oder weniger detailliert abzubilden versuchen, sondern haben vor allem eine durch vielfältige intuitive Lernprozesse ausgebildete Existenz im Sprachbewusstsein der Kommunikationsteilnehmer. Dies spiegelt sich u. a. in selbständigen Benennungen von Textsorten wider, in denen sich das Alltagswissen der Sprecher über situationsgebundene Differenzierungen von Texten niederschlägt. Dabei ist zu beachten, dass das Sprachbewusstsein – also die Fähigkeit, über Sprache reflektieren zu können, sprachliche Ausdrucksmittel bewusst einzusetzen und zu bewerten – eine graduelle Größe ist. Sie reicht vom Sprachgefühl als dem relativ ungenauen, methodisch nicht kontrollierten Bewusstwerden einzelner Aspekte der Sprachfähigkeit bis zum wissenschaftlich reflektierten Sprachbewusstsein. Auch für den Bereich der Textsorten trifft diese Graduierung zu, wobei das bewusste Reflektieren über Textsorten in hohem Maße von der Lebenserfahrung, der Bildung und den beruflichen Kontexten des Sprechers abhängt. Aus dem Einfluss dieser Parameter ergeben sich unterschiedliche Grade an Textsortenkompetenz, worunter die Fähigkeit verstanden wird, auf der Grundlage eines mehr oder weniger bewussten Wissens über Textsortenqualitäten in der sprachlichen Kommunikation operieren zu können. Ein bestimmtes Maß an Textsortenkompetenz befähigt Sprecher zugleich, aufgrund bestimmter Gliederungs- und Musterhinweise mehr oder weniger intuitiv Einheiten und Hierarchien innerhalb von Texten zu identifizieren. Derartige Einheiten ergeben sich in vielen Texten unmittelbar durch das Druck- oder

12 Die Textsortenanalyse ist natürlich keine reine Domäne der Sprachwissenschaft, sondern gehört in Abhängigkeit vom jeweiligen Kommunikationsbereich zum Forschungsgegenstand verschiedenster Wissenschaftsrichtungen. So entstammt die Differenzierung von Anzeigenelementen beispielsweise dem betriebs- bzw. wirtschaftswissenschaftlichen Bereich des Marketings / der Kommunikationspolitik.

Schriftbild, sie werden dann z. B. verallgemeinernd als ‚Absatz' o. ä. bezeichnet oder textsortenspezifisch benannt (z. B. *Lead*).

Textuelle Einheiten kennzeichnen nicht nur bestimmte (häufig hierarchische) Relationen innerhalb eines Textes, sondern können durch den Bezug auf ein Textganzes auch die thematische Verbindung der Textteile bewirken. So ist im Falle von Überschriften, die ebenfalls zur typographischen Gliederung textueller Einheiten beitragen, einerseits zwischen solchen zu unterscheiden, die den Stellenwert der textuellen Einheit für das Textganze angeben. Andererseits gibt es Überschriften, die sich auf das Thema der dazugehörigen textuellen Einheit beziehen, und drittens solche, die gleichermaßen Hierarchie- bzw. Gliederungshinweise sowie Themahinweise darstellen. Im erstgenannten Fall handelt es sich um reine Gliederungsüberschriften, die auf die hierarchische Struktur der Teiltexte eines Textganzen verweisen und sich in einem System der Unter- und Überordnung befinden (z. B. *Erster Teil, Erstes Kapitel*). Enthalten solche Gliederungsüberschriften neben einer numerischen oder alphabetischen Angabe, die auf den hierarchischen Stellenwert verweist, auch thematische Aussagen, handelt es sich um Mischformen aus Gliederungs- und Themahinweisen, die sowohl der Orientierung des Lesers als auch der Einführung in die textuelle Thematik dienen (z. B. *2.1.1 Textgliederung*). Thematische Überschriften stehen wie Titel über der textuellen Einheit und werden graphisch durch verschiedene Mittel hervorgehoben. Charakteristisch für solche thematischen Überschriften ist in sprachlicher Hinsicht eine bestimmte Figuriertheit (vgl. Kap. 3.3).

Die Ebene der Textgliederung bezieht sich primär auf die Erfassung und Beschreibung wahrnehmungsabhängiger Aspekte von Texten, die sogar dann als Textualitätshinweise erkannt werden, wenn die Sprache in einem Text (einer Fremdsprache) weder gelesen noch verstanden werden kann. Im Vergleich dazu setzen die Elemente der Textkonstitution bereits eine sehr spezialisierte Wahrnehmung voraus, die die Basis für das Verständnis sprachlicher Einheiten ist. Da Hinweise auf Musterhaftigkeit vielfach in der Lage sind, Verknüpfungshinweise zu ersetzen, tragen sie entsprechend auch zur Textkonstitution bei.

Weiterführende Literatur:

Adamzik, Kirsten: Textlinguistik. Eine einführende Darstellung. Niemeyer, Tübingen 2004.
Hausendorf, Heiko / Kesselheim, Wolfgang: Textlinguistik fürs Examen. Vandenhoeck & Ruprecht, Göttingen 2008.
Krause, Wolf-Dieter (Hrsg.): Textsorten. Kommunikationslinguistische und konfrontative Aspekte. Lang, Frankfurt am Main 2000.

2.1.2 Textkonstitution

Zur Textkonstitution tragen eine Reihe von verschiedenen Faktoren bei, die bereits in Verbindung mit Verknüpfungshinweisen und Hinweisen auf die thematische Zusammengehörigkeit genannt wurden und traditionell in Zusammenhang mit den Begriffen ‚Kohäsion' und ‚Kohärenz' stehen. Prinzipiell werden diese bedingt durch Elemente an der

Textoberfläche und Wissensbestände, die sich aus dem Kontext und dem Weltwissen des Rezipienten ergeben (vgl. Abb. 6).

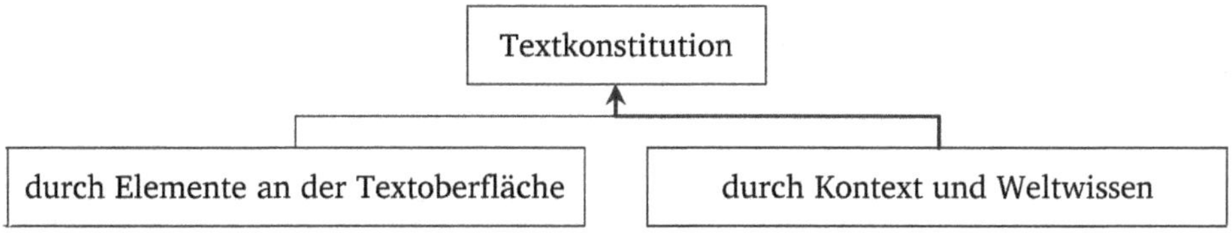

Abb. 6: Faktoren der Textkonstitution

Textkonstitution durch grammatische und lexikalische Elemente an der Textoberfläche: Kohäsion

Einen wesentlichen Beitrag zur Textkonstitution können grammatische und lexikalische Elemente an der lesbaren Textoberfläche leisten. Obwohl sie natürlich zu einzelnen Sätzen und Satzteilen gehören, bezieht sich ihre Funktion auf die Ebene des Textes, denn sie erlauben Schlüsse über den Zusammenhang der Einzelsätze.

Beruht der Textzusammenhang auf textuellen Zeichenbeziehungen, die an grammatische Funktionswörter und -zeichen gebunden sind – dazu gehören vor allem diejenigen Wortarten, die mehr oder weniger abgeschlossene Klassen bilden – liegt **grammatische Kohäsion** vor. Sie bildet die grammatikalische Grundlage für die Verknüpfung von Sätzen zu Texten.

Pro-Formen

Als häufiger und deshalb zentraler Typ der Kohäsionsherstellung gilt im Deutschen eine spezifische Form der Wiederaufnahme, die Verknüpfung durch **Pro-Formen**. Dafür muss jeweils ein Ausdruck vorhanden sein, der den Satz rückwärts, d. h. zum Vorgängersatz bzw. -teilsatz anschließt (Substituens) und einer, der die Möglichkeit eröffnet, einen Nachfolgesatz bzw. -teilsatz anzuhängen (Substituendum). So zeigt etwa das folgende Beispiel eine durchgehende pronominale Verkettung, die erheblich zur Konstitution des Textes beiträgt:

> *Es war einmal eine kleine, süße Dirne*$_j$, *die*$_j$ *hatte jedermann*$_k$ *lieb, der*$_k$ *sie*$_j$ *nur ansah, am allerliebsten aber ihre*$_j$ *Großmutter*$_l$; *die*$_l$ *wusste gar nicht, was sie*$_l$ *alles dem Kinde*$_j$ *geben sollte. Einmal schenkte sie*$_l$ *ihm*$_j$ *ein Käppchen von rotem Sammet, und weil ihm*$_j$ *das so wohl stand und es*$_j$ *nichts anderes mehr tragen wollte, hieß es nur das Rotkäppchen*$_j$. („Die besten Märchen der Gebrüder Grimm" 2001, S. 113 [Indizes zur Identifikation von Referenten nicht im Original])

Pro-Formen sind kurze Stellvertreterwörter, die auf andere Elemente des Textes verweisen, um einen semantischen Zusammenhang zu signalisieren. Typische Vertreter sind Pronomina, die in der Regel mit dem Ausdruck, den sie vertreten, in Genus und Numerus übereinstimmen. Für den entsprechenden Vorgang hat sich der Terminus ‚Pronominalisierung' etabliert, er bezeichnet die Vertretung eines sprachlichen Ausdrucks durch ein referenzidentisches Pronomen.[13]

Den Begriff ‚**Referenz**' haben Halliday / Hasan (1976) für die Funktion der Personal- und Demonstrativpronomina eingeführt. Er bezieht sich darauf, dass zwei- oder mehrmals auf denselben außersprachlichen Gegenstand oder Sachverhalt Bezug genommen wird, wobei zwischen einer Pro-Form und ihrem Bezugselement sog. „Koreferenz" (also ein eindeutiger referentieller Bezug) besteht.

Hinsichtlich der Verweisrichtung sind prinzipiell außersprachliche von innersprachlichen Verweisen zu unterscheiden. Letztere fungieren textverknüpfend und sind damit phorische Verweise, während die zuerst genannten deiktisch zu interpretieren sind. **Deiktisch** fungieren in Texten etwa selbständig gebrauchte Pronomina.[14] Sagt im Falle eines Autokaufs ein Sprecher zu seinem Gegenüber beispielsweise *Ich nehme diesen hier* und zeigt bei dieser Äußerung gleichzeitig auf ein bestimmtes Fahrzeug, so wird er auf jeden Fall verstanden. Möglicherweise versteht der Hörer durch die Wahl des Maskulinums ‚Ich nehme diesen Wagen hier' oder auch etwas anderes wie ‚Ich nehme diesen BMW hier', denn es gibt in einer solchen Situationen kein Substantiv, das eindeutig als das Bezugssubstantiv identifiziert werden kann. Weil mit dem Pronomen eindeutig auf einen bestimmten Gegenstand referiert wird, kann auch die Genuswahl zweitrangig sein: z. B. *Ich nehme dieses hier* (‚Ich nehme dieses Auto hier'). Beim selbständigen Gebrauch erhält das Pronomen also seine grammatischen Eigenschaften (insbesondere Genus und Numerus) nicht durch eine formale Korrelation mit einem Bezugsausdruck, sondern aus anderen Quellen wie den Eigenschaften des Bezeichneten (vgl. Eisenberg 2006b, S. 167 f.). Im Rahmen der Textanalyse sind solche Ausdrücke, bei denen sich das, was sie bezeichnen, nur unter systematischem Bezug auf die Äußerungssituation interpretieren lässt, also als deiktische, als außersprachliche Verweise einzustufen. Sie haben in der Regel die Neuorientierung des Adressaten auf ein Objekt, einen Sachverhalt usw. zum Ziel. Deiktisch gebrauchte Ausdrücke haben eine zeigende Bedeutung.[15] Sie werden organisiert mithilfe des Begriffs ‚**Origo**', der die in Raum und Zeit situierte Äußerungssituation bezeichnet. Die Origo ergibt sich durch den Sprecher (*ich*), der an einem bestimmten Ort (*hier*) und zu einer bestimmten Zeit (*jetzt*) spricht. Diese urdeiktischen Ausdrücke *ich*, *hier* und *jetzt* bilden jeweils die Zentren eines Systems von Deiktika, die Personaldeixis, die Raumdeixis und die Zeitdeixis, die die Person-, Raum- und Zeitstruktur von Äußerungen betreffen.

---

13 Eisenberg (2006b) weist darauf hin, dass die formale Korrespondenz zwischen einem Pronomen und seinem Bezugsausdruck zwar zwingend erscheinen kann, jedoch nicht die Grundlage des Pronominalgebrauchs darstellt: „Was mit einem Pronomen benannt werden kann, hängt vielmehr zuerst von seiner Bedeutung ab." (2006b, S. 180)

14 Der Begriff ‚Deixis' ist besonders wichtig für die funktionale Einordung von Pronomina, er spielt aber auch eine zentrale Rolle bei anderen Wortarten wie den Verben, den lokalen und temporalen Präpositionen und den Raum- und Zeitadverbien.

15 Vgl. die Ausführungen „Das Zeigfeld der Sprache und die Zeigwörter" in Bühler (1978, S. 79 ff.).

Zur Textverknüpfung tragen Pronomina mit **phorischer** Funktion[16] bei, weil sie auf Elemente innerhalb eines Textes verweisen. Beim phorischen Gebrauch wird die Form eines Pronomens von der Form eines anderen Elements, i. d. R. eines Substantivs bestimmt: z. B. *An der Ecke stand* ***Niklas***. ***Er*** *sah gestresst aus.* Hier hat das Pronomen eine kontextgebundene Wortbedeutung. In Bezug auf die Richtung des Verweises bzw. der Verknüpfung können dabei zwei Varianten unterschieden werden: Geht der Bezugsausdruck wie im oben genannten Beispiel dem Pronomen voraus, liegt eine anaphorische Verknüpfung vor. Folgt der Bezugsausdruck dem Pronomen, wird dies als kataphorische Verknüpfung bezeichnet.

Anaphorische Elemente beziehen sich auf vorangehende Teile des Textes, während **kataphorische** Elemente auf nachfolgende Textteile vorausweisen.

Der anaphorische Gebrauch von Pronomina ist weitaus häufiger als der kataphorische. Das liegt vor allem daran, dass kataphorische Pronomina schwerer zu verarbeiten sind als anaphorische, weil zunächst offen bleibt, worauf sie sich beziehen. In kataphorischer Position begegnen Pronomen etwa bei Herausstellungen: z. B. *Der ist nett, dein neuer Freund* (vs. *Dein neuer Freund, der ist nett*)

Grammatische Vor- und Rückverweise beziehen sich auf Elemente des gleichen Texts, die zu ihrer Interpretation notwendig sind. Dabei kann der Umfang des Elements, auf das hingedeutet wird, erheblich variieren. Es kann sich um einzelne Substantive handeln, auch um komplexe Nominalgruppen, ganze Sätze oder sogar Satzfolgen. Die meisten grammatischen Vor- und Rückverweise operieren in der näheren Textumgebung, das bedeutet, sie bewirken eine Verknüpfung innerhalb eines Satzes oder von Satz zu Satz (z. B. *Sebastian war nicht gekommen, das ärgerte mich.*). Eine wichtige Rolle bei der Textverknüpfung spielen Personalpronomina, wenngleich nur die **Personalpronomina der 3. Person** anaphorisch oder kataphorisch verknüpfen können. Charakteristisch für die Personalpronomina der 1. und 2. Person ist eine deiktische Verwendung. Sie wechselt mit der Sprecherrolle: z. B. *du bist schuld – nein, du.* Die Personalpronomina der 1. und 2. Person bezeichnen die sprechende und die angesprochene Person, die jeweils situationsabhängig variieren. Das heißt, worauf man mit *ich* und *du* referiert, ist rein kontextuell fixiert. Es sind außersprachliche Verweise.

Pronominalisierung beschränkt sich jedoch nicht auf Personalpronomina, sondern kann z. B. ebenso durch **Relativpronomina** (z. B. *der, welcher*), **Demonstrativpronomina** (z. B. *der, dieser, derjenige*) und **Indefinitpronomina** (z. B. *alle, einige, etliche, (irgend)jemand*) erfolgen. Während sich Relativpronomina auf die Stellvertreterfunktion beschränken und sich dabei als nebensatzeinleitendes Element auf einen im anderen Satz ausgeführten Satzteil beziehen (z. B. *Im Zimmer stand meine Mutter, die / welche gerade nach Hause gekommen war.*), können die beiden letzten jedoch auch andere Funktionen übernehmen. Deshalb ist in Abhängigkeit zum jeweiligen Äußerungskontext zu prüfen, ob sie als Ver-

16 Für die phorische Funktion sprachlicher Elemente findet sich in der Literatur mitunter auch der Begriff ‚Textdeixis' oder auch ‚anaphorische Deixis'.

knüpfungselement fungieren oder nicht (z. B. *Es war einmal ein Mann, der hatte sieben Söhne.* (= phorisch) vs. *Der war es.* (= deiktisch im Sinne von gestisch)).[17]

Auch die Verwendung von **Possessivpronomina** trägt zur Textverknüpfung bei, indem sie einen vorher erwähnten Bezugsausdruck entweder vertreten (z. B. *das Seine*) oder ein Nomen als hinreichend eingeführt markieren. Im zweiten Fall geht es um Formen von *mein, dein, sein,* die Artikel ersetzen und sich wie diese verhalten. Charakteristisch ist für die 1. und 2. Person wie bei den Personalpronomina eine deiktische Verwendung, denn sie wechseln mit der Sprecherrolle (z. B. *Das ist meine Puppe – nein, meine!*) und die Kenntnis der Situation entscheidet über den jeweiligen Besitzer. Possessivpronomina der 3. Person werden wiederum nicht deiktisch, sondern nur phorisch gebraucht: z. B. *An der Ecke stand Niklas. Sein Mantel war völlig verdreckt.*

Die Verwendung von Pronomina als grammatisches Verknüpfungsmittel stellt zugleich immer einen Hinweis auf die **thematische Zusammengehörigkeit** von Äußerungen dar. Besonders deutlich wird dies z. B. im Falle der Beibehaltung des Themas am Erzählanfang:

> *Kluftinger keuchte. Im Augenwinkel sah er die beiden Männer, die sich die Böschung hinunter zu dem kleinen Kahn am Ufer kämpften. Er blickte ihnen nach. Das Bild, das er sah, rief Erinnerungen in ihm wach, an die er lieber nicht rühren wollte. Das Wasser, das Boot … er kniff die Augen zusammen als könnte er so die Bilder verjagen. Als er die Augen wieder öffnete, hatten die beiden Männer den Kahn bereits vom Ufer abgestoßen.*
> (Volker Klüpfel / Michael Kobr „Laienspiel" 2009, S. 5)

Zu den grammatischen Mitteln der Textverknüpfung zählen auch die wichtigsten Begleiter des Substantivs im Deutschen, die **Artikel**. Sie geben Hinweise darauf, wo die Informationen zu suchen sind, mit deren Hilfe die konkrete Referenz eines Ausdrucks bestimmt werden kann. Während mit dem unbestimmten Artikel auf einen einzelnen Menschen, Gegenstand oder Sachverhalt referiert wird, ohne ihn zu identifizieren (z. B. *Er wünscht sich einen Freund.*), wird mit der Verwendung des bestimmten Artikels signalisiert, dass das vom Artikel begleitete Substantiv als eindeutig identifiziert gelten soll. Der bestimmte Artikel verknüpft im Text in der Regel anaphorisch, der unbestimmte in der Regel kataphorisch.

Aufgrund ihrer Begleiterfunktion verknüpfen Artikel nicht durch das Ersetzen eines Bezugselements, sondern dadurch, dass sie auf Elemente im Text, in der Situation oder in Wissenskontexten hinweisen, die zu berücksichtigen sind (vgl. Hausendorf / Kesselheim 2008, S. 76 f.).

Interpunktionszeichen

Innerhalb geschriebener Texte stehen die Sätze in der Regel nicht unverbunden nebeneinander, sondern werden durch Interpunktionszeichen strukturiert. Dabei handelt es sich um nichtalphabetische Zeichen, die der optischen Gliederung von Texten dienen,

---

17 Die Formen des Demonstrativpronomens *derjenige* können nur phorisch, d. h. nur kataphorisch gebraucht werden, weil der Bestandteil *jen* den Verweis auf etwas nachfolgend zu Spezifizierendes enthält.

indem sie bestimmte Grenzsignale am Rand oder im Inneren von Sätzen geben. Inhaltlich sind Interpunktionszeichen meist wenig festgelegt und somit offen für vielfältige textuelle Intentionen und Deutungen.

Das neutrale Satzschlusszeichen ist der **Punkt**. Er steht am Ende eines abgeschlossenen (auch mehrteiligen) Ganzsatzes, wenn dieser nicht besonders gekennzeichnet werden soll, und entspricht der Großschreibung am Satzanfang. Nach freistehenden, vom übrigen Text deutlich abgehobenen Zeilen wie z. B. Überschriften, Buchtiteln oder Grußformeln steht kein Punkt. In diesen Fällen wird der Punkt als Kohäsionszeichen durch Musterhaftigkeit auf der Ebene der texträumlichen Gestaltung ersetzt.

In weniger standardisierten Textsorten wird durch das Setzen eines Punktes mitunter das Fehlen von Satzgliedern kompensiert, etwa dann, wenn der Text gesprochene Sprache abbildet oder sich im Stil an ihr orientiert. Zudem hat sich in zahlreichen Textsorten ein von den Grundregeln abweichendes Interpungieren etabliert, das zum rein ausdrucksseitigen Zerschneiden kompletter Sätze führt und einer besonderen Figurierung dienen soll (vgl. Kap. 3.3.3 und Kap. 4.3), z. B.:

Behalten Sie alles im Griff. Vor allem den Verkehr. (Direct Marketing-Prospekt Mercedes)

Funktional spezialisierte Schlusszeichen sind das Ausrufezeichen und das Fragezeichen. Das **Ausrufezeichen** markiert neben dem Ausruf auch die Funktion von Befehl, Bitte und Wunsch. Es verfügt über eine starke Ausdruckswirkung, weshalb es gerade bei Imperativ- und Desiderativsätzen manchmal nicht gesetzt wird, z. B.:

Schenken Sie Mädchen Zukunft! Werden auch Sie Pate.[18]

Mit dem Ausrufezeichen kann jede beliebige Äußerung zum Ausruf werden und eine emphatische Intonation simulieren, die ein expressives bzw. emotionales Wirkungspotential hat, z. B.:

Es ist ein Mädchen! Das Geburtsband liegt bei!
Mädchen sind in vielen Kulturen nur Menschen zweiter Klasse ohne
Perspektive, deshalb brauchen sie Ihre Unterstützung!

Textuell geht gerade von den so verwendeten Ausrufezeichen ein starkes Verknüpfungssignal aus, das sich textsortenabhängig auch auf mehrere, in texträumlicher Hinsicht entfernte bzw. frei stehende Textabschnitte beziehen kann.

Das **Fragezeichen** kennzeichnet eine Äußerung als Frage und entfaltet vor allem als rhetorische Frage, d. h. als Fragesatz, der nicht darauf abzielt, vom Rezipienten eines Textes beantwortet zu werden, seine kohäsive Wirkung, z. B.:

Woher ich das weiß? Meine Patentochter schreibt mir.

18 Die folgenden sieben Beispiele wurden einer Direct Mail der Organisation „Plan" (2011) entnommen.

Dies gilt etwa auch für rhetorische Fragen in Überschriften, die dem Thematisieren von Inhalten dienen, oder für Alternativfragen in Kontexten, in denen eine Alternative allgemein akzeptiert ist und nur in Erinnerung gerufen werden soll, um die Kommunikations- oder Argumentationsbasis zu sichern.

Ähnlich wie die Schlusszeichen fungiert das **Komma** als ein Anknüpfungszeichen, das zwischen sprachlichen Einheiten steht und deren Gliederung dient. Dabei wird es typischerweise zur Abgrenzung von Einheiten verwendet, die keinen selbstständigen Status haben, wie z. B. untergeordnete Sätze oder koordinierte Teile von Aufzählungen. In seiner Funktion, einzelne Aussagen von Texten zu verbinden, unterliegt das Komma kaum Beschränkungen.

Der **Doppelpunkt** gibt das Signal, dass etwas folgt, und bewirkt ohne Konnektoren eine enge sinngemäße Verbindung zwischen einzelnen Sätzen und Satzteilen. Der Doppelpunkt kündigt wörtlich wiedergegebene Äußerungen und Textstellen an, ebenso Aufzählungen, Angaben, Erläuterungen oder Titel. Darüber hinaus kann der Doppelpunkt vor Sätzen stehen, die das Gesagte zusammenfassen oder eine Schlussfolgerung daraus ziehen, z. B.:

> *Das bedeutet langfristig auch: Mädchen werden die Zukunft von*
> *Entwicklungsländern nachhaltig beeinflussen.*
> *Ich bitte Sie daher: Werden Sie Patin für ein Mädchen, denn es warten noch*
> *so viele auf eine bessere Zukunft.*
> *Und: Plan berichtet regelmäßig über meine Patentochter und die Projekte*
> *im Umfeld ihrer Familie.*

Der Doppelpunkt eignet sich dabei auch zur Steuerung von Aufmerksamkeit, indem er diese auf die Wörter, Sätze oder Textabschnitte nach ihm lenkt und sie betont.

Der **Gedankenstrich** ist ein Verknüpfungszeichen, das vorwiegend der Signalisierung von größeren Einschnitten im Satz- und Textverlauf dient. Sie ergeben sich beispielsweise durch Einschübe im Satz, wie lockere Appositionen und Parenthesen. Außerdem ermöglicht der Gedankenstrich, Zusätze und Nachträge deutlich von der übrigen Aussage abzugrenzen und somit auf ähnliche Weise wie der Doppelpunkt zur Aufmerksamkeitssteuerung beizutragen, z. B.:

> *Das junge Mädchen, dessen Foto meinem Schreiben beiliegt, hat nun eine Chance – dank eines Paten.*

Mithilfe von **Aufzählungszeichen** werden gleichgeordnete Aspekte eines gemeinsamen thematischen Ausgangspunktes aufgezählt und als zusammenhängend gekennzeichnet (z. B. Listen). Häufig sind dabei die Einzelaussagen durch Absatz und Einrückung texträumlich besonders hervorgehoben.

Konnektoren

Ein wichtiges Mittel zur Herstellung von Kohäsion ist die Verknüpfung von Aussagen und Sätzen durch kausale, temporale und zahlreiche andere Relationen, die sog. **Konnexion.** Diese Form der Verknüpfung von Texteinheiten wird durch Konnektoren realisiert, die die Funktion von textuellen Bindewörtern übernehmen. Zum Paradigma der Konnektoren gehören im Wesentlichen Konjunktionen, Subjunktionen und bestimmte Adverbien, aber auch Abtönungspartikeln und Präpositionen.

Konjunktionen verbinden sprachliche Einheiten auf gleicher Ebene. Als einfache Satzkonjunktionen (z. B. *und, oder, denn*) stehen sie bei der Anbindung des Satzes normalerweise vor dem Vorfeld (vgl. Kap. 2.2; z. B. ***Denn** er verträgt einfach nicht so viel Süßes.*). Es gibt auch paarige Vertreter (z. B. *entweder – oder*).

Innerhalb komplexer Sätze zeigen **Subjunktionen** (z. B. *weil, da, wenn, falls, nachdem*) die Unterordnung von Nebensätzen an. Dabei bedingen sie die Endstellung des finiten Verbs und stehen immer an der ersten Stelle. Auf der Textebene sind vor allem diejenigen von Bedeutung, die vollständige Aussagen zueinander in Beziehung setzen, z. B.:

*Das Eis beginnt zu schmelzen, **da** der Gefrierpunkt der Salzlösung unter dem des reinen Wassers liegt.*

Adverbien (z. B. *danach, schon, schließlich, daher, deshalb, hierbei*) können einerseits dazu dienen, anaphorisch Inhalte vorangegangener Sätze wiederaufzunehmen (z. B. *Das sicherlich interessanteste Ergebnis ist die Bewertung der angebotenen Speisen. **Hierbei** wurde nach dem Schulnotensystem bewertet, also der Skala von Note 1–6.*).

Resultiert ihre Textfunktion daraus, dass sie Sätze miteinander verbinden, gehören sie zum Kohäsionstyp der Konnexion, z. B.:

*Langsam wird so aus dem gefrorenen Eis eine flüssige Kochsalzlösung, die nicht mehr gefriert. **Deshalb** können auch die Autos wieder fahren und die Fußgänger sicher über die Straße gehen.*

Im Vergleich zu Adverbien nehmen **Abtönungspartikeln** im Satz keine Satzgliedstelle ein. Als Abtönungspartikeln gelten bestimmte Verwendungsweisen von Wörtern wie *ja, denn, doch, aber, nur, halt, schon, nicht* oder *ruhig.*[19] Zu den topologischen Merkmalen von Abtönungspartikeln gehört vor allem ihre Vorfeldunfähigkeit, d. h., sie können nicht die erste Stelle im Satz einnehmen, sondern sie sind an das Mittelfeld eines Satzes gebunden. Dort stehen sie in der Regel vor der relevanten neuen Information, dem Rhema, und tragen damit zur kommunikativen Gliederung des Satzes bei. Ihre allgemeine Funktion besteht darin, sehr differenziert Einstellungen, Annahmen, Bewertungen und Erwartungen des Sprechers bezüglich des geäußerten Sachverhalts auszudrücken.

Die Verwendung von Abtönungspartikeln kann jedoch auch dazu dienen, etwas als ‚allgemein Bekanntes' oder als ‚Begründung' zu kennzeichnen. In diesen Fällen zeigen

19 Die Verwendung von Abtönungspartikeln war ursprünglich hauptsächlich an das Medium der Mündlichkeit gebunden, gewinnt aber heutzutage im Zuge einer zunehmenden Frequenz innerhalb von computervermittelten Kommunikationsformen auch im Schriftlichen immer mehr an Bedeutung.

Abtönungspartikeln die Beziehungsrelevanz zwischen zwei Aussagen an und tragen damit als satzverknüpfende Elemente zur Textkonstitution bei. In textverknüpfender Funktion können Abtönungspartikeln Konjunktionen oder Subjunktionen ersetzen. Beispielsweise begegnet die Abtönungspartikel *ja* bei bestimmten Formen des Argumentierens (z. B. beim Argumentationstyp Fakt) als alleiniger logischer Operator, z. B.: *Der Mensch ist ja kein Uhrwerk.* (vs. *Denn der Mensch ist kein Uhrwerk.*). Auch in der ‚Begründung' signalisierenden Funktion werden Bedeutungsähnlichkeiten zwischen *ja*-Sätzen und solchen mit Konjunktionen oder Subjunktionen deutlich, z. B.: *Wir hatten ja gedacht, dass ...* (vs. *Weil wir gedacht hatten, dass ...*).

Auch **Präpositionen** können als Bindewörter innerhalb von Texten fungieren, vor allem dann, wenn sie alternativ zu Sätzen, Infinitiv- und Partizipialkonstruktionen stehen, z. B.:

> ***Dank** der hohen Verwindungssteifigkeit reagiert das moderne Fahrwerk auf die unterschiedlichsten Straßenbeschaffenheiten.* (Direct Marketing-Prospekt Volvo)

Aus textlinguistischer Perspektive ist in diesem Zusammenhang u. a. relevant, welche Verknüpfungsbedeutungen solche Wörter ausdrücken. Bedeutsam für stilistische Aspekte ist hier im Allgemeinen, dass nur Sinnzusammenhänge, die durch die Beziehungen zwischen den Sachverhalten nicht hinreichend motiviert sind, durch spezielle Konnektoren gestützt werden müssen. Offensichtliche Zusammenhänge können hingegen ohne Konnektoren oder durch kopulative Konnektoren verbunden werden. Als charakteristisch für die geschriebene Sprache gilt dabei, dass inhaltliche Beziehungen zwischen den einzelnen Aussagen stärker explizit gemacht werden als im mündlichen Sprachgebrauch.

Mit dem Begriff ‚Konnexion' wird die Verknüpfung von Aussagen und Sätzen durch textuelle Bindewörter, sog. Konnektoren, bezeichnet. Im Vergleich zu Pronomina und Artikeln verknüpfen Konnektoren nicht, indem sie eine Suchanweisung innerhalb des Textes geben, sondern sie spezifizieren die logische Beziehung zwischen dem vorausgegangenen und dem folgenden Satz.

Bei der Aussageverknüpfung durch Konnektoren werden immer Hinweise auf die semantische Beziehung zwischen Texteinheiten gegeben. Dabei lassen sich zahlreiche Bedeutungsgruppen unterscheiden, die im Folgenden exemplarisch vorgestellt werden:[20]

Kopulative Konnektoren bezeichnen das Nebeneinanderstehen von Aussagen. Bei kopulativen Verknüpfungen im Text werden einer Aussage additiv weitere angefügt oder gleichberechtigte Alternativen genannt, die nebeneinander gelten oder sich ausschließen können. Als **additive** Konnektoren fungieren dabei einfache oder paarige Konjunktionen wie *und, sowie, sowohl – als (auch), nicht nur – sondern auch*, Adverbien wie *außerdem, weiterhin, erstens – zweitens*, Präpositionen wie *einschließlich* oder *inklusive* usw., während

20 Die Darstellung folgt im Wesentlichen der Terminologie und dem Klassifikationsvorschlag der Duden-Grammatik (vgl. Fritz 2006, S. 1085 ff.).

alternative Verknüpfungen durch Konjunktionen wie *oder* und *beziehungsweise* hergestellt werden.

Additive Konnexionsmittel können zusätzlich zur reinen Relation der Hinzufügung auch weitere Bedeutungsnuancen enthalten, wodurch das angebundene Glied in seinem Informationswert besonders hervorgehoben wird. Der Hervorhebung dienen vor allem die paarigen Vertreter der additiven Konnektoren sowie eine Vielzahl von Adverbien (z. B. *auch, vor allem*), die Aussagen an vorangegangene anknüpfen, z. B.:

> ***Nicht**, weil es die meisten Airbags hat, **sondern** weil die verschiedenen Sicherheitssysteme optimal zusammenwirken, um die Insassen zu schützen ... Es unterstreicht **nicht nur** das fließende Coupé-Design, **sondern** sorgt **auch** für mehr Sicherheit. **Auch** mit offenem Dach macht das Fahrzeug es einem Dieb außergewöhnlich schwierig ...* (Direct Marketing-Prospekt Volvo)

Bei einer **konditionalen** Verknüpfung wird eine sachliche Voraussetzung mit einer sachlichen Konsequenz fest verbunden. Prototypisch für solche Bedingungsgefüge ist das Verknüpfen durch konditionale Konjunktionen (z. B. *wenn, falls*).

Ein Konditionalverhältnis kann jedoch auch ohne konditionale Konjunktion o. ä. auskommen und nur durch Verberststellung im bedingenden Satz ausgedrückt werden (z. B. *Wird ein Unfall mit einem neueren Volvo innerhalb von 100 km um Göteborg gemeldet, werden unsere Forscher sofort vom Rettungsteam benachrichtigt ...*). Zudem gibt es eine Vielzahl von Umschreibungen des Bedingungsverhältnisses, die Konditionalität textuell explizit machen (z. B. *Vorausgesetzt, dass (...) – Daraus folgt, dass (...)*).

Auf der Interpretation einer konditionalen Beziehung basiert auch die Verwendung kausaler, konsekutiver, modal-instrumentaler und finaler Konnektoren, während adversative und konzessive Verknüpfungshinweise die umgekehrte Perspektive kennzeichnen als Gegensätze oder Einwände.

Als im engeren Sinne **kausal** werden Relationen bezeichnet, in denen sich eine potentielle Bedingung eines konditionalen Verhältnisses auf einen tatsächlichen Sachverhalt bezieht. Es handelt sich also um wirkliche Gründe, nicht nur mögliche oder gedachte, die zum Verständnis des Rezipienten angeführt werden. Eine kausale Bedeutung haben Subjunktionen wie *weil* oder *da*, die Konjunktion *denn*, Adverbien wie *deswegen, daher, demgemäß*, Präpositionen wie *wegen, aufgrund* u. v. m.

Wird ein Sachverhalt demgegenüber nicht als Ursache sondern als Folge markiert, liegt eine **konsekutive** Verknüpfung vor. Als konsekutive Relationshinweise kommen beispielsweise *demzufolge, somit, infolgedessen* oder *so dass* in Frage.

Modal-instrumentale Konnektoren wie die Subjunktionen *indem, dadurch dass, ohne zu*, die Präpositionen *mittels, mithilfe von, ohne* oder die Adverbien *damit, dafür, dazu* kennzeichnen eine Mittel-Zweck-Beziehung. Auf einer Mittel-Zweck-Relation basiert auch das **finale** Bedeutungsverhältnis, das die Aussage im Hinblick auf das verfolgte Ziel, das Motiv oder die angestrebte Wirkung einer Handlung anschließt (z. B. *zwecks, damit, um zu, dazu*).

Adversative Textverknüpfung entsteht durch das Thematisieren eines Kontrasts, also der Gegensätzlichkeit von zwei Sachverhalten. Das Vorliegen dieses Verknüpfungstyps kann durch Formen wie *entgegen, indes, wohingegen, allein, vielmehr, hingegen* oder *aber* angezeigt werden.

Konzessive Kohäsion entsteht durch die Korrektur einer Erwartungshaltung, die durch ein konditionales Verhältnis vorgegeben ist, und kann insofern als ein Sonderfall der Begründung angesehen werden, als sie einen Grund angibt, der nicht handlungsbestimmend geworden ist. Zu den Formen, die eine konzessive Relation kennzeichnen können, zählen: *obwohl, trotz allem, dennoch* oder *abgesehen von.*

Bei einer **temporalen** Verknüpfung werden Aussagen zueinander in eine zeitliche Beziehung gesetzt. Diese kann vorzeitig (z. B. *nach, nachdem, worauf, anschließend*), nachzeitig (z. B. *vor, bevor, vorher, früher*) oder gleichzeitig (z. B. *während, wenn, seit, wann, solange*) sein.

Durch **spezifizierende** Konnektoren können erläuternde Informationen an Aussagen angeschlossen werden, entweder **explikativ**, indem der vorangehende Sachverhalt durch weitere Einzelheiten näher erläutert wird (z. B. *insofern (als), das heißt, nämlich, also*), oder **restriktiv** durch die Einschränkung der Gültigkeit einer Äußerung (z. B. *außer, außer dass, außer wenn, abgesehen von, es sei denn, allerdings*).

Kohäsion kann schließlich hergestellt werden durch **vergleichende** Relationshinweise. Hierzu gehören einerseits **komparative** Konnektoren, die Ähnlichkeitsbeziehungen zwischen zwei Sachverhalten herstellen (z. B. *genauso, ebenso, ähnlich, entsprechend*), andererseits **proportionale** Konnektoren, die zwei Sachverhalte graduierend aufeinander beziehen (z. B. *in dem Maße, wie, je – desto*).

Aus textlinguistischer Perspektive sind Konnektoren also als relationsherstellende Einheiten zu verstehen, die einen metakommunikativen Status gegenüber der Vorgänger- und Nachfolgeinformation haben und somit der Steuerung des Textverständnisses dienen. In stilistischer Hinsicht ist relevant, dass für manche Konnektoren Sonderstellungen charakteristisch sind, vor allem Versetzungen von sonst syntaktisch gebundenen Ausdrücken an die Satzspitze. Dadurch können Informationen besonders auffällig hervorgehoben und die Aufmerksamkeit des Rezipienten gesteuert werden. Häufig treten derart steuernde Konnektoren deshalb in Verbindung mit bestimmten Textsorten, Textfunktionen und Textmustern auf. Ein Beispiel dafür sind Leitartikel, die durch die kommunikative Funktion ‚Meinungsbildung' und die ausgeprägte Verwendung argumentativer Muster gekennzeichnet sind (vgl. Kap. 3.3.2. und Kap. 4.3).

Die folgende Abbildung zeigt einen Überblick über die verschiedenen Bedeutungsgruppen der Konnektoren (vgl. Abb. 7):

kopulativ

- **additiv** z.B. *und*
- **alternativ** z.B. *oder*

Perspektiven auf Ursache-Wirkung

- **konditional** z.B. *wenn*
- **kausal** z.B. *weil, deshalb*
- **konsekutiv** z.B. *sodass, demzufolge*
- **modal-instrumental** z.B. *indem, mittels*
- **final** z.B. *zwecks, dazu*

Relation des Kontrasts / Einwandes

- **adversativ** z.B. *aber, hingegen*
- **konzessiv** z.B. *obwohl*

temporal

z.B. *vor, nachdem, während*

spezifizierend

- **explikativ** z.B. *das heißt*
- **restriktiv** z.B. *allerdings*
- **komperativ** z.B. *ebenso*
- **proportional** z.B. *je - desto*

Abb. 7: Bedeutungsgruppen von Konnektoren

Tempus-, Modus- und Diathesenkonstanz

Textkohäsion entsteht auch durch Tempus, Verbmodus und Diathese, deren Zeichen an jedem finiten Verb kodiert sind. Es geht um Informationen über den zeitlichen Zusammenhang von Aussagen im Text, die subjektive Stellungnahme des Produzenten / Senders zu dem durch die Aussage bezeichneten Sachverhalt bzw. zur Wirklichkeit des Gesagten und zur Quelle der Aussage, außerdem um Alternativen in der Darstellungsweise des Geschehens, die Möglichkeit zur Umkehrung der Handlungsrollen und zur Verschweigung der handelnden Person.

In Bezug auf das **Tempus** gilt es als charakteristisch für eine textorientierte Perspektive, die Wahl der Tempusform nicht allein auf die zeitlichen Verhältnisse der im Text stehenden Aussagen zu beziehen, sondern auch das sog. **Tempusregister** zu berücksichtigen. Der Begriff des Tempusregisters geht auf Weinrich[21] zurück, der zwischen den beiden Tempusregistern ‚Besprechen' und ‚Erzählen' unterscheidet: **Besprechende Tempora** (Präsens, Perfekt und Futur) legen dem Leser eine „gespannte" Rezeptionshaltung nahe, während **Erzählende Tempora** (Präteritum und Plusquamperfekt) dem Leser zu verstehen geben, dass die Rezeptionssituation insofern „entspannt" ist, als signalisiert wird, dass die Erzählung erst als Ganzes eine abgeschlossene Einheit bildet und Reaktionen des Lesers aufgeschoben sind. Wird über längere Textabschnitte ein Tempusregister beibehalten, bewirkt dies eine deutliche kohäsive Verknüpfung. Wird das Tempusregister gewechselt, entstehen textuelle Einschnitte, die Übergänge zwischen unterschiedlichen Textteilen – zwischen ereignisbezogener Erzählung und situationsbezogenem Diskurs – anzeigen, z. B.:

> *Als der Wassermann eines Tages nach Hause kam, sagte die Wassermannfrau zu ihm: „Heute musst du ganz leise sein. Wir haben nämlich einen kleinen Jungen bekommen."*
> *„Was du nicht sagst!", rief der Wassermann voller Freude. „Einen richtigen kleinen Jungen?"*
> *„Ja, einen richtigen kleinen Wassermann", sagte die Frau.*
> *„Aber bitte, zieh dir die Stiefel aus und sei leise, wenn du hineingehst. Ich glaube, er schläft noch."*
> *Da zog sich der Wassermann seine gelben Stiefel aus und ging auf den Zehenspitzen in das Haus. Das Haus war aus Schilfhalmen gebaut, es stand tief unten auf dem Grunde des Mühlenweihers. Statt mit Mörtel war es mit Schlamm verputzt; denn es war ja ein Wassermannshaus. Aber sonst war es genauso wie andere Häuser auch, nur viel kleiner. Es hatte eine Küche und eine Speisekammer, eine Wohnstube, eine Schlafstube und einen Flur. Die Fußböden waren sauber mit weißem Sand bestreut, vor den Fenstern hingen lustige grüne Vorhänge, die waren aus Algen und Schlingpflanzen gewebt. Und natürlich waren alle Stuben, der Flur und die Küche und auch die Speisekammer voll Wasser.*
> (Otfried Preussler „Der kleine Wassermann" 1956, S. 3 f.)

Zur Textkohäsion können also sowohl die Konstanz der Tempusform als auch die des Tempusregisters beitragen, folglich werden auch die textuellen Einschnitte dann am deutlichsten markiert, wenn sowohl das Tempusregister als auch die Tempusperspektive wechseln.

Der **Verbmodus** stellt die zentrale Kategorie im System der Modalität dar und trägt zur Textkonstitution weniger durch seine konstante Beibehaltung, sondern eher durch seinen konsequenten Diskursbezug bei. Moduskonstanz kommt als Element zur Textverknüpfung zwar prinzipiell in Frage, ist in der Regel jedoch auf wenige Textsorten und Textfunktionen beschränkt:

> *Kontakte speichern*
>
> *(1) Geben Sie die Nummer im Startbildschirm ein, und drücken Sie **Optionen > Ins Telefonbuch.***

21 Vgl. Weinrich (1993, S. 198 ff.).

(2) *Geben Sie die Kontaktdetails ein, und drücken Sie auf **Ja**, um sie zu speichern. Tipp: Drücken Sie ▪ > ▪ **Telefonbuch** > **Optionen** > **Telefonbucheinstellungen** >**Bevorzugter Speicher**, um festzulegen, wo Ihre Kontakte gespeichert werden sollen (**SIM** oder **Telefon**).*

(Betriebsanleitung „MOTOROLA GLEAM+ ger" [Originalsymbole wurden durch Platzhalter ersetzt.])

Der Modus kodiert mit seinen 4 Subkategorien die Handlungsbedeutung von Aussagen. Dabei kommt der Imperativ als Befehlsform in schriftlichen Texten – abgesehen von denen mit starker Handlungsorientierung (s. o.) – immer weniger vor. Während der Indikativ in der Regel die Wirklichkeit des Gesagten festlegt, modifiziert der Konjunktiv den Wirklichkeitsbezug als potential bzw. irreal und ermöglicht deren kleinräumige Einbindung in den Text. Die Formen des Konjunktiv I ermöglichen darüber hinaus die Integration von Aussagen Dritter ohne Haftung für ihre Richtigkeit / Wahrheit.

Als Mittel der Textverknüpfung kann auch das wiederholte Auftreten von gleichen Formen der **Diathese** interpretiert werden. Sichtbar ist dies vor allem am gehäuften Auftreten von Passivformen, z. B. bei Nachrichtentexten:

Vor einer Schule im französischen Grenoble sind zwei Männer erschossen worden. Ein weiterer Mann wurde schwer verletzt, so Le Dauphiné Libéré am Montag unter Berufung auf die Staatsanwaltschaft. (Der Standard 26. April 2016, S. 8)

Folgenreich für den Textverlauf ist vordergründig, dass Passivformen sog. „täterabgewandte" Formen darstellen, weil sie es ermöglichen, das Agens zu verschweigen.

Beruht der Textzusammenhang auf textuellen Zeichenbeziehungen zwischen Lexemen der offenen Wortklassen (v. a. Nomina, Verben und Adjektive), liegt **lexikalische Kohäsion** vor. Am deutlichsten ist lexikalische Kohäsion als Mittel der Textverknüpfung, dabei an der einfachen Wiederholung von Wörtern (oder auch Wortgruppen) zu erkennen:

Über mein Studium gibt es nicht mehr zu sagen, als dass ich hinging. Von den vierzehn Semestern fielen zehn ***Leo*** *zum Opfer.* [...] *Einzig in den wenigen guten Momenten (also wenn* ***Leo*** *Anzeichen von ernster Zuneigung zeigte), wurde das Studium zu mehr als bloßem melancholischen Schweifen im Zitatenfundus meiner Jugend. Dann habe ich Sätze wie* Dieses Horn, das man Ohrmuschel (papillon) nennt, ist für die malischen Dogon und Bambaras ein männliches Glied – und der Gehörgang eine Vagina. Das gesprochene Wort ist das zur Befruchtung unerlässliche Sperma *mit dem Textmarker zum Leuchten gebracht, so wie mich der Satz zum Leuchten brachte, denn es waren so gut wie* ***Leos*** *Worte. Aber wenn* ***Leo*** *mich nach einem gemeinsamen Wochenende an der zugefrorenen Ostsee spätabends vor meinem Kerker der Einsamkeit mit einem stummen Kuss ablieferte, dann wurde mir das Denken zur Marter, das Atmen zur Qual und die Tage und Nächte ununterscheidbar finster.*
(Anousch Mueller „Brandstatt", München: Beck 2013, S. 73 f. [Fettdruck zur Hervorhebung, nicht im Original])

Für die Wiederholung identischer lexikalischer Elemente begegnen in der Literatur die Begriffe ‚**Repetition**' (vgl. Halliday / Hasan 1976) und ‚**Rekurrenz**' (vgl. de Beaugrande / Dressler 1981). Wie im oben genannten Beispiel zu sehen ist, trägt die Wiederholung nominaler Referenzen zur Textverknüpfung bei,[22] indem sie einen Themabeibehaltungshinweis abgibt. Im Vergleich zur Pronominalisierung ist die Repetition /Rekurrenz als Signal für die Themabeibehaltung deutlich stärker. Wenn sie allerdings in zu hoher Frequenz vorkommt, kann sie die Akzeptabilität eines Textes verringern, weil die lexikalische Wiederholung Redundanz erzeugt, was in Bezug auf die Stilwirkung im Extremfall zur Monotonie führen kann. Hinsichtlich ihrer Funktion der Wiederaufnahme steht die Repetition / Rekurrenz den Pro-Formen nahe. Sie ist denen gegenüber jedoch expliziter und stellt keine Suchanweisung dar.

Gegenüber der vollständigen Rekurrenz, bei der dasselbe Wort (dieselbe Wortgruppe) wiederholt wird, trägt die sog. „**partielle Rekurrenz**" zur Textverknüpfung bei, indem ein Wortstamm mit veränderter Wortart wiederaufgenommen wird. Im folgenden Text kommt beispielsweise das Basismorphem *spiegel* in zweifacher Form mehrmals vor:

> ***Spiegeln** (pacen, matchen) bezeichnet den Vorgang, bei dem sich eine Person an Teile des beobachteten Verhaltens einer anderen Person angleicht. Beispielsweise indem sie bewusst – und zwar behutsam, ohne die Person nachzuäffen – die gleiche Körperhaltung einnimmt oder einen anderen Aspekt der Körpersprache aufgreift (nonverbales **Spiegeln**). Ebenso kann die inhaltliche Aussage oder die Sprechweise der anderen Person **gespiegelt** werden (= verbales **Spiegeln**). Auch das äußere Erscheinungsbild einer anderen Person kann **gespiegelt** werden. Bei Fußballspielen pacen sich die Schlachtenbummler auf vielen Ebenen. So sind die Fans eines bestimmten Vereins an gleichen Schals, Mützen, T-Shirts, Jacken und Fahnen erkennbar. Schließlich werden Merkmale der Persönlichkeit – wie der Lebensstil, Vorlieben, Überzeugungen und Werte – **gespiegelt**, indem zum Beispiel die gleiche politische Grundüberzeugung kundgetan wird.* (Armin Reins „Corporate Language", Mainz: Hermann Schmidt 2006, S. 120; [Fettdruck zur Hervorhebung, nicht im Original])

Wird ein Referenzausdruck bei Beibehaltung des Referenzbezugs („Ko-Referenz") durch einen anderen ersetzt, spricht man von **Substitution**. Dabei erfolgt durch die Ausdrucksvariation immer auch eine Weiterentwicklung des Themas (vgl. Hausendorf / Kesselheim 2008, S. 120 f.), weil die eingeführte Referenz differenziert und ausgebaut wird. Grundlegend für Substitutionen sind semantische Beziehungen im Lexikon, zu denen vor allem die Synonymie, die Antonymie und die Hyponymie zählen.

22 Bei der Repetition / Rekurrenz spielt das referenzielle Verhältnis zwischen einem Wort und seiner Wiederholung eine wichtige Rolle. Hier ist danach zu unterscheiden, ob sich die Realisationen eines Wortes im Sinne von Koreferenz auf dasselbe Referenzobjekt beziehen oder ob es Unterschiede gibt. Verweist das wiederholte Wort – ähnlich etwa wie Personalpronomina – auf dasselbe Objekt oder Lebewesen aus der Realität, liegt eine **identische Referenzrelation** vor. Demgegenüber liegt eine **inklusive** Beziehung vor, wenn die Wiederholung nur einen Teil des Referenzbezugs übernimmt. Unterscheidet sich ein Wort und seine Wiederholung eindeutig im Referenzbezug, wird dies als **exklusives** referenzielles Verhältnis bezeichnet (vgl. Schubert 2008, S. 46 f.).

Die lexikalischen Inhaltswörter bilden ein zusammenhängendes Begriffsystem, das auf Beziehungen zwischen Lexemen und kulturellen Abstraktionen zu diesen beruht. So befindet sich fast jedes Wort im Spannungsfeld einer Klasse von Wörtern, die eine gleiche oder eine ähnliche Bedeutung ausdrücken. Wenn zwei oder mehrere Wörter die gleiche Bedeutung haben und in derselben syntaktischen Umgebung vorkommen können, liegt **Synonymie** vor. Als Beispiele dafür werden häufig Wörter wie *Apfelsine – Orange, Fahrstuhl – Lift – Aufzug* oder *anfangen – beginnen* genannt. Eine echte Synonymie (auch: ‚totale Synonymie'), für die eine uneingeschränkte Austauschbarkeit der betreffenden Ausdrücke in allen denkbaren Kontexten Voraussetzung ist, tritt jedoch äußerst selten auf. Das hängt vor allem mit dem Prinzip der Sprachökonomie zusammen, das das Bestehen zweier absolut bedeutungsgleicher Ausdrücke im Lexikon hemmt.

Sehr oft unterscheiden sich Synonyme durch konnotative Merkmale, d. h. zusätzliche – meist emotional – bewertende Informationen (z. B. *Hund* vs. *Köter*, vgl. Kap. 3.2.3), sowie durch weitere stilistische Merkmale wie die Markierung von Stilebenen (z. B. *sterben – abkratzen*; vgl. Kap. 3.1 „Zentrale Begriffe der Stilanalyse"), regionale Markierungen (z. B. *Sonnabend – Samstag*) u. v. m. In solchen Fällen handelt es sich um die sog. **„partielle Synonymie"**, die auch dann vorliegt, wenn Lexeme nur in einigen Kontexten austauschbar sind, jedoch nicht in allen: *einen Brief bekommen / erhalten* vs. *einen Schnupfen bekommen/*erhalten.*[23] Im Rahmen von Substitutionsprozessen sind kontextabhängig natürlich auch derartige partielle Synonyme dazu geeignet, zu Textverknüpfung und Themavariation bzw. Themaentwicklung beizutragen.

Durch Substitution können auch lexikalische Elemente verknüpfen, wenn diese Bestandteile von sog. „Wortfeldern" (vgl. Kap. 3.2.3) sind. **Wortfelder**[24] werden von Wörtern gebildet, die auf paradigmatischer Ebene bedeutungsverwandt sind. Solche Wortfelder umfassen alle Wörter, die einen bestimmten begrifflichen oder sachlichen Bereich abdecken. Sie teilen zentrale Bedeutungselemente miteinander, heben sich aber auch durch spezielle Seme[25] (evtl. Oppositionsseme) und / oder stilistische Merkmale voneinander ab, z. B.: *Insel, Schäre, Eiland, Hallig, Fischerinsel, Urlaubsinsel, Atoll* usw.

Rentnermorde sorgen für Angst
*Mallorca eine **Mafiainsel?***
Palma de Mallorca. *Nach dem zweiten tödlichen Raubüberfall auf ausländische Rentner binnen weniger Monate wächst auf der **Ferieninsel** Mallorca die Angst unter den europäischen Residenten. Zum Jahresbeginn war ein 77-jähriger Schweizer Pensionär an den Folgen seiner schweren Verletzungen gestorben, die er bei einem brutalen Überfall erlitten hatte. Vieles deutet darauf hin, dass dieselben skrupellosen Täter dahinterstehen, die vier Monate zuvor im Inselosten einen deutschen Rentner überfielen und töteten.*

---

23 Das Zeichen * zeigt jeweils an, dass es sich um einen ungrammatischen Ausdruck handelt.

24 Den Ausgangspunkt für das Konzept der Wortfeldtheorie, das von Jost von Trier 1931 entwickelt wurde, bildet partielle Bedeutungsähnlichkeit.

25 Seme sind die Grundeinheiten der semantischen Analyse, die kleinsten distinktiven Bedeutungskomponenten, mit denen die Gesamtbedeutung von sprachlichen Ausdrücken beschrieben werden kann.

Mallorca werde zunehmend „ein Paradies für die Mafia" warnte die Zeitung „Diaro de Mallorca". Die ***Insel*** *habe sich in ein „Rückzugsgebiet für das internationale Verbrechen verwandelt". Die Tourismusbranche sorgt sich, dass derartige Gewaltverbrechen das Image der berühmten Insel beschädigen könnten. Im vergangenen Jahr verbrachten rund neun Millionen ausländische Touristen ihre Ferien auf der spanischen* ***Urlaubsinsel****. Zudem leben mehr als 100 000 Ausländer fest auf dem* ***Eiland****, davon allein 30 000 Deutsche* […]. (Ostthüringer Zeitung 22.01.2014 [Fettdruck zur Hervorhebung, nicht im Original])

Satzübergreifende lexikalische Beziehungen können auch durch Wortschatzelemente hergestellt werden, die in antonymischer Relation zueinander stehen. **Antonyme** sind Wörter, die durch die semantische Relation des Bedeutungsgegensatzes verbunden sind. Dabei können zwei Formen voneinander unterschieden werden: Die kontradiktorische oder komplementäre Antonymie, die etwa bei zwei Zuständen vorliegt, die sich gegenseitig ausschließen (z. B. *lebend – tot*). Um konträre Antonyme handelt es sich demgegenüber bei den Extrempunkten einer Skala, zwischen denen Übergangszustände denkbar sind (z. B. *heiß – kalt*).

Als Spezialform antonymischer Relation werden mitunter auch Wörter gefasst (vgl. z. B. Schubert 2008, S. 48 f.), die unterschiedliche Perspektiven auf ein Ereignis bezeichnen (sog. „konverse Antonymie" z. B. *kaufen – verkaufen*) oder räumliche Bewegungen in verschiedene Richtungen verbalisieren (sog. „direktionale Antonymie" z. B. *vorwärts – rückwärts*).

Durch Substitution verknüpfen vor allem auch Ausdrücke, bei denen eine Relation der Unter- oder Überordnung vorliegt. Dieses semantische Verhältnis zwischen einem Oberbegriff mit weiter Bedeutung (Hyperonym, z. B. *Obst*) und einem Unterbegriff (Hyponym, z. B. *Apfel*) wird als **Hyponymie** bezeichnet. Verschiedene Unterbegriffe, die gemeinsam zu einem Oberbegriff gehören werden Kohyponyme genannt (z. B. *Apfel, Birne, Kirsche, Pflaume*). Dabei unterscheidet sich jedes Hyponym durch mindestens ein spezifizierendes Merkmal von seinem Hyperonym.

Mit solchen Formen inhaltlicher Spezifizierung geht neben der Ausdrucksvariation natürlich immer die Weiterentwicklung des Themas einher, etwa durch ein Fortschreiten vom Speziellen zum Allgemeinen. Als besonders allgemeine Hyperonyme gelten in diesem Zusammenhang Lexeme wie *Person, Mensch, Ding, Zeug*, die innerhalb von Texten kohäsive Verbindungen mit unzähligen anderen Personen- und Sachbezeichnungen eingehen können.

Auf Teil-Ganzes-Beziehungen bezieht sich der Begriff der **Meronymie**, wobei das Lexem, das das Ganze benennt, als ‚Holonym' (z. B. *Baum*), das Wort für den entsprechenden Teil als ‚Meronym' (z. B. *Ast, Stamm*) bezeichnet wird. Meronymische Relationen bestehen typischerweise zwischen Wörtern mit gegenständlicher Bedeutung (sog. ‚Konkreta'). Sie begegnen in Texten häufig bei Raumbeschreibungen und in Verbindung mit bestimmten Formen der thematischen Progression (s. u. „Progression mit abgeleitetem Thema").

Weiterführende Literatur:

Cruse, Alan D.: Lexical Semantics. Cambridge UP, Cambridge 1986.
Halliday, Michael A. K. / Hasan, Ruqaiya: Cohesion in English. Longman, London 1976.
Lyons, John: Semantics. Cambridge UP, Cambridge 1977.
Fritz, Thomas: Der Text. In: Duden. Band 4 Die Grammatik. Dudenverlag, Mannheim 2006. S. 1067–1174.
Schubert, Christoph: Englische Textlinguistik. Eine Einführung. Erich Schmidt, Berlin 2008.

Textkonstitution durch Kontext und Weltwissen: Kohärenz

Thematische Progression

Die Verbindung zwischen Kohäsion und Kohärenz verdeutlicht insbesondere die Beschreibung der Thema-Rhema-Gliederung.[26] Im Zuge der Thema-Rhema-Gliederung eines Textes werden die Satz-für-Satz-Beziehungen nicht, wie bei den oben genannten Formen der Wiederaufnahme, nur in der Markierung der Ausdrücke, die direkten Bezug aufeinander nehmen, gesehen, sondern „darin, in welcher Weise das Darunterliegende erfasst wird, wie also Sätze mit ihren deiktischen Ausdrücken und nun vor allem mit ihren Prädikaten direkt aufeinander bezogen sind" (Eroms 2008, S. 45).

Das Modell der Thema-Rhema-Gliederung basiert auf dem **Ansatz der Funktionalen Satzperspektive**, der im Kontext der Prager Schule entstand (Mathesius 1929). Für die Textanalyse unterscheidet Daneš (vgl. 1970, S. 72 ff.) zwischen Thema und Rhema, wobei unter ‚**Thema**' das verstanden wird, worüber etwas mitgeteilt wird. Dabei handelt es sich unter kontextuellem Aspekt um die Information, die bekannt, vorgegeben, aufgrund der Situation erschließbar oder vom Rezipienten aufgrund seines Vorwissens bzw. seiner Weltkenntnis erkennbar ist. Als ‚**Rhema**' wird das bezeichnet, was über das Thema mitgeteilt wird. Das Rhema besteht also in der neuen, nicht vorher erwähnten und nicht aus dem Text- bzw. Situationszusammenhang ableitbaren Information.

Im Rahmen der Thema-Rhema-Gliederung wird die Textstruktur als eine Sequenz von Themen dargestellt,[27] wobei die thematische Struktur eines Textes in der Verbindung

---

26 Neben der Thema-Rhema-Gliederung gibt es in der Grammatikforschung noch zwei weitere Begriffs-Tandems, die sich auf die funktionale Arbeitsteilung zwischen Thema und darauf bezogener Aussage beziehen. Dies ist zum einen das Begriffspaar ‚topic' und ‚comment': Hier wird davon ausgegangen, dass in einer satzförmigen Äußerung häufig ein im Vorfeld stehender Teil des Satzes das Stichwort präsentiert, auf das sich der Rest als Kommentar bezieht, der dann das Neue in der Gesamtaussage dieses Satzes bildet. Das andere Begriffspaar ist ‚Hintergrund' und ‚Fokus', wobei als Fokus der Teil der Äußerung bezeichnet wird, der die im Mittelpunkt stehende neue Information enthält. Demgegenüber ist der Rest der Äußerung der Hintergrund. Häufig findet der Begriff ‚Fokus' auch Verwendung, wenn es um die Fokussierungsleistung von Akzentverteilungen, spezifischen Lexemen oder bestimmten Wortstellungen geht (vgl. Boettcher 2009b, S. 14).

27 Dabei wird deutlich, dass in Bezug auf das ‚Thema' Überschneidungen zur Kohäsion eines Textes bestehen, denn thematische Elemente werden typischerweise durch grammatische oder lexikalische Formen der Wiederaufnahme (z. B. anaphorische Pronomina, Hyperonyme) realisiert.

der Themen, ihren Wechselbeziehungen und ihrer Hierarchie besteht. Der Komplex von thematischen Relationen im Text wird als ‚**thematische Progression**' bezeichnet, Daneš (vgl. 1970, S. 75 ff.) unterscheidet fünf Typen von thematischen Progressionen:

(1) Bei der **einfachen linearen Progression** wird das Rhema des Vorgängersatzes zum Thema des folgenden Satzes (z. B. *Hans hat ein Fahrrad gekauft. Das Fahrrad steht im Keller. Im Keller …*).

(2) Im Falle der **Progression mit durchlaufendem Thema** bleibt das Thema einer Satzfolge konstant und den einzelnen Sätzen wird jeweils nur ein neues Rhema hinzugefügt (z. B. *Mein Fahrrad ist neu. Es ist ein Geschenk meines Vaters. Es steht zur Zeit im Keller …* vgl. Brinker 2005, S. 50). Die Beibehaltung des Themas bedeutet jedoch nicht, dass immer genau derselbe Ausdruck das Thema repräsentieren muss, weshalb die Formen der grammatischen und lexikalischen Wiederaufnahme Variation am Satzanfang ermöglichen.

(3) Im Zuge einer **Progression mit abgeleiteten Themen** werden die Themen der einzelnen Sätze von einem Oberthema aus entwickelt. So bildet für den folgenden Beispieltext das ‚Außendesign des Volvo C 70' das Hyperthema, z. B.:
Die Frontpartie des neuen Volvo C 70 drückt Kraft und Stärke aus. Seine fließenden Konturen vermitteln Leichtigkeit und Eleganz. Die ansteigende Gürtellinie leistet einen harmonischen Beitrag zum charakteristischen Auftritt … (Direct Marketing Volvo)

(4) Der vierte Typ besteht in der **Progression mit gespaltenem Rhema**, wobei das Rhema des vorausgehenden Satzes in den folgenden Äußerungen in mehrere Themen zerlegt wird, z. B.:
Ein über Jahre erhöhter Blutzuckerspiegel führt zur Veränderung der Blutgefäße. Die Blutgefäße erweitern sich und die Zellen der Gefäßwände sterben ab. Es kommt zu Ausbuchtungen, die Gefäße werden brüchig, Blut tritt in das umliegende Gewebe aus …

(5) Besonders häufig begegnet der fünfte Typ, die **Progression mit einem thematischen Sprung**, bei der zwar ein Hyperthema existiert, die Einzelthemen aber nicht immer unmittelbar aneinander anschließen, weil beispielsweise Glieder der thematischen Kette, die aus dem Kontext zu ergänzen sind, ausgelassen werden, z. B.:
Die Sinnesorgane funktionieren bei allen Menschen nach demselben Prinzip. Wie die Menschen ihre Wahrnehmungen empfinden, ist allerdings eine Frage des Geschmacks und der persönlichen Vorlieben. Der neue Volvo C 70 gibt jedem die Möglichkeit, ganz individuell den Sinnen zu schmeicheln … (Direct Marketing-Prospekt Volvo)

Dieser Progressionstyp entspricht weitgehend der impliziten Wiederaufnahme, die dadurch charakterisiert ist, dass zwischen dem wiederaufnehmenden Ausdruck und dem wiederaufgenommenen Ausdruck keine Referenzidentität besteht (vgl. Brinker 2005, S. 51).

Das skizzierte Modell der Thema-Rhema-Strukturen lässt nun einerseits Einblicke in grundlegende semantische Textstrukturen zu und verdeutlicht die Bedeutung der Satzstruktur für die kommunikative Dynamik eines Textes, wird an zentralen Punkten jedoch auch kritisiert. Das hängt vor allem damit zusammen, dass die verschiedenen Progressionstypen kaum in konsistenter Form vorkommen und ihre Rekonstruktion mit Zunahme der Textlänge äußerst schwierig wird. Zudem scheint etwa die Definition der Begriffe ‚Thema' und ‚Rhema' vage (vgl. Brinker 2005, S. 51), denn die thematische Basis einer Aussage muss nicht immer die bekannte Information enthalten. So können gerade am Textanfang Sätze auftreten, die überwiegend neue Informationen enthalten, wodurch die Unterscheidung von rhematischen Elementen blockiert wird.

Makrostrukturen

Ein weiteres Konzept, das sich mit der Themenentwicklung eines Textes befasst, ist das im Rahmen der Erzähltextanalyse von van Dijk (1980) entwickelte Konzept der Makrostruktur, das er später noch um Superstrukturen erweitert. Unter Makrostruktur bzw. semantischer Tiefenstruktur versteht van Dijk die globale Bedeutung des Textes, die aus Verfahren der paraphrasierenden Reduktion gewonnen werden kann.

Die Makrostruktur (macrostructure) eines Textes ist dessen genereller Inhalt, der sich durch Makroregeln aus den Mikrostrukturen, also den satzförmigen Einzelpropositionen, ableiten lässt. (Schubert 2008, S. 81)

Zur Ableitung der sog. Makropositionen aus den Propositionen des konkreten Textes finden Operationen Anwendung, die sich in Form von drei zentralen Makroregeln abbilden lassen, d. h. als Auslassen, Verallgemeinern und Konstruieren. Die durch derartige Verfahren gewonnenen Makrostrukturen sollen die Möglichkeit eröffnen, sich an den Inhalt eines Textes zu erinnern, Texte zusammenzufassen und das Thema eines Textes zu benennen:

1. Beim **Auslassen** werden alle Propositionen entfernt, die für andere Propositionen bzw. für die Interpretation des weiteren Textes irrelevant sind. Das heißt, es geht – im positiven Sinne – um ein Auswählen der für den weiteren Textverlauf bedeutsamen Informationen. So enthält beispielsweise der Satz *A girl in a yellow dress passed by.* die drei Aussagen:
   a. *A girl passed by.*
   b. *She was wearing a dress.*
   c. *The dress was yellow.* (vgl. van Dijk 1980, S. 46)
   Wenn es nun für die Interpretation des weiteren Textes unwichtig ist, was das Mädchen trägt und welche Farbe dies hat, kann Aussage a. als die einzig relevante ausgewählt werden.
2. **Generalisieren** bezeichnet das Umformen und Zusammenfassen inhaltlicher Details zu allgemeineren Aussagen. So lassen sich die Propositionen (a) *Mayla füllt ein Bein einer Strumpfhose mit Watte und Wollresten.* (b) *Greta schneidet an einem Ende einen Halbkreis aus, so dass zwei Spitzen stehen bleiben.* und (c) *Tim näht Haare aus dicken Wollfäden an.* mit folgender Makroproposition verallgemeinern: *Die Kinder basteln Stofftiere.* Typischerweise werden beim Generalisieren Hyperonyme, also Wörter mit einem größeren begrifflichen Umfang, verwendet.

3. Unter **Konstruieren** wird das Herstellen einer Makroproposition aus mehreren Mikropropositionen verstanden. Dieses Vorgehen beruht auf Wissensbeständen, die als Frames und Skripts organisiert sind (s. u.), z. B.:

   Die Frau an der Orgel war die Pianistin des abrupt beendeten kleinen Hauskonzerts. Der Cellist saß auf einem der Chorstühle in der Nähe. Wahrscheinlich würde er später spielen. Nachdem wir uns niedergelassen und ein Weilchen gelauscht hatten, gab es hinten in der Kirche etwas Unruhe. Ich drehte mich nicht um, denn mir war gerade die Kiste aus dunklem polierten Holz aufgefallen, die quer unter dem Altar stand. Der Sarg. Manche Leute nannten ihn Sarkophag. Er war geschlossen. (Alice Munro „Liebesleben", Frankfurt am Main: Fischer 2013, S. 153)

   Die in den Sätzen dieses Beispiels aneinandergereihten Mikropropositionen können zu einer Makroproposition *Die Erzählperson befindet sich auf einer Beerdigung.* zusammengefügt werden.

Mithilfe der Makroregeln kann der Inhalt von Texten zusammengefasst und verallgemeinert werden, wobei sie jedoch in verschiedener Weise angewendet werden können. Somit ergeben sich bei verschiedenen Rezipienten in variablen Kontexten mitunter erheblich voneinander abweichende Makrostrukturen. Im Unterschied zur Makrostruktur stellt eine **Superstruktur** ein abstraktes Schema dar, das „die globale Ordnung eines Textes festlegt und das aus einer Reihe von Kategorien besteht, deren Kombinationsmöglichkeiten auf konventionellen Regeln beruhen" (van Dijk 1980, S. 131). Superstrukturen sind demnach Strukturen, die – unabhängig vom Textinhalt – den Texttyp kennzeichnen. Damit übernimmt dieser Ansatz Vorstellungen zur Textorganisation, die mit dem Konzept sog. ‚story grammars' (Rumelhart 1975) vorgezeichnet sind. Die Superstruktur wird als Ordnungsschema aufgefasst, auf das der Text zugeschnitten wird. Deshalb hat sie große Bedeutung für die Produktion von Texten und die Text- und Informationsverarbeitung: So erkennt etwa der Hörer / Leser nicht nur, wovon ein Text handelt, sondern vor allem, dass er eine Erzählung ist (vgl. van Dijk 1980, S. 129). Superstrukturen können im Rahmen einer Textsortentypologie dazu dienen, den Aufbau von Textstrukturen nachzuzeichnen (vgl. Kap. 4.1).

Isotopieebenen

Gegenüber den o. g. lexikalischen Elementen, die an der Textoberfläche verankert sind, wird thematische Zusammengehörigkeit auch durch die textbezogene Aktivierung semantischer Merkmale signalisiert. Mit dem **Isotopiekonzept** wird deshalb versucht, Textverknüpfung ausschließlich unter semantischen Gesichtspunkten, über die Identität semantischer Merkmale zu beschreiben. Das Isotopiekonzept setzt ‚unterhalb' der Wortebene an, indem es auf die Semanalyse zurückgreift, d. h., die textverknüpfende Wirkung der Wiederaufnahme wird nicht an ganzen Wortbedeutungen festgemacht, sondern an einzelnen rekurrenten semantischen Merkmalen (vgl. Linke et al. 2004, S. 260 f.). Die Grundannahme besteht darin, dass sich Wortbedeutungen über die Satzgrenze hinweg zu textsemantischen Komplexen (Isotopieebenen) verbinden, wobei ein Text jeweils über mehrere solcher Komplexe bzw. Isotopieebenen verfügen kann. Das folgende Textbeispiel lässt als wichtigste Isotopieebene die Wiederkehr des semantischen Merkmals ‚Sinneswahrnehmung' erkennen:

> *Kann man Frühlingssonne schmecken? Wie fühlt sich Sicherheit an? Wie klingt Kraft? Der neue Volvo C 70 ist unsere Hommage an die Sinne. Eine Kombination wie man sie bisher nicht erlebt hat. Und eine Offenbarung für alle, die frei sind, das Besondere zu empfinden.*
> (Produktargumenter „Der neue Volvo C 70" 2005, S. 7)

Wie das Beispiel zeigt, eignet sich das Isotopiekonzept auch für die Beschreibung bzw. Analyse von Texten, bei denen gestörte syntaktische und wortsemantische Bezüge vorliegen.

Frame und Skript

Hinweise auf die thematische Entwicklung von Texten ergeben sich vielfach wissensabhängig durch die Vertrautheit mit bestimmten Handlungsrahmen und Handlungsabläufen. Sie ermöglicht es den Rezipienten, in Verbindung mit dem jeweiligen Kontext einen Teil der Sinnkontinuität von Texten durch kognitive Inferenzprozesse zu konstruieren. Für die Beschreibung dieser mentalen Operationen bei der kognitiven Textverarbeitung spielt es eine wichtige Rolle, in welcher Form Wissen mental repräsentiert ist. So werden die meisten Informationen nicht als isolierte Einzelelemente gespeichert, sondern bilden komplexe Wissensbündel, die sich z. B. auf Handlungen wie das Einkaufen oder Autofahren beziehen können. Generalisierte Formen solcher Wissensrepräsentationen stellen sog. ‚globale Muster' wie Frames und Skripts dar, mit deren Hilfe die Weltwahrnehmung und Welterfahrung vorstrukturiert und somit das Erkennen von Handlungen bzw. Handlungsfragmenten erleichtert wird (vgl. Schubert 2008, S. 72), um den Zusammenhang zwischen Weltwissen bzw. Handlungswissen und den in einem Text vermittelten Informationen nachvollziehen zu können. Es geht dabei wiederum um Bezüge zwischen Aussagen und Sätzen, die auch dann hergestellt werden, wenn grammatische oder semantische Verknüpfungen fehlen, die etwa auch die Voraussetzung dafür bilden können, dass noch nicht eingeführte Textelemente mit dem bestimmten Artikel stehen können. Solche Textbezüge kommen jedoch nur zustande, wenn ein gemeinsamer außersprachlicher Sachbezug vorliegt (vgl. Linke et al. 2004, S. 265 f.).

Mit **Frames** lassen sich Wissensbestände beschreiben, die als statische Zusammenhänge zwischen Einheiten des Weltwissens organisiert sind. Zu diesen Frames gibt es typische *slots*, die mit *fillers* versehen werden. Wenn ein Rezipient den jeweiligen Frame kennt, kann er beim Textverstehen die Wörter eines Textes als Fillers diesen im Weltwissen gespeicherten Slots zuordnen oder sie durch das Mittel der Inferenz aus seiner Weltkenntnis ergänzen. Das bedeutet auch, dass sobald ein bestimmter Frame wie z. B. ‚Auto' identifiziert ist, Begriffe, die Verständnisprobleme bereiten, vor dem Hintergrund eines existierenden Fachwortschatzes rezipiert werden. Im folgenden Textausschnitt gilt das beispielsweise für Wörter wie *Leon* oder *Dynamik-Paket*:

Seit der Einführung des ST *bietet Seat für den Leon auch den empfehlenswerten Notbremsassistenten „Front Assist" an (290 €), der Auffahrunfälle vermeiden oder deren Folgen zumindest reduzieren kann. Das neue adaptive Fahrwerk, das für die stark motorisierten* FR-*Varianten in Kombination mit einer progressiven Lenkung als Dynamik-Paket angeboten wird (760 €), sorgt für einen guten Federungskomfort und ein angenehmes Fahrgefühl.*
(ADAC Motorwelt 3/2014, S. 36)

Als **Skripts** werden Wissensbestände beschrieben, die sich auf den dynamischen Ablauf bestimmter Handlungszusammenhänge beziehen und den beteiligten Elementen deshalb eine chronologische Reihenfolge zuordnen. Skripts beschreiben einen charakteristischen Handlungsablauf einschließlich der zugehörigen Gegenstände bzw. Aktanten und können Wissen über individuell und sozial standardisiertes und erfolgreiches Handeln in einer bestimmten Kultur enthalten.

Für die Rezeption bzw. das Verstehen vieler Texte wird sowohl eine statische als auch eine dynamische Perspektive auf Wissensbestände benötigt. So setzt z. B. der folgende Text den Frame ‚Automobil und Cabriolet' voraus, der eng mit dem Skript ‚Autofahren bzw. die Instrumente eines Autos bedienen' verbunden ist:

Der Volvo C 70 ist Coupé und Cabrio zugleich. Dazwischen liegen weniger als ein Knopfdruck und 30 Sekunden. Er verbindet Kraft und Agilität mit Leichtigkeit. In seinem geräumigen Innenraum reisen vier Erwachsene auch auf langen Strecken unvergleichlich komfortabel.
(Volvo Direct Marketing-Prospekt 2010)

Präsuppositionen

Das Konzept der Präsuppositionen dient vor allem dazu, den Anteil von außersprachlichen Wissensbeständen bei der Konstitution von Textkohärenz zu erfassen. Präsuppositionen gehören zu den voraussetzenden Bedingungen, die gegeben sein müssen, um angemessene bzw. korrekte Äußerungen produzieren und rezipieren zu können. Sie werden innerhalb der Äußerung jedoch nicht explizit ausgedrückt. Daraus ergeben sich neben der Möglichkeit, erhebliche Teile an textuellem Material einzusparen, auch zahlreiche weitere relevante Aspekte für die stilistische Gestaltung bzw. für die Erklärung von Stilabsicht und Stilwirkung. Hierzu zählen etwa im Hinblick auf Textsorten mit persuasiver Funktion bestimmte Techniken für die Vermittlung von Kenntnissen oder die Veränderung von Einstellungen. In diesem Zusammenhang geht es weniger um **pragmatische Präsuppositionen** – also nicht sprachlich formulierte, aber durch den Text vorausgesetzte Wissensbestände und Alltagserfahrungen, die sich erst aus dem Gebrauch, den man von einem sprachlichen Ausdruck macht, ergeben (auch gebrauchsgebundene Präsuppositionen, vgl. Linke et al. 2004, S. 261 ff.) –, sondern eher um zeichengebundene Präsuppositionen, die direkt an den materiell gegebenen Text, also an bestimmte Konstruktionen oder Wortbedeutungen gebunden sind.

Das sind zum einen sog. ‚**Existenzpräsuppositionen**' bzw. ‚referentielle Präsuppositionen', die beispielsweise durch die Verwendung des bestimmten Artikels oder die Setzung von definierenden Attributen ausgelöst werden. So enthalten die Aussagen *Das versenkbare*

Metalldach des neuen Volvo C 70 ist ein Meisterwerk der Ingenieurskunst ... und *Das tiefer gelegte Fahrwerk des neuen Volvo C 70 verbessert das Fahrergebnis zusätzlich ...* auf jeden Fall folgende referentiellen Präsuppositionen:

‚Der neue Volvo C 70 hat ein versenkbares Metalldach',
‚Der neue Volvo C 70 hat ein tiefer gelegtes Fahrwerk' und
‚Es gibt einen neuen Volvo C 70'.

Zu den zeichengebundenen Präsuppositionen gehören zum anderen die **semantischen Präsuppositionen**, die an die Bedeutung einzelner Wörter oder Ausdrücke gebunden sind. Dabei geht es um die nicht direkt angesprochene, aber mitgemeinte Bedeutung, die mit bestimmten Äußerungen verknüpft ist. Hierzu zählt etwa die Verwendung implikativer Verben (wie z. B. *es fertig bringen, sich herablassen, gelingen*; vgl. Grewendorf et al. 1996, S. 432). Zum Beispiel wird mit dem Satz: *Volvo hat es geschafft, die Sicherheit einer geschlossenen Limousine mit der Ästhetik eines reinrassigen Cabriolets zu kombinieren.* auch ausgesagt, dass sich das Unternehmen ‚Volvo' in irgendeiner Weise um dieses Ergebnis („*Das beste zweier Welten*") bemüht hat. Denn die Bedeutung von *es schaffen, etwas zu tun* schließt ein ‚Sich-bemüht-haben' mit ein.

Das bedeutet, beide Formen zeichengebundener Präsuppositionen erlauben dem Textproduzenten, mit der Äußerung bestimmter Sätze gewisse Tatbestände und Sachverhalte zu behaupten bzw. als gegeben zu unterstellen, die selbst nicht explizit thematisiert bzw. mit den verwendeten Ausdrücken nicht explizit ausgesagt werden. Sie können dadurch auch eine Art ‚verdeckte Rekurrenz' bzw. ‚verdeckte Substitution' ermöglichen, die zur Kohärenzbildung beiträgt (vgl. Linke et al. 2004, S. 263 f.).

Weiterführende Literatur:

Brinker, Klaus: Linguistische Textanalyse. Erich Schmidt, Berlin 2005.
De Beaugrande, Robert Alain / Dressler, Wolfgang Ulrich: Introduction to Text Linguistics. Longman, London 1981.
Dijk, Teun A. van: Textwissenschaft. Eine interdisziplinäre Einführung. DTV, München 1980.

2.2 Satzebene

Unter der primären und obersten Ebene der Textbeschreibung, der Textebene, liegt die Satzebene.[28] Für die Beschreibung der Satzebene ist es zunächst sinnvoll, auf grundlegende Prinzipien des Satzaufbaus, auf Form und Eigenschaften syntaktischer Strukturen und Elemente sowie auf die Beziehungen zwischen diesen Strukturen und Elementen innerhalb eines Satzes einzugehen.

28 Der Begriff ‚Satzebene' bezieht sich hier nicht ausschließlich auf ganze Sätze, sondern auch auf unvollständige syntaktische Strukturen wie Ellipsen und Satzfragmente.

Der Begriff ‚Struktur' setzt die Annahme von Elementen voraus, die einerseits so miteinander verknüpft sind, dass sie Funktionen innerhalb der Struktur erfüllen, und andererseits bestimmte Eigenschaften miteinander teilen, die die Zuordnung zu Kategorien ermöglichen. Die komplexe Struktur des Zeichensystems Sprache lässt sich dabei anhand von zwei grundlegenden Relationen beschreiben: erstens **syntagmatischen**, zweitens **paradigmatischen Beziehungen.**[29] Um syntagmatische Relationen handelt es sich, wenn sprachliche Einheiten in einem Ausdruck zusammen vorkommen (können). So stehen die Laute [b], [l], [a] und [t] in dem Wort *Blatt* in syntagmatischer Beziehung zueinander. Auf der Satzebene liegen syntagmatische Beziehungen in Fällen wie *Er wirft (den Ball)* vor, denn zwischen *er* und *wirft* besteht die syntagmatische Beziehung der **Kongruenz**, d. h. der Übereinstimmung bestimmter grammatischer Merkmale (z. B. in Person und Numerus). Syntagmatische Beziehungen werden also durch die Kombinierbarkeit auf horizontaler (linearer) Ebene definiert.

Demgegenüber bestehen paradigmatische Beziehungen zwischen sprachlichen Elementen, die austauschbar sind – also prinzipiell an der gleichen Position innerhalb eines sprachlichen Ausdrucks stehen können – und auf der vertikalen Ebene liegen. So bilden die Anlautphoneme /b/, /t/ und /g/ in *Bier*, *Tier* und *Gier* ebenso eine paradigmatische Austauschklasse auf der lautlichen Ebene wie *gehen*, *latschen*, *schlurfen* auf der lexikalischen oder *Pizzas* und *Pizzen* auf der morphologischen. Auf der syntaktischen Ebene können die Elemente ebenfalls ähnliche oder gleiche grammatische Eigenschaften aufweisen. So lassen sich *klein*, *groß*, *stark*, *schwach* alle der Wortart Adjektiv zuordnen, weil sie deklinierbar sind und über kein festes Genus verfügen. Aufgrund der grammatischen Eigenschaften, die die Mitglieder einer Wortart teilen, werden diese auch als syntaktische Kategorien bezeichnet. Die syntagmatische Ebene ist die Ebene der **Kombination**; dagegen ist die paradigmatische Ebene die Ebene der **Selektion.**

Die Differenzierung zwischen syntagmatischen und paradigmatischen Relationen ist somit für alle sprachlichen Beschreibungsebenen relevant. Das Verhältnis von Syntagma und Paradigma auf der Ebene des Satzes veranschaulicht die folgende Darstellung:

	Paradigma 1	**Paradigma 2**	**Paradigma 3**	**Paradigma 4**	**Paradigma 5**
Syntagma 1	Der	Handballer	wirft	den	Ball.
Syntagma 2		Sie	fängt	einen	Pass.
Syntagma 3	Ein	Fußballer	schießt	ein	Tor.
Syntagma 4	Eine	Fußballerin	schlägt		Flanken.

Bei der Beschreibung sprachlicher Phänomene lassen sich jedoch syntagmatische und paradigmatische Relationen nicht immer scharf voneinander abgrenzen. So werden etwa Wortartenzuschreibungen einerseits über die Einordnung in ein Paradigma bestimmt, andererseits lassen sie sich mitunter erst über ihre für das Syntagma relevanten Eigenschaften durchführen.

29 Diese Unterscheidung geht auf Saussure ([1916] 1976) zurück.

Grammatikalität und Akzeptabilität

Korrekte Syntagmen ergeben sich auch im Deutschen nicht aus einer willkürlichen linearen Aneinanderreihung von Wörtern, sondern unterliegen bestimmten Regularitäten. So würde ein Muttersprachler den folgenden Satz sehr wahrscheinlich nicht als wohlgeformt und grammatisch richtig bewerten:

(1) a) **Danach ich habe Fußball gespielt.*

Ebenso verhält es sich mit dem nächsten Satz, bei dem nicht nur gegen die übliche Wortstellung, sondern auch gegen die reguläre Genuszuordnung verstoßen wird:

b) **Er gestern gelaufen ist eine Marathon.*

Beide Sätze sind ungrammatisch, weil erst die richtige Reihenfolge und die richtige Verbindung von Einzelelementen eine sprachlich korrekte syntaktische Einheit ergibt. Das heißt, der Begriff der **Grammatikalität** bezieht sich auf die Wohlgeformtheit einer sprachlichen Äußerung in Bezug auf einzelne Aspekte der Sprachbeschreibung (z. B. der Syntax). Grammatikalität kann durch die Urteile kompetenter Sprecher einer Sprache aufgrund deren intuitiven Regelwissens eingeschätzt werden. Dabei ist Grammatikalität zu unterscheiden von Kategorien wie ‚**Akzeptabilität**' und ‚Angemessenheit', die insbesondere für die stilistische Analyse bedeutsam sind (vgl. Kap. 3.2.4). So können Sätze auch dann für kompetente Sprecher nicht akzeptabel sein, wenn sie grammatisch sind. Relevant können hierbei etwa die Satzlänge oder der Komplexitätsgrad eines Satzes in Zusammenhang mit einer bestimmten Kommunikationssituation sein. Beispielsweise ist der nachfolgende Satz (2) wohl nicht nur wegen seines Themas für ein Kinderbuch inakzeptabel, obwohl er das Kriterium der Grammatikalität erfüllt:

(2) *Die Anglerin, die die Rute, welche sie sich von ihrer Freundin, die sie bereits aus der Schule kennt, geborgt hatte, nicht zum Blinkern, das in manchen Gewässern verboten ist, einsetzen wollte, verhält sich meistens nach den Vorschriften.*

Was von den Sprechern einer Sprache als akzeptabel oder inakzeptabel bzw. als grammatisch oder ungrammatisch bewertet wird, kann sich mit der Zeit und mit Blick auf den jeweils dominanten Sprachgebrauch und die jeweilige Kommunikationssituation ändern, denn Sprache unterliegt einem stetigen Wandel. Dieser Sprachwandel bewirkt auch, dass es Uneinheitliches und Schwankungen in Bezug auf die Bewertung von Sprache gibt. So wäre der Satz *Die hebe ich auch immer auf, weil die ist so witzig.* vor einigen Jahren noch eindeutig als inakzeptabel empfunden worden (*weil* in Hauptsatzstellung), ebenso wie die doppelte Negation im folgenden Textbeispiel (3), die im Mittelhochdeutschen akzeptabel und grammatisch war, heute als ungrammatisch gilt.[30]

30 Im Gegenwartsdeutschen ist die doppelte Verneinung noch in einzelnen Dialekten wie dem Bairischen gebräuchlich (vgl. *Das ist kein Problem nicht.* [des is ko problem ned]).

(3) *Nû giengen sî ouch ezzen,*
*und **en**wart des **niht** vergezzen*
sî enbuten dem gaste
vollecl̂icher vaste
alsô grôze êre[31]
(Hartmann von Aue „Iwein", Vers: 6545–6549 [Hervorhebung nicht im Original])

Zur Beschreibung von Sätzen

Das den Regularitäten des Deutschen entsprechende Inbezugsetzen von Wörtern ergibt größere Einheiten, die Verbindung dieser größeren Einheiten ermöglicht die Bildung von Sätzen. Nach Dürscheid können Sätze wie folgt definiert werden:

> Sätze sind sprachliche Einheiten, die relativ selbständig und abgeschlossen sind. Sie bauen sich aus Phrasen auf; und sie erscheinen normalerweise in größeren selbständigen und abgeschlossenen, sprachlichen Einheiten, in Texten. (Dürscheid 2012, S. 56)

Syntaktische Beziehungen beziehen sich auf die Regularitäten des Satzbaus bzw. der Syntax. Neben der Linearität sind diese Beziehungen durch die Eigenschaften der Elemente bestimmt (Nominalphrasen können so u. a. Subjekt- oder Objektstatus haben). Wesentliche syntaktische Bausteine sind die Phrasen. Da der Kern bzw. Kopf von Phrasen jeweils durch eine spezielle Wortart und ihre Eigenschaften bestimmt ist, werden zunächst kurz die verschiedenen Wortarten charakterisiert, im Anschluss daran häufige Phrasentypen beschrieben.

Wortarten

Wörter lassen sich aufgrund ihrer grammatisch-lexikalischen Eigenschaften Wortarten zuordnen.[32] Gängige Wortartklassifikationen gehen in der Regel von morphologischen Kriterien aus, wie der grundlegenden Unterscheidung zwischen flektierbaren und nichtflektierbaren Wörtern bzw. bei erstgenannten zwischen deklinierbaren und konjugierbaren (vgl. Abb. 8):

---

31 In der Übersetzung von Cramer (vgl. 2001): „So gingen sie dann zum Essen und man unterließ nicht, dem Gaste im reichen Maße so große Ehrerbietung zu erweisen."

32 In Zusammenhang mit derartigen linguistischen Kategorien ist zu berücksichtigen, dass es sich vielfach um prototypische Vorstellungen handelt. Das bedeutet, im Zentrum der Kategorie befinden sich diejenigen Elemente, die die größte Anzahl an Gemeinsamkeiten aufweisen. An ihren Rändern nimmt die Anzahl gemeinsamer Eigenschaften ab.

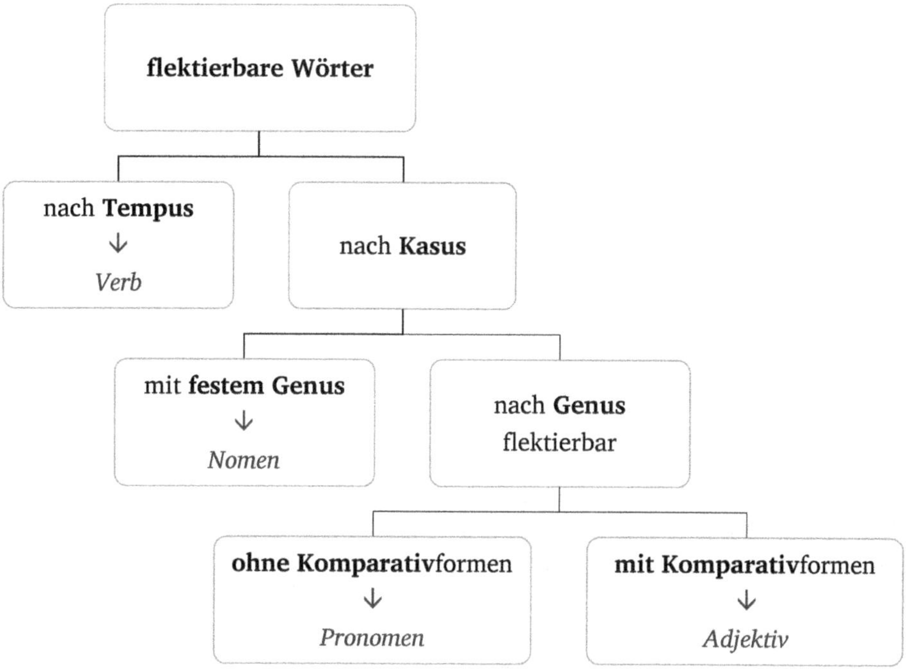

Abb. 8: Wortartendifferenzierung nach morphologischen Kriterien

Substantive, Adjektive, Artikel und Pronomen sind deklinierbar, d. h., sie enthalten Kasus-, Numerus-und Genusinformationen. Diese Kategorien sind im Deutschen folgendermaßen gegliedert:

Kasus:	Nominativ, Genitiv, Dativ, Akkusativ
Numerus:	Singular, Plural
Genus:	Maskulinum, Neutrum, Femininum

Verben sind konjugierbar. Sie können nach Merkmalen der Kategorien ‚Person', ‚Numerus', ‚Tempus', ‚Modus' und ‚Genus verbi' bestimmt werden, worin sich folgende Teilkategorien spiegeln:

Person:	1., 2., 3.
Numerus:	Singular, Plural
Tempus:	Präsens, Präteritum, Perfekt, Plusquamperfekt, Futur I, Futur II
Modus:	Indikativ, Konjunktiv I und II, Imperativ
Genus verbi:	Aktiv, Passiv

Darüber hinaus wird zwischen offenen und geschlossenen Wortklassen unterschieden. Offene Wortklassen können insbesondere durch Wortbildung ständig erweitert werden. Zu ihnen gehören die lexikalischen Inhaltswörter, sog. **Autosemantika** (Substantive, Verben, Adjektive). Geschlossene Wortklassen umfassen die grammatischen Funktionswörter, sog. **Synsemantika**, die die Inhaltswörter eines Syntagmas verbinden (z. B. Präpositionen, Konjunktionen). Geschlossene Wortklassen unterliegen diachron betrachtet deutlich geringeren und langsameren Veränderungen als offene.

Im Vergleich zu anderen deklinierbaren Wortarten verfügen **Substantive** über ein relativ festes Genus. Gelegentlich kommt es auch zu Genusschwankungen, die in den meisten Fällen regional bedingt sind (z. B. *die/das Cola*; vgl. Kap. 3.2.2). Die Genuszuweisung erfolgt nicht zufällig, sondern ist von semantischen, phonologischen, morphologischen und pragmatischen Kriterien abhängig (vgl. Köpcke / Zubin 2009). In semantischer Hinsicht können Substantive in Abstrakta (z. B. *Freiheit, Liebe, Würde*), Konkreta wie Appellativa (z. B. *Stuhl, Bibliothek*) und Stoffsubstantive (‚nicht zählbare Entitäten' z. B. *Wasser, Mehl*) sowie Eigennamen (z. B. *Paul, Bello*) unterschieden werden.

Die Besonderheit der Wortart **Adjektiv** besteht in ihrer Fähigkeit zur Bildung von Vergleichsformen (Komparation), die sie neben dem Positiv (z. B. *schön*) auch Komparativ- und Superlativformen bilden lässt (z. B. *schöner – am schönsten*). Adjektive lassen sich attributiv (4a), prädikativ (4b) und adverbial (4c) verwenden. In der prädikativen und adverbialen Verwendung werden sie nicht dekliniert.

(4) a) *die schöne Frau*
b) *Die Frau ist schön.*
c) *Die Frau schreibt schön.*

Innerhalb der Wortart **Artikel** wird zwischen bestimmten und unbestimmten Artikeln unterschieden. Mit dem bestimmten Artikel werden – im Gegensatz zum unbestimmten – Substantive verbunden, die in der Kommunikationssituation von den beteiligten Kommunikationspartnern eindeutig zugeordnet werden können. Von den Artikeln lassen sich die **Pronomen** mitunter schwer abgrenzen, weshalb sie in einigen Grammatiken zu einer Wortart zusammengefasst werden (vgl. Duden-Grammatik 2006 oder Boettcher 2009a). Auch Pronomen determinieren die Referenz des Substantivs, wobei sie als Begleiter an die Position des Artikels treten oder als Stellvertreter das Substantiv (bzw. die ganze Nominalphrase) ersetzen können. Eine mögliche Unterscheidung von Pronomen ist die folgende:

Personalpronomen:	z. B. *ich, du, er*
Possessivpronomen:	z. B. *mein, dein, sein*
Demonstrativpronomen:	z. B. *dieser, diese*
Indefinitpronomen:	z. B. *alle, einige, manche*
Reflexivpronomen:	z. B. *sich*
Interrogativpronomen:	z. B. *wer, was, welches*
Relativpronomen:	z. B. *der, die*

Verben bilden die konjugierbare Wortart. Sie besteht zum überwiegenden Teil aus **Vollverben**, die sich durch eine selbstständige lexikalische Bedeutung auszeichnen und durch Wortbildung erweitert werden können. Vollverben lassen sich u. a. folgenden semantischen Gruppen zuordnen:

Handlungsverben:	z. B. *waschen, anrufen*
Zustandsverben:	z. B. *schlafen, sitzen*
Vorgangsverben:	z. B. *blühen, regnen*

Als spezifische Gruppen von Verben können darüber hinaus Hilfsverben, Modalverben und Kopulaverben unterschieden werden.

Als **Hilfsverben** werden die Verwendungsweisen von *haben, sein* und *werden* als Exponenten morphologischer Kategorien, d. h. etwa als analytische Tempus- und Diathesenformen (z. B. Perfekt, Passiv), bezeichnet:

(5) *Er ist heute früher aus der Schule gekommen.*

Zu den **Modalverben** gehören *können, müssen, dürfen, wollen, sollen* und *mögen.* Sie treten zusammen mit infiniten Vollverben (6a) oder Kopulaverben (6b) auf. Semantisch bezeichnen Modalverben eine Notwendigkeit, Erlaubnis, Möglichkeit oder Fähigkeit.

(6) a) *Ich kann morgen laufen.*
b) *Er durfte in der Kabine der Stars sein.*

Kopulaverben (v. a. *sein, bleiben, werden*) verfügen ebenso wie die Hilfsverben nur über eine sehr abgeschwächte lexikalische Bedeutung. Sie haben die Funktion, die Beziehung zwischen Subjekt und Prädikativ herzustellen, indem sie einen Zustand oder das Eintreten eines Zustandes bezeichnen.

(7) a) *Er ist Architekt.*
b) *Sie war sehr talentiert.*

Die nichtflektierbaren Wortarten bilden eine sehr heterogene Klasse, die in der Forschungsliteratur ganz unterschiedlich subklassifiziert wird.[33] Da die Nichtflektierbaren keine morphologische Kennzeichnung i. e. S. enthalten, werden als Unterscheidungskriterien u. a. verschiedene syntaktische Funktionen und Vorkommensorte herangezogen (vgl. Boettcher 2009a, S. 130):

- Adverbien = Vorfeld besetzend möglich
- Präpositionen = Kasus regierend
- Konjunktionen = Teilsatz oder Satzteil verbindend
- Rest als Sammelgruppe der Partikeln

33 Eine Übersicht über die Darstellung der Nichtflektierbaren in verschiedenen Grammatiken bietet Zitterbart (2010, S. 75 ff.).

Gegenüber den anderen Nichtflektierbaren zeichnen sich die **Adverbien** durch ihre topologischen Eigenschaften aus, denn sie können alleine im Vorfeld von Sätzen stehen (sie sind also vorfeldfähig). Daraus folgt u.a., dass sie satzgliedfähig sind. Hinsichtlich ihrer Struktur ist zwischen einfachen (z.B. *oft, gern*) und komplexen Adverbien zu unterscheiden, wobei komplexe häufig eine Präposition enthalten (sog. ‚Präpositionaladverbien' z.B. *davor, hiernach*). Adverbien liefern entweder eigene lexikalische Informationen (z.B. *montags, immer* oder *vielleicht*) oder nehmen Elemente aus dem vorhergehenden Satz wieder auf (z.B. *An der Wand stand ein Stuhl. Darauf setzte sie sich*).

Präpositionen sind Wörter wie *in, wegen, um ... willen*, die meistens zusammen mit einem Nomen, aber auch mit einem Adjektiv (z.B. *Sie kommt für gewöhnlich um fünf.*) oder einem Adverb (z.B. *von dort*) vorkommen können. Sie betten verschiedene Phrasen wie die Nominalphrase ein. Nomen geben sie einen spezifischen Kasus vor (z.B. *durch den Wald (laufen)*).

Sätze oder Satzteile werden durch **Konjunktionen**[34] (z.B. *und, weil, obwohl*) neben- und unterordnend verbunden. Sie bestimmen diese Verbindung semantisch-logisch (z.B. ‚kausal': ***Weil** er krank war, kam er nicht*).

Partikeln weisen jeweils Besonderheiten im Stellungsverhalten auf und sind wiederum vielfältig subklassifizierbar. Ihre Formative begegnen mitunter auch in anderen syntaktischen Funktionen. Partikeln spezifizieren Aussagen, kommentieren sie, moderieren sie und dienen der Steuerung von Gesprächsverläufen. Nach unterschiedlichen semantischen Funktionen ist folgende Differenzierung möglich (vgl. Boettcher 2009a, S. 155ff.):

- Gradpartikeln, z.B.: *sehr, fast, höchst, kaum*
- Fokuspartikeln, z.B.: *nur, auch, sogar*
- Kommentarpartikeln, z.B.: *sozusagen, gleichsam*
- Negationspartikel, z.B.: *nicht*
- Einstellungspartikeln, z.B.: *ja, doch, wohl, nur, bloß*
- Gesprächsgebundene Partikeln, z.B.: Begrüßungs-/Verabschiedungspartikeln wie *hallo, tschüss*, aufmerksamkeitssteuernde Partikeln wie *he, ey*, Antwortpartikeln wie *ja, nein, doch* oder Kontaktpartikeln wie *ne, oder*

Phrasen

Phrasen sind Wortgruppen, die syntaktisch eine Einheit bilden. Sie werden jeweils durch einen Kopf dominiert, nach dem sie auch benannt werden. So ist der Kopf der **Nominalphrase** (NP) *der neue Ball* beispielsweise das Nomen *Ball*. Zu diesem können ein bestimmter oder ein unbestimmter Artikel hinzutreten. Zudem sind Nominalphrasen durch (8a) Adjektiv-Attribute, (8b) Genitiv-Attribute, (8c) Präpositional-Attribute und (8d) sogar ganze Sätze erweiterbar.

34 Der Begriff ‚Konjunktion' steht an dieser Stelle sowohl für koordinierende, als auch für subordinierende Konjunktionen (auch: Subjunktionen, s.o.).

(8) a) *der neue Ball*
b) *der Ball der WM*
c) *der Ball vom Mitspieler*
d) *der Ball, der nicht ordentlich aufgepumpt war*

Den Kopf einer Nominalphrase kann auch ein Pronomen bilden. Beispielsweise können die Wortgruppen (8a–d) mithilfe des Pronomens *er* ersetzt werden und sind in diesem Sinne gegeneinander austauschbar. Sie teilen grammatische Eigenschaften, sind deshalb Phrasen derselben Kategorie und können somit zu einem Paradigma gerechnet werden. In syntagmatischer Hinsicht ist wiederum relevant, dass die Anordnung der Elemente innerhalb der NP nicht beliebig erfolgen kann. Die Elemente einer NP müssen in den grammatischen Merkmalen Genus, Kasus und Numerus übereinstimmen. Diese Übereinstimmung in grammatischen Merkmalen wird als Kongruenz bezeichnet.

In einer **Präpositionalphrase** (PP) bestimmt die Präposition den Kasus der zugehörigen NP. Es handelt sich damit um Rektion, was bedeutet, dass ein Element die grammatischen Eigenschaften eines von ihm abhängigen Elements im Syntagma determiniert. Präpositionalphrasen lassen sich in vielen Fällen durch Präpositionaladverbien wie *darauf* oder *damit* substituieren.

Eine **Verbalphrase** (VP) besteht aus einem Voll- oder Kopulaverb und den dazugehörigen Leerstellen, die durch verschiedene Ergänzungen (z. B. Akkusativobjekt oder Dativobjekt) gefüllt werden können. In diesem Zusammenhang ist etwa umstritten, ob die Subjektergänzung (oder auch Nominativergänzung) zur Verbalphrase zählt oder nicht. Dagegen spricht z. B., dass das Subjekt das Verb in Numerus und Person bestimmt.

Die **Adjektivphrase** (AP) verfügt über einen adjektivischen Kopf und kann durch verschiedene Elemente – wie weitere Adjektivphrasen – attribuiert werden (9). Attribuierbar sind auch **Adverbphrasen** (AdvP) (10), die ein Adverb als Kopf besitzen.

(9) *wahnsinnig spannend*
(10) *weit oben*

Konstituententests

Mithilfe von Konstituententests können die in einem Satz zusammengehörenden Elemente, seine Konstituenten, ermittelt werden. Da zwar alle Satzglieder Konstituenten, aber nicht alle Konstituenten gleichzeitig auch Satzglieder sind, werden durch Konstituententests nicht zwingend Einheiten isoliert, die auch einen Satzgliedstatus haben. Konstituententests helfen, die hierarchische Struktur eines Satzes aufzuschlüsseln bzw. seine Einheiten zu klassifizieren. Im Folgenden sollen die wichtigsten Konstituententests kurz vorgestellt werden. Dazu gehören der Permutationstest (Verschiebeprobe), der Substitutionstest (Ersatzprobe inklusive ihrer Varianten ‚Pronominalisierungstest' und ‚Fragetest'), der Eliminierungstest (Weglassprobe) und der Koordinationstest (vgl. Dürscheid 2012, S. 46 ff.).[35]

35 Die Tests führen allerdings nicht immer zu einem eindeutigen Ergebnis.

Konstituenten sind Wörter bzw. Wortgruppen, die sich gemeinsam umstellen lassen, ohne dass der Satz ungrammatisch wird oder sich der propositionale Gehalt ändert. Dies kann durch den **Permutationstest** nachgewiesen werden, der es erlaubt, Umstellungsmöglichkeiten von Konstituenten systematisch zu testen und Wortstellungsregeln zu beschreiben.

(11) a) *Ein Kollege sprach vor dem Kurs mit mir.*
b) *Vor dem Kurs sprach ein Kollege mit mir.*
c) *Mit mir sprach ein Kollege vor dem Kurs.*

Mit dem **Substitutionstest** kann gezeigt werden, welche Einheiten von Sätzen ausgetauscht werden können, ohne dass der Satz ungrammatisch wird. So handelt es sich etwa um eine Konstituente, wenn eine Wortgruppe durch ein Pronomen oder eine andere Proform ausgetauscht werden kann (Pronominalisierungstest).

(12) a) ***Ein Kollege** sprach **vor dem Kurs** mit mir.*
b) ***Er** sprach **davor** mit mir.*

Pronominalisierungstests eignen sich natürlich nicht dafür, komplexe Verbalphrasen zu ersetzen. Dies ist jedoch durch einfache Verben möglich.

(13) a) *Das Mädchen **träumt von rosa Elefanten**.*
b) *Das Mädchen **schläft**.*

Nicht-verbale Einheiten können durch *W*-Wörter erfragt werden (Fragetest). Solche Fragewörter können Konstituenten von Sätzen substituieren.

(14) a) ***Das Mädchen** träumt von rosa Elefanten?*
b) ***Wer** träumt von rosa Elefanten?*

Mit dem **Eliminierungstest** werden Sätze auf ihr Minimum reduziert. Dadurch kann zum einen geprüft werden, ob eine Konstituente vorliegt, zum anderen, welche Konstituenten vom Verb syntaktisch gefordert werden. Was zusammen weggelassen werden kann, ohne dass der Satz ungrammatisch wird, ist zunächst eine Konstituente.[36]

Wird der Satz jedoch ungrammatisch, ist mithilfe eines anderen Tests zu überprüfen, ob die weggelassene Wortgruppe eine Konstituente darstellt oder nicht. Handelt es sich um eine Konstituente, wird diese in der Regel von der Valenz des Verbes gefordert (sog. obligatorische Ergänzungen).[37] So belegen im folgenden Fall der Permutationstest (15b) und der Pronominalisierungstest (15c), dass es sich bei *zum Einkaufen* um eine Konstituente handelt. Der Eliminierungstest (15d) macht deutlich, dass die Konstituente nicht weggelassen wer-

---

36 Häufig können jedoch auch mehrere Konstituenten weggelassen werden.

37 Der Begriff ‚Valenz' bezieht sich darauf, dass Verben Leerstellen für von ihnen geforderte Satzglieder im Syntagma eröffnen.

den kann, ohne dass der Satz ungrammatisch wird. Daraus kann geschlussfolgert werden, dass diese Konstituente von der Valenz des Verbes *gehen* gefordert wird.[38]

(15) a) *Die Familie geht am Sonntag* ***zum Spielplatz.***
b) ***Zum Spielplatz*** *geht die Familie am Sonntag.*
c) *Die Familie geht am Sonntag* ***dorthin.***
d) **Die Familie geht am Sonntag.*

Der **Koordinationstest** hebt darauf ab, dass Konstituenten durch Konjunktionen oder durch Interpunktion koordinierbar sind. Der erste Fall wird syndetische Reihung genannt (z. B. durch *und, oder*), eine Verknüpfung ohne Bindeglied ist asyndetisch. So wird in (16) die Konstituente *alte Bücher* koordiniert, indem sie durch *und* eine weitere Konstituente (*handbemalte Vasen*) ergänzt wird.

(16) *Anna verkauft alte Bücher und handbemalte Vasen.*

Die Hierarchie von Konstituenten kann mithilfe eines Konstituentenstrukturbaumes dargestellt werden (vgl. Abb. 9).

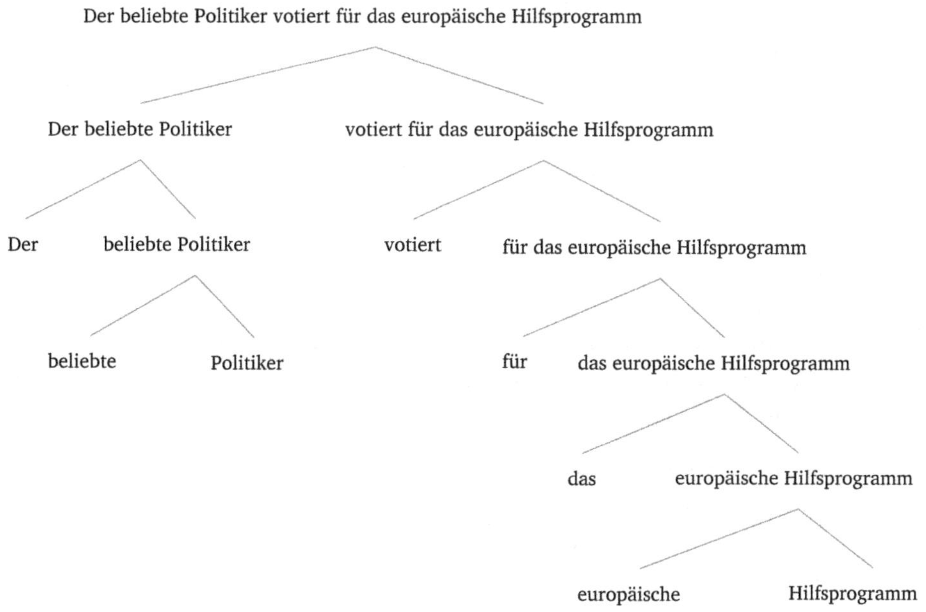

Abb. 9: Beispiel Konstituentenstrukturbaum

38 Zur Beschreibung von Ergänzungen und Angaben; vgl. z. B. Engel (1996) oder Eroms (2000).

Satzbautypen

Zunächst kann zwischen einfachen und komplexen Sätzen unterschieden werden. Ein einfacher Satz verfügt über ein Prädikat und lässt sich nicht in Teilsätze gliedern. Komplexe oder zusammengesetzte Sätze bestehen aus mehreren Teilsätzen, wobei jeder von ihnen ein Prädikat aufweist. Komplexe Sätze lassen sich in parataktische und hypotaktische unterscheiden. Parataktisch werden (Teil-)Sätze angeordnet, wenn sie in einer logisch nebengeordneten Relation stehen. Das bedeutet, die **Parataxe** (auch: Satzverbindung oder Satzreihe) ist die koordinierende Verbindung zweier gleichrangiger Sätze, z. B. von zwei Hauptsätzen oder zwei Nebensätzen. Der Ausdruck **Hypotaxe** (Satzgefüge) bezeichnet die Zusammenfügung von mindestens einem Hauptsatz und beliebig vielen untergeordneten Nebensätzen. Zwischen den verschiedenen (Teil-)Sätzen besteht ein Über- bzw. Unterordnungsverhältnis, wobei der untergeordnete Satz gegenüber dem übergeordneten Satz eine syntaktische Funktion erfüllt.

(17) *Ich bezweifle, dass er irgendwann fertig wird.*

Nebensätze können an verschiedenen Positionen des Hauptsatzes eingebettet sein. Unterschieden wird zwischen Vorder- (18a), Zwischen- (18b) und Nachsätzen (18c).

(18) a) *Wenn sie verlieren, werden sie aus der Champions League ausscheiden.*
b) *Sie werden, wenn sie verlieren, aus der Champions League ausscheiden.*
c) *Sie werden aus der Champions League ausscheiden, wenn sie verlieren.*

Die Subordination von Sätzen kann durch Subjunktionen (*weil, so dass*), Relativpronomen (*der, das, welcher, welches*) oder Interrogativpronomen (*wo, was*) markiert werden oder wiederum asyndetisch, also ohne Einleitung, erfolgen. Wird ein Nebensatz in einen weiteren Nebensatz eingebettet, entstehen Nebensätze verschiedener Ordnung. Entsprechend kann der Nebensatz *dass sie mir die Aufgabe erklären würde* in (19) als Nebensatz erster Ordnung klassifiziert werden, denn er hängt direkt vom Hauptsatz ab. Da der Nebensatz *falls ich Probleme damit hätte* wiederum vom Nebensatz erster Ordnung abhängt, ist er ein Nebensatz zweiter Ordnung.

(19) *Sie sagte, dass sie mir die Aufgabe erklären würde, falls ich Probleme damit hätte.*

Nebensätze können auch nach ihrer syntaktischen Funktion klassifiziert werden. Nebensätze mit Satzgliedstatus sind entweder Subjektsätze (20a), Objektsätze (20b), Adverbialsätze (20c) oder Prädikativsätze (20d).

(20) a) *Wer zu Fuß die Straße überquert, muss nach links und nach rechts schauen.*
b) *Sie meinte, dass die Aufgabe sehr einfach wäre.*
c) *Sie schwieg, weil sie die Aufgabe nicht lösen konnte.*
d) *Sie ist dennoch geworden, was sie werden wollte.*

Nebensätze, die keinen Satzgliedstatus haben, sind in der Regel Attributsätze. So ist der Nebensatz *die Weltmeister wird* in (21) ein Attribut zu *die Mannschaft.*

(21) *Die Mannschaft, die Weltmeister wird, ist nicht automatisch für die nächste WM qualifiziert.*

Ob ein Nebensatz ein Attribut oder ein Satzglied ist,[39] lässt sich nicht immer eindeutig bestimmen. Schwierig scheinen insbesondere Nebensätze zu sein, die im übergeordneten Satz kein Bezugswort oder Korrelat (oft auch Resumptivpronomen genannt) - im Sinne eines Platzhalters, der eine syntaktische Leerstelle ausfüllt – haben. So könnte bei (22a) ein Subjektnebensatz vorliegen. Mit Verweis auf das mögliche Korrelat *das* (22b), könnte *Was sie vortrug* jedoch auch als ein Attribut interpretiert werden.[40]

(22) a) *Was er vortrug, war meines Erachtens unverständlich.*
b) *Was er vortrug, das war meines Erachtens unverständlich.*

Satzarten

Sätze können in der Grammatik auch in kommunikativ-pragmatischer Hinsicht subklassifiziert werden. Dabei geht es insbesondere um die Einstellung der Textproduzenten zum Gesagten, die Modalität.[41] Die verschiedenen Satzarten werden daher auch als Satzmodi bezeichnet, wobei im Deutschen in der Regel zwischen fünf von diesen differenziert wird:

- Aussagesatz (Deklarativsatz)
- Fragesatz (Interrogativsatz)
- Aufforderungssatz (Imperativsatz)
- Wunschsatz (Optativsatz)
- Ausrufesatz (Exklamativsatz)

Bei **Aussagesätzen** steht das finite Verb an zweiter Stelle, die Intonation fällt im Mündlichen zum Satzende hin ab, im Schriftlichen wird ein Punkt als Satzschlusszeichen gesetzt. Mögliche Modusformen der Verben sind der Indikativ oder der Konjunktiv II.

(23) *Max hätte schon vor drei Wochen zum Arzt gehen sollen.*

Fragesätze lassen sich in Ergänzungsfragesätze (24a), Alternativfragesätze (24b) und Entscheidungsfragesätze (24c) unterscheiden, letztere können mit *ja* oder *nein* beantwortet werden. Die Verbstellung kann dabei anzeigen, welche Art von Fragesatz vorliegt. So befindet sich bei Alternativ- und Entscheidungsfragen das finite Verb an der ersten Stelle.

---

39 Attribute sind in Satzglieder eingebettet und somit nicht selbstständige Satzgliedteile.

40 Der Nebensatz *Was er vortrug,* [...] wird hier sowohl in (22a) als in (22b) als Subjekt (und damit als Satzglied) interpretiert. Für (22b) kann argumentiert werden, dass ein freier Relativsatz vorliegt, der durch das Korrelat *das* nochmal aufgenommen wird.

41 Unter Modalität werden nicht nur die Modusformen des Verbs gefasst, Modalität stellt vielmehr eine semantische Kategorie dar, die die Stellungnahme des Textproduzenten durch verschiedene formale und lexikalische Mittel ausdrückt (z. B. Modalverben).

Ergänzungsfragen beginnen mit einem Fragewort. Diesem folgt das finite Verb an der zweiten Stelle im Satz.

(24) a) *Wann spielen wir mal wieder Golf?*
b) *Spielst du lieber Golf oder Tennis?*
c) *Spielen wir heute Abend Golf?*

In der Schriftsprache werden Fragesätze mit einem Fragezeichen beendet, im Mündlichen ist die Intonation zum Satzende hin in der Regel ansteigend. Mögliche Verbmodi sind wiederum der Indikativ und der Konjunktiv II.

Charakteristisch für **Aufforderungssätz**e sind eine Verberststellung sowie Verbformen im Imperativ.[42] Vielfach fehlt das Subjekt. Das typische Satzschlusszeichen ist das Ausrufezeichen, wenngleich im aktuellen Schriftsprachgebrauch vielfach ein Punkt gesetzt wird (vgl. Kap. 2.1.2).

(25) *Mach ja keinen Unfug!*

Wunschsätze lassen sich in reale (26a) und irreale unterscheiden, wobei letztere Verbformen im Konjunktiv II Plusquamperfekt enthalten, was die Erfüllung des Wunsches als ‚unwahrscheinlich'/‚unmöglich' kennzeichnet (26b). Wunschsätze können ebenfalls mit einem Punkt oder einem Ausrufezeichen beendet werden, im Mündlichen fällt die Intonation zum Satzende ab.

(26) a) *Wenn doch der Frühling endlich käme.*
b) *Wenn die Bahn nur pünktlich gekommen wäre.*

Ausrufesätze betonen die emotionale Haltung des Textproduzenten. Dieser Kategorie können nahezu alle Sätze zugeordnet werden, die mit Nachdruck geäußert werden. Deshalb lassen sich kaum formale Kriterien nennen, die einen Exklamativsatz eindeutig anzeigen.

(27) ***Du** bist ja heute wieder lustig!*

Klammerstrukturen und Topologie

Innerhalb deutscher Sätze kann die Struktur der Verben einteilig oder zweiteilig sein. Die „konventionelle Standardform" (Weinrich 1993, S. 40) sind zweiteilige Verben. Sie bilden aufgrund ihrer Zweiteiligkeit im Syntagma eine Klammerstruktur, die sogenannte **Satz- oder Verbklammer**. Sie gilt als das „wichtigste syntaxtypologische Merkmal des Deutschen" (Nübling 2010, S. 91). Eine Satzklammer entsteht dadurch, dass ein einteiliges Verb durch ein Hilfs- oder Modalverb, das temporale, passivische oder modale Bedeutung ausdrücken kann, erweitert wird (vgl. 28 a–c). Den zweiten Bestandteil bildet dann jeweils ein zum Partizip oder Infinitiv umgebildetes infinites Verb.

42 In der traditionellen Beschreibung des Deutschen hat der Imperativ nur zwei Formen: 2. Ps. Sg. (z. B. *geh(e)* (2. Ps. Sg.) und 2. Ps. Pl. (z. B. *geht*; vgl. Thieroff / Vogel 2009, S. 21 f.).

(28) a) *Ich **habe** früher Cello **gespielt**.*
b) *Sie **wird** von ihm **unterstützt**.*
c) *Ich **muss** ihm **helfen**.*

Auch ein weiteres Vollverb kann zur Bildung einer Verbklammer führen (29a). Außerdem können einteilige Verben durch Wortbildung – insbesondere Partikelverbbildung – erweitert und somit zu einem zweiteiligen ausgebaut werden.[43] In finiten Verberst- und Verbzweitkonstruktionen steht im Präsens und Präteritum Aktiv eine solche Verbpartikel dann satzklammerbildend hinter dem Verbstamm (29b).

(29) a) *Ich **lerne** dich langsam **kennen**.*
b) *Gertraud **prüft** die Ergebnisse **nach**.*

Als Spezialform der Satzklammer lässt sich die **Kopulaklammer** auffassen. Sie besteht aus einem Kopulaverb (z. B. *sein, bleiben*) und einem Prädikatsnomen (30a) oder einem Prädikatsadjektiv (30b).

(30) a) *Sie **ist** bereits seit drei Jahren **Vizerektorin**.*
b) *Sie **war** über das Ergebnis der Abstimmung **froh**.*

Prinzipiell ist jedes Verb der deutschen Sprache grammatisch, vielfach auch lexikalisch zu einem zweiteiligen Verb erweiterbar. In Hinblick auf die Textanalyse ist bedeutsam, dass zwischen dem klammeröffnenden und dem klammerschließenden Element beliebig viele Satzglieder stehen können. Da aus der Bedeutung des ersten Prädikatteils in der Regel nicht sicher auf den zweiten geschlossen werden kann, bleibt die Bedeutung des Gesamtprädikats bis zum zweiten Teil offen. Somit wird Spannung erzeugt und der Rezipient bleibt aufmerksam:

> Mit dem klammeröffnenden Element wird die Spannung erzeugt. Sie verstärkt sich in dem Maße, wie die Klammer mehr und länger (im Grenzfall bis zum Zerreißen) gedehnt ist. Mit dem klammerschließenden Element wird die Spannung abrupt wieder abgebaut. Dieses Zusammenspiel der Klammerelemente macht den Text ‚spannend'. (Weinrich 1993, S. 30)

Eine besondere Klammerart ist die **Adjunktklammer** (oder ‚Konjunktionalklammer'). Sie findet ihre Anwendung vor allem in untergeordneten Sätzen, bei denen das finite Verb in Letztstellung steht. Das klammeröffnende Element bildet dann eine Subjunktion, während das Verb die Klammer schließt (31).

(31) *Wir untersuchen Twitter-Posts, **weil** geschriebener Text im thematischen Zentrum der Tagung **steht**.*

---

43 Weinrich (1993, S. 1032 ff.) bezeichnet diese Art der Klammerbildung als ‚Konstitution'. Neben Verbpartikeln kommen als Nachverb auch Präpositionen, Adverbien, Infinitive oder Präpositional-Adjunkte, die gemeinsam mit dem Vorverb ein Funktionsverbgefüge bilden, in Frage.

Die Satzklammer strukturiert vornehmlich die Topologie des deutschen Satzes, die darüber hinaus vergleichsweise flexibel und komplex ist. Zur Beschreibung der Wortstellung in Sätzen hat sich das sog. (Stellungs-)**Feldermodell** etabliert, das in seinen Anfängen auf DRACH (1937) zurückgeführt werden kann. Demnach lassen sich deutsche Sätze prototypisch in folgende Felder untergliedern.

Vorfeld	**linke Satzklammer** 1. Prädikatsteil	**Mittelfeld**	**rechte Satzklammer** 2. Prädikatsteil	**Nachfeld**
Sie	hat	Martin gestern ein Buch	geschenkt	nach langem Überlegen.

Im Falle einteiliger Verben bleibt in derartigen Konstruktionen der rechte Klammerteil unbesetzt. Da aber jedes einteilige Verb zu einem zweiteiligen erweitert werden kann, scheint es gerechtfertigt, für den rechten Teil der Satzklammer ein Nullelement anzunehmen.

Vorfeld	**linke Satzklammer** 1. Prädikatsteil	**Mittelfeld**	**rechte Satzklammer** 2. Prädikatsteil	**Nachfeld**
Sie	schenkte	Martin gestern ein Buch	Ø	nach langem Überlegen.

Bezogen auf die beiden Plätze der Prädikatsteile lassen sich damit drei Stellungsfelder unterscheiden. Vor dem finiten Verb befindet sich das ‚Vorfeld', nach dem infinitem Prädikatsteil das ‚Nachfeld' und zwischen den Prädikatsteilen das ‚Mittelfeld'. Vor dem Vorfeld können Satzteile stehen, die nicht regulär ins Feldermodell integriert sind. Sie bildet dann ein ‚Vorvorfeld', z. B.:

(32) ***Seinen Partner,*** *den darf man doch wohl auf die Hochzeit mitbringen.*

Im Vorvorfeld wird häufig ein neues Thema eingeführt. Elemente, die sich in dieser Position befinden, sind besonders exponiert. Im Vorfeld selbst darf in der Regel nur genau ein auf das Prädikat bezogener Satzteil stehen, ein Satzglied. Im Mittelfeld können null bis mehrere Satzglieder stehen, ebenso theoretisch im Nachfeld. In Bezug auf die Verteilung der Satzglieder ist grundsätzlich relevant, wo Subjekt und Objekt stehen. Befindet sich eines von beiden im Vorfeld, gilt die Reihenfolge ‚Subjekt vor Objekt' (33a) im Deutschen als Grundstellung. Die Objekt-Prädikat-Subjekt-Reihenfolge (33b) gilt dementsprechend als markiert und wird oft als „Ausdrucksstellung" oder „Kontraststellung" bezeichnet, auch wenn sie in bestimmten Kontexten neutral (vgl. Kap. 3.2.2) erscheinen kann (33c).

(33) a) *Er isst gerne Sashimi.*
b) *Sashimi isst er gerne.*
c) *Seine Kollegen haben ihn in ein japanisches Restaurant eingeladen. Sashimi isst er besonders gerne.*

Wie die Beispiele zeigen, kann das **Vorfeld** damit der Thematisierung von Bekanntem wie auch der Hervorhebung von relevantem Neuen dienen.[44] Das Vorfeld kann auch leer sein, beispielsweise bei elliptischen Aussagen (z. B. *Fehlt nur noch, dass ich den Anschlusszug verpasse.*) Eine solche Tilgung unbetonter Vorfeldelemente kann als typisch für die gesprochene Sprache angesehen werden, z. B.: *Hilfst du mir nachher bei den Vorbereitungen? - Kann leider nicht.* Die Besetzung des Vorfeldes unterliegt in grammatischer Hinsicht bestimmten Restriktionen[45] und kann sehr unterschiedlich sein. So garantiert das Subjekt meistens die thematische Verknüpfung mit dem vorangegangenen Text, bereits vermitteltem Wissen oder bekanntem Vorwissen. Ebenso kann die Vorfeldposition durch untergeordnete Sätze wie einen Subjektnebensatz besetzt sein (z. B. *Wer das Spiel gewinnt, qualifiziert sich für das Viertelfinale.*). Mitunter wird das Nachverb in die Vorfeldposition gezogen, womit die lexikalische Information des Nachverbs besonders betont wird, z. B.: *Gelogen habe ich doch gar nicht.*

Auch die Besetzung des **Mittelfeldes** kann sehr stark variieren. Sie unterliegt nur wenigen Restriktionen und ist abhängig von der Informationsstruktur beliebig erweiterbar.[46] In Bezug auf die Abfolge der Informationen sind Anordnungen vom weniger Wichtigen zum Relevanten, vom Allgemeineren zum Spezielleren typisch. Dies entspricht dem Prinzip, die Spannung gegen Ende des Mittelfelds bis zum rechten Teil der Satzklammer zu steigern (s. o.). So steht etwa ein Negator als äußerst bedeutendes Element für die Satzsemantik meist in enger Beziehung zum Kerninhalt des Mittelfeldes am Ende (34).

(34) *Der Schiedsrichter hat den Strafstoß nach langer Überlegung nicht gepfiffen.*

Im **Nachfeld** der Satzklammer werden häufig zusätzliche Informationen und Nachträge platziert, die aufgrund von Dichte und Länge der Informationen im Mittelfeld nach hinten geschoben werden. Häufig handelt es sich auch um untergeordnete Sätze. Nebensätze, die mit der zweigliedrigen Konjunktion *so dass* eingeleitet werden, stehen immer im Nachfeld.

Im Deutschen gibt es neben den Satzklammern noch weitere Klammertypen. Eine davon ist die **Nominalklammer**, sie besteht aus mindestens einer Nominalphrase, also mindestens aus einem Substantiv oder Pronomen. Nominalklammern beginnen mit einem stark flektierten Element (wie dem bestimmten Artikel) und enden mit dessen Bezugsnomen, dem sogenannten Kernsubstantiv.[47] Die Position zwischen diesen Elementen muss nicht gefüllt sein, kann jedoch auch so komplex ausgebaut sein, dass sie selbst wieder Phrasen wie bei-

---

44 Für die funktionale Beschreibung des Themas und der darauf bezogenen Aussage stehen mehrere Begriffspaare zur Verfügung (vgl. Kap. 2.1.2), von denen die sog. ‚Thema-Rhema-Gliederung' am prominentesten ist (Thema = das bereits Bekannte, z. B. *Sashimi;* Rhema = das (relativ) Neue einer Äußerung, z. B. … *isst er besonders gerne*).

45 Eine Übersicht der wichtigsten Einschränkungen bietet die Duden-Grammatik (vgl. Gallmann 2006, S. 897 f.).

46 Bei der Textproduktion ist zu beachten, dass die Aufnahmefähigkeit bei der Rezeption von Sätzen grundsätzlich begrenzt ist.

47 Die Nominalklammer kann in einzelnen Fällen auch von einem Nullartikel (unbestimmter Artikel im Plural) eröffnet werden (z. B. *ungewöhnlich faire Diskussionen*).

spielsweise eine Adjektivphrase enthält. Nominalklammern können im Vorfeld, Mittelfeld und Nachfeld von Sätzen stehen und mit wenigen Ausnahmen beliebig ausgedehnt werden. Innerhalb der Nominalklammer besteht Genus-, Numerus- und Kasus-Kongruenz (z. B. *eine schöne Frau*). Prädeterminierende Attribute können ihrerseits wieder determiniert werden (z. B. *eine sehr schöne Frau*). Ähnlich wie bei der Verbalklammer wird mit der Nominalklammer Spannung aufgebaut und wieder gelöst.

> Die Nominalklammer ist eine Organisationsform des Kontextgedächtnisses und mit dieser Eigenschaft ein Analogon zur Verbalklammer. (Weinrich 1993, S. 356)

Mit jedem determinierenden Element wird beim Rezipienten eine Erwartungshaltung aufgebaut, weshalb auch bei der Konstruktion von Nominalklammern das Kontextgedächtnis der Rezipienten zu berücksichtigen ist. Mitunter schließen Nominalklammern eine weitere Nominalklammer ein:

klammeröffnender Artikel	**prädeterminierendes Attribut**	**klammerschließender Kern**
Der	erfahrene	Schiedsrichter
Die	zu harte	Spielweise
Die	dem erfahrenen Schiedsrichter zu harte	Spielweise

Auch intern ist die Nominalklammer nach dem Spannungsprinzip aufgebaut. Deshalb stehen Elemente, die die Bedeutung stärker determinieren, näher am Nomen.

2.3 Wortebene

Im Lexikon einer Sprache stehen die Wörter nicht willkürlich nebeneinander, sondern sind durch zahlreiche systematische Beziehungen miteinander verbunden. Zu den zentralen Relationen im Bereich der lexikalischen Inhaltswörter gehören die Synonymie, die Antonymie sowie der „Paradefall für paradigmatische Relationen“ (Busse 2009, S. 108), die Hyperonymie und Hyponymie (vgl. Kap. 2.1.2).

Der Begriff Lexem umfasst eine abstrakte Bedeutungseinheit mit allen ihren im morphologischen Paradigma möglichen Formen. Im Sprachgebrauch erscheint diese Bedeutungseinheit niemals losgelöst von einer konkreten sprachlichen Form, der sog. **Wortform**. Wortformen sind intern weiter strukturiert, wobei mehrere Strukturebenen bedeutsam sind: die morphologische, die silbische und die lautliche Struktur. Die historisch gewachsenen Strukturbedingungen des Deutschen verhindern eine völlig willkürliche Zusammensetzung der Teilelemente dieser Beschreibungsebenen. So lässt sich etwa aus dem Verständnis der Silbenstruktur des Deutschen die Ordnung zwischen den Einzellauten (Sonoritätshierarchie) erklären, die eine gute und möglichst ökonomische Artikulierbarkeit von Lautfolgen gewährleistet.

Im Folgenden stehen die morphologischen Strukturbedingungen von Wörtern im Mittelpunkt, sie sind Gegenstand der linguistischen Morphologie. Die kleinsten bedeutungstragenden Einheiten der Sprache sind die **Morpheme**. Mithilfe von Morphemen werden zum einen Wortformen und zum anderen neue Wörter gebildet, weshalb zwischen Flexions- und Wortbildungsmorphologie sowie zwischen Flexions- und Wortbildungsmorphemen unterschieden wird.

Flexion

Flexionsmorpheme zeigen die grammatischen Beziehungen zwischen den lexikalischen Einheiten eines Syntagmas an. Es sind unselbständige grammatische Elemente, die auch als Affixe bezeichnet werden. Je nach Position des Affixes wird zwischen Suffixen (am Wortende), Präfixen (am Wortanfang) und Zirkumfixen (gleichzeitig am Wortanfang und -ende) differenziert. Bestandteil des deutschen Flexionssystems ist auch die Änderung des Wortstamms durch Ablaute und Umlaute. Mit dem Begriff ‚**Ablaut**' wird eine Änderung des Grundvokals bezeichnet (z. B. *sprechen – ich sprach*), mit ‚**Umlaut**' die Wechsel von *a*, *o*, *u* und *au* zu *ä*, *ö*, *ü* oder *äu* (z. B. *Mutter – Mütter*). Sprachhistorisch bedingt können auch Formunterschiede im Bereich des Konsonantismus auftreten (z. B. *denken – ich dachte*). Einen Sonderfall bildet die Suppletion, bei der sich der gesamte Wortstamm verändert (z. B. *sein – ich bin – ich war*). Häufig treten bestimmte Flexive gemeinsam auf. Dabei sind folgende Kombinationen möglich:

- mehrere Flexionssuffixe hintereinander
  - z. B. *Kindern* — *Kind -er* (Pl.) *–n* (Dat.)
- Präfix + Suffix (Zirkumfix)
  - z. B. *geschlagen* — *ge- schlag -en* (Part. Prät.)
- Präfix + Suffix (Zirkumfix) + Ablaut
  - z. B. *gewonnen* — *ge- wonn -en* (Part. Prät.)
- Umlaut + Suffix
  - z. B. *Bälle* — *Bäll -e* (Pl.)
- Ablaut + Suffix
  - z. B. *rannte* — *rann -te* (1. Ps. Sg. Prät. Ind.)

Im Deutschen bestehen unterschiedliche Ausdrucksvarianten für grammatische Informationen. Beispielsweise können die Flexionsmorpheme *-(e)n*, *-e*, *-er*, *-s*, (*-ø*) mitunter in Kombination mit einem Umlaut den Plural eines Substantivs kennzeichnen und bilden damit ausdrucksseitige Varianten ein und derselben Information. Sie sind damit **allomorph**. Zwischen Allomorphen kann der Sprachbenutzer in der Regel nicht wählen, weil jeder Wortform ihre Flexive zugeordnet sind. Mitunter ändern sich diese Zuordnungen jedoch im Laufe der Sprachgeschichte, so dass dann für bestimmte Zeiträume bzw. Sprechergruppen mehrere Möglichkeiten nebeneinander bestehen (vgl. Kap. 3.2.2).

Im Deutschen werden **Nomen** nach Kasus, Numerus und Genus dekliniert. Abgesehen von regionalen Formvarianten,[48] ist ihr Genus inhärent, d. h. fest zugeordnet. Substantive sind entweder Maskulina, Feminina oder Neutra und dieses Genus ist am finiten Artikel der Wortform im Nom. Sg. ablesbar. Je nach numerischer Ausprägung des Bezugsgegenstandes können Substantive in der Einzahl oder Mehrzahl stehen (Numerus). Für die Pluralbildung lassen sich neben zahlreichen Ausnahmen bzw. Sonderfällen einzelne Regelmäßigkeiten ableiten. So ist für die Pluralendung *-er* nachweisbar, dass sie bei umlautfähigen Vokalen auch den Umlaut auslöst (z. B. *Mann – Männer*). Im Falle von *-(e)n* wird dann nicht-silbenbildendes *-n* verwendet, wenn der Stamm des Substantives auf eine schwa-haltige Silbe[49] endet (z. B. *Affe – Affen*). Ebenso kann das Flexiv *-e* nur an einen Stamm angefügt werden, der keinen Schwa enthält. Problematisch ist die Pluralbildung gelegentlich bei Fremdwörtern, bei denen es zur Ausbildung mehrerer Formvarianten kommen kann (z. B. *Pizzas* vs. *Pizzen* vgl. Kap. 3.2.2).

Neben Genus und Numerus sind Substantive nach den vier Kasus (Nominativ, Genitiv, Dativ und Akkusativ) bestimmbar. Obwohl die Kasusmarkierung zunehmend vom Substantiv zum Artikel verlagert wird, gibt es verschiedene Ausdrucksmöglichkeiten für die Fälle Genitiv, Dativ und Akkusativ.[50] Feminina zeigen den Kasus im Singular grundsätzlich nicht an:

	Sg.	Pl.
Nom.	Frau	Frau-en
Gen.	Frau	Frau-en
Dat.	Frau	Frau-en
Akk.	Frau	Frau-en

Als Pluralsuffixe begegnen in der Klasse der Feminina *-(e)n*, *-(e)*, *-(e)* + Umlaut und *-s* (z. B. *Frauen*, *Wände* oder *Omas*).

Die starke Klasse der Nicht-Feminina bildet den Genitiv im Singular mit den Flexiven *-s* oder *-es*. Dabei wird (ähnlich wie bei der Pluralbildung) *-s* bei Substantiven verwendet, deren Stämme auf einen Schwa-Laut enden. Bei nicht-schwahaltigen Endsilben kann *-s* oder *-es* stehen,[51] wobei in einigen Fällen für eine Wortform auch beide Möglichkeiten der Realisierung akzeptabel sind (z. B. *des Vortrags* vs. *des Vortrages*). Der Dativ kann in dieser Klasse durch ein Flexiv *-e* angezeigt werden (z. B. *im Hause*). Gegenüber den endungslosen

48 Im deutschen Sprachraum treten bei der Zuordnung des grammatischen Geschlechts vereinzelt regionale Unterschiede auf. So bevorzugen vor allem süddeutsche Sprecher häufig die Variante *das Cola* gegenüber der im mittel- und norddeutschen Raum gebräuchlichen Form *die Cola*.

49 Der Schwa-Laut ist ein unbetonter Vokal, der auch Zentralvokal genannt wird, weil er sich im Zentrum des Vokaltrapezes befindet. Er kommt häufig in Reduktionssilben am Wortende vor (/ge:en/ vs. /ge:n/), wird aber mit dem <e> verschriftet (<gehen>).

50 Der Nominativ ist der unmarkierte Fall, der kein eigenes Flexionsmorphem besitzt.

51 Bei Substantiven, die auf einen [s]-Auslaut enden, wird allerdings obligatorisch *-es* verwendet (z. B. *des Witzes*).

Formen gelten diese Dativbildungen allerdings als diachronisch markiert (vgl. Kap. 3.2.2). Der Akkusativ dieser Klasse ist formengleich mit dem Nominativ und verfügt über kein eigenes ausdrucksseitiges Flexiv.

Die schwache Klasse der Nicht-Feminina ist an den Genitivmarkierungen *-(e)n* und *-ns* zu erkennen. Die Substantive dieser Klasse drücken mit *-(e)n* auch den Dativ und Akkusativ aus. Dieser Klasse gehören nur Maskulina an (z. B. *Prinz*), die den Plural ebenfalls durch *-(e)n* realisieren. Kasus *-(e)n* und Plural *-(e)n* erfüllen natürlich verschiedene Funktionen und sind in diesem Sinne homonym. Eine weitere Klasse bildet den Plural auf *-(e)n*. Der Genitiv-Singular wird aber wie bei den starken Nicht-Feminina mit den Kasusflexiven *-s* und *-(e)s* umgesetzt (z. B. *Staat, Auge*). Die fünfte Klasse bildet schließlich sowohl den Genitiv-Singular als auch den Plural mit *-s* (z. B. *Auto*).

Diese Deklinationsklassen sind insofern **Wandelprozessen** unterworfen, als einzelne Mitglieder Tendenzen eines Klassenwechsels aufweisen. Davon sind in erster Linie die schwachen Maskulina betroffen, die auf Schwa enden und unbelebt sind, z. B.: *Buchstabe, Friede, Funke, Gedanke, Glaube, Name, Wille*. Derartige Substantive bilden den Genitiv-Singular auf *-ns* und übernehmen damit ein Merkmal der starken Nicht-Feminina. Viele dieser Substantive weisen im Nominativ-Singular eine zweite Wortform mit *–en* am Ende auf, z. B.: *Friede / Frieden, Funke / Funken, Gefalle / Gefallen, Glaube / Glauben, Wille / Willen*, wodurch die erste Form eine diachrone Markierung enthält.

Die Veränderungen in der Klasse der schwachen Maskulina sind jedoch nicht auf unbelebte Mitglieder beschränkt. Einige Substantive wie z. B. *Mensch, Prinz* oder *Held* begegnen im Dativ-Singular und Akkusativ-Singular auch ohne das Kasusflexiv *-(e)n*. Bei anderen wie z. B. *Bär, Bauer* oder *Spatz* ist der Klassenwechsel noch weiter fortgeschritten, denn sie wechseln zusätzlich zum Kasusflexiv-Schwund im Dativ und Akkusativ das Morphem (Thieroff / Vogel 2009, S. 46 f.) und flektieren im Genitiv Singular mitunter schon mit *-s* (z. B. *des Bauers*). Diese Substantive werden sowohl schwach als auch gemischt dekliniert. Andere wiederum können auch schwach und stark dekliniert werden (z. B. *Magnet, Papagei* oder *Greif*):[52]

	Sg.	Pl.	Sg.	Pl.
Nom.	Papagei	Papagei-en	Papagei	Papagei-e
Gen.	Papagei-en	Papagei-en	Papagei-s	Papagei-e
Dat.	Papagei-en	Papagei-en	Papagei	Papagei-en
Akk.	Papagei-en	Papagei-en	Papagei	Papagei-e

Die Konjugation von **Verben** ist sehr komplex, sie flektieren nach Person, Numerus, Tempus, Modus und Genus verbi.

52 Der Klassenübertritt von der gemischten in die schwache Klasse betrifft ausschließlich Substantive mit der Wortausgangsstruktur *–or* (z. B. *Tutor, Autor* oder *Lektor*) und gilt noch nicht als normgerecht.

Person:	1., 2., 3.
Numerus:	Singular, Plural
Tempus:	Präsens, Präteritum, Perfekt, Plusquamperfekt, Futur I, Futur II
Modus:	Indikativ, Konjunktiv, Imperativ
Genus verbi:	Aktiv, Passiv

Prinzipiell wird zwischen infiniten und finiten Verbformen unterschieden. Die finiten sind nach der Person bestimmbar. Zu den infiniten Verbformen zählen der Infinitiv, das Partizip I und das Partizip II.

Innerhalb der Verben können wiederum Klassen mit bestimmten Merkmalen abgeleitet werden. Die **starken Verben** bilden das Präteritum und Partizip II mithilfe eines regelmäßigen Vokalwechsels innerhalb des Wortstamms (Ablaut). Das Partizip wird zusätzlich durch das Zirkumfix *ge- -en* angezeigt, z. B.:

springe	*sprang*	*gesprungen*
(1.Ps. Sg. Präs. Ind. Akt.)	(1./3. Ps. Sg. Prät. Akt.)	(Part. II)

Bei den **schwachen Verben** wird das Präteritum durch das Suffix *-te-*, das Partizip II durch das Zirkumfix *ge- -(e)t* gekennzeichnet,[53] z. B.:

spiele	*spielte*	*gespielt*
(1.Ps. Sg. Präs. Ind. Akt.)	(1./3. Ps. Sg. Prät. Akt.)	(Part. II)

Unregelmäßige Verben weichen in ihrer Bildungsweise sowohl von den starken als auch den schwachen Verben ab. Ihr Partizip II kann dabei etwa durch einen Vokalwechsel[54] und das Zirkumfix *ge- -(e)t* gekennzeichnet sein. Aber auch Suppletion und Konsonantenwegfall können eine unregelmäßige Bildung anzeigen, z. B.:

renne	*rannte*	*gerannt*
(1.Ps. Sg. Präs. Ind. Akt.)	(1./3. Ps. Sg. Prät. Akt.)	(Part. II)

bin	*war*	*gewesen*
(1.Ps. Sg. Präs. Ind. Akt.)	(1./3. Ps. Sg. Prät. Akt.)	(Part. II)

53 Grundsätzlich verliert die Gruppe der starken Verben seit dem Althochdeutschen (ca. 500 / 750–1050) Mitglieder, während die der schwachen gegenwärtig deutlich ausgebaut wird. Schwache Formen wie *backte* und *melkte* treten neben starke wie *buk* und *molk* und verdrängen letztere. Dieser Trend ist im oberdeutschen Sprachraum deutlicher ausgeprägt als im Niederdeutschen. Er steht in Zusammenhang mit dem Präteritumschwund, „dessen Grenze gegenwärtig quer von West nach Ost durch den mitteldeutschen Raum verläuft" (Roelcke 2011, S. 140).

54 Unter sprachgeschichtlicher Perspektive sollte der Vokalwechsel von *rennen* zu *rannte* nicht als Ablaut bezeichnet werden.

Finite Verbformen werden nach Person und Numerus konjugiert. Dabei steht die Verbflexion in Kongruenz zum Subjekt des Satzes. Von den deutschen **Tempusformen** werden lediglich das Präsens und das Präteritum **synthetisch** gebildet, was bedeutet, dass die Tempusinformation bei diesen Zeitformen direkt am Vollverb kodiert wird (z. B. *ich laufe, ich lief*). Alle anderen Tempora werden **analytisch** mit einem Hilfsverb (*haben, sein, werden*) gebildet (z. B. *ich werde laufen, ich bin gelaufen*).

Typisch für die **gesprochene Sprache** ist die Tilgung von Schwa-Lauten am Ende der 1. Person Singular Präsens (z. B. *ich komm, ich spiel*). Eine Tilgung der Schwa-Laute kann unter bestimmten Umständen auch innerhalb des Verbstammes auftreten (z. B. *ich fordre, ich feire, ich grüble*), so dass für derartige Verben im Gesprochenen drei Varianten begegnen (z. B. *ich fordere, ich fordre, ich forder*).

Die Tempora Perfekt und Plusquamperfekt werden mit den **Hilfsverben** *haben* oder *sein* gebildet. Dabei stehen die meisten Verben mit *haben* in Verbindung und nur wenige mit *sein*. Zu letzteren gehören in erster Linie die intransitiven Verben, die kein Akkusativobjekt verlangen und eine Zustandsveränderung des Subjekts anzeigen (35a), die ein Geschehen ausdrücken (35b) und die meisten Verben, die semantisch mit einer Bewegungsrichtung verbunden sind (35c). Außerdem können die Verben *sein, bleiben, durchgehen* und *eingehen* dazu gezählt werden (35d).

(35) a) *Der Gartenteich ist umgekippt.*
b) *Diese Studentin ist mir besonders aufgefallen.*
c) *Morgens sind sie immer gelaufen.*
d) *In der letzten Sitzung sind wir die Modulpläne gemeinsam durchgegangen.*

Einige Verben weisen verschiedene Varianten auf (z. B. *ich habe gesessen – ich bin gesessen*; vgl. Kap. 3.2.2). Auch wird ausgehend vom süddeutschen Raum das Präteritum zunehmend durch das Perfekt ersetzt, womit zugleich ein Schwund des Plusquamperfekts einhergeht.

Die Formen des Futurs werden jeweils mit dem Hilfsverb *werden* gebildet (z. B. *er wird auftreten, er wird aufgetreten sein*). Sie dienen zur Darstellung eines zukünftigen Geschehens (Futur I) bzw. der eines zweiten Geschehens in abgeschlossener Zukunft (Futur II). Im gegenwärtigen Sprachgebrauch werden sie in diesen Funktionen häufig durch Präsens- und Perfektformen ersetzt (36).

(36) *Wenn du morgen in die Uni gehen wirst, werde ich sie bereits verlassen haben.*
vs. *Wenn du morgen in die Uni gehst, habe ich sie schon verlassen.*

Prinzipiell besteht bei Aussagen über zukünftige Geschehnisse natürlich ein Wahrheitsvorbehalt, es sind immer Prognosen (37).

(37) *Morgen um diese Zeit werde ich schon in New York sein.*

Durch die Verwendung von Futurformen ist jedoch auch eine explizite Kennzeichnung als ‚Vermutung' möglich (38).

(38) *Er wird jetzt im Geschäft sein.* (Präsens-Äquivalent)
Er wird das Geld längst bekommen haben. (Perfekt-Äquivalent)

In derartigen Fällen dient das Verb *werden*, ähnlich wie die Modalverben (z. B. *müssen, dürfen*) zum Ausdruck von Modalität, d. h., hier kommt es zu Überschneidungen zwischen den Kategorien ‚Tempus' und ‚Modus'.

Der Begriff ‚**Modus**' bezeichnet die Aussageweise des Verbs, wobei vier Subkategorien unterschieden werden:

Indikativ (Wirklichkeitsform)	z. B. *sie läuft*
Konjunktiv I	z. B. *sie laufe*
Konjunktiv II	z. B. *sie liefe*
Imperativ (Befehlsform)	z. B. *Lauf!*

Wie die Beispiele zeigen, basiert die Bildung des Konjunktiv I auf der Präsensform, die des Konjunktiv II auf der Form des Präteritums.[55] Dabei bestehen zahlreiche Formen, die mit denen des Indikativs homonym sind. Zum Konjunktiv II wird auch der sogenannte *würde*-Konjunktiv[56] gezählt. Dieser wird häufig dann eingesetzt, wenn Konjunktivformen sehr veraltet oder mit den indikativischen homonym sind (vgl. Kap. 3.2.2). In der indirekten Rede kann der *würde*-Konjunktiv beispielsweise auch anstelle des Konjunktiv I, des Präteritums und des Futur I stehen (39).

(39)

Anna sagte, sie spiele nicht Tennis.	*Anna sagte, sie würde nicht Tennis spielen.*
Anna sagte, sie spielte nicht Tennis.	*Anna sagte, sie würde nicht Tennis spielen.*
Anna sagte, sie werde nicht Tennis spielen.	*Anna sagte, sie würde nicht Tennis spielen.*

Innerhalb der Kategorie ‚**Genus verbi**' ist das Passiv die morphologisch markierte Form. Die Subjektrolle fällt in Passivsätzen dem Patiens zu (das im Aktiv als direktes Objekt auftritt > Objektkonversion), während der syntaktische Status des Handelnden (Agens) nach der Subjektkonversion umstritten ist, wenn er denn überhaupt erscheint. Eisenberg (2006a, S. 25) analysiert die ***von***-Phrase als präpositionale Ergänzung (40).

(40) *Schmidt fordert die Mitarbeiter zu absoluter Loyalität auf.*
vs. *Die Mitarbeiter werden von Schmidt zu absoluter Loyalität aufgefordert.*

Die verschiedenen Formen des Passivs (Zustandspassiv, Vorgangspassiv usw.) und deren Umstellungen eröffnen zahlreiche Möglichkeiten für die stilistische Gestaltung von Texten (vgl. Kap. 3.2.2).

55 Deshalb wird der Konjunktiv I mitunter (z. B. im Schulunterricht) auch als ‚Konjunktiv Präsens', der Konjunktiv II auch als ‚Konjunktiv Präteritum' bezeichnet.

56 *Würde* ist der Konjunktiv II von *werden*.

Wortbildung

Im Vergleich zu den grammatischen Formen ist der Wortschatz einer natürlichen Sprache wesentlich dynamischer. Die Lexik verändert sich durch das beständige Bedürfnis nach neuen Benennungen. Wissenschaftliche Erkenntnisse und technische Neuerungen verlangen ebenso nach neuen Wörtern wie Jugend- und Szenesprachen. Eine Neuauflage des Rechtschreibdudens kann bis zu 1000 neue Wörter aufweisen (vgl. Duden-Grammatik 2006, S. 646). Diesem Verlangen nach neuen Benennungen kann auf unterschiedliche Weise entsprochen werden. So kann sich etwa die Bedeutung bereits vorhandener Ausdrücke ändern (sog. ‚**Bedeutungswandel**'). Es können auch Wörter aus anderen Sprachen übernommen werden (**Entlehnung**). Zudem besteht die Möglichkeit, Wörter aus Lautkomplexen zu schaffen, die in der Sprache noch nicht als bedeutungstragende Elemente (Zeichen) vorhanden sind. Bei dieser sog. ‚**Wortschöpfung**' entstehen neue Wortwurzeln, häufig im Falle von Produktbezeichnungen (z. B. *Google*, *Adidas* usw.).[57] Die wichtigste und am häufigsten genutzte Möglichkeit der Wortschatzerweiterung ist jedoch die **Wortbildung**, bei der auf der Basis von bereits existierenden Wörtern und Morphemen nach bestimmten Regeln neue Wörter produziert werden.

Der Begriff ‚**Wortbildung**' bezeichnet die Produktion von Wörtern auf der Grundlage und mithilfe von vorhandenem Sprachmaterial.

Durch Wortbildung erzeugte Wörter werden **Wortbildungsprodukte** genannt. Sie sind oft **motiviert**, d. h., ihre Bedeutung lässt sich aus ihren Einzelbestandteilen, den **Konstituenten**, ableiten. Kommt es zur Aufnahme in den Wortschatz, zur **Lexikalisierung**, festigt sich der Bezug einer Wortbildung zum benannten Gegenstand, Vorgang etc. und die interne semantische Beziehung der Konstituenten verliert an Relevanz, d. h. der Prozess der Lexikalisierung ist gekennzeichnet durch Speicherung und **Demotivation**. Dabei ist zu unterscheiden zwischen lexikalisierten Wörtern, bei denen der semantische Zusammenhang zwischen den Konstituenten noch erkennbar ist (z. B. *Apfelsaft*) und solchen, die lediglich an ihrer äußeren Struktur als komplexe Bildungen zu erkennen sind (z. B. *Augenblick*).

Im Vergleich zu lexikalisierten Ausdrücken gehören Wörter, die ganz bzw. teilweise neu gebildet wurden (noch) nicht zu den für alle Sprecher einer Sprache üblichen Bildungen, sie sind **nicht usuell**. Sie werden unter bestimmten Bedingungen gebildet, etwa um eine Benennungslücke zu schließen oder eine vorhandene Benennung – aus verschiedenen Gründen – zu variieren. Nichtusuelle Wörter sind nicht im Lexikon gespeichert, aber prinzipiell lexikalisierbar. Im Unterschied zu bereits etablierten Begriffen beinhalten sie einen Begriff, der im Bewusstsein des Rezipienten nicht repräsentiert ist. In diesem Sinne steht jedes neu geprägte Wort formal und semantisch der Erwartungsnorm des Rezipienten entgegen.

57 Zwischen Wortschöpfung und Wortbildung kann es zu Überschneidungen kommen. So stellt z. B. *googeln* eine Kombination aus Wortschöpfung und Wortbildung dar.

Für die einzelnen Wortbildungsarten sind bestimmte **Wortbildungsmittel** charakteristisch. Hierzu zählen Wörter bzw. Wortstämme, Wortbildungsaffixe, syntaktische Fügungen und Sätze sowie Konfixe, die als Bausteine für neue Wörter dienen können.

Wörter und Wortstämme werden auch als ‚**freie Morpheme**' bezeichnet, weil sie alleine im Satz stehen können und verschiebbar sind.[58] Sie gehören jeweils zu Wortarten, die mit bestimmten semantischen Merkmalen verbunden sind.[59] Daran ist zu erkennen, dass beispielsweise das Verb *fischen* gegenüber dem Substantiv *Fisch* eine sekundäre Bildung ist, die dann als desubstantivisch (vom Substantiv abgeleitet) zu analysieren ist. Obwohl die Wortbildung mit Wortstämmen theoretisch unbeschränkt erweiterbar ist, legt die Sprachverarbeitung in Hinblick auf die Zunahme ihrer Komplexität gewisse Grenzen auf (z. B. *Südseesehnsuchtsschnappschuss*).

Wortbildungsaffixe sind gebundene Morpheme, d. h., sie sind nicht wortfähig. Nach ihrer Position wird zwischen Suffixen (z. B. *schwamm-ig*), Präfixen (z. B. *un-sicher*) und Zirkumfixen (z. B. *Ge-spiel-e*) unterschieden. Affixe können sich mit verschiedenen Wortarten verbinden und in Abhängigkeit von der Ausgangswortart der Basis spezifische Bedeutungen ausbilden, z. B.:

Substantiv + *-ig*: applikativ ‚mit [Substantiv] versehen' z. B. *sahnig, dreckig, salzig*

Es handelt sich um **Wortbildungsmuster,** die entweder **produktiv** sind, wenn nach ihnen weiterhin neue Wörter gebildet werden (z. B. Verbindungen aus Verbstamm + *-bar* wie *machbar, zerstörbar, ableitbar*), oder nicht mehr produktiv sind (z. B. Verbindungen mit *-sal* wie *Trübsal, Rinnsal*). Suffixe zeigen die Wortart eines Wortbildungsproduktes an. Im Falle der Substantivbildung bestimmen sie auch Genus und Flexionstyp. Präfixe kommen im Deutschen fast ausschließlich in der Wortbildung vor, lediglich *ge-* wird in der Flexion als Bestandteil des Zirkumfixes zur Bildung des Partizips II verwendet. Zirkumfixe sind eher selten. Sie bestehen aus einer festgefügten Präfix-Suffix-Kombination und können zur Bildung von Verben (*be-fest-ig-en*), Substantiven (*Ge-spiel-e*) und Adjektiven (*un-ausweich-lich*) dienen. **Konfixe** sind bedeutungstragende Elemente, die nicht wortfähig sind und damit auch nicht flektiert werden.[60] Sie sind mitunter sehr produktiv, z. B. *bio-*: *Biodiesel, Biogemüse, Biofleisch, Bio-Eier, Bioladen.* Syntaktische Fügungen und Sätze verbinden sich häufig mit Suffixen (z. B. *kurze Beine* + *-ig* → *kurzbeinig*), mitunter auch mit freien Morphemen (z. B. *Stehaufmännchen*).

Als zentrale **Wortbildungsarten** (Wortbildungstypen, produktive Modelle) gelten die Derivation, die Komposition, die Konversion, die Partikelverbbildung und die Kurzwort-

58 Eine Ausnahme bilden gebundene Verbstämme (z. B. *waschen* → *Waschmaschine*), die kaum ohne Flexiv auftreten.

59 Substantive können beispielsweise etwas Gegenständliches, Verben etwas Prozesshaftes und Adjektive etwas Qualitatives bezeichnen.

60 Problematisch scheint die Abgrenzung der Konfixe von den Affixen. Ein mögliches Kriterium dafür ist die Semantik der Einheiten, denn Konfixe haben wie Stämme eine lexikalische Bedeutung, während Affixe primär über eine morphosemantische Funktion verfügen.

bildung (vgl. Barz 2006, S. 668 ff.). Bei der **Derivation** (Ableitung) erfolgt die Bildung neuer Wörter durch Affigierung, wobei zwischen expliziter Präfix- (z. B. *bedrohen*), Suffix- (z. B. *Lehrer*) und Zirkumfixderivation (z. B. *Gerenne*) zu unterscheiden ist. Die Zirkumfigierung ist dabei mit Abstand am schwächsten entwickelt. Als besondere Form der Derivation kann bei Substantiven und Adjektiven die Zusammenbildung angesehen werden, deren Ausgangsbasis eine syntaktische Fügung bildet, die suffigiert wird (z. B. *Arbeit geben + -er → Arbeitgeber*).

Unter **Komposition** wird die Verbindung zweier Wörter bzw. Wortstämme[61] zu einem komplexen Nomen (z. B. *Rotwein, Zeitungsleser*), Adjektiv (z. B. *knietief*) oder Verb (z. B. *lobpreisen*) verstanden, wobei das Zweitglied die Flexion des gesamten Kompositums bestimmt. Die zentrale Kompositionsart ist das **Determinativkompositum**, bei dem das Erstglied (auch: Bestimmungswort oder Determinans) das Zweitglied (auch: Grundwort oder Determinatum) näher spezifiziert (z. B. *Hochhaus*). Am produktivsten ist die Determinativkomposition innerhalb der Wortart Substantiv, bei der äußerst vielfältige, einfache und komplexe Konstituenten als Erstglieder in Frage kommen (z. B. *Fahrlehrerin, Autobahntankstelle*). Im **Kopulativkompositum** sind die beiden unmittelbaren Konstituenten einander nebengeordnet (z. B. *nasskalt, Strichpunkt*). Im Falle des **Explikativkompositums** liegt insofern ein besonderes Bedeutungsverhältnis zwischen Erst- und Zweitglied vor, als die Bedeutung des ersten Teils die des zweiten Teils mit einschließt (z. B. *Wachstumsprozess*). Das **Possessivkompositum** bezeichnet im Sinne einer pars-pro-toto-Relation eine Entität, die über das im Zweitglied Bezeichnete hinausgeht (z. B. *Milchgesicht, Rotkehlchen*). Beim **Rektionskompositum** besteht zwischen den beiden unmittelbaren Konstituenten eine Rektionsbeziehung (z. B. *Verbrecherfahndung*).[62]

Bei der **Konversion** werden Wörter ohne Hinzufügung eines Affixes in eine andere Wortart überführt, wobei sich die Richtung der Konversion aus der Motivation des Wortbildungsproduktes ergibt. So ist ein Wort dann sekundär, wenn sich seine Bedeutung aus der Bedeutung eines anderen Wortes (einer anderen Wortart) ergibt, z. B.: *hart* (Adjektiv, primär) → *härten* (Verb, sekundär). Darüber hinaus kann zwischen syntaktischer und morphologischer Konversion unterschieden werden. Die syntaktische Konversion ist dadurch gekennzeichnet, dass Flexionselemente der Ausgangswortart in der Zielwortart erhalten bleiben (*schreiben → das Schreiben*, vgl. Erben 2000). Bei der morphologischen Konversion liegen lediglich phonologisch gleiche Stämme vor (*schlafen → Schlaf*).

Eine Konversion mit Stammvokalwechsel wird oft auch als **implizite Derivation** bezeichnet (z. B. *trinken → Trank, fliegen → Flug*).

Bei der **Partikelverbbildung** wird ebenso wie bei der Präfixderivation ein Verb mittels eines Präelements von einer verbalen, substantivischen oder adjektivischen Basis abgeleitet. Dabei entstehen trennbare Verben, die den Infinitiv mit *zu* und das Partizip II unter Ein-

61 Ausnahmen bilden dabei etwa Konfixe (z. B. *Geophysik*), Buchstaben (z. B. *A-Klasse*) oder Syntagmen (z. B. *Wo-ich-immer-schon-mal-hinwollte-Paket*) als Erstglieder.

62 Explikativkomposita, Possessivkomposita und Rektionskomposita lassen sich als Subtypen des Determinativkompositums auffassen.

schluss von *zu* und *ge*-Präfix bilden (z. B. *nachgeprüft, nachzuprüfen*) sowie mit ihren finiten Formen im Verberst- und Verbzweitsatz zur Ausbildung einer Verbalklammer führen (s. o.).

Unter **Kurzwortbildung** wird die Bildung eines Wortes durch Kürzung einer längeren Vollform verstanden, die in einem einzelnen Wort (z. B. *Kindertagesstätte → Kita*) oder einer syntaktischen Fügung (z. B. *Arbeitsgemeinschaft der öffentlich-rechtlichen Rundfunkanstalten der Bundesrepublik Deutschland → ARD*) bestehen kann. Das Hauptmotiv für die Kurzwortbildung besteht darin, sich auf möglichst ökonomische Weise verständigen zu können. Sie betrifft mit Ausnahme einzelner Adjektive (z. B. *öko* für *ökologisch*) nahezu ausschließlich Substantive. In formaler Hinsicht können Kurzwörter zum einen nach ihrer Aussprache unterschieden werden. Sie kommen phonetisch gebunden (zusammenhängend auszusprechen, wie z. B. *Dax, Ufo*), phonetisch ungebunden (z. B. *ZDF, BRD*) und in beiden Varianten vor (z. B. *FAZ*). Zum anderen kann nach den Segmenten aus der Vollform zwischen multisegmentalen (z. B. *Elektrokardiogramm → EKG*), unisegmentalen (z. B. *Automobil → Auto, Omnibus → Bus*) und partiellen Kurzwörtern (z. B. *haltbare Milch → H-Milch, Kanzlerkandidaten-Frage → K-Frage*) differenziert werden. Multisegmentale Kurzwörter lassen sich darüber hinaus in sog. Buchstaben- bzw. Initialkurzwörter (z. B. *Allgemeiner Deutscher Automobilclub → ADAC*), Silbenkurzwörter (z. B. *Kriminalpolizei → Kripo*) und Mischkurzwörter (z. B. *Auszubildender → Azubi*) unterscheiden, wobei im Allgemeinwortschatz solche aus drei Buchstaben deutlich überwiegen. Bei der Kurzwortbildung tritt grundsätzlich kein Wortartenwechsel auf. Bei längerem Gebrauch können sich jedoch Bedeutungsunterschiede zu den Vollformen ergeben, die vereinzelt auch zum Wechsel des Genus führen können (z. B. *die Bayerischen Motorenwerke → der BMW*).

Deutlich weniger Bedeutung haben hinsichtlich ihrer Produktivität die Wortbildungsarten ‚Wortkreuzung', ‚Reduplikation' und ‚Rückbildung'. Unter **Wortkreuzung** (Wortverschmelzung) wird die Verbindung zweier Wörter bezeichnet, bei der entweder bestimmte Teile der Ausgangseinheiten getilgt werden (z. B. *Information + Entertainment → Infotainment*) oder ein identisches Segment nur einmal auftritt (z. B. *Mechaniker + Elektronik → Mechatroniker*). Die **Reduplikation** bildet Wortstämme, indem eine Ausgangseinheit wörtlich oder variiert wiederholt wird (z. B. *Wirrwarr, Wauwau*). Nahezu ausschließlich auf Verben beschränkt ist die **Rückbildung**. Die verbalen Wortbildungsprodukte entstehen hierbei aus substantivischen Komposita mit deverbalem Zweitglied (z. B. *Notlandung → notlanden*).

In Bezug auf den deutschen Gesamtwortschatz zeigen Substantive die meisten Wortbildungsaktivitäten, wobei gerade die Komposition außerordentlich reich entfaltet ist. Sehr vielfältig ist auch die Suffixderivation ausgeprägt. So verfügt die nominale Wortbildung innerhalb der Wortarten über den größten Bestand an nativen und fremdsprachlichen Suffixen. Zentral für die verbale Wortbildung ist die Linkserweiterung verbaler Basen durch Präfixe und Verbpartikeln sowie die desubstantivische Konversion (z. B. *Öl – ölen*). Adjektivische Wortbildungsprodukte entstehen fast ausschließlich durch Komposition, Derivation und Konversion (vgl. Barz 2006, S. 696 ff.).

Weiterführende Literatur:

Barz, Irmhild: Die Wortbildung. In: Duden. Band 4 Die Grammatik. Dudenverlag, Mannheim 2006. S. 641–772.
Eisenberg, Peter: Das Wort. Grundriss der deutschen Grammatik. Metzler, Stuttgart 2006.
Eisenberg, Peter: Der Satz. Grundriss der deutschen Grammatik. Metzler, Stuttgart 2006.
Elsen, Hilke: Grundzüge der Morphologie des Deutschen. De Gruyter, Berlin 2011.
Thieroff, Rolf/ Vogel, Petra M.: Flexion. Winter, Heidelberg 2009.

3. Parameter der Stilbeschreibung

3.1 Stil und Stilistik: Allgemeines

Überträgt man die Bedeutung der lateinischen Wurzel *textus* ‚Gewebe, Geflecht' auf die Verkettung sprachlicher Einheiten zu einem Text, dann weist diese metaphorische Verwendung auf einen besonders wichtigen Aspekt der Textanalyse hin, nämlich die „Webart" des Textes, also seinen **Stil**. Während die Textlinguistik untersucht, worin die Gemeinsamkeiten aller Texte bestehen, was allgemeine Text- und Textsortenmerkmale sind, beschreibt die Stilistik einen Teilaspekt von Texten, nämlich die Art ihrer sprachlichen Gestaltung.

Im Folgenden soll aus sprachwissenschaftlicher Sicht in grundlegende Aspekte von Stil eingeführt werden. Im Vergleich zu literaturwissenschaftlichen Stilanalysen, in deren Mittelpunkt eher die stilistische Figuriertheit von Texten oder auch Autorenstile stehen, fokussiert der **sprachwissenschaftliche Stilbegriff** ganz allgemein die Spezifik der sprachlichen Ausgestaltung von Textstrukturen. Diese Spezifik sprachlicher Formulierungen resultiert ganz prinzipiell aus der Möglichkeit, innerhalb von im Sprachsystem angelegten Varianten auszuwählen. Derartige Wahlentscheidungen sind in sämtlichen Kommunikationsformen von größter pragmatischer Relevanz, weil sie das kommunikative Handeln aus der Sicht des Textproduzenten und des Textrezipienten ganz entscheidend prägen. Sprachlicher Stil ist dabei als ein **Performanzphänomen** anzusehen, d. h., Stil zeigt sich an konkreten individuellen Kommunikationshandlungen. Die Basis für diese konkreten Sprachhandlungen bildet die Kompetenz, das intuitive Wissen des Kommunikationsteilnehmers über die Regularitäten der entsprechenden Sprache, das innerhalb der Sprechergemeinschaft natürlich heterogen strukturiert ist.[63]

Der **Stilistik** als sprachwissenschaftlicher Teildisziplin kommt somit die Aufgabe zu, Kriterien für die Analyse von Texten bereitzustellen, mit denen das Spezifische der sprachlichen Gestaltung einer kommunikativen Handlung charakterisiert werden kann bzw. aufzuzeigen, wie sich pragmatisch bedeutsame Textmerkmale isolieren und analysieren lassen, wie sie in ihrer potentiellen Wirkung auf den Rezipienten beschrieben und interpretiert werden können. Eine Stilistik muss dazu Elemente auf allen sprachlichen Beschreibungsebenen erfassen und sie nach ihrem Potential und der Art ihrer Begrenzung systematisieren und klassifizieren.

Ganz grundsätzlich betrifft dies zum einen sprachliche Einzelphänomene – etwa auf der Ebene des Wortschatzes oder der Grammatik – wie die Verwendung von Neologismen, Fach- und Fremdwörtern, morphologischen Formvarianten oder die Wahlmöglichkeiten im Bereich der Topologie. Zum anderen geht es um komplexere und umfassendere

63 Diese Interpretation der Begriffe ‚Performanz' und ‚Kompetenz' orientiert sich an der Stiltheorie Barbara Sandigs (2006).

Strukturen wie inhaltlich oder strukturell determinierte stilistische Handlungsmuster, also Strategien wie Argumentieren, Erzählen, Auslassen oder Ästhetisieren.

Der sprachwissenschaftliche Stilbegriff

Stil bezieht sich auf die Art der sprachlichen Handlungsdurchführung und bezeichnet damit das **WIE**, die **funktions- und situationsbezogene Variation** der Verwendung sprachlicher Elemente. Es geht um die Frage, wie ein Text im Hinblick auf seine Verwendung gestaltet ist. Sie ist immer dann relevant, wenn innerhalb der in einer Sprache zur Verfügung stehenden Mittel Alternativen bestehen. Stil ist deshalb als ein Phänomen der Wahl anzusehen und ein Ergebnis von Entscheidungsprozessen, die mehr oder weniger bewusst oder auch intuitiv (z. B. durch die Übernahme von typischen Formulierungen) ablaufen können.

Sprachliches Handeln orientiert sich einerseits an Vorgegebenem, Prototypischem und Musterhaftem. Andererseits erfolgt es als eigenständige Umsetzung im Sinne von individualstilistischen Merkmalen, die von der Auswahl einzelner Textelemente bis hin zur bewussten Brechung typischer Text(-sorten)muster reichen können. Deswegen sind sprachliche Äußerungen in der Regel als unikale Produkte, als individuelle Lösung anzusehen, die sich nicht wiederholen.

> Mit der stilistisch bedingten Auswahl aus den Möglichkeiten des Sprachsystems trifft der Sprecher oder Schreiber eine Entscheidung, die seine geplante kommunikative Handlung über ihr bloßes Angemessensein hinaus in besonderem Maße zum Gelingen führen soll. (Hans-Werner Eroms 2008, S. 23)

Stil ist als Realisierung der Textoberfläche zum einen ein WIE, eben die spezifische sprachliche Form. Zum anderen ist Stil ein **WAS**, weil durch die Art und Weise der Formulierung neben der Primärinformation eines Textes immer auch **weitere Informationen** gegeben werden (vgl. Fix et al. 2003, S. 27). Das können Informationen sein, die sich auf die Beziehung zwischen dem Textproduzenten, den von ihm verwendeten Zeichen und dem Rezipienten der Zeichen beziehen (z. B. *Sperren sie den Köter weg! < Hund*). Stil ist auch ein Teil der Selbstdarstellung des Textproduzenten, denn dieser gibt dadurch, wie er spricht oder schreibt, – mehr oder weniger intendiert oder auch völlig ungewollt – Informationen über sich (z. B. regionale oder soziale Spezifika), über sein Selbstbild (z. B. *In unserem Salon arbeiten fünf Stylisten. > Friseure*), seine Rollenauffassung oder das Image, das er aufbauen oder wahren möchte (z. B. *Aus Liebe zum Automobil. > Auto*). Stil ist eine Information über die im Text zugrunde liegende Situation (z. B. *Sehr geehrte Frau Höllinger, … / Liebe Elisabeth, …*) und zugleich ein Mittel der Beziehungsgestaltung zwischen Produzent und Rezipient (z. B. *Herzliche Grüße / Viele Grüße / Mit freundlichen Grüßen*), denn durch die Art der Formulierung – z. B. autoritär oder gleichberechtigt, sachlich oder emotional, offiziell oder privat – wird deutlich gemacht, welche sozialen Beziehungen zum Empfänger bestehen oder hergestellt werden sollen. In diesem Zusammenhang ist zu bemerken, dass Beziehungen vielschichtige und dynamische Elemente sind, die in der Kommunikation – obwohl sie in vielen Fällen durch bestimmte Gegebenheiten schon vorstrukturiert sind –

immer wieder neu hergestellt und situiert werden müssen. Beziehungen basieren zunächst auf den sozialen und personalen Identitäten der Kommunikationsbeteiligten (z. B. Alter, Status oder Geschlecht), woraus sich mindestens vier Dimensionen ergeben, die in jeder Beziehungskonstellation eine Rolle spielen. In theoretischer Hinsicht sind diese jeweils bipolar und graduell konzipiert, in Wirklichkeit jedoch vielfältig miteinander verflochten und sich gegenseitig überlagernd. Als horizontale Dimension gehören dazu ‚Distanz' und ‚Nähe', weil der kommunikative Abstand in jeder Begegnung neu ausgehandelt wird. Die vertikale Dimension bezieht sich auf Macht und Status, also den kommunikativen Rang der Gesprächsteilnehmer, der symmetrisch oder asymmetrisch sein kann. Hinzukommen die sogenannte ‚evaluative' Dimension und die ‚affektive' Dimension. Gemeint ist die positive oder die negative Selbst- und Partnerbewertung, d. h. die kommunikative Wertschätzung der Beteiligten und deren kommunikative Gefühlslage, ihre Sympathie oder Antipathie, die von den genannten Bewertungen natürlich kaum abzutrennen sind (vgl. Holly 2000, S. 1382).

Schon bei dieser sehr oberflächlichen Skizzierung der Dimensionen und allgemeinen Charakteristika von Beziehungskommunikation deutet sich an, dass nahezu das gesamte Repertoire sprachlicher Ausdrucksformen Einfluss auf die **Beziehungsgestaltung** in der Kommunikation haben kann. Gleichwohl gelten einige Klassen von Ausdrücken als besonders beziehungssensitiv. Dazu gehören neben grammatikalisierten und lexikalischen Formen der personalen Referenz und Formen der Anrede (z. B. Personalpronomina, Titel, Namen oder Funktionsbezeichnungen) vor allem bewertende Ausdrücke (vgl. „Konnotationen" Kap. 3.2.3), aber auch eher unauffällige sprachliche Mittel wie Abtönungspartikeln (z. B. *halt, eh, ja*).

Durch Stil wird außerdem sichtbar, welches Verhältnis der Textproduzent zur Sprache hat, indem er neutral oder gehoben (z. B. *Magnifizenz!* > *Herr Präsident/Rektor*) konventionell und normbewusst oder originell und offen für Abweichungen formuliert. Stil hat damit eine wichtige Funktion für die Kommunizierenden, weil durch seine sprachlichen und formalen Eigenschaften intersubjektiv Sinn vermittelt und interpretiert werden kann. In Bezug auf das intendierte Erzielen einer Stilwirkung ist hier jedoch einschränkend zu bemerken, dass das Wissen über Stil innerhalb einer Sprachgemeinschaft je nach sozialer Zugehörigkeit (Generation, Bildung usw.), dem Umgang mit Sprache und Literatur sehr stark variiert, weshalb die Kommunikationsteilnehmer generell nicht im selben Maße dazu befähigt sind, das stilistische Potential einer Sprache wirkungsvoll zu nutzen. Es geht dabei um Kompetenzunterschiede, die alle sprachwissenschaftlichen Beschreibungsebenen betreffen können – am deutlichsten ausgeprägt sind sie normalerweise in Bezug auf den Umfang des Wortschatzes.

Methoden der Stilbeschreibung

Moderne Auffassungen von Stil gründen sich in der Regel auf die antike Rhetorik, prägend ist vor allem die **rhetorische Dreistillehre**, die Teil der ‚elocutio' ist und sich heute noch am unmittelbarsten im Konzept der Stilebenen (s. u.) widerspiegelt. Die ‚elocutio' stellt die

Theorie des rednerischen Ausdrucks dar, deren angestrebtes Ziel die genaue Entsprechung von Wort und Sache ist. Unterschieden werden dabei die schlichte Stilart (‚genus subtile', ‚genus humile'), die mittlere Stilart (‚genus medium', ‚genus mixtum') und die großartige, pathetisch-erhabene Stilart (‚genus grande', ‚genus sublime'). Das ‚genus grande' oder ‚sublime' diente dazu, eine starke Affekterregung hervorzurufen, was neben der Verwendung besonderer stilistischer Mittel (z. B. Tropen und Figuren) vor allem durch bestimmte Techniken des Vortrags – etwa eine mächtige Gestik – erreicht werden sollte. Denn im Zentrum der Rhetorik stand die Abstimmung der sprachlichen Formulierung auf das Erreichen bestimmter Ziele in der Rede, also im mündlichen Vortrag.

Aktuelle Auffassungen zum Stilbegriff und theoretische Ansätze zur wissenschaftlichen Disziplin ‚Stilistik' unterscheiden sich zwar grundsätzlich in der Bestimmung dessen, was zum Stil eines Textes gehört – angefangen von der bloßen Beschreibung einzelner Stilfiguren, über die stilistische Klassifikation linguistischer Beschreibungsebenen bis hin zu umfassenden Stilinterpretationen eines Textes im Sinne von Textsortenstilen, die die verschiedenen kommunikativen Gegebenheiten ebenso einbeziehen wie materielle Texteigenschaften.

Übereinstimmungen ergeben sich vielfach darin, dass Stil immer zwei Pole aufweist, einen normbezogenen und einen individuellen. Eroms (2008) fasst diesen paradoxen Aspekt des Stilbegriffs mit dem Bild der Janusgesichtigkeit. Das Janusgesicht des Stils bezieht sich dabei erstens auf seinen Doppelcharakter, denn der Stil eines Textes gehorcht einerseits Konventionen und Normen, andererseits wird erwartet, dass er eine individuelle Komponente hat, was bis zu einem gewissen Grade gerade die Durchbrechung von Normen verlangt. Zweitens lassen sich dem Bild der Janusgesichtigkeit auch zwei Traditionsströme der Stilistik zuordnen. Der eine hat mit dem Werk von Johann Christoph Adelung ‚Ueber den deutschen Styl' (1785) seinen Abschluss gefunden und die normativen Stilistiken des Deutschen, die als Anleitung zur angemessenen, korrekten sprachlichen Formulierung verstanden werden können, erheblich beeinflusst.[64] Die andere Richtung manifestiert sich in den ‚Vorlesungen über den Styl' von Karl Philipp Moritz (1793) und wird als die Begründung der Individualstilistik im Deutschen angesehen.

Im Folgenden werden zunächst zwei Möglichkeiten der Stilbeschreibung vorgestellt, die besondere Bedeutung für die Untersuchung von Gebrauchstexten haben. Unter dem Begriff ‚Gebrauchstext' werden in diesem Zusammenhang alle Exemplare von Textsorten zusammengefasst, die nicht der Unterhaltungsliteratur (Belletristik), d. h. den ästhetischen Texten im engeren Sinne, zugeordnet werden können.

Bei dem Ansatz der **Funktionalstilistik** referiert der Begriff ‚Funktion' auf den grundlegenden Sachverhalt, dass es einen wechselseitigen Zusammenhang zwischen außer-

---

64 In jüngerer Zeit sind derartige Ansätze, die den wertenden, evaluativen Aspekt von Stil in den Vordergrund stellen, weniger in der linguistischen Literatur, dafür aber vielfach in der populärwissenschaftlichen Ratgeberliteratur zu finden (z. B. Wolf Schneider „Deutsch für Profis"; Bastian Sick „Der Dativ ist dem Genitiv sein Tod"; Duden. „Der Deutsch-Knigge. Sicher formulieren, sicher kommunizieren, sicher auftreten").

sprachlichen Aufgaben (bestimmte Tätigkeitsbereiche, Kommunikationssituationen usw.) und sprachlichen Gebrauchsweisen (typische Verwendungsweisen von Ausdrucksmitteln) gibt. Bereits Riesel / Schendels (1975) betrachteten Kommunikation immer als Resultat von externen, außerlinguistischen Gegebenheiten und sahen ihren Ursprung stets in der funktionalen Spezifik der Mitteilung im jeweiligen Kommunikationsbereich.

Die Gestaltung von Kommunikation erfolgt in Abhängigkeit von ihrer Aufgabe und ihrem Ziel. Die Theorie der Funktionalstile versucht deshalb, aus der Gesamtheit der sprachlichen Mittel diejenigen auszuwählen, die für eine bestimmte Mitteilungsfunktion besonders geeignet sind. Daraus ergibt sich eine funktionalstilistische Gliederung, die im Wesentlichen durch eine außersprachliche Grundlage (Sphäre der Tätigkeit, in der sich Kommunikation vollzieht) und ihren sozial bewussten und standardisierten Charakter gekennzeichnet ist. Der Aspekt des Normativen hat deshalb große Bedeutung und die Kategorie der Angemessenheit / Adäquatheit gilt als zentrales Prinzip. Die Normen ergeben sich in Bezug auf gesellschaftlich relevante Zwecke, wobei Kommunikation als soziales Verhalten im Hinblick auf eine optimale Verständigung betrachtet wird.

Fleischer / Michel (1977) schlagen entsprechend den Funktionen, die Kommunikation in diesen Bereichen hat, eine Einteilung in fünf funktionale Stiltypen vor:

1. Alltagsverkehr,
2. Belletristik,
3. Wissenschaft,
4. Direktive,
5. Presse und Publizistik.

Die Kriterien, die zur Beschreibung der einzelnen Kommunikationsbereiche herangezogen werden (‚spontan' – ‚ausgefeilt', ‚künstlerisch geformt' – ‚nicht künstlerisch geformt', ‚Dominanz der Erkenntnisvermittlung' – ‚Dominanz der Verhaltenssteuerung'), scheinen jedoch nicht vergleichbar, weil sie sich zum Teil auf das Kognitiv-Sprachliche, zum Teil auf das Intentionale beziehen (vgl. Fix et al. 2003, S. 34).

Eroms (2008) weist den Funktionalstilen zwar keinen allgemeinen Erklärungsanspruch für die sprachliche Gestaltung von Texten zu, weil sie immer „nur einen Teil des stilistischen Potentials erklären" (Eroms 2008, S. 111) können. Da die funktionalen Bereiche der Sprache aber über ein großes Potential von Gemeinsamkeiten verfügen, sieht er es dennoch als sinnvoll an, „einen oder auch alle Funktionalstile vollständig zu beschreiben" (ebd.). Eroms erweitert die Konzeption der Funktionalstilistik deshalb um die Bereiche rituelle bzw. sakrale Sprache, Werbungssprache sowie Sprache in Schule und Unterricht.

Auf der Basis einer modifizierten zeitgemäßeren Terminologie ergibt sich daraus eine achtfache Untergliederung:

1. Alltagssprache,
2. Wissenschaftssprache,
3. Öffentliche Kommunikation,

4. Sprache der Medien,
5. Sprache der Unterweisung,
6. literarische Sprache,
7. sakrale Sprache,
8. Werbungssprache.

Entscheidend für eine funktionalstilistische Bestimmung von solchen Sprach- bzw. Kommunikationsbereichen müsste per definitionem eine bestimmte Funktion sein, von der sich konkrete Kriterien für die stilistische Gestaltung ableiten lassen. Nun zeigen allein schon die in der Journalismusforschung etablierte Differenzierung zwischen den Gruppen der tatsachenbetonten, meinungsbetonten und phantasiebetonten Darstellungsformen (z. B. Reumann 1994; Renner 2007) oder die komplexen Zielsetzungen im Bereich des Marketings / der Werbung (z. B. Kroeber-Riel 1993; Bruhn 2005), dass einige der genannten Funktionalstiltypen durchaus nicht als monofunktional zu bestimmen sind.

So ist es beispielsweise für die stilistische Beschreibung der sog. „Werbesprache“[65] keinesfalls ausreichend, von allgemein ökonomischen Funktionen – wie der Anpreisung des Beworbenen mit dem Ziel der Auslösung einer Kaufentscheidung bzw. der Umsatzsteigerung – auszugehen. Denn derartige Zielsetzungen erlauben es nicht, Handlungsimpulse oder situationsspezifische Ideen für die Präsentation von Werbebotschaften abzuleiten und haben somit keinen unmittelbaren Einfluss auf die Form der sprachlichen Gestaltung. Für die funktionalstilistische Analyse von Werbesprache wäre es vielmehr notwendig – ausgehend von spezifischen Einzelfunktionen (z. B. Einstellungsbeeinflussung durch Emotionalisierung, Informationsvermittlung usw.) – möglichst in Abhängigkeit von bestimmten Textsorten (z. B. Printanzeigen, Spots, Briefe, Prospekte) – sprachliche Stile zu klassifizieren.

Dasselbe gilt für andere Kommunikationsbereiche. Auch hier kann die Grundlage einer funktionalstilistischen Einteilung nur in einer differenzierten Funktions- bzw. Zielbeschreibung bestehen, der bereichsspezifisch Stiltypen und Stilelemente zugeordnet werden. Eine derartige funktionalstilistische Darstellung steht für die meisten Gebrauchstextsorten und Kommunikationsbereiche noch aus, wäre jedoch gerade für Textsortenklassifikationen und deren Stilbeschreibung aus rezeptiver und produktiver Sicht von großer Bedeutung. Was das methodische Vorgehen anbelangt, sollte dabei nicht die Beschreibung des gesamten

65 In der linguistischen Literatur wird die Bezeichnung ‚Werbesprache‘ häufig verallgemeinernd für sämtliche Kommunikationsformen der externen Unternehmenskommunikation als zentralem Bestandteil der Kommunikationspolitik von Unternehmen verwendet. Kommunikationspolitik stellt ein eigenständiges Instrument moderner Unternehmensführung dar, das sich mit der bewussten Gestaltung aller auf den Marktteilnehmer gerichteten Informationen beschäftigt. Seitens der Wirtschaftswissenschaften ist dabei sowohl zwischen verschiedenen Produktbereichen (kurzlebige und langlebige Konsumgüter, Investitionsgüter) und Adressaten (Privatkunden, Firmen) als auch verschiedenen Kommunikationsinstrumenten (Mediawerbung, Direct Marketing, Public Relations, Product Placement, Event Marketing usw.) zu unterscheiden. Mit dem Ausdruck ‚Werbesprache‘ erfolgt hier also eine extreme Erweiterung des Begriffs auf nahezu alle externen Kommunikationsaktivitäten eines Unternehmens.

Textuniversums fokussiert werden, sondern die stilistische Analyse ausgewählter Textsorten eines Kommunikationsbereichs auf der Basis dessen Funktions- bzw. Zielsystems.

Die oben beschriebene Vorstellung von Stil enthält wesentliche Bestandteile einer **pragmatischen Stilauffassung**, in der sich die Bedeutung der sozialen Dimension von Stil niederschlägt. Besondere Relevanz haben dabei die außersprachlichen Parameter ‚Intentionalität' und ‚Situationalität'. So definiert Sandig als Hauptvertreterin der pragmatischen Stilistik, Stile als variierende Sprachverwendungen und Textgestaltungen, denen „relativ zu bestimmten Verwendungszwecken und Verwendungssituationen von den Beteiligten bestimmte sozial und kommunikativ relevante Bedeutungen zugeschrieben werden können" (Sandig 2006, S. 2). Das Bewirken von Stil, die stilistische Gestaltung, ist daher ein bedeutsames sprachliches Mittel, durch das das Ziel der Kommunikation möglichst gut erreicht werden soll.

Die pragmatische Stilistik beschreibt sprachliches Handeln als die Realisierung der Intentionen des Handelnden. Stil ist somit die sozial relevante Art der Kommunikation, die zugleich eine sekundäre Information („stilistischer Sinn") über das handelnde Individuum, über sein Bedürfnis, sich anzupassen oder abzugrenzen, über die Art der von ihm gewünschten Beziehungsgestaltung usw. ist. Stilistischer Sinn entsteht dabei durch das Ausführen der sprachlichen Handlung vor dem Hintergrund möglicher Alternativen, wobei von jeweils typischen (Durchführen im Sinne des Üblichen) und eher individuellen (sich vom Üblichen abheben) Arten der stilistischen Handlungsdurchführung ausgegangen wird. Darüber hinaus wird betont, dass Äußerungen immer an bestimmte Handlungssituationen gebunden sind, woraus Erwartungen resultieren, die die Rezeption von Äußerungen erheblich beeinflussen. Das heißt, es gibt bestimmte erwartbare Formen der stilistischen Handlungsdurchführung, das Abweichen von diesen generiert ebenfalls Sinn.

Stil wird als ein Performanzphänomen betrachtet, als interpretierbarer Sinn, durch den die Handlung möglichst so gestaltet werden soll, dass sie im Sinne des Produzenten wirken kann. Dementsprechend differenziert Sandig (vgl. 2006, S. 24 f.) bei den möglichen Wirkungen sprachlicher Äußerungen grundsätzlich zwischen solchen, die das Thema, der Inhalt, als solcher auslöst, und den eigentlichen Stilwirkungen, die ausschließlich auf das Wie, die Art der Äußerung, zurückzuführen sind.

In Bezug auf das Erzielen der beabsichtigten Stilwirkungen bestehen grundsätzlich Risiken. So erfordert das Erkennen von Ironie ein konkretes gemeinsames Wissen von Rezipient und Produzent über bestimmte Sachverhalte. Schätzt der Textproduzent das Wissen des Rezipienten falsch ein bzw. fehlt dieses gemeinsame Wissen oder dessen Präsenz beim Rezipienten, wird das Beabsichtigte nicht wirksam (z. B. im Falle der ironischen Werbeaussage über den Porsche 911: *Sie können länger frühstücken. Sie sind früher zum Abendessen zurück. Gibt es ein besseres Familienauto?* Vgl. Jung / von Matt 2002, S. 168, vgl. Kap. 3.3.1).

Das Erzielen der intendierten Stilwirkung ist also grundsätzlich auch abhängig von bestimmten Voraussetzungen seitens des Rezipienten. Außerdem können Aspekte wirksam werden, die dem Textproduzenten gar nicht bewusst sind, wie z. B. die Wirkungen aufgrund sozialer oder dialektaler Merkmale. Hinsichtlich der verschiedenen Typen von

Stilwirkungen differenziert Sandig (vgl. 2006, S. 34 ff.) zunächst zwischen individuellen, somit ganz besonderen Wirkungen von Stil und in der Kommunikationsgemeinschaft intersubjektiv bekannten und deshalb antizipierbaren Arten von Stilwirkungen. Bei letzteren, den sozusagen „typischen" Stilwirkungen, die in dieser Weise immer wieder eintreten, unterscheidet sie verallgemeinerte von spezielleren Stilwirkungstypen. Im Bereich der verallgemeinerten Stilwirkungen werden zwei Skalen angesetzt, zum einen die Skala ‚unwirksam' bis hin zum positiv bewerteten ‚wirkungsvoll', zum anderen die Skala ‚unangemessen' bis ‚sehr / überaus ... angemessen', die sich auf die intersubjektive Erwartbarkeit des konkreten Stils bezieht. Speziellere Stilwirkungstypen lassen sich bezogen auf die Rezipienten u. a. danach unterscheiden, welche Intentionen die Rezipienten den Produzenten unterstellen und welche Aspekte seitens der Rezipienten eine Rolle bei der Stilwirkung spielen. Bei den sprecherbezogenen Unterstellungen geht es um Einstellungen, Intentionen und Dispositionen, die Rezipienten aufgrund ihres sozialen und sprachlichen Wissens bei den Sprechern oder Schreibern vermuten. Damit sind Ausdrücke wie ‚provozierend', ‚aggressiv', ‚witzig', ‚raffiniert', ‚polemisch', ‚distanziert' usw. verbunden. Analog zu diesen sprecherbezogenen Unterstellungen können Stilwirkungstypen danach beschrieben bzw. bezeichnet werden, welche Einstellungen, Bewertungen, Gefühle sie bei Rezipienten bewirken. Hierzu gehören neben emotionalen (z. B. ‚nüchtern', ‚erheiternd', ‚kühl') oder ästhetischen Wirkungen (z. B. ‚kunstvoll', ‚poetisch', ‚klischeehaft') auch Ausdrücke, die die Aktivierung der Rezipienten bezeichnen, wie z. B. ‚auffallend', ‚einprägsam', ‚spannend', ‚ermüdend' oder ‚langweilig' (vgl. Sandig 2006, S. 38 ff.).

Zentral für pragmatische Stilauffassungen ist nicht nur, dass sprachliche Handlungen desselben Typs auf verschiedene Weise durchgeführt werden können und damit sozialen Sinn nahelegen, sondern auch, dass sich sprachliche Handlungen verschiedenen Typs auch stilistisch unterscheiden (Textsortenstile), wodurch sowohl Textproduktions- als auch Textrezeptionsprozesse erheblich beeinflusst, in der Regel erleichtert werden. Denn das Wissen über Stil ist Teil der Textsortenkompetenz, der Fähigkeit, auf der Grundlage eines mehr oder weniger bewussten Wissens über Textsortenqualitäten in der Kommunikation operieren zu können. Die Textsortenkompetenz weist individuell verschiedene Grade auf und ist den einzelnen Sprechern auf unterschiedliche Weise bewusst. Im Allgemeinen erlauben die produktiven Aspekte von Textkompetenz den Sprechern, Texte nach bestimmten Mustern herzustellen. Durch rezeptive Textsortenkompetenz haben Kommunikationsteilnehmer die Befähigung, Texte nach bestimmten Kriterien zu ordnen, indem sie sie mit Mustern, die zu ihrem Wissen gehören, vergleichen.

Um die multidimensionale Realität des Sprachgebrauchs besser erfassen zu können, haben sich seit den 1990er Jahren auch ethnografische Ansätze zur Beschreibung von Stilen, im Sinne bestimmter Sprechweisen in der Kleingruppeninteraktion, entwickelt. Sie versuchen, das sprachliche Verhalten von Individuen enger mit deren sonstiger Lebenswelt zu verknüpfen und orientieren sich dabei häufig am Konzept der **Community of Practice** (CofP),[66] auf dessen Grundlage sie ein **ethnografisch-interaktionales Stilkonzept** erstellen. Der Ansatz der CofP bezieht sich auf eher kleinere soziale Gruppen, deren Mitglieder gleiche Interessen haben, sich in persönlichem Austausch befinden und dadurch gemeinsame kommunikative Strategien und sprachliche Merkmale entwickeln:

> A community of practice is an aggregate of people who come together on a regular basis to engage in some enterprise [...]. A family, a linguistics class, a garage band, roommates, a sports team, even a small village. In the course of their engagement, the community of practice develops ways of doing things – practices. And these practices involve the construction of a shared orientation to the world around them – a tacit definition of themselves in relation to each other, and in relation to other communities of practice. (Eckert 2005, S. 16)

Eine CofP zeichnet sich also insbesondere durch drei Merkmale aus, nämlich übereinstimmende und zielgerichtete Interessen, persönlichen Kontakt und gemeinsame Kommunikationsformen. Natürlich werden die gemeinsamen Kommunikationsformen nicht notwendigerweise alle erst innerhalb der CofP neu geschaffen, aber sie werden im Rahmen dieser für die jeweiligen Bedürfnisse angepasst und weiterentwickelt (vgl. Ehrenreich 2009, S. 131 ff. und Wenger 1998, S. 126). Mithilfe der Theorie der CofP lässt sich stilistischer Wandel als sozialer Prozess darstellen, denn die Mitglieder einer CofP positionieren sich über die Wahl des sprachlichen Ausdrucks. Der Stilbegriff wird in diesem Zusammenhang insofern verengt, als ‚Stile' erst innerhalb einer CofP entwickelt werden. Dabei legt der ethnografisch-interaktionale Stilbegriff den Schwerpunkt auf die situativen Varianten der Individuen innerhalb und außerhalb einer CofP, wobei die Wechselwirkungen zwischen sozialer und situativer Einbettung und der Art des Sprechens besonders betont werden. So werden sprachliche Merkmale auch immer mit anderen sozial bedeutsamen semiotischen Merkmalen, wie dem Kleidungsstil oder der ethnischen Herkunft, verbunden. Das symbolische sprachliche Handeln wird als **„stylistic practice"** bezeichnet (vgl. Eckert 2005).[67]

Mittels eines ethnografisch-interaktionalen Stilkonzepts kann sprachlicher Stil nicht nur als Teil einer Identitätskonstruktion analysiert werden, sondern auch im Hinblick auf seine Diskursmacht, seine Dynamik und Anpassungsfähigkeit. Denn sprachlicher Stil bildet zum einen die soziale Wirklichkeit und Identität der Sprecher ab, zum anderen ist er ein zentrales Medium der Wirklichkeits- und Identitätskonstruktion. Identität[68] wird heute insofern als

66 Das Konzept der Community of Practice wurde erstmals von Lave / Wenger (1991) als Teil einer Theorie des sozialen und situierten Lernens entwickelt und von Eckert / McConnell-Ginet (1992) für die Soziolinguistik nutzbar gemacht. Insbesondere innerhalb der angloamerikanischen Soziolinguistik ist es heute sehr etabliert (‚third wave sociolinguistics'), es wurde auch mehrfach in der germanistischen Linguistik aufgegriffen (vgl. z. B. Auer 2013).

67 „So far in variation, style has been treated as a speaker's situational adjustment in use of individual variables. The other side of style is how speakers combine variables to create distinctive ways of speaking. These ways of speaking are a key to the production of personae, and personae in turn are particular social types that are quite explicitly located in the social order." (Eckert 2005, S. 17)

68 Während ‚Identität' in der Moderne noch als etwas verstanden wurde, was dem Individuum inhärent war, etwas, das bspw. im Jugendalter gesucht und entdeckt werden konnte, setzte sich mit der Wende

wandelbar verstanden, als sie im Verhältnis zu sozialen Rahmenbedingungen frei gewählt bzw. wieder verworfen werden kann. Sprachlicher Stil ist ein bedeutendes Ausdrucks- und Konstruktionsmittel dieser möglichen Identitäten. ‚Stylistic practice' findet dabei im Spannungsfeld zwischen der Freiheit, sich sprachlich selbst permanent neu zu konstruieren, und den gegebenen, historisch gewachsenen Strukturbedingungen der Sprache statt.

Identitätsfindung stellt einen wesentlichen Bestandteil der Adoleszenz dar, deshalb verwundert es nicht, dass sich das ethnografisch-interaktionale Stilkonzept bisher als besonders geeignet für die Analyse der Interaktion von Jugendgruppen erwiesen hat (vgl. z. B. Keim 2006). Sprachliche Merkmale bieten Jugendlichen einerseits die Möglichkeit, Ablehnung gegenüber konventionellen Identitätsstrukturen zu kennzeichnen sowie andererseits auch Zugehörigkeit zu etablierten sozialen Gruppen zu markieren. Dies wird im Anwendungsteil exemplarisch an der Varietät ‚Kiezdeutsch' aufgezeigt (vgl. Kap. 5.2).

Zentrale Begriffe der Stilanalyse

Umfassende Stilanalysen enthalten eine analytische und eine synthetische Seite. Das bedeutet, um den Stil eines Textes in seiner Gesamtheit zu erfassen, müssen zum einen die stilistischen Einzelelemente auf den linguistischen Ebenen des Textes analysiert werden, zum anderen sind sie in ihrem Zusammenwirken mit Blick auf die außersprachlichen Ziele und Gegebenheiten zu beschreiben. Es bedarf also erstens eines Zugangs „von unten" (bottom up), von den einzelnen Ausdrucksmöglichkeiten des Sprachsystems her, zweitens eines Zugangs „von oben" (top down), der vom kommunikativen Bedingungsgefüge und der Makrostruktur eines Textes ausgeht. Das zuerst genannte analytische Vorgehen steht in enger Beziehung zu funktional orientierten Beschreibungsansätzen der Systemlinguistik (v. a. Grammatik und Lexikologie). Der an zweiter Stelle genannte synthetische Zugang weist vor allem Schnittstellen mit den sprachwissenschaftlichen Teildisziplinen ‚Textlinguistik' (insbesondere dem Bereich ‚Textsorten'), ‚Pragmatik' und ‚Soziolinguistik' auf.

Das Ziel der sprachwissenschaftlichen Stilistik besteht darin, innerhalb von Texten und kommunikativen Zusammenhängen diejenigen Elemente und Strukturen aufzudecken, die Träger stilistischer Information sind. Dazu hat sich ein terminologisches Inventar herausgebildet, das zum Teil durch verschiedene Beschreibungsansätze geprägt und entsprechend ungleich stark etabliert ist. Im Folgenden sollen deshalb zunächst häufig auftretende Begriffe im Umfeld von Stilbeschreibungen vorgestellt werden, um dann bestimmte von ihnen für die sprachwissenschaftliche Analyse nutzbar machen zu können.

Besonders in Zusammenhang mit der Bestimmung des Wortschatzes und seiner Kodifikation und Erklärung in Wörterbüchern (Lexikographie) ist die Aufteilung in sog. **Stilebenen** bekannt. Der Terminus ‚Stilebene' wird in der Literatur mitunter auch synonym zu Begriffen wie ‚Stilsphäre' oder ‚Stilschicht' verwendet. Er versucht, die Markierung sprach-

---

zur Postmoderne ein dynamisches Verständnis von Identität durch (vgl. Butler 1990).

licher Einheiten zu erfassen, die aus sozialen Charakteristika der Kommunikationspartner und bestimmten Kommunikationssituationen resultiert.

Als zentraler Bereich für das Ableiten von Stilebenen gilt die Lexik, weil sie auch in der Schriftsprache sehr variabel ist und ein entsprechend hohes funktionales Potential in sich birgt. Für das gesprochene Deutsch ist zudem von zahlreichen regional und/oder sozial determinierten Varietäten auszugehen, wie sie abstrahierend Dreiteilungen in ‚Hochsprache' – ‚Umgangssprache' – ‚Dialekt' oder auch ‚Standard' – ‚Substandard' – ‚Nonstandard' ausdrücken. Diese Varietäten existieren in der gesprochenen Sprache prinzipiell neben den Stilebenen, sie können sie aber auch überlagern. Die Schriftsprache verfügt demgegenüber über ein größeres Maß an Normierung und deutlich weniger regionale und/oder soziale Erkennbarkeit.

In Bezug auf den Wortschatz ist von drei stilistischen Hauptebenen auszugehen, nämlich ‚neutral', ‚gehoben' und ‚abgesenkt',[69] von denen in der Regel die letzte weiter unterteilt wird (z. B. in ‚umgangssprachlich', ‚salopp', ‚derb', ‚vulgär' usw.).

Die **neutrale** Stilebene umfasst Ausdrücke und Formulierungen, die unmarkiert und unauffällig sind, also keinem einschlägigen Verwendungsbereich unterliegen.

Ausschlaggebend für die Qualifizierung sprachlicher Elemente als ‚**gehoben**' ist eine Abweichung ‚nach oben', die positiv wertend als ‚vornehm', ‚gewählt' oder ‚elitär' bezeichnet werden kann. Gehobener Stil kann – ebenso wie ein abgesenkter Stil – einerseits als soziolektale Varietät auftreten, etwa kontinuierlich als „Sprache der Gebildeten". Andererseits kann gehobener Stil ein situatives Register verkörpern, mit dem versucht werden soll, sich sprachlich vom Normalen abzuheben (z. B. in Verbindung mit feierlichen Anlässen, Höflichkeitsbekundungen o. Ä.). Natürlich geht es beim gehobenen Stil um mehr als nur Lexikalisches, obwohl gerade ausgewählte Wortschatzelemente ein deutliches Signal für eine Markiertheit ‚nach oben' sind. Markierungen enthalten auf der lexikalischen Ebene vor allem bildungssprachliche und archaisierende Wörter. Dabei sind bestimmte Wortarten besonders betroffen: vor allem Substantive (z. B. *Gemahl*), Verben (z. B. *entschlafen, einhertreten*) und Adjektive (z. B. *grandios, deliziös, anmutig*), aber auch einzelne Lexeme aus den geschlossenen Wortarten wie Adverbien (z. B. *manchenorts, vormals, jüngst*) oder Partikeln (z. B. *zutiefst, ungemein*). Neben solchen Einzellexemen können auch komplexe Äußerungen der gehobenen Stilebene angehören. Darunter fallen im Bereich des Wortschatzes insbesondere Phraseologismen mit bildungssprachlichem Charakter (vgl. *ad absurdum führen, nach Canossa gehen*).

Prinzipiell können verschiedene Grade zwischen „mehr gehoben" und „weniger gehoben" angenommen werden, wobei in Bezug auf eine solche interne Strukturierung lexikalischer Elemente bereits Michel (2002, S. 794 f.) an Beispielen wie *das Gespräch beenden – beendigen – zu Ende bringen – zur Beendigung bringen* gezeigt hat, dass die Bestimmung der

69 Die stilistischen Hauptebenen ‚gehoben' und ‚abgesenkt' werden mitunter auch als „über neutral" und „unter neutral" bezeichnet (vgl. z. B. Ludwig 1991).

Grenzen und Übergänge zwischen graduell „weniger gehoben“ und „mehr gehoben“ bzw. auch zwischen ‚neutral‘ und ‚gehoben‘ in vielen Fällen schwierig ist.

Auf den grammatischen Ebenen werden häufig Formen, die im allgemeinen Sprachgebrauch zurückgehen, d. h. seltener werden, als ‚gehoben‘ eingestuft. Hierzu gehören z. B. diverse Konjunktivformen, Präteritumformen einzelner Verben (z. B. *du bukst*) oder bestimmte syntaktische Erscheinungen, wie das vorangestellte Genitivattribut, nachgestellte Attribute mit Partizip Präsens oder der Genitiv des Subjekts (z. B. *Meines Bleibens ist nicht länger.*).

Auch für die **abgesenkte** Stilebene gelten markierte Wortschatzelemente, die unterschiedlich starken Verwendungsbeschränkungen unterliegen, als besonders auffällig. Zum einen geht es dabei um sog. ‚umgangssprachliche‘ lexikalische Elemente, die innerhalb von ungezwungenen Kommunikationssituationen (z. B. bei nichtöffentlicher schriftlicher Alltagskommunikation) typisch sind. Zum anderen gibt es eine Gruppe von Wörtern, mit denen in der Regel ein geringeres soziales Prestige verbunden wird. Ihnen entsprechen Bezeichnungen wie ‚derb‘ oder ‚vulgär‘ (z. B. *scheißfreundlich*, *Arschkarte*). Zwischen ‚umgangssprachlich‘ und ‚vulgär‘ können wiederum mehrere Abstufungen ‚nach unten‘ wie z. B. ‚salopp‘ angenommen werden. Gerade an den Wörtern der abgesenkten Stilebene lässt sich erkennen, dass der Wortschatz ein relativ dynamisches System ist. Haben Lexeme wie *Bulle* (‚Polizist‘)[70] oder *Knast* noch vor einigen Jahren die klare Markierung ‚derb‘ aufgewiesen, scheinen sie diese heute durch ihre zunehmende Frequenz in den Medien und in öffentlichen Diskursen nach und nach aufzugeben, z. B.:

> *Gefangene dürfen auch fernsehen. In der Justizvollzugsanstalt Tonna stehen ihnen 32 Sender zur Auswahl. Die Rundfunkgebühr im* ***Knast*** *beträgt monatlich 0,50 Euro.*
> (Ostthüringer Zeitung 11. 10. 2012)

Für die abgesenkte Stilebene ist darüber hinaus charakteristisch, dass mündliche Formulierungsmuster Verwendung finden. Das betrifft u. a. klitisierte oder reduzierte Wortformen (z. B. *hab, haste*), bestimmte Phraseologismen (z. B. *sich keine grauen Haare wachsen lassen*) oder spontansprachliche Syntax (z. B. Tilgung unbetonter Vorfeldelemente: *Schneit mal wieder!*[71]).

Mit den Begriffen ‚Stilelement‘ und ‚Stilzug‘ wurden ursprünglich grundlegende funktionalstilistische Kategorien bezeichnet. Es wurde davon ausgegangen, dass ein sprachliches Mittel zum Stilelement wird, wenn es in Verbindung mit anderen Elementen einen spezifischen Wert für das Stilganze erhält. Das bedeutet, sprachliche Elemente sind nicht genuin als **Stilelemente** angelegt, sondern werden es erst infolge ihrer jeweils spezifischen Verwendungsweise im Textzusammenhang. Prinzipiell kann jedes sprachliche Mittel zum Stilelement werden, zum Teil sind aber auch schon potentielle Stilelemente im Sprachsystem angelegt. Es handelt sich dabei etwa um Lexik, die eine Markierung in regionaler,

70 An den Ausdruck *Bulle* kann neben seiner abgesenkten Markierung eine negative Konnotation gebunden sein. Darauf wird jedoch an anderer Stelle eingegangen (vgl. Kap. 3.2.3).

71 Das unpersönliche Subjekt *Es* … wird hier weggelassen.

sozialer, fachlicher, zeitlicher Hinsicht oder in Bezug auf ihre emotionale Wertung aufweist, Erscheinungsformen der Syntax, wie eine markierte Satzgliedstellung oder Stilfiguren, Elemente der lautlichen und graphischen Ebene, wie Reim, Rhythmus usw.

Stilelemente beziehen sich auf einzelne sprachliche Mittel innerhalb eines bestimmten Relationsgefüges (vgl. Fleischer et al. 1993, S. 27). Demgegenüber sind **Stilzüge** zusammenfassende, weitreichend abstrahierende Bewertungen auf der Basis nicht nur eines, sondern verschiedener Stilelemente. Für die Benennung von Stilzügen kommen Bezeichnungen in Frage, die auf verschiedenen Wertungsaspekten beruhen. Sie können sich inhaltlich auf die Art der Formulierung, die Beziehung zum Kommunikationspartner, das Verhältnis zum thematisierten Gegenstand usw. beziehen. Daraus ergibt sich – ebenso wie im Falle spezieller Stilwirkungstypen (s. o.) – eine sehr große Vielfalt an anzusetzenden Kriterien und eine nicht begrenzbare Anzahl von Stilzügen. Zu nennen sind hier Kriterien wie Anschaulichkeitsgrad (z. B. bildhaft, abstrakt), Redundanzgrad (z. B. knapp, weitschweifig), Dynamik (z. B. variationsreich, monoton), Komplexitätsgrad (z. B. schlicht, kompliziert), Emotionalität (z. B. sachbetont, erlebnisbetont, nüchtern), Erkenntniswert der verwendeten sprachlichen Mittel (z. B. wahrheitsgemäß, persuasiv) usw. Hinzu kommen Kriterien, die sich auf die relative Häufigkeit, Streuung oder Konzentration bestimmter sprachlicher Mittel im Text beziehen, wie z. B. Stilschicht (z. B. gehoben, salopp), lexikalische Schichten (z. B. archaisierend, fachsprachlich), Satzformen (z. B. parataktisch, hypotaktisch), Wortarten (z. B. verbal, nominal) oder Stilfiguren (z. B. figurativ, metaphorisch, personifizierend, allegorisierend).

Nach Sandig (vgl. 2006, S. 54 f.) ergibt sich Stil aus miteinander vorkommenden, kookkurrierenden Merkmalen. In Anlehnung an Selting / Hinnenkamp (vgl. 1989, S. 5 f.) spricht sie von sog. „Merkmalsbündeln". Eine Stilstruktur als **Merkmalsbündel** liegt immer dann vor, wenn verschiedenartige Textelemente als eine bedeutsame, sinnhafte Gestalt interpretiert werden können.

Stilistische Merkmale von schriftlichen Texten sind dabei im Bereich der Lexik und Syntax zu finden, unter den klassischen Stilmitteln bzw. Stilfiguren, den Lautqualitäten, aber auch bei Wahlen von Sprechakttypen oder Formen der Themenentfaltung. Hinzukommen die Grafie, ebenso die typographische Gestaltung des Textes mit Schrifttypen und optischer Gesamtgestalt (z. B. Absätze, Farben, Grafiken).

In der Regel sind Stilmerkmale in ihrem Gewicht und ihrer Dichte abgestuft und damit auch in ihrer Wahrnehmbarkeit. Es gibt Elemente, die als Schlüsselsignale – etwa auch durch ihre Häufigkeit – einen Stil anzeigen, sog. **„Kern- oder Leitmerkmale"**. Daneben gibt es weniger prototypische Elemente, die vor allem in Verbindung mit anderen ähnlich gewichteten Merkmalen charakteristische Elemente darstellen, sowie Elemente, die auch zu anderen Stilgestalten gehören können, und neutrale Elemente. Das heißt, stilistische Merkmalsbündel weisen in der Regel zentrale und weniger zentrale Merkmale auf, zudem Randmerkmale und neutrale Elemente, wobei die Grenzen mitunter nicht scharf zu ziehen sind.

Eroms (vgl. 2008, S. 59 ff.) kommt in Verbindung mit der Schichtung des Wortschatzes (vgl. auch Kap. 3.2.3) zu einer funktionalen Differenzierung, innerhalb derer er davon ausgeht, dass sich Stil nur vor dem Hintergrund von neutralen, unmarkierten Formen entfalten kann, denn „Wahl und Abweichung haben notwendig zur Voraussetzung, dass eine Basis vorhanden ist, auf der diese Kategorien operieren können" (Eroms 2008, S. 59). Dabei geht er terminologisch so vor, dass er Wörter, die in allen Kommunikationsbereichen[72] uneingeschränkt vorkommen als **stilistisch neutral** bezeichnet und nur denjenigen einen Stilwert zuweist, die in mindestens einem Kommunikationsbereich typischerweise nicht vorkommen. Der Polyfunktionalität potentieller Stilelemente, also der Eigenschaft, dass diese in verschiedenen kommunikativen Situationen und bei unterschiedlicher intentionaler Verwendung ganz verschiedenartige Stilwerte aufweisen können (vgl. Fleischer et al. 1993, S. 75), wird dadurch Rechnung getragen, dass sozusagen „normale" **Stilwerte** von größeren bzw. auffälligeren Stilwerten, sog. „Stileffekten" unterschieden werden.

Folglich geben diejenigen Wörter einen Stilwert ab, die einen Kommunikationsbereich bzw. eine Textsorte ausmachen, sie als solche markieren. Demgegenüber entstehen **Stileffekte**, wenn Wörter vor dem Hintergrund eines Kommunikationsbereichs bzw. einer Textsorte eine Markierung aufweisen bzw. auffällig wirken, weil sie in diesen nicht beheimatet sind. Damit stehen sprachliche Mittel, die stilistische Effekte bewirken, auf der Folie von Stilelementen, die eine (natürliche) Färbung aufweisen. Diese erzielen Stilwerte und heben sich wiederum vor dem Hintergrund der neutralen Mittel ab (vgl. Eroms 2008, S. 59).

Der Bedeutung externer Faktoren (wie z. B. dem Kommunikationsbereich) bei stilistischen Entscheidungen wird im Folgenden theoretisch durch folgende terminologische Unterscheidung Rechnung getragen (vgl. Abb. 10):

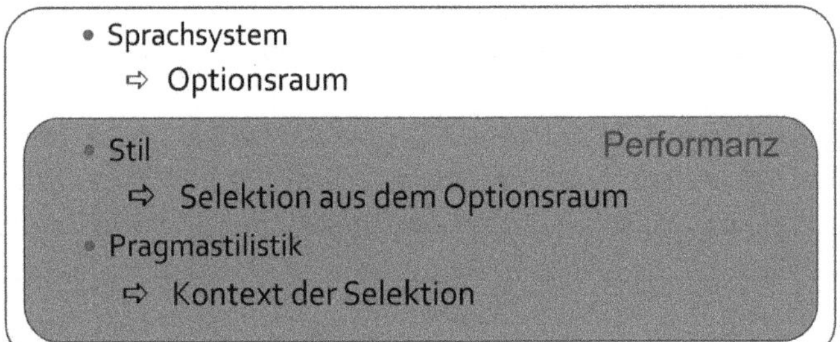

Abb. 10: Stil und Pragmastilistik

Abb. 10 veranschaulicht zusammenfassend die generelle Einordung sprachlichen Stils als Performanzphänomen. Sprachlicher Stil wird als Ergebnis von Auswahlen aus den Paradigmen des Sprachsystems[73] angesehen. Aufgabe der Stilistik als sprachwissenschaftlicher

72 Begriffe wie ‚Kommunikationsbereich' oder ‚Textsorte' ersetzen hier aufgrund der oben genannten Aspekte (vgl. „Methoden der Stilbeschreibung") die von Eroms verwendete Bezeichnung ‚Funktionalstil'.

73 Dem liegt ein weite Auslegung des Begriffs ‚Sprachsystem' zugrunde, die Substandardvarietäten (Umgangssprachen, Fachsprachen) und Non-Standardvarietäten einschließt.

Teildisziplin ist es demzufolge, die im Optionsraum des sprachlichen Systems enthaltenen Elemente zu klassifizieren.

Pragmastilistische Zugänge zur Sprachbeschreibung und Textanalyse beziehen darüber hinaus den Kontext von Selektionen mit ein, indem sie externe Verwendungsaspekte (wie z. B. Kommunikationsbereich, Kommunikationssituation), insbesondere die Funktion von sprachlichen Äußerungen, berücksichtigen.

Weiterführende Literatur:

Eroms, Hans-Werner: Stil und Stilistik. Eine Einführung. Erich Schmidt, Berlin 2008.
Fix, Ulla / Gardt, Andreas / Knape / Joachim (Hrsg.): Rhetorik und Stilistik. Ein internationales Handbuch historischer und systematischer Forschung. Band 2. Mouton de Gruyter, Berlin / New York 2008.
Fix, Ulla / Poethe, Hannelore / Yos, Gabriele: Textlinguistik und Stilistik für Einsteiger. Ein Lehr- und Arbeitsbuch. Peter Lang, Frankfurt am Main 2001.
Sandig, Barbara: Textstilistik des Deutschen. Walter de Gruyter, Berlin / New York 2006.

3.2 Einzelne stilistische Phänomene anhand der Textebenen

Im Folgenden soll ein Überblick über die im Optionsraum des sprachlichen Systems enthaltenen Einzelelemente gegeben werden. Dazu wird entsprechend den Ebenen der linguistischen Beschreibung (vgl. Kap. 2) von der obersten Ebene, der Textebene, ausgegangen, im Anschluss daran werden tiefer liegende Ebenen (v. a. Satzebene und Wortebene) erfasst. Da als Grundvoraussetzung für die Kategorie ‚Stil' die Möglichkeit der Wahl angenommen wird (vgl. Kap. 3.1), können dabei in Bezug auf einzelne sprachliche Elemente prinzipiell alle diejenigen Phänomene von Bedeutung sein, bei denen Wahlmöglichkeiten innerhalb des Sprachsystems bestehen. So kann der Wechsel zwischen Indikativ und Konjunktiv stilistisch ebenso bedeutsam sein wie die bestehenden Wahlmöglichkeiten zwischen Aktiv und Passiv bei der Anknüpfung eines Satzes (vgl. Eroms 2008, S. 48).

3.2.1 Textaufbau

Stil lässt sich nur im Gesamtzusammenhang eines Textes bestimmen, weshalb Aussagen zur stilistischen Gestaltung immer auch Aspekte des Textaufbaus zu berücksichtigen haben. In Zusammenhang mit der Beschreibung der Textebene als linguistischer Kategorie geht es hier natürlich weniger um den Text im Sinne einer kompositorisch-architektonischen Struktur, die sich aus Einheiten wie Teiltexten, Absätzen, Paragraphen etc. zusammensetzt. Derartige Grobstrukturen von textlichen Ganzheiten und entsprechende Musterbildungen wurden eingangs in Verbindung mit Aspekten der Textgliederung eingeführt (vgl. Kap. 2.1.1) und finden nachfolgend Berücksichtigung im Hinblick auf die Beschreibung der äußeren Form und Struktur von Textsorten (vgl. Kap. 4.3.4).

Aus textlinguistischer Perspektive ist es sinnvoll, als zentrale Struktureinheiten von Texten Sätze anzunehmen, die nicht willkürlich nebeneinander stehen, sondern jeweils mit ihren Vorgänger- und Nachfolgesätzen durch Faktoren der Kohäsion und der Kohärenz verbunden sind. Dazu gehören einerseits grammatische und lexikalische Elemente an der Textoberfläche, andererseits Wissensbestände, die sich durch den Kontext und das Weltwissen erschließen lassen (vgl. Kap. 2.1.2). Prinzipiell können Texte über sehr unterschiedlich ausgeprägte Grade an Kohäsion und Kohärenz verfügen. Die Rezipienten rechnen mit diesen verschiedenen Ausprägungen (nicht zuletzt aufgrund von bestimmten Textsortenerwartungen; vgl. Kap. 4.2) und tolerieren situationsabhängig schwach oder auch kaum verknüpfte Textteile. Gerade die Herstellung von Kohärenz stellt dabei zum Teil auch eine von den Rezipienten zu leistende Aufgabe dar, dadurch dass sie Zusammenhänge suchen und selbst konstruieren.

Wie die Kohäsion als grammatische und lexikalische Form der Verknüpfung von Sätzen zu Texten ausgeprägt ist und auf welche Weise sie im Einzelnen vorgenommen wird, ist im Hinblick auf die stilistische Gestaltung eines Textes äußerst relevant. Das heißt, die **Art der Textverknüpfung** kann – wie jedes andere sprachliche Mittel – zum Stilelement werden und abhängig von ihrer textspezifischen Verwendung Stilwerte oder Stileffekte bewirken. Im Folgenden werden deshalb die einzelnen stilistischen Potentiale zentraler Kohäsionsfaktoren skizziert. Im Rahmen umfassender stilistischer Textanalysen sind diese natürlich immer im Zusammenspiel mit allen anderen sprachlichen (und ggf. außersprachlichen) Elementen zu betrachten.

Die Verwendung von Pro-Formen als kurzen Stellvertreterwörtern stellt eine besonders sprachökonomische Möglichkeit der Textverknüpfung dar. In stilistischer Hinsicht kann sie schlicht der sprachlichen Variation dienen, bei beständiger Wiederholung jedoch auch zu besonderer Figuriertheit beitragen, wie der folgende Textausschnitt zeigt:

> *Die Verwandlung*
> *Als Gregor Samsa eines Morgens aus unruhigen Träumen erwachte, fand er sich in seinem Bett zu einem ungeheuren Ungeziefer verwandelt. Er lag auf seinem panzerartig-harten Rücken und sah, wenn er den Kopf ein wenig hob, seinen gewölbten, braunen, von bogenförmigen Versteifungen geteilten Bauch, auf dessen Höhe sich die Bettdecke, zum gänzlichen Niedergleiten bereit, kaum noch erhalten konnte. Seine vielen, im Vergleich zu seinem sonstigen Umfang kläglich dünnen Beine flimmerten ihm hilflos vor den Augen.* [...] (Franz Kafka „Die Verwandlung“, S. 32)

Bei der pronominalen Verknüpfung ist in stilistisch-pragmatischer Hinsicht natürlich auch die Richtung des Verweises relevant, wobei die kataphorische aufgrund ihrer geringeren Frequenz und ihrer höheren Anforderungen an die Verarbeitungskapazität generell über größeres stilistisches Potential als die anaphorische zu verfügen scheint. Gerade an den Textanfängen ästhetischer Textsorten wird dieses Potential oft dazu genutzt, das Interesse des Lesers auf den nachfolgenden Text zu lenken, z. B.:

> *Er war nicht mein Vater und nicht meine Mutter, weshalb öffnete er mir dann ihre Haustür, erfüllte mit seinem Körper den schmalen Eingang, die Hand auf der Türklinke, ich begann zurückzuweichen,*

schaute nach, ob ich mich vielleicht im Stockwerk geirrt hatte, aber das Namensschild beharrte hartnäckig darauf, daß dies ihre Wohnung war, wenigstens war es ihre Wohnung gewesen, und mit leiser Stimme fragte ich, was ist mit meinen Eltern passiert, und er öffnete weit seinen großen Mund, nichts ist ihnen passiert, Ja'ara, mein Name rutschte aus seinem Mund wie ein Fisch aus dem Netz, *und ich stürzte in die Wohnung, mein Arm streifte seinen kühlen glatten Arm, ich ging an dem leeren Wohnzimmer vorbei, öffnete die verschlossene Tür ihres Schlafzimmers. [...] Was hat der Arzt gesagt, fragte ich, und mein Vater sagte, was für ein Arzt, sie ist gesund wie ein Ochse, ich wünschte, ich wäre so gesund wie sie, und ich blieb hartnäckig, aber ihr habt einen Arzt gerufen, oder? Er hat mir doch die Tür aufgemacht, oder?*
Wieso Arzt, mein Vater lachte, das ist mein Freund Arie Even, erinnerst du dich nicht an Arie? (Zeruya Shalev „Liebesleben", S. 7)

Anaphorische Elemente[74] unterscheiden sich hinsichtlich ihrer Identifizierbarkeit, weil sie auf unterschiedliche Weise textinterne Bezüge herstellen können, in anderen Fällen nur durch Vorwissen dekodierbar sind, z. B.:

Textinterne Bezüge:

Annika heißt Annika nach der Freundin von Pippi Langstrumpf, *und immer, wenn ich daran denken muß, ärgert mich wieder,* **das** *damals nicht verhindert zu haben.* (Thomas Hettche „Die Liebe der Väter", S. 7 [Fettdruck zur Hervorhebung, nicht im Original])

Vorwissen:

*Die **Kinder** lieben **Hunde**. Sie kümmern sich gern um sie.*

Stilistisch relevant kann im Rahmen der pronominalen Verknüpfung außerdem sein, dass einzelne Pronomina Markierungen aufweisen (vgl. Kap. 3.2.3). So wird das Demonstrativpronomen im folgenden Beispiel wenig gebraucht und wirkt deshalb veraltet (vgl. Boettcher 2009a, S. 83), die präpositionale Variante demgegenüber neutraler und üblicher, z. B.:

Kennst du noch Rosemarie?	*Nein, derer erinnere ich mich nicht mehr.*
	Nein, an die erinnere ich mich nicht mehr.

Darüber hinaus sind auch in Bezug auf Pronomina diverse Wahlmöglichkeiten im Sprachsystem angelegt, die stilistisch nutzbar gemacht werden können. Beispielsweise kann das zusammengesetzte Pronomen *derjenige* einer Aussage deutlich mehr Gewicht verleihen als der bestimmte Artikel.[75] Seine Verwendung wirkt sich außerdem auf die rhythmische

74 An dieser Stelle werden ausschließlich Beispiele für die anaphorische Verknüpfung von Pro-Formen genannt. Auf die zahlreichen anderen Typen von Anaphern (z. B. Brückenanapher: *Auf dem Seitenstreifen parkte ein Mercedes. Der Fahrer stieg aus und kam auf uns zu.*) soll hier nicht weiter eingegangen werden.

75 Dies entspricht dem von Sandig (vgl. 2006, S. 199 ff.) genannten Muster natürlicher Handlungsdurchführung ‚das Wichtigere mit dem größeren Sprachaufwand' (vgl. das Prinzip *‚mehr Ton – mehr Bedeutung'*), das u. a. in der Möglichkeit besteht, eine längere und „gewichtigere" Wortform zu wählen.

Gestaltung aus und kann dazu dienen, einen Relativsatz als eng angeschlossen zu kennzeichnen (vgl. Boettcher 2009a, S. 84), z. B.:

In den meisten Studiengängen haben diejenigen Studenten, die Auslandspraktika absolviert haben, bessere Chancen eine feste Anstellung zu finden.

Stilistisch-pragmatisch nutzbar sind unter bestimmten kontextuellen Umständen auch die an die Synsemantika gekoppelten Funktionen. So charakterisiert der bestimmte Artikel das nachfolgende Nomen als bereits identifiziert, wobei diese Bekanntheit wiederum aus einer direkten oder indirekten Erwähnung im Text oder aus dem Vorwissen (z. B. *der Mond*) resultieren kann. In persuasiven Textsorten kann die Verwendung des bestimmten Artikels auch dazu eingesetzt werden, sog. ‚Existenzpräsuppositionen' bzw. ‚referentielle Präsuppositionen' auszulösen (vgl. Kap. 2.1).

Die Verwendung von Artikeln und Pronomina kann auch zur Beziehungsgestaltung zwischen den Kommunizierenden genutzt werden (vgl. Boettcher 2009a, S. 81), indem etwa der bestimmte Artikel am Beginn eines Gesprächs zur Distanzverkleinerung eingesetzt wird (v. a. regional: *Ich bin der Karsten.*) oder ein Demonstrativpronomen zur Distanzvergrößerung, z. B.:

Letzten Samstag hatten wir wieder Ärger mit dem Nachbarn. Da geht dieser Typ doch einfach auf unser Grundstück und gräbt ein paar Thujas aus.

Anstelle der unauffälligen Wiederaufnahme mit *er* erzeugt die Verwendung der stilschichtig abgesenkten Wortform *Typ* in Kombination mit *dieser* eine starke stilistische Markierung, die sprachlich zur Distanzierung beiträgt.

Ein wichtiges Instrument für die Textverknüpfung sind Interpunktionszeichen, die insbesondere innerhalb von geschlossenen Textpassagen als Grenz- und Gliederungssignale von Sätzen dienen (vgl. Kap. 2.1.2). Die meisten Interpunktionszeichen sind funktional variabel angelegt und dienen heute in zahlreichen Kommunikationsformen und Textsorten vielfältigen Intentionen. So wird etwa der Punkt eingesetzt, um fehlende Satzglieder zu ersetzen oder vollständige Sätze ausdrucksseitig zu zerschneiden, während Doppelpunkt und Gedankenstrich vielfach der Steuerung von Aufmerksamkeit dienen. Ein derartiger Gebrauch von Interpunktionszeichen ist häufig an die Musterhaftigkeit bestimmter Textsorten gekoppelt, weshalb er vielfach in Zusammenhang mit strukturell determinierten stilistischen Handlungsmustern begegnet. Dabei kann er etwa dazu dienen, nichtsatzförmige syntaktische Basiseinheiten voneinander abzugrenzen bzw. das Kopulaverb zu ersetzen, z. B.: *smart micro hybrid drive: Eine innovative Idee, die Kraftstoff spart.* (vgl. Kap. 3.3.3).

Konnektoren verknüpfen Aussagen und Sätze, indem sie die logische Beziehung zwischen vorausgehenden und folgenden Einheiten spezifizieren und dadurch als textuelle Bindewörter fungieren. In stilistischer Hinsicht ist dabei nicht nur relevant, dass für einige Konnektoren Hervorhebungen und Sonderstellungen charakteristisch sind, die beispielsweise die Versetzungen von Ausdrücken an die Satzspitze ermöglichen. Bedeutsam ist auch, ob die Verwendung notwendig ist, um Sinnzusammenhänge zwischen Sachverhalten herzustellen, oder diese offensichtlich sind, so dass der Einsatz von Konnektoren sozusagen aus sich heraus erfolgt. Zu berücksichtigen ist darüber hinaus, in welcher Frequenz derartige Wörter auftreten. Sie begegnen häufig in Verbindung mit bestimmten Textthemen und Textfunktionen, weshalb sie mitunter Bestandteile komplexer stilistischer Handlungsmuster darstellen. So kann etwa innerhalb des inhaltlich determinierten Handlungsmusters ‚Erklären' (vgl. Kap. 3.3.2) ein Zusammenhang zwischen zwei Propositionen nur dann hergestellt werden, wenn sie in eine logische Folgebeziehung gebracht werden können, die aus der sprachlichen Struktur eines Textes interpretatorisch ermittelt werden kann. Gerade im alltagssprachlichen Bereich werden solche Folgebeziehungen durch geeignete sprachliche Verknüpfungsmittel (wie z. B. Konjunktionen, Adverbien) explizit miteinander verbunden. Im Allgemeinen dienen dazu insbesondere konditionale und kausale Verknüpfungen (z. B. *wenn, weil*), die dann konstitutiver Bestandteil von Erklärungstexten sind, wenn sie der Erfüllung bestimmter, meist informativer Zielsetzungen dienen. Auch in Zusammenhang mit dem stilistischen Handlungsmuster ‚Argumentieren', dessen übergeordnetes Ziel es ist, zu einem rational eingesehenen Handlungsvollzug zu führen, ist gerade die Verwendung von Konnektoren, die Ursache-Wirkung-Beziehungen perspektivieren, als typisch anzusehen. Demgegenüber ist beim Handlungsmuster ‚Erzählen' gewöhnlich mit temporalen Kohäsionsmitteln zu rechnen.

Auch das stilistische Potential von Tempus, Modus und Diathese lässt sich gut in Verbindung mit inhaltlich determinierten Handlungsmustern nachweisen, da diese umfassendere Techniken für den Aufbau von Texten oder Textteilen darstellen (vgl. Kap. 3.3.2). So wird beim Erzählen im Schriftlichen in der Regel das Präteritum verwendet, während Passagen mit wörtlicher Rede gewöhnlich im Präsens stehen. Moduskonstanz kann als typisches Merkmal des Anweisens angesehen werden. Sie muss dabei nicht zwingend aus der additiven Aneinanderreihung von Imperativen resultieren, sondern kann beispielsweise auch durch Infinitivformen realisiert werden. Besonderheiten in Bezug auf die Diathese zeigen sich insbesondere in Zusammenhang mit dem stilistischen Muster ‚Beschreiben', im Zuge dessen durchaus eine große Zahl an Passivformen erwartbar ist.

Für die stilistische Beschreibung der Verknüpfungsmittel auf lexikalischer Ebene (Substitution, Rekurrenz und partielle Referenz) sind insbesondere solche Aspekte relevant, wie sie in Zusammenhang mit allgemeinen Anforderungen an die stilistische Gestaltung erläutert werden (z. B. Einheitlichkeit, Variation, vgl. Kap. 3.2.4) sowie mit den vielfältigen stilistischen Markierungen im Bereich der Lexik (vgl. dazu Kap. 3.2.3). So lässt sich etwa durch die Darstellung von Wort- oder Topikketten (vgl. Krause et al. 2000, S. 82 f.) darstellen, inwiefern die Wörter eines Textes ein besonderes stilistisches Potential aufweisen und somit das Entstehen von Stilwerten und vor allem Stileffekten verursachen.

Eine Brücke zwischen Kohäsion und Kohärenz bildet die Thema-Rhema-Gliederung eines Textes (vgl. Kap. 2.1.2), die erfasst, inwiefern sich die Sätze mit ihren Gegenständen und Prädikaten aufeinander beziehen. Stark vereinfacht kann dabei als prototypisches Thema das Subjekt des Satzes und als prototypisches Rhema das verbale Prädikat angenommen werden. Unter stilistischer Perspektive ist im Hinblick auf den Textaufbau interessant, inwiefern einer oder mehrere Progressionstypen die Gestaltung eines Textes dominieren. Denn die beständige Wiederholung eines Progressionstyps führt zu Monotonie. Das ist besonders gut an mehrfachen Aneinanderreihungen der einfachen linearen Progression und der Progression mit durchlaufendem Thema zu erkennen, z. B.: *Dieser Weg ist ja im Ganzen enthalten. Er ist einer unter anderen. Er nimmt unter ihnen einen gebührenden Platz ein.*

Mehr oder weniger dominante Vorkommen von Progressionstypen können an bestimmte Textsortenerwartungen gebunden sein (vgl. Kap. 4.2). So beschreibt Eroms (vgl. 2008, S. 46) den Typ der einfachen linearen Progression als charakteristisch für viele Erzähltexte, weil er dazu geeignet ist, eine Vielzahl von Prädikaten zu nutzen. Im Vergleich zur Progression mit durchlaufendem Thema besetzt er jedoch keine konstante thematische Basis, woraus höhere Anforderungen an die Verarbeitungskapazität der Rezipienten resultieren können. Gegenüber diesen beiden erstgenannten Progressionstypen eröffnet jeweils der Typ mit abgeleiteten Themen, der mit gespaltenem Rhema und der mit thematischem Sprung prinzipiell vielfältigere und abwechslungsreiche Möglichkeiten für den Textaufbau, die inhaltlich auch für eine Verbindung mit komplexeren Thematiken geeignet sind.[76]

Auch alle anderen Faktoren, die zur Herstellung von Kohärenz dienen, können ihrerseits relevante stilistische Entscheidungen motivieren (z. B. Frame und Skript, Präsuppositionen; vgl. Kap. 2.1.1). Ihre Klassifikation im Sinne einer Bestimmung fassbarer bzw. definierbarer Einheiten ist äußerst problematisch, weil grundsätzlich von individuellen Differenzen dahingehend auszugehen ist, welches Vorwissen präsupponiert, welche Ausschnitte von Wissenssystemen aktualisiert werden müssen usw. Bis zu einem gewissen Grad lassen sich jedoch auch solche funktional-kommunikativen Aktualisierungen – beispielsweise im Sinne der pragmatischen Einbettung, der deiktischen Einbettung, der inferentiellen oder assoziativen Informationen – mit Bezug auf die Ganzheitlichkeit des Textes als thematische Linien skizzieren (vgl. Krause 2000, S. 76).

3.2.2 Satzbau und Morphologisches

Im Folgenden werden ausgewählte Aspekte der Grammatik im Hinblick auf ihr stilistisches Potential aus verschiedenen für die Textproduktion und -rezeption relevanten Perspektiven dargestellt. Dem soll ein zentraler Begriff der Stilistik vorangestellt werden, der gerade für die Auswahlmöglichkeiten auf der Wort- und Satzebene von großer Bedeutung ist, die ‚Höflichkeit'.

76 Eine zunehmende inhaltliche und strukturelle Komplexität schränkt gleichzeitig die Abbildbarkeit von Thema-Rhema-Relationen ein.

Höflichkeit

Ein sehr komplexes pragmastilistisches Phänomen ist Höflichkeit. Eine bedeutende Theorie zur Höflichkeit stammt von Brown/Levinson (1987). Sie gehen davon aus, dass sich Höflichkeit in dem Bemühen ausdrückt, das **Gesicht des anderen zu schützen.** Demzufolge können etwa Sprechakte danach differenziert werden, ob sie das Gesicht des Kommunikationspartners eher bedrohen oder beschützen (*face threatening acts* bzw. *face saving acts*, vgl. Brown / Levinson 1987). Grundlegend dafür ist die Annahme, dass jede Person ein negatives und ein positives Gesicht hat, wobei das negative Gesicht darin besteht, unabhängig zu sein, Handlungsfreiheit zu haben und von anderen weder behindert noch gestört zu werden. Das positive Gesicht einer Person drückt sich hingegen im Bedürfnis aus, von anderen Mitgliedern der Gemeinschaft akzeptiert und geschätzt zu werden. Folglich können **negative und positive Formen von Höflichkeit** unterschieden werden. Negative Höflichkeit besteht beispielsweise darin, sich dafür zu entschuldigen, dem Partner etwas zuzumuten, was ihn Zeit und Kraft kostet, denn dadurch wird seine Handlungsfreiheit eingeschränkt. Positive Höflichkeit zeigt sich darin, den Kommunikationspartner in seiner Handlungsweise zu bestärken, ihm Solidarität und Lob zu signalisieren (vgl. Meibauer 2001, S. 115). Akte der positiven Höflichkeit sind daher solche, die die Interessen des Kommunikationspartners respektieren sowie Einverständnis oder ein gemeinsames Interesse ausdrücken. Akte der negativen Höflichkeit sind diejenigen, die den Adressaten möglichst wenig einengen (z. B. durch indirekte Direktive in Form von Fragesätzen s. u.).

Eine elementare Form zum Ausdruck von Höflichkeit, die auf Distanz, also negativer Höflichkeit, beruht, besteht im Deutschen in der Verwendung pronominaler Höflichkeitsformen. So kann der Rezipient entweder mit der Vertrautheitsform *du*/*ihr* oder mit der Distanzform *Sie* bezeichnet werden. Der Gebrauch dieser Formen ist grundsätzlich vom sozialen Verhältnis der Kommunikationspartner abhängig. Bei erwachsenen Sprechern ist *Sie* die übliche Form der pronominalen Anrede, wenn kein spezifisches soziales Verhältnis besteht, das Vertrautheit rechtfertigt.[77] Obwohl sich der Übergang vom *Sie* zum *du* heutzutage nicht mehr so förmlich gestaltet wie früher, birgt er – wenn nicht ausdrücklich von den Kommunikationspartnern vereinbart – die Gefahr, respektlos zu wirken. Dennoch wird in bestimmten Kommunikationsbereichen und Textsorten die Vertrautheitsform *du* (häufig auch in der konturenschwächeren Gruppenanrede *ihr*) strategisch eingesetzt, etwa im Rahmen spezieller Kundenbindungsstrategien des Marketings, z. B.:

> *Danke, dass du mitgeholfen hast, unsere Preise zu senken! Je mehr du bei uns kaufst, desto größer wird die Bestellmenge bei unseren Lieferanten. Im Gegenzug senken sie ihre Preise – und wir geben die Ersparnis direkt an dich weiter …* (Ikea Werbeprospekt)

Zu den Möglichkeiten, Höflichkeit oder herzliche Zuwendung auszudrücken, gehören bestimmte Superlativformen in Ausdrücken wie *Liebste Mutter*, *Beste Wünsche* oder *Schönste Grüße*, mit denen konventionelle Erwartungen überboten werden. Hieran zeigt sich ebenso

77 Abweichungen von dieser Norm existieren mitunter regional oder milieubedingt.

wie bei der Verwendung pragmatisch indirekter Verbalformen (z. B. bei Bitten: *würden Sie ...* s. u.), dass morphologisch komplexere Formen ein Indikator für höflicheren Stil sind. Natürlich stehen auch die Ausdrücke *bitte* und *danke* mit ihren vielfach abgestuften Varianten hauptsächlich im Dienste von Höflichkeit. Es handelt sich dabei vor allem um Ausdrucksmittel zur Regulierung von Handlungen des Gebens und Nehmens oder des Entschuldigens für Belästigungen und Störungen (vgl. negative Höflichkeit). Zum Ausdruck von Ritualen der Höflichkeit dienen außerdem bestimmte Verwendungsweisen des Possessivpronomens (z. B. ***Meine** sehr verehrten Damen und Herren! Mit freundlichen Grüßen **Ihre** ...*; vgl. Weinrich 1993, S. 439).

Eine zentrale Möglichkeit zum Ausdruck von Höflichkeit besteht auf morphologischer Ebene durch Formen des Konjunktivs II. Dieser kann etwa zum Ausdruck einer höflichen, in Form einer Frage gekleideten Bitte verwendet werden, die die direkte Aufforderung vermeiden möchte, oder einer vorsichtigen, unaufdringlich-zurückhaltenden Feststellung, die den Partner nicht vor den Kopf stoßen soll, z. B.:

Würden Sie bitte nach vorne kommen.
Ich würde Ihnen empfehlen, dieses hier zu nehmen.

Wie an den Beispielen zu erkennen ist, können im Falle des „höflichen" Konjunktivs II die *würde*-Formen nicht ohne weiteres durch andere Konjunktivformen ersetzt werden (z. B. *Würden Sie bitte nach vorne kommen?* vs. **Kämen Sie bitte nach vorne?*). Es handelt sich um „konventionalisierte Verwendungsweisen, die die irreale Unterstellung, die mit dem normalen Gebrauch des Konjunktivs verbunden ist, ausnutzen, um der angesprochenen Person in der Gesprächssituation einen größeren Handlungsspielraum zu verschaffen" (Fabricius-Hansen 2006, S. 527 f.).

Auch bei indirekten Aufforderungen, die schon deshalb als höflicher angesehen werden, weil sie eine Ablehnung durch das Gegenüber eher zu erlauben scheinen, kann durch die Verwendung des Konjunktivs eine Nuance mehr Höflichkeit zum Ausdruck gebracht werden, z. B.:

Könntest du mir mal den Zucker reichen? vs.
Kannst du mir mal den Zucker reichen?

Auch die Erweiterung von Aussagen durch die Verwendung von bestimmten Modalverben wie *mögen* oder *dürfen* (bzw. *darf* und *mag*/*möchte*)[78] gilt als Ausdruck von Höflichkeit bzw. höflicher Zurückhaltung. Die Formen von *dürfen* spielen dabei eine besondere Rolle, weil sie sich semantisch auf Zwänge und Hindernisse beziehen.

Höflichkeit motiviert die Erweiterungen mit *mögen* und *dürfen* häufig in Verbindung mit Wörtern des Mitteilens oder Sich-Äußerns (*ich darf/möchte sagen, darauf hinweisen, gratulieren* etc.), also dann, wenn der Produzent sich selbst als Sprecher oder Schreiber in

78 Die konjunktivischen Formen wirken dabei noch einen Grad höflicher als die Indikativformen.

den Text einführt. Hierbei handelt es sich – ähnlich wie im o.g. Fall des höflichen Konjunktivs II – um konventionalisierte Verwendungsweisen, die zum einen dadurch höflicher wirken, dass sie das Vorliegen der Erlaubnis betonen (*dürfen*) und damit den Sprecher in den Hintergrund treten lassen. Zum anderen sind Formulierungen wie *Ich möchte Sie dazu auffordern* ... gegenüber *Ich fordere Sie dazu auf* ... weniger direkt und somit höflicher, weil sie die Neigung des Produzenten gebührend abschwächen. Beide Formen können abhängig vom jeweiligen Kontext auch dazu dienen, die stilschichtige Markierung ‚gehoben' anzuzeigen.

Morphologische Formvarianten

Bei einzelnen Lexemen liegen aufgrund von schwankender Flexion oder Formklassenwechsel wählbare Formvarianten vor. Bei Substantiven treten gelegentlich unterschiedliches Genus, Schwankungen zwischen schwacher und starker Kasusflexion, Varianten in der Pluralbildung sowie verschiedene Dativ- und Genitivformen bei starken Maskulina und Neutra auf. Im adjektivischen Bereich gibt es vereinzelt Komparationsformen mit und ohne Umlaut (z.B. *nasser/nässer, schmaler/schmäler*), bei Verben mitunter schwache und starke Konjugationsformen im Präteritum, die Perfektbildung mit *haben* oder *sein* usw.

Obwohl deutsche Nomina in der Regel ein festes Genus haben, schwanken einige Substantive zwischen zwei Genera. Ursachen dafür sind Entlehnung (z.B. *der Bonbon/das Bonbon*), fachsprachliche Einbettung (*der Filter* (allgemeinsprachlich)/*das Filter* (fachsprachlich)) oder regionale Varianz (z.B. *der Meter/das Meter, der Gulasch/das Gulasch*), wobei letztere, die regional begrenzten Formen, im Hinblick auf ihre stilistische Wirkung – je nach Frequenz und Verbreitung – ähnlich wie Regionalismen und Dialektwörter zu beschreiben sind (vgl. Kap. 3.2.3).

Eine kleine Gruppe von Substantiven schwankt zwischen starker und schwacher **Kasusflexion** (z.B. *der Gedanke/Gedanken, der Friede/Frieden* oder *der Name/der Namen*). Dabei gelten in der Regel die standardsprachlich weniger gebräuchlichen Formen als veraltet und verfügen – ebenso wie Archaismen (vgl. Kap. 3.2.3) – über ein besonderes stilistisches Potential. Bei einigen wenigen Wörtern wird der Unterschied zwischen den Flexionsmustern zur semantischen Differenzierung genutzt, z.B.:

der Drache (›Fabeltier‹) *des Drachen (dem Drachen, den Drachen)*
der Drachen (›Fluggerät‹) *des Drachens (dem Drachen, den Drachen)*

Vor dem Hintergrund unterschiedlicher Deklinationsmuster kann gelegentlich auch zwischen verschiedenen Genitiv- und/oder Dativformen gewählt werden. Beispielsweise wird das Nomen *Herz* im Genitiv und Dativ unterschiedlich flektiert, was mit einer Bedeutungsdifferenzierung einhergehen kann, die jedoch nicht als gefestigt gilt. Oft wird die organbezogene Bedeutung stark flektiert, z.B.:

*Seit einigen Jahren wird die Schlüssellochchirurgie auch bei Eingriffen **am Herz** eingesetzt.* (vgl. Gallmann 2006, S. 223)

In übertragener Bedeutung treten häufig die Formen auf *-ens* und *-en* auf, z. B.:

*Diese Bemerkung tat ihm **im Herzen** weh.* (vgl. Boettcher 2009a, S. 74)

Im Deklinationssystem angelegte Wahlmöglichkeiten bestehen außerdem beim Genitiv der starken Flexion in Kurzform und Langform (z. B. *Brot –Brot(e)s, Geräusch –Geräusch(e)s*). Obwohl die Kurzform häufiger verwendet wird und somit als neutraler eingestuft werden könnte, scheint es in Bezug auf die stilistische Wirkung dieser Formvarianten kaum möglich, allgemeingültige Aussagen zu treffen. Das liegt u. a. daran, dass die Wahl zwischen Kurz- und Langform gerade bei ästhetischen Textsorten nicht monokausal getroffen wird, sondern etwa rhythmische Aspekte, die durch den jeweiligen Kontext determiniert werden, eine wichtige Rolle spielen.

Auch die **Pluralbildung** kann stilistisch relevant werden, wenn mehrere Varianten im Sprachgebrauch auftreten. So konkurriert bei fremden Substantiven häufig der *s*-Plural mit anderen Formen, z. B.: *die Espressos/die Espressi* oder *die Pizzas/die Pizzen*. Für derartige Substantive gibt es prinzipiell mehrere Möglichkeiten der Pluralbildung – Grundformflexion (z. B. **die Serums*) und Stammformflexion (z. B. *die Hibisken*)[79] –, die jedoch nicht im selben Maße regelkonform sein müssen. Obwohl generalisierende Aussagen zum stilistischen Potential solcher Formen nicht möglich sind, zeigt sich einerseits die Tendenz, dass bei bereits etablierten Wörtern, bei denen sowohl die grundflektierende als auch die stammflektierende Pluralform lexikalisiert ist, die stammflektierende in der Regel bildungssprachlichen Charakter hat und hinsichtlich ihrer stilschichtigen Markierung in Richtung ‚gehoben' tendiert. Andererseits ist bei nicht normgerechten Verwendungen des *s*-Plural (die aus Unkenntnis der entsprechenden Pluralregel bzw. der inneren Struktur des Singulars resultieren können) generell anzunehmen, dass diese über das Potential verfügen, Stileffekte zu erzeugen im Sinne einer soziokulturellen Markierung nach ‚unten'. Letzteres gilt auch für die mit Hyperplural gebildeten Formen (z. B. **die Praktikas*, **die Antibiotikas*), die in einem größeren Zusammenhang den Prozessen sprachlicher Verstärkung zugeordnet werden können (vgl. Harnisch 2004).

Abhängig von den syntaktisch-semantischen Eigenschaften eines Verbs (Valenz, Aktionsart usw.) wird das Perfekt im Deutschen entweder mit den Hilfsverben *haben* oder *sein* gebildet. Überschneidungen gibt es dabei bei den Situativverben (z. B. *sitzen, stehen, liegen*; vgl. Eroms 2008, S. 152 f.), die in Süddeutschland, Österreich und der Schweiz tendenziell das Perfekt mit *sein* bilden: *ich bin gesessen/gestanden* usw. Diese im Süden unmarkierten

79 Die Wahl der Flexionsendung (des Flexionsprinzips) ist bei Substantiven fremdsprachlicher Herkunft von zahlreichen Einflüssen abhängig. Harnisch (1994) gibt als ausschlaggebend für die Wahl zwischen Grund- und Stammformflexion die innere Gliederung der Substantive (Stammerweiterung) an.

Formen haben daher im mittel- und norddeutschen Sprachraum, in dem das Perfekt der Hauptregel entsprechend mit *haben* gebildet wird, das Potential, Stileffekte zu erzeugen.

Neben derartigen regionalsprachlichen Markierungen treten in Bezug auf das Verb kaum morphologische Formvarianten auf, die sich auf die stilistische Gestaltung auswirken können. Zu nennen ist hier lediglich das Ersetzen veralteter Formen des Konjunktivs Präteritum starker Verben durch allgemein akzeptierte, stilneutrale *würde*-Gefüge, z. B.: *ich hülfe/hälfe/würde (dir) helfen* oder *ich schwömme/schwämme/würde schwimmen* (vgl. Fleischer et al. 1993, S. 185).

Morphologische Synonyme

Die Wahlmöglichkeiten im Bereich der grammatisch-morphologischen Kategorien werden von Fleischer et al. (1993) als ‚morphologische Synonyme' bezeichnet. Sie subsumieren darunter all jene Fälle, „in denen zwischen diesen Gliedern eine schwache Bedeutungsopposition besteht, so daß diese Glieder unter bestimmten kontextualen oder situativen Bedingungen untereinander ausgetauscht werden, füreinander stehen können" (Fleischer et al. 1993, S. 186). Dies betrifft in erster Linie die verbalen Kategorien Tempus, Modus und Genus Verbi, in einem deutlich geringerem Maße auch die Kategorien des Substantivs.

Beim **Substantiv** geht es um gelegentliche Abweichungen innerhalb der Kategorie des Numerus. So können beispielsweise ungewöhnliche Pluralformen von Substantiven, die Nicht-Zählbares benennen wie z. B. *Ängste ausstehen*, *Nöte erleiden*, der Ausdrucksverstärkung und Emotionalisierung dienen. Das Auslassen des Artikels ist in der Regel Ausdruck einer textsortenspezifisch motivierten Verwendung und etwa als typisch für Überschriften und Bildlegenden in Zeitungen und Zeitschriften anzusehen. Darüber hinaus stehen Substantive ohne Artikel in Protokollen, Listen und Tabellen sowie in einzelnen computervermittelten Textsorten.

Das **Verb** zeigt im Deutschen obligatorisch eine zweifache Markierung, nach Modus und **Tempus**. Die Funktion der Tempora besteht typischerweise darin, einen Sachverhalt zeitlich zu situieren. Zum Ausdruck von Zukünftigem stehen im Deutschen die Tempusformen Futur I (*er wird kommen*) und futurisch gebrauchtes Präsens (*er kommt*) zur Verfügung. Zwischen beiden besteht partielle Synonymität aufgrund etablierter Unterschiede im Sprachgebrauch. So ist die Verwendung von Präsensformen in der mündlichen und nicht-öffentlichen Alltagskommunikation typisch, während das Futur I eher innerhalb von schriftlichen Kommunikationsformen und offiziellen Anlässen Verwendung findet.

Eine markierte Variante stellt das Präsens mit Vergangenheitsbezug dar, wobei zwischen historischem und szenischem Präsens unterschieden werden kann. Während das historische Präsens typisch für Chroniken und andere geschichtliche Darstellungen ist (z. B. *49 v. Chr.: Cäsar überschreitet den Rubikon*), dient das szenische Präsens als Mittel der Vergegenwärtigung, mit dem Spannung oder ein Höhepunkt erzeugt werden kann, z. B.:

Da liege ich doch gestern auf der Couch und lese, kommt Emma leise ins Zimmer und …

Ob Präteritum oder Perfekt zu setzen ist, ist u. a. von der jeweiligen Vertextungsstrategie abhängig (vgl. Eroms 2008, S. 164 f.). So stehen schriftliche Erzähltexte oft im Präteritum, während in argumentativen Texten gewöhnlich Perfekt oder auch Präsens verwendet wird. In der gesprochenen Sprache wird das Präteritum zugunsten des Perfekts verdrängt, was dazu führt, dass das Präteritum in zunehmendem Maße als die markierte Form anzusehen ist.

In Bezug auf den **Modus** von Verben können synonymische Beziehungen zwischen Konjunktiv I und Konjunktiv II bestehen, etwa bei der indirekten Redewiedergabe. Hier kann häufig zwischen Konjunktiv I und Konjunktiv II alterniert werden, ohne dass intersubjektiv ein Bedeutungsunterschied nachweisbar wäre, z. B.:

Clara sagt, du wärst blöd.
Clara sagt, du seist blöd.

In vielen Fällen ist jedoch auch der Indikativ anwendbar, der in der alltäglichen mündlichen Kommunikation gegenüber dem Konjunktiv deutlich bevorzugt wird (vgl. Fabricius-Hansen 2006, S. 529). Dies liegt u a. daran, dass der Indikativ – obwohl er die berichtete Rede nicht so klar von der Produzentenperspektive unterscheidet wie der Konjunktiv – der normale, der unmarkierte Modus ist, zu dem sprachökonomisch ein Hang besteht (vgl. Fleischer et al. 1993, S. 189). Wenn keine eindeutigen Konjunktiv I-Formen vorliegen, werden häufig Konjunktiv II-Formen bevorzugt. Ebenso erfolgt bei ungebräuchlichen Konjunktiv II-Formen ein Ersatz durch den *würde*-Konjunktiv (z. B. *hülfe – helfen würde*).

Aufgrund seines Rückgangs gilt gerade die Verwendung des Konjunktiv I als Indikator für eine hohe sprachliche Kompetenz und kann zu einer stilschichtigen Markierung ‚gehoben' führen (z. B. *Sie sagt, Sie könne …*). Auch der Konjunktiv II wird in Kontexten, in denen er durch ein *würde*+Infinitiv-Gefüge ersetzt werden kann, hinsichtlich seiner stilistischen Qualität höher bewertet als die Ersatzform. Das stilistische Potential synthetischer Konjunktivformen erhöht sich dabei entsprechend ihrer Ungewöhnlichkeit. Für einige Textsorten wird durch die Verwendung des Konjunktivs I ein Stilwert erzeugt. Dies betrifft vor allem Konjunktivformen in relativ festen, zum Teil veralteten Wendungen wie die Aufforderungsmarkierung in Kochrezepten, z. B.: *Man **nehme** zwei Esslöffel Öl …* oder fachspezifische Wendungen wie z. B. *Gegeben **sei** ein gleichschenkliges Dreieck …* in mathematischen Lehr- und Übungsbüchern.

Stilistisch relevant können unter bestimmten Bedingungen auch die Wahlmöglichkeiten zwischen den Formen des Diathesensystems sein. Von Bedeutung sind dabei vor allem die Möglichkeiten zur syntaktischen Variation, zur Perspektivierung und Täterabwendung.

Die Wahl zwischen den **Diathesen** Aktiv und Passiv ermöglicht es, zwei Perspektiven auf einen Sachverhalt anzubieten: die Handlungsperspektive und die Perspektive, von einer Handlung anderer betroffen zu sein. Somit wird es möglich, unterschiedliche Fokussierungen auf die Handlungspersonen und das Geschehen zu werfen, denn die Blickrichtung kehrt sich durch die Kontroversen um. Als syntaktische Folge wird das Subjekt des Aktivsatzes zur fakultativen präpositionalen Ergänzung und entsprechend aus dem Vorfeld ins Mittelfeld gerückt, während das Akkusativobjekt des Aktivsatzes zum Subjekt des Passivsatzes umgeformt und dadurch ins Vorfeld gebracht wird. Es können subjektlose Konstruktionen gebildet werden, Sätze ohne „Täternennung". Dies ist in pragmatischer Hinsicht gerade in solchen Fällen sinnvoll, in denen der Produzent über das Subjekt der Handlung keine genauere Auskunft geben will (z. B. in Textsorten wie ‚Nachricht' oder ‚Meldung'), z. B.:

Motorradfahrer missachtet Vorfahrt und wird schwer verletzt
[...] *Die PKW-Lenkerin wurde leicht verletzt und kam mit einem Sanka ins Krankenhaus. Zur Klärung des Unfallhergangs wurde ein Gutachter an die Unfallstelle bestellt.* [...] *Während der Unfallaufnahme (bis 14.45 Uhr) war die B85 komplett gesperrt ...* (PP Niederbayern 15.07.15)

Eine solche Agens-Beseitigung bzw. Täterverschweigung stellt einen Effekt dar, der textsortenspezifisch nutzbar gemacht werden kann. So ergeben sich zum einen Möglichkeiten für den Textaufbau, indem in Fällen, in denen der „Täter" schon häufiger genannt wurde, weitere Wiederholungen der immer gleichen Handlungspersonen vermieden werden können und somit dem Variationsgebot der Stilistik Rechnung getragen werden kann. Zum anderen ermöglichen derartige Konstruktionen die Handlung weniger von ihrem Urheber (Agens) aus, sondern in den Bedingungen ihres Verlaufs (Vorgangspassiv = *werden*-Passiv) oder Verlaufsresultats (Zustandspassiv = *sein*-Passiv) zu beschreiben, z. B.: *einfache Laboruntersuchungen werden in der Praxis durchgeführt* oder *viele Arztpraxen sind mit einem eigenen Labor ausgestattet* (vgl. Weinrich 1993, S. 166).

Die Verwendung des Passivs kann einen Stilwert in der Darstellungsart abgeben. Dies ist beispielsweise der Fall, wenn in wissenschaftlichen Abhandlungen der Schreibende nicht als *ich* erscheinen soll und deshalb auf eine Passivkonstruktion ausgewichen wird. Auch in den Fachsprachen des Rechts und der Verwaltung zeigt sich an der hohen Frequenz von Passivformen einerseits der Umstand, dass das Handlungsgeschehen oder sein Ergebnis für den Text wichtiger sind als die handelnden Personen. Zugleich kann andererseits die passive Diathese die Anonymität solcher Institutionen zum Ausdruck bringen.

Aus stilistischem Blickwinkel ist zudem relevant, dass Passivformen unter funktionaler Satzperspektive eine Option darstellen, eine bestimmte Reihenfolge der Satzglieder gemäß der gewünschten Informationsstruktur auszuwählen. So kann der Wechsel zwischen Aktiv und Passiv etwa dazu eingesetzt werden, einen gewünschten Kontrast deutlicher zu machen (vgl. Boettcher 2009a, S. 30), z. B.:

Die Universitätsleitung schlägt eine neue Frauenbeauftragte vor, der Senat wählt sie.
vs.
Die Universitätsleitung schlägt eine neue Frauenbeauftragte vor, gewählt wird sie vom Senat.

Satzlänge, Satzkomplexität und Wortstellung

Die Komplexität von Sätzen wird maßgeblich durch ihre Länge gesteuert. EROMS (2008) konstatiert in Abhängigkeit vom Kommunikationsbereich und jeweiligen Diskursstil diachron eine Tendenz zur Kürze. So hätte sich nicht nur in der Sprache der Literatur der **Wortumfang der Sätze** seit dem 19. Jahrhundert immer mehr verringert, auch in anderen Kommunikationsbereichen und Textsorten wie den Leitartikeln der „Süddeutschen Zeitung" nehme die Wortanzahl von 1945 bis heute kontinuierlich ab (vgl. Eroms 2008, S. 156). Derartige Berechnungen der Wörter pro Satz sind weniger dazu geeignet, längerfristige allgemeine Trends des Deutschen aufzuzeigen, sie können vielmehr Unterschiede zwischen Textsorten und ihrer medialen Vermittlung deutlich machen. Beispielsweise verringert sich die durchschnittliche Satzlänge ganz erheblich, wenn sich Texte an Mündlichkeit orientieren.

Kurze Sätze[80] gelten im Allgemeinen als verständlicher und leichter lesbar als lange Sätze – zumindest als solche, die sehr kompliziert gebaut sind. Werden kurze Sätze in lange umgewandelt, ergibt sich daraus jedoch bei gleich bleibender Informationsmenge die Möglichkeit, Informationen differenzierter zu gewichten und Schwerpunkte zu setzen. In Bezug auf journalistische Darstellungsformen stellt SCHNEIDER (2001) dem allgemeinen Postulat „Schreib kurze Sätze!" nur ein „bedingtes Lob" aus, indem er an Beispielen wie *Ich sah, wie der Blitz den Baum traf.* und *Der Schnellzugzuschlagsverkauf im fahrenden Reisezug sollte unterbunden werden.* (beide bestehen aus acht Wörtern) deutlich macht, dass die Satzlänge neben der Anzahl der Wörter insbesondere von der Silbenanzahl abhängig ist (vgl. Schneider 2001, S. 90). Vor allem aber warnt er vor einer Reihung kurzer Sätze, die leicht die „Banalitätsschwelle" unterschreiten könne (Schneider 2001, S. 91). Ebenso hatte schon Reiners von „Zwergsätzen" und einem daraus resultierenden „Asthmastil" abgeraten (vgl. Reiners 1976). Der aus einer Abfolge vieler kurzer Sätze entstehende „abgehackte" Eindruck resultiert in der Regel daraus, dass in den kurzen Sätzen das Verhältnis von anknüpfenden Elementen und neuen Informationen relativ gleich verteilt ist (vgl. Kap. 2.1.2 „Thema-Rhema-Gliederung"). Das heißt, häufig ist am Ende ein klarer Schwerpunkt zu erkennen, der Rhemagipfel. Dies führt dazu, dass bei Texten, in denen kurze Sätze vorherrschen, Thema und Rhema rascher aufeinander folgen (vgl. Eroms 2008, S. 157).

Zusammenfassend kann zur Satzlänge festgehalten werden, dass sich (neben bestimmten textsortenbedingten Präferenzen) ein attraktiver, unmarkierter Stil in der Regel durch einen Wechsel von mäßig kurzen und mäßig langen Sätzen erzielen lässt. Eine sehr übertriebene Satzlänge kann in vielen Texten Stileffekte erzeugen, ebenso wie das Aneinanderreihen extrem kurzer Sätze. Unter bestimmten Umständen kann der Einsatz eines sehr kurzen Satzes besonders wirkungsvoll sein, so ist als „Anfang eines Textes der kurze Satz der größte – wenn es gelingt, die wenigen Wörter mit Substanz oder mit einer Erwartungsspannung

80 Sanders (1986) gibt als ermittelte Durchschnittsgröße deutscher Sätze in Zeitungs- und Sachtexten 15–20 Wörter an. Demzufolge nimmt Sowinski diese Zahl als mittlere Satzlänge an. Kurze Sätze liegen darunter, lange sind entsprechend wortreicher (vgl. Sowinski 1999, S. 89).

zu erfüllen" (Schneider 2001, S. 92). Dies gilt besonders für ästhetische Textsorten etwa im Bereich der Literatur, z. B.:

Alles dreht sich. Und alles dreht sich um ihn. (Markus Werner „Am Hang")

Es war an einem Sonntagvormittag im schönsten Frühjahr. (Franz Kafka „Das Urteil")

Vor allem kurze und sehr kurze Sätze, die einen unbekannten Namen enthalten, können auf besondere Weise dieser Intention des Spannungsaufbaus, des „Hineinziehens" in die Geschichte dienen, z. B.:

Ich bin nicht Stiller! (Max Frisch „Stiller")

Über die Stirn Amelies lief ein roter Schatten. (Ingeborg Bachmann „Im Himmel und auf Erden")

Einen ähnlichen Effekt hat die Verwendung des bestimmten Artikels oder deiktischer Ausdrücke, die ebenfalls auf kataphorische Weise einen engen Bezug zum nachfolgenden Text aufbaut, z. B.:

Die Insel vor ihm hatte die Farbe des Sandsteins, den man hier brach.
(John von Düffel „Houwelandt")

Es lässt sich leicht sagen, wann alles begann. (Ian McEwan „Liebeswahn")

In Zusammenhang mit der Länge und Komplexität von Sätzen begegnet häufig der Begriff des Nominalstils. **Nominalstil** (auch: Substantivstil, substantivischer Stil) galt lange Zeit nicht als linguistischer Terminus i. e. S. (vgl. z. B. Glück 2000, S. 477), sondern als eine eher vage Charakterisierung von bestimmten Kommunikationsbereichen (z. B. Verwaltung, Rechtswesen, Wissenschaft usw.) und Textsorten, bei denen eine ökonomische und rationale Kommunikation im Vordergrund steht. Mit der Verwendung des Nominalstils geht häufig eine stilistische Wirkung einher, die aus einem positiven Blickwinkel als abstrakt, objektiv und allgemeingültig bezeichnet werden kann, unter negativer Sicht als statisch und wenig anschaulich. Wichtigstes Indiz für den Nominalstil ist das gehäufte Auftreten von **Substantivierungen**, die durch verschiedene Verfahren der Wortbildung (vgl. Kap. 2.3), insbesondere der Konversion, der Suffixderivation (z. B. *bedeuten –Bedeutung*) und der Zusammenbildung (z. B. *ins Grab legen –Grablegung*) entstehen. Dies führt im Falle des Nominalstils häufig zur Bildung von Abstrakta wie z. B. *Stilllegung, Schließung.* Vor allem die von Verben und Adjektiven abgeleiteten Substantive ermöglichen es, Eigenschaften, Vorgänge und Tätigkeiten losgelöst von ihren Trägern zu benennen, woraus sich in Hinblick auf die stilistische Wirkung der Eindruck von Neutralität bzw. Objektivität ergibt (vgl. Fleischer et al. 1993, S. 198).

Kennzeichnend für den Nominalstil ist auch, dass die Aussagen zu **nominalen Gruppen** verdichtet werden, die den eigentlich verbalen Inhalt tragen, während die Prädikate tendenziell inhaltsarme Verben sind. Dazu dienen verschiedene Arten von Attribuierungen wie die Linkserweiterung (zu komplexen Nominalphrasen) oder die Verwendung von Partizipialformen, z. B.:

das von den Aufsichtsräten von TÜV Süd und TÜV Nord empfohlene Konzept
vs.
das Konzept, das die Aussichtsräte von TÜV Süd und TÜV Nord empfohlen haben

Ein weiteres Kriterium, das häufig mit Nominalstil in Verbindung gebracht wird, ist die Bildung substantivischer Komposita. Selbstverständlich kann durch **Komposition** die Informationsdichte eines Textes erhöht werden. Ob die Bildung von Komposita zwangsläufig zur Entstehung eines Nominalstils beiträgt, ist – wie das folgende Beispiel zeigt – nicht ohne weiteres zu beantworten (vgl. Weinert 2009, S. 7).

Das Gesetz zur privaten Finanzierung des Fernstraßenbaus wurde verabschiedet.
Das Fernstraßenbau-Privatfinanzierungsgesetz wurde verabschiedet.

Entscheidend scheint vielfach die Struktur des Erstglieds solcher Determinativkomposita zu sein. Werden etwa Bildungen mit einem Verbstamm als Erstglied[81] paraphrasiert, so weisen diese einen deutlich geringeren Substantivanteil auf, z. B.:

Dieser Pfusch-Arzt bekommt eine 1,9 Mio. Abfindung.
(http://www.bild.de/news/2009/und-pfusch-arzt-wo-bleibt-die-gerechtigkeit-7509286.bild.html; letzter Zugriff: August 2016)

Paraphrase: *Dieser Arzt, der gepfuscht hat, bekommt eine 1,9 Mio. Abfindung.*

Einen deutlicheren Einfluss auf die Ausbildung eines Nominalstils haben **Funktionsverbgefüge.** Sie kommen in zwei Varianten vor:

- als Verbindung aus Funktionsverb und deverbalem Substantiv im Akkusativ, z. B. *eine Anregung / eine Erlaubnis geben, Anwendung / Berücksichtigung finden*
- als Verbindung aus Funktionsverb und Präposition mit deverbalem Substantiv, z. B. *zum Abschluss bringen, jemanden zur Rechenschaft ziehen*

---

81 Die o. g. Ad-hoc-Bildung *Pfusch-Arzt* stellt zudem ein Beispiel dafür dar, dass die enge Berührung zwischen Substantiv und Verbstamm problematisch sein kann. In nicht wenigen Komposita können formal sowie semantisch sowohl ein substantivisches als auch ein verbales Erstglied vorliegen (z. B. *Kochmütze* (Substantiv) – *Kochrezept, Kochsalz* (Verbstamm) vgl. Fleischer / Barz 1995, S. 109). Auch wenn die Möglichkeit der Doppelmotivation nicht immer auszuschließen ist, bleibt maßgebend, dass die entsprechenden Wörter nach dem allgemeinen Strukturmodell Verbstamm + Substantiv gebildet und entsprechend paraphrasiert werden können.

Der semantische Fokus liegt dabei jeweils auf den Substantiven, während das Verb (inhaltlich abstrakter bzw. allgemeiner) hauptsächlich dazu geeignet ist, grammatische Funktionen innerhalb von Sätzen zu übernehmen. Funktionsverbgefüge können vielfach durch ein einfaches Verb ersetzt werden, dessen Stamm mit dem nominalen Bestandteil des Gefüges identisch ist, z. B.:

zur Entscheidung bringen vs. entscheiden
Widerspruch erheben vs. widersprechen

Die genannten Beispiele zeigen zugleich, dass es dabei mehr oder minder große Bedeutungsunterschiede geben kann, die meistens aus aktionalen Differenzierungen resultieren. So betonen Funktionsverbfügungen mitunter klarer das ingressive Moment, den Beginn einer Handlung (z. B. *in Erregung versetzen*), ihren resultativen oder kontinuativen Charakter (z. B. *zum Abschluss bringen* vs. *abschließen*, *in Gang bleiben* vs. *weitergehen*; vgl. Eroms 2008, S. 146) u. v. m.

Als zentrales Kriterium für die Kategorie ‚Nominalstil' wird der prozentuale **Anteil von Substantiven** im Satz / Text angenommen. Durch den vermehrten Einsatz von Substantiven und die Blockbildung von Nominalgruppen kann vielfach auf die Bildung von Nebensätzen und somit auf hypotaktische Satzkonstruktionen verzichtet werden. Dies begünstigt zum einen das allmähliche Zurückdrängen der Hypotaxe durch die Parataxe (vgl. Punkki-Roscher 1995, S. 18) und führt zum anderen dazu, dass syntaktische Informationsverdichtung bei gleichzeitigem Rückgang der Nebensätze als Kennzeichen von Nominalstil angesehen werden kann.

Im Gegensatz zum Französischen oder zum Englischen ist das Deutsche hinsichtlich seiner **Wortstellung** deutlich weniger festgelegt. Die in der Wortstellung (Topologie) gegebenen Wahlmöglichkeiten erweitern prinzipiell in hohem Maße die Ausdrucksfähigkeit. Aus pragmastilistischer Sicht ist in Bezug auf die topologischen Auswahlen relevant, ob sie im Dienste einer Perspektivierung stehen oder ob sie aus Gründen der **stilistischen Variation** gesetzt werden. Letzteres betrifft etwa Stellungsformen, mit denen Abwechslung gewährleistet und ein stereotypes Aneinanderreihen immer gleicher Muster verhindert wird.[82] So kann eine alternierende Verwendung von Partikelverben und Präfixderivaten zu einem ausgewogenen Gebrauch der Satzklammer führen. Ebenso können fremdsprachige Verben eingesetzt werden, die aufgrund ihrer Untrennbarkeit einer Klammerbildung entgegenstehen. Eine abwechslungsreiche syntaktische Gestaltung wird in der Regel auch durch den Wechsel von kurzen und langen Sätzen, Kombinationen aus Satzgefügen, Satzverbindungen und einfachen Hauptsätzen usw. gewährleistet.

Andere Stellungsvarianten stehen im Dienste der Standpunktmarkierung und **Perspektivierung**, indem sie bestimmte Aspekte eines Sachverhalts im Sinne der gewünschten Informationsstruktur in den Vordergrund rücken. Dies ist einerseits durch konverse Ausdrücke

82 Ausgenommen sind hier natürlich Figuren, die eben das intendieren (wie z. B. Parallelismen).

möglich, mit denen der gleiche Sachverhalt aus verschiedenen Perspektiven bezeichnet werden kann, z. B. durch:

- präfigierte oder andere Verben mit entgegengesetzter Bedeutung, z. B. *kaufen – verkaufen, verlieren – gewinnen, geben – entgegennehmen,*
- Adjektive mit gegensätzlicher Bedeutung, z. B. *Mädchen sind oft fleißiger als Jungen.* vs. *Jungen sind oft fauler als Mädchen.*

Darüber hinaus besteht bei weitgehend übereinstimmender Lexik die Möglichkeit einer unterschiedlichen Perspektivierung durch morphosyntaktische Formvarianten. Hierzu gehört etwa die Verwendung des Passivs anstelle des Aktivs, mit der die Weglassbarkeit des Agens, die Akzentuierung des Patiens und eine Variation der Thema-Rhema-Gliederung einhergehen, z. B.:

Diese Methode spart Energie. (Fokussierung auf *Energie* = Rhema)
Bei dieser Methode wird Energie gespart. (stärke Betonung von *sparen*)
Energie spart diese Methode nicht. (besondere Betonung von *Energie*)

An diesen Beispielen ist bereits gut zu erkennen, dass die **Informationsstruktur** eines Satzes ganz entscheidend durch die Wortstellung geprägt wird. Dabei können Akzentuierungen und Fokussierungen vor allem durch die Anordnung der Satzglieder, durch Abweichungen von normalen Stellungsregularitäten (vor allem Ausklammerung und Linksversetzung) sowie im Satzgefüge durch die unterschiedlichen Verhältnisse zwischen Haupt- und Nebensatz hergestellt werden. So kann beispielsweise bei der Darstellung von Grund-Folge-Beziehungen in Satzgefügen und Satzverbindungen ein kausales oder konsekutives Verhältnis akzentuiert werden, z. B.:

Heike kann nicht zur Aufführung kommen, weil sie krank ist.
vs.
Heike ist krank, so dass sie nicht zur Aufführung kommen kann.

In pragmastilistischer Hinsicht sind insbesondere intendierte **Abweichungen** von den normalen Stellungsregularitäten im Umfeld der Verbalklammer relevant. Sie können ausgehend von der Grundreihenfolge beschrieben werden.[83] Wird von der normalen Wortstellung abgewichen, können grammatisch unkorrekte Sätze entstehen (z. B. pronominales Subjekt im Mittelfeld nach den Objekten: **Morgen gebe dir dein Freundebuch ich zurück.*). Solche ungrammatischen Wortfolgen können akzeptiert werden, wenn sie etwa im Kontext poetischer Sprachverwendung als intendierte Abweichungen interpretiert werden (z. B. [...] *Sie rücken zusammen dicht an dicht. So warm wie der Hans hats niemand nicht ...* (Christian Morgenstern „Die drei Spatzen")). Sie führen dann in der Regel zu Stileffekten. Während

83 Die topologischen Optionen werden hier vor allem an Aussagesätzen mit Finitum in Zweitstellung skizziert.

Vorfeld und Nachfeld meistens von maximal einem Satzglied besetzt sind, besteht das Mittelfeld typischerweise aus einer Satzgliedfolge. Dabei ist nicht vollständig geklärt, wie die **Abfolgeregularitäten** im **Mittelfeld** genau zustande kommen und auf welche Weise sie zusammenwirken. Unbestritten scheint der Einfluss bestimmter Faktoren, vor allem der folgenden, zu sein (vgl. Eisenberg 2006b, S. 404):

- syntaktische Funktion (z. B. Tendenz: Subjekt vor Objekt),
- Thema-Rhema-Struktur (Tendenz: Thema vor Rhema),
- Satzakzent (Tendenz: unakzentuiertes vor akzentuiertem Satzglied),
- Form der Satzglieder (z. B. Tendenz: Pronomen vor substantivischem Nominal),
- Bedeutung der Satzglieder (z. B. Tendenz: definites vor nichtdefinitem Satzglied, belebt vor unbelebt, Start vor Ziel),
- Länge der Satzglieder (Tendenz: längere nach kürzeren Satzgliedern).

Einige dieser Kriterien können die Grundlage für Grammatikalitätsurteile bilden – z. B. wird das Subjekt dem Objekt vorangestellt, wenn beide Personalpronomina sind. In den meisten Fällen handelt es sich jedoch eher um Tendenzen oder Präferenzen. Bereits eine unterschiedliche Rhematisierung kann erheblichen Einfluss auf die **Grundreihenfolge** im Sinne einer normalen Wortstellung haben. So können beispielsweise hinsichtlich der Abfolge von direktem und indirektem Objekt unterschiedliche Elemente den Hauptakzent tragen, das Neue bzw. das Rhema darstellen, weil sie Antworten auf verschiedene Fragen sind:

Was hat er seiner Freundin geschenkt?
Er hat seiner Freundin sein iPhone geschenkt.

Wem hat er sein iPhone geschenkt?
Er hat sein iPhone seiner Freundin geschenkt.

Beide Antwortsätze sind insofern ‚normal‘ als sie eine ‚normale Betonung‘ und eine ‚normale Wortstellung‘ aufweisen. Daran zeigt sich, dass die Bestimmung der Grundreihenfolge schwierig ist, denn es kann mehrere normale Satzgliedstellungen geben (vgl. Eisenberg 2006b, S. 406). Im Vergleich zur normalen Satzgliedstellung gibt es jeweils nur eine, die in grammatischer Hinsicht als ‚unmarkiert‘ bezeichnet wird.[84] Dabei kann in Bezug auf substantivische Ergänzungen durch Akzenttests und Umformtests[85] beispielsweise die

84 In Ausnahmefällen kann sie durch bestimmte Parameter außer Kraft gesetzt werden – beispielsweise dann, wenn das Objekt die phonologisch schwache Form *es* hat (vgl. Eisenberg 2006b, S. 407).

85 Mit dem Akzenttest wird versucht, diejenige Wortstellung zu finden, deren Akzeptabilität auch bei Akzentverlagerung erhalten bleibt und somit als die syntaktisch unmarkierte anzusehen ist. Umformtests operieren mit der schrittweisen Reduktion der Bekanntheitsindikatoren, indem die beiden Possessiva *seiner/sein* durch unbestimmte Artikel ersetzt werden (vgl. Boettcher 2009b, S. 11 f.): *Er hat sein iPhone seiner Freundin geschenkt.* vs. **Er hat ein iPhone seiner Freundin geschenkt.* vs. *Er hat sein iPhone einer Freundin geschenkt.* vs. **Er hat ein iPhone einer Freundin geschenkt.*

Abfolge ‚indirektes Objekt vor direktem Objekt' als unmarkierte ermittelt werden. Andere Wortfolgen sind vielfach durch die Thema-Rhema-Struktur motiviert. Bei einer natürlichen Rhematisierung steht dabei das Unwichtige vor dem Wichtigen, das Bekannte vor dem Neuen. Das rhematische Satzglied ist nicht definit, da es die neue Information trägt, und es ist betont. Das heißt, im Mittelfeld stehen neuartige Sachverhalte bevorzugt gegen Ende, vor allem um ihnen besondere Aufmerksamkeit zu sichern und sie leichter im Kurzzeitgedächtnis speichern zu können. Abweichungen von dieser Grundstellung können als funktionale Abweichungen betrachtet werden, die in der Regel einen stilistischen Wert enthalten.

Die Regularitäten nach denen das Vor- und Nachfeld besetzt werden, sind im Vergleich zum Mittelfeld relativ übersichtlich. Die Besetzung des **Vorfeldes** wird in Aussagesätzen von der Informationsverteilung im Satz bestimmt, die wiederum stark von der Informationsverteilung im ganzen Text abhängt. Typisch für den Textanfang sind im Vorfeld Satzglieder, die es ermöglichen, die Äußerung persönlich, zeitlich oder örtlich einzuordnen (z. B. *In Deutschland hat die Zahl der Senioren, die auf staatliche Unterstützung angewiesen sind, einen neuen Höchststand erreicht.*). Bei Sätzen im Inneren eines Textes knüpft das Satzglied im Vorfeld vorwiegend an die vorangegangenen Äußerungen an, indem es Vorerwähntes wieder aufnimmt (z. B. *Helli langweilt sich in der Schlange an der Kasse. Sie legt eine Packung mit rosa Riesenkaugummi in den Einkaufswagen. Mit dem kann man so schöne große Blasen machen.*). Im Vorfeld stehen somit in der Regel Sachverhalte, die als bekannt vorausgesetzt werden oder eben im vorangegangenen Satz eingeführt worden sind. Das bedeutet, bei der Einbindung des Satzes in den Text streben thematische Glieder nach links.

An der Spitze des Satzes steht vor dem finiten Verb gewöhnlich ein thematisches Element, oft ist es das Subjekt.[86] Alternativ dazu kann eine Adverbiale im Vorfeld stehen. Die Platzierung des Objekts im Vorfeld kann als besondere, als markierte Abfolge betrachtet werden, durch die eine Information in den Vordergrund gerückt wird (z. B. *Die ganzen Würste hat der Hund gefressen.*) Sie gilt auch dann als satzstilistisch markiert, wenn sie in einem bestimmten Kontext als unauffällig erscheint (z. B. als zweiter Satz einer Satzgliedfolge *Constanze hat mir eine riesige Torte geschenkt. Kuchen esse ich für mein Leben gern.* (vgl. Boettcher 2009b, S. 20)).

Das **Nachfeld** ist hinsichtlich seiner Besetzbarkeit stärker eingeschränkt. Häufig rücken ins Nachfeld besonders umfangreiche, semantisch gewichtige oder rhematische Satzglieder. Strukturell wird die Besetzung des Nachfeldes als Ausklammerung verstanden. In stilistischer Hinsicht ist von Bedeutung, dass durch eine Ausklammerung ins Nachfeld die Informationsstruktur des Satzes verändert und besondere Effekte erzielt werden können. So kann eine Ausklammerung zur Rhematisierung von Satzgliedern bei weitem Fokus führen. Dies betrifft vor allem Sätze und präpositionale Glieder, aber auch Appositionen und andere

86 Die Reihenfolge Subjekt – Prädikat – Objekt gilt für den Verbzweit-Aussagesatz im Deutschen als Grundstellung, als „gerade Wortstellung". Das Subjekt spielt bei der Vorfeldbesetzung auch insofern eine Sonderrolle, „als es nicht oder nur unter starken Restriktionen gemeinsam mit einem anderen Satzglied das Vorfeld besetzt" (Eisenberg 2006b, S. 400).

Attribute können durch die Platzierung im Nachfeld zusätzliche Rhemata erhalten (vgl. Fritz 2006, S. 1137), z. B.:

Das Sozialamt muss einem 64-jährigen Sozialhilfeempfänger eine Traumwohnung am Strand von Florida bezahlen – für 779 Euro im Monat!

Die meisten Fluggäste schlafen, einige sehen den Spielfilm an, eine Komödie.

Die Möglichkeit einer Informationssteuerung durch Ausklammerung besteht natürlich nicht nur für Aussagesätze, sondern auch für andere Satzarten, was beispielsweise folgender Fragesatz zeigt: *Wie viele Kinder von Ihnen sind nicht zur Welt gekommen durch Ihren Willen?* (Max Frisch „Fragebogen"). Auch hier scheint die Nachfeldbesetzung im Vergleich zur Position im Mittelfeld (*Wie viele Kinder von Ihnen sind durch ihren Willen nicht zur Welt gekommen?*) erstens markierter und zweitens fokussierter auf den zuletzt genannten inhaltlichen Aspekt.

Abschließend ist zu den Stellungsregularitäten im Umfeld der Verbalklammer zu bemerken, dass Stellungselemente prinzipiell mit dem Ziel der Hervorhebung umgestellt werden können, denn allein die Abweichung von der Grundreihenfolge gibt einem Element größeres Gewicht. Je größer und auffälliger die Abweichung ist, umso stärker ist dann jeweils der Hervorhebungseffekt. Hervorhebende Permutationen treten vielfach im Mittelfeld auf (z. B. Präpositionalobjekt vor Akkusativobjekt), erzielen tendenziell jedoch ihre größte Wirkung im Vorfeld. Auch Permutationen ins Nachfeld können auffällig wirken, besonders hervorhebend wirkt dabei die Verschiebung von sehr umfangreichen Elementen.

Große Bedeutung für die stilistische Gestaltung von Texten hat die Architektur von Sätzen in Form von Satzverbindungen und Satzgefügen. Als problematisch in Bezug auf die Verständlichkeit gelten dabei sog. „Schachtelsätze", d. h. zusammengesetzte Sätze, die zahlreiche Unterordnungen enthalten. Prinzipiell besteht bei der Textproduktion die Möglichkeit einen komplexen Sachverhalt durch eine Satzverbindung, ein Satzgefüge oder durch einfache Sätze (z. B. mithilfe von Wortbildungsprodukten) darzustellen. So lässt sich etwa Kausalität mithilfe einer entsprechenden Konjunktion durch die Verknüpfung von Hauptsatz und Nebensatz innerhalb eines Satzgefüges realisieren, (z. B. *Er blieb daheim, weil er völlig erschöpft war.*). Ebenso kann die kausale Verknüpfungsbedeutung durch die Verbindung zweier nebengeordneter Teilsätze, beides Hauptsätze, erfolgen (z. B. *Er war völlig erschöpft, deshalb blieb er daheim.*). Schließlich kann Kausalität auch nicht grammatisch expliziert sein, jedoch aufgrund des Weltwissens und dem Kontext solcher Sätze erschlossen werden (z. B. *Er blieb daheim, er war völlig erschöpft.* (vgl. Boettcher 2009c, S. 78 f.)).

Die Auswahl zwischen derartigen Varianten wird von mehreren Parametern bestimmt. Hierzu gehört etwa der Aspekt, wie gut sich diese Darstellungsmöglichkeiten in den umgebenden Text einpassen lassen. Bei komplexeren Gesamtsätzen können Fragen der Textsortenzugehörigkeit und der besseren Verständlichkeit eine Rolle spielen.

3.2.3 Lexik und Wortbildung

Der Wortschatz gilt als relativ offenes sprachliches Teilsystem und ist mit seinen unzähligen lexikalischen Elementen und der Möglichkeit zur Bildung und Entlehnung neuer Wörter am ergiebigsten für die stilistische Variation. Lexikalische Elemente können am unmittelbarsten die stilistische Prägung eines Textes beeinflussen. Im Vergleich dazu sind die Variationsmöglichkeiten in den Bereichen Morphologie und Syntax, d. h. die potentiellen grammatischen Stilelemente, weniger vielfältig und wahrnehmbar.

Die verschiedenen stilistischen Variationsmöglichkeiten im Bereich des Wortschatzes ergeben sich vor allem dadurch, dass zwischen einer Benennungseinheit und dem benannten Gegenstand „keine Eins-zu-Eins-Beziehung" besteht, sondern auf denselben außersprachlichen Sachverhalt in unterschiedlicher Weise Bezug genommen werden kann. Das Benennungssystem ermöglicht beispielsweise die Auswahl zwischen Synonymen, d. h. Wörtern, die denselben begrifflichen Kern enthalten und in der gleichen syntaktischen Umgebung vorkommen können. Synonym sind z. B. *Ehemann*, *Gemahl* und *Gatte*, deren Bedeutungskern sich aus den Semen ‚Mensch', ‚männlich', ‚verheiratet' usw. aufbaut.

In der Regel ist jedoch nicht von einer totalen, sondern nur von einer partiellen Synonymie auszugehen, weil sekundäre Bedeutungsmerkmale (z. B. *Hund – Köter* ‚struppiger, ungepflegter Hund') und / oder stilistische Merkmale den begrifflichen Kern abwandeln können (z. B. *Gefängnis – Knast – Justizvollzugsanstalt*). Dadurch ist ein Austausch solcher Lexeme nur in bestimmten Kontexten möglich.

Wortfelder

Eine Möglichkeit, den Wortschatz zu gliedern, stellt die Unterteilung in lexikalisch-semantische Subsysteme, sog. „Synonymgruppen" oder „Wortfelder" dar. Diese werden von Wörtern gebildet, die auf paradigmatischer Ebene bedeutungsverwandt sind. Sie haben Bedeutungselemente gemeinsam, unterscheiden sich aber eben auch durch spezielle Seme (evtl. Oppositionsseme) und / oder stilistische Merkmale.

Synonymgruppen oder Wortfelder umfassen alle Wörter, die einen bestimmten begrifflichen oder sachlichen Bereich abdecken, wobei sich Lexeme mit untergeordneten Semen vom jeweiligen Archilexem abheben.

Unter Archilexemen werden lexikalische Einheiten verstanden, die im Zentrum eines Wortfeldes stehen, eine umfangreiche Distribution aufweisen und im Vergleich zu anderen Einheiten des Wortfeldes häufiger vorkommen.

In Zusammenhang mit der größeren Häufigkeit und Distribution von Archilexemen ist ihre Tendenz zu stilistischer Merkmallosigkeit zu sehen, während Wörter an den Rändern eines Feldes in der Regel markiert sind (vgl. Abb. 11). Resultiert diese Markierung aus spezifizierenden Bedeutungen, geht damit meistens eine stärkere Anschaulichkeit einher. Lexeme wie *hinken*, *latschen* oder *schlurfen* fallen gegenüber Archilexemen wie *gehen* oder *laufen* stärker auf, wodurch Gegenstände, Vorgänge und Erscheinungen der wahrgenommenen Realität lebendig und plastisch im Bewusstsein reproduziert werden. Deshalb können periphere Elemente eines Wortfeldes eine textstrukturierende Wirkung haben und zugleich ein höheres stilistisches Potential als Archilexeme. Ihre stilistischen Merkmale implizieren darüber hinaus oft emotionale Bewertungen in Form von Konnotationen, durch die die Einstellung des Textproduzenten zu dem benannten Objekt und dem Kommunikationspartner ausgedrückt werden kann (z. B. *reden* oder *schwatzen*, *Schrift* oder *Klaue*).

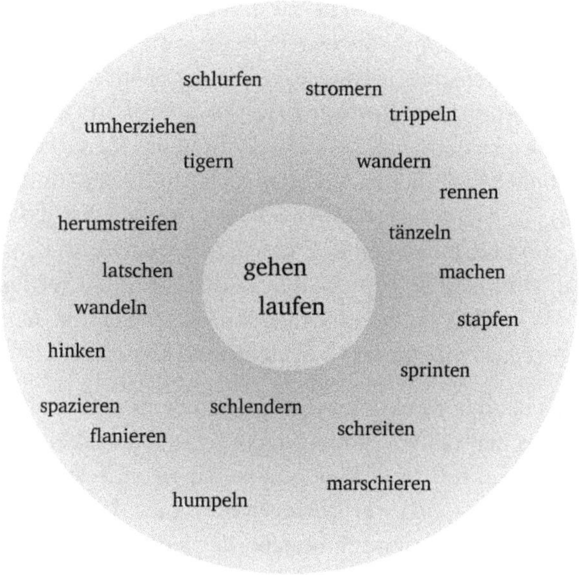

Abb. 11: Wortfeld ‚gehen / laufen'

Schichtung des Wortschatzes

Der Wortschatz ist ein offenes und dynamisches System, dessen Aufbau die historisch-soziale Determiniertheit einer Gesellschaft widerspiegelt. Dies drückt sich darin aus, dass im Lexikon einer Sprache Wörter unterschiedlichen Alters, unterschiedlicher Herkunft, unterschiedlicher territorialer Gebundenheit und unterschiedlicher sozialer Geltung enthalten sind. Die Zugehörigkeit eines Lexems zu einer solchen Wortschatzschicht oder Wortschatzebene ist für die Kommunikationsteilnehmer eine zusätzliche Information, die die Verwendung und Auswahl eines Wortes entscheidend mitbestimmt.

Bei einem Teil des Wortschatzes liegt – zumindest virtuelle – stilistische Neutralität vor. In Anlehnung an Eroms (2008, S. 60 f.) können zwei Faktoren unterschieden werden, die zu stilistischer Neutralität führen:

1. **Systemzwang**
2. **Systemneutralisierung**

Systemzwang besteht bei einem einelementigen Paradigma, in dem es keine Varianten gibt, also überhaupt nur ein Ausdruck zur Verfügung steht. Dies ist oft im Bereich der Funktionswörter der Fall, betrifft aber auch Bereiche des Grundwortschatzes. So hat beispielsweise die Konjunktion *und*[87] ebenso wie das Substantiv *Schwester* kein Äquivalent, beide Wörter sind damit stilistisch neutral.

Ebenfalls als neutral zu bewerten sind Adverbien wie *demnach*, *somit*, *damit* oder *deshalb*. Solche Adverbien haben jedoch zahlreiche, zumindest partielle Synonyme (vgl. Kap. 2.1.2). Dazu zählt bei den Adverbien mit konzessiver Bedeutung neben dem häufig gebrauchten und neutralen Wort *trotzdem* beispielsweise *dessen ungeachtet*. Die Form *dessen ungeachtet* gehört jedoch einem gehobenen Register bzw. der überneutralen Stilebene an, weshalb *dessen ungeachtet* neben seiner denotativen Bedeutung das Signal geben kann, dass es sich hier um einen gehobenen / feierlichen Stil oder auch um Rechts- und Verwaltungssprache handelt. Somit kann *dessen ungeachtet* einen Stilwert abgeben. Wird *dessen ungeachtet* hingegen in anderen Funktionsbereichen der Sprache verwendet, so kann daraus ein starkes Abweichungssignal, ein Stileffekt, resultieren. In diesem Sinne verfügt *dessen ungeachtet* über ein höheres stilistisches Potential, es ist markierter als *trotzdem*, d.h., *trotzdem* ist gegenüber *dessen ungeachtet* neutraler (= **Systemneutralisierung**).

Noch schwieriger als bei den Funktionswörtern, den Synsemantika, gestaltet sich die Definition dessen, was als neutral bzw. unmarkiert angesehen werden kann, bei Autosemantika, also bei den Wörtern mit einer kontextunabhängigen, selbstständigen lexikalischen Bedeutung. Im Falle von Lexemen wie *Schwester*, bei denen das Paradigma keine Varianten bereitstellt und somit ein Systemzwang besteht, der lediglich durch eine Form der Paraphrase durchbrochen werden kann, scheint die Bewertung klar: Die Formulierung *meine Schwester* wirkt gegenüber einer möglichen Paraphrase wie *die andere Tochter meiner Eltern* in allen Kontexten neutraler und unmarkierter. Diese Neutralität ist für alle Wortlexeme des Allgemeinwortschatzes[88] anzunehmen, deren Paradigma einelementig ist und die nur durch eine Paraphrase ersetzt werden können.

Geht es nun aber bei den Autosemantika um Lexeme, die in systemgegebenen Beziehungen, insbesondere in Beziehungen der (partiellen) Synonymie, zu anderen lexikalischen Einheiten stehen, gestaltet sich die Bewertung von Neutralität oder Markiertheit deutlich schwieriger. Wie oben bereits ausgeführt, haben Archilexeme im Vergleich zu peripheren Gliedern von Wortfeldern oder Synonymgruppen ein deutlich geringeres stilistisches Po-

87 Die Konjunktion *und* ermöglicht jede Form einer neutralen Anreihung, während etwa *sowie* für die Gliederung komplizierter Reihungen und Anreihungen eines Nachtrags im Sinne von ‚auch noch' geeignet ist.

88 Der Allgemeinwortschatz bildet einen zentralen Bestandteil des Wortschatzes. Bei der Mehrheit der Kommunikationsteilnehmer gehört er zum aktiven Wortschatz.

tential und sind dadurch – gemessen an den potentiellen kommunikativen Verwendungssituationen – prinzipiell weniger geeignet, um Stilwerte oder sogar Stileffekte zu erzeugen.

So nimmt im Wortfeld ‚Geld', in dem sich auch Wörter wie *Zahlungsmittel, Kohle, Moneten, Kies* oder *Mäuse* befinden, natürlich der Ausdruck *Geld* die zentrale Position ein und wirkt den anderen gegenüber weniger markiert, weil er in allen Kommunikationsbereichen vorkommen kann, ohne einen besonderen stilistischen Effekt zu erzeugen. Hingegen signalisiert etwa das Wort *Zahlungsmittel* das fachliche bzw. berufliche Umgehen mit Geld und besitzt somit einen **Stilwert.**[89]

Einen Stilwert erzeugen sprachliche Elemente, die in mindestens einem Kommunikationsbereich typischerweise nicht vorkommen. Als stilistisch neutral sind demgegenüber Lexeme zu bezeichnen, die in allen Kommunikationsbereichen uneingeschränkt vorkommen können.

Stilwerte resultieren aus unauffälligen Verwendungen sprachlicher Elemente in bestimmten Kommunikationsbereichen, die im Zusammenwirken mit anderen sprachlichen und situationellen Parametern erfasst werden können. Beispielsweise besteht der konkrete Stilwert von *Zahlungsmittel* ebenfalls wie der von *Nennwert* im folgenden Satz darin, die Fachsprache der Wirtschaft anzuzeigen:

Sie werden ein Jahr lang weiter gültiges Zahlungsmittel bleiben, allerdings zum Millionstel ihres bisherigen Nennwerts.

Ausdrucksweisen, die normalerweise nicht in allen Kommunikationsbereichen vorkommen, geben genau in dem Kommunikationsbereich, für den sie typisch sind bzw. in dem sie am häufigsten Verwendung finden, einen Stilwert ab. Dieser Stilwert kann unter bestimmten sprachlichen Voraussetzungen in Abhängigkeit vom Kontext auch in andere Kommunikationsbereiche übertragen werden. So können etwa Termini aus den Bereichen Chemie oder Medizin, die in Werbetexten der Kosmetikbranche eingesetzt werden, unter Umständen ihren Stilwert beibehalten und so Fachlichkeit bzw. Wissenschaftlichkeit signalisieren. Werden solche Ausdrücke jedoch in einem Kommunikationsbereich verwendet, zu dessen sprachlichen und situationellen Gegebenheiten sie nicht passen, entstehen **Stileffekte**. So gehören beispielsweise die mit dem Ausdruck *Kohle* verbundenen Stilwerte zum Bereich der Alltagsrede/Jugendsprache. Wird dieses Wort *Kohle* in offizielleren, stärker normierten Kommunikationssituationen verwendet, resultiert daraus ein auffälliger Effekt.

Stileffekte entstehen also durch Stilelemente, die vom Gesamtstil eines Textes abweichen, sie können positiv verstanden bzw. interpretiert werden und dadurch der Aussage besondere Bedeutung und Wirkung verleihen.

89 Die Unterscheidung zwischen den Begriffen ‚Stil-Neutralität', ‚Stilwerten' und ‚Stileffekten' geht zurück auf Eroms (2008).

Stileffekte entstehen, wenn sprachliche Elemente in einem Kommunikationsbereich verwendet werden, in dem sie nicht beheimatet sind und dadurch auffällig wirken.

Das bedeutet, vor dem Hintergrund stilistischer Neutralität weisen sprachliche Mittel, die Stilwerte erzeugen, eine Markierung auf. Ebenso heben sich innerhalb eines bestimmten Kommunikationsbereichs Elemente, die Stileffekte erzeugen gegenüber denjenigen, die stilistisch neutral oder für den Kommunikationsbereich charakteristisch sind, als markiert ab (vgl. Abb. 12).

Beispiel:

Stil-Neutralität (alle Kommunikationsbereiche) ↔ **Stilwert (Fachsprache)**

> *Wie sämtliche **Erträge** aus **Kapitalanlagen** werden dann auch die bei der **Veräußerung** von **Fondsanteilen realisierten Kursgewinne** mit der **pauschalen Abgeltungssteuer** von 25 Prozent plus Solidaritätsbeitrag und Kirchensteuer **belastet** – wenn die **Papiere** nach dem Jahreswechsel erworben wurden.*

Stilwert (Fachsprache) ↔ **Stileffekt (Umgangssprache, Alltagsrede)**

> *Für alle zuvor ins Depot aufgenommenen Anlagen gilt weiter die derzeitige Regelung: Bei Beachtung der zwölfmonatigen Spekulationsfrist **streicht** der Anleger Kursgewinne steuerfrei **ein**.* (Mehrwert 2/2007)

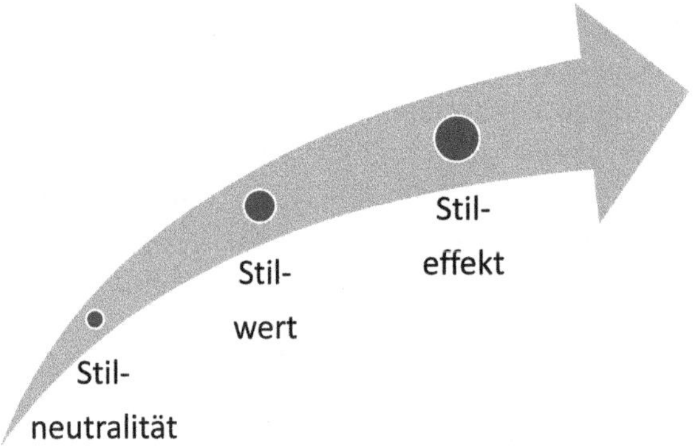

Abb. 12: Zunahme von Markiertheit

Zu stilistischer Neutralität tendieren die Lexeme im Kernbereich des Wortschatzes, die eher unauffälligen Einheiten bzw. Elemente mit geringem stilistischem Potential, die besonders häufig vorkommen. In Bezug auf das Wortfeld ‚Geld' wären das neben *Geld* z. B. auch Lexeme wie *Bargeld* oder *Kleingeld*, die die im Zweitglied genannte Grundbedeutung modifizieren. Dass es sich bei diesen Lexemen im Kernbereich des Wortschatzes aber auch um eine größere Anzahl nicht morphologisch verwandter Wörter mit spezifischen Einzelbedeutungen handeln kann, zeigt folgender Ausschnitt aus dem Wortfeld ‚sterben':

Sterben

Bereich	Lexem
(I) äußerlich verursacht	*umkommen*
(I a)	
durch Krieg	*fallen*
durch Verletzung	*erliegen*
(I b) durch Mangel an	
1. Nahrung	*verhungern*
2. Flüssigkeit	*verdursten*
3. Luft	*ersticken*
4. Wärme	*erfrieren*
(I c) durch Einwirkung von	
1. Feuer	*verbrennen*
2. Wasser	*ertrinken*

Neben solchen Lexemen im Kernbereich des Wortschatzes existieren Gruppen lexikalischer Einheiten, die als periphere Abweichungen von einem Zentrum anzusehen sind. In der kommunikativen Praxis bestehen für solche Einheiten konventionelle Gebrauchsrestriktionen, sie sind nur mit Einschränkungen verwendbar, was ihnen zusätzliches Wirkungspotential verleiht, das stilistisch nutzbar gemacht werden kann. So sind sie einerseits in der Lage, bestimmte Stilwerte abzugeben, andererseits können sie, wenn sie entgegen den mit ihnen verbundenen Gebrauchsrestriktionen verwendet werden, bestimmte Stileffekte erzeugen (vgl. Abb. 24, Kap. 5.3). Die Gruppen lexikalischer Einheiten, die vom Kernwortschatz abweichen und demgegenüber ein höheres stilistisches Potential verfügen, werden im Folgenden nach der Art ihrer Markierung bzw. Einschränkung in chronologischer Hinsicht, nach regionaler und / oder sozialer Begrenzung, nach ihrer fachlichen Beschränkung bzw. hinsichtlich ihrer Bevorzugung in bestimmten Kommunikationsbereichen sowie nach ihrer Attitüde beschrieben.

Markierungen unter diachronischer Perspektive

Neologismen und Okkasionalismen

Dass der Wortschatz ein dynamisches System ist, zeigt sich am offensichtlichsten an sog. Wortneubildungen, den Neologismen und Okkasionalismen. Im Unterschied zu den Okkasionalismen sind **Neologismen** in den Wortschatz bereits eingedrungen, sie sind zu einem mehr oder weniger geringen Grad lexikalisiert und in dieser Hinsicht auch usualisiert. Solche neueren Lexeme sind aktuell z. B. *Feinstaub, Fluggastdaten, simsen, Börsenzwerg* sowie zahlreiche andere neue Wörter, die häufig durch die Medien verbreitet und in jeweils jüngster Zeit lexikalisiert wurden. Durch Neologismen wird der Bedarf an Neubenennungen in einer Kommunikationsgemeinschaft gedeckt. In lexikographischer Hinsicht werden sie dann nicht mehr als Neologismen betrachtet, wenn sie im Allgemeinwortschatz etabliert und in die Standardwörterbücher aufgenommen worden sind.

Okkasionalismen[90] entstehen aus einem momentanen Benennungsbedarf und meist in starker Kontextabhängigkeit, z. B.:

> *Wer heute ins Freie geht, fühlt sich wie in die Pfanne gegossen, kann sonnengelb und kröselig werden. Um der* **Omelettisierung** *zu entgehen, benötigt man heute vor allem viel Wasser.*
> (Welt am Sonntag 28. 07. 2013)

Okkasionelle Bildungen gehören nicht zum Lexikon einer Sprache, können aber unter bestimmten Bedingungen verbreitet werden und allmählich in den Wortschatz eingehen. Gemessen an ihrem Gesamtaufkommen kommt dies relativ selten vor. Okkasionalismen entstehen vorwiegend durch Wortbildung und werden oft als diejenigen Wortneubildungen bestimmt, die nur einmal, für eine bestimmte Gelegenheit neu gebildet werden. Als typisches Merkmal von Okkasionalismen gilt demzufolge ihre ‚Neuheit' oder ‚Einmaligkeit'.

Im konkreten Einzelfall ist die ‚Neuheit' bzw. ‚Einmaligkeit' eines Wortes bisweilen schwer nachweisbar, was u. a. daran liegt, dass die tatsächliche Neuheit und der Neuheitseffekt nicht immer zusammenfallen und die Identifizierung neuer Wörter auch kompetenzabhängig ist. Die zunehmende Verfügbarkeit großer Korpora und moderner Verfahren der Korpuslinguistik eröffnen hier in Zukunft neue empirische Zugangsformen zur Lösung dieses Problems (beispielsweise durch Auskämmen von ‚hapax legomena' (Einmalvorkommen in einem Korpus) in diesen Korpora).

> *Reisefreudige Freunde der Abkühlung müssen ins gelobte Land der schlechten Witterung, nach England. Dort werden derzeit interessante Regenstürme bereitgehalten, auch Wolken und Wind.* ***Miesepeter-Wetter*** *ist bekanntlich dann* ***Wohlfühlwetter****, wenn das Wohlfühlwetter die Grenzen des Schicklichen überschreitet. Der Mensch fühlt eben so.* (Welt am Sonntag, 28. 07. 2013)

In stilistischer Hinsicht sind **Neuheitseffekte** von größerer Bedeutung als die tatsächliche Neuheit oder Einmaligkeit eines Wortes. Und obwohl solche Neuheitseffekte insofern variieren, als sie von verschiedenen Rezipienten eines objektiv neuen Wortes unterschiedlich stark empfunden werden, besteht ein grundsätzlicher Zusammenhang zwischen vorhandenem Sach- und Sprachwissen und dem Neuheitseffekt eines neuen Wortes. Das heißt: Je mehr Bekanntes ein neues Wort enthält, desto geringer ist sein Neuheitseffekt. Umgekehrt ist er umso stärker, je mehr eine Wortneubildung in Widerspruch zum Wissen des Rezipienten steht.

---

90 Okkasionalismen werden auch als ‚Gelegenheitsbildungen', ‚Ad-hoc-Bildungen', ‚Augenblicksbildungen' oder ‚Einmalbildungen' bezeichnet.

Als sprachliche Faktoren, die diesen Widerspruch ausgleichen können, indem sie eine Wortneubildung in vorhandene Wissenszusammenhänge einordnen, können in Anlehnung an Barz (1998, S. 14 f.) folgende genannt werden:

1. die Regelmäßigkeit der Bildung und die Bekanntheit der motivierenden lexikalischen Einheiten,
2. die Selbstdeutigkeit des neuen Wortes in Bezug auf Wortwissen, Wortschatzstrukturwissen und Textwissen, also die kontextfreie Verständlichkeit, und
3. die allmählich einsetzende Lexikalisierung.

Das heißt, regelmäßige Wortneubildungen wirken in der Regel weniger neu als unregelmäßige und werden oft nicht als neu empfunden. Dabei werden unter ‚regelmäßig gebildeten Wörtern' diejenigen Wortneubildungen verstanden, die nach gängigen Wortbildungsmustern bzw. in Analogie zu einem bereits vorhandenen und produktiven Wortbildungstyp gebildet sind. Wenn also ein neues Wort an eine Reihe gleichstrukturierter lexikalisierter Wörter (an ein Wortbildungsparadigma) angeschlossen werden kann, so wird sein Neuheitseffekt durch die Anlehnung an das Paradigma abgebaut (z. B. *Februarwetter* zu *Herbstwetter, Winterwetter, Novemberwetter*).

Bei den Wortneubildungen des Deutschen ist der Bereich der substantivischen Komposition der deutlich produktivste. Eine substantivische Kompositionsreihe wird dann als Paradigma angesehen, wenn sie aus Komposita mit einer identischen und einer variablen Konstituente besteht, die die gleiche Wortbildungsbedeutung[91] aufweisen. Zudem darf die Stelle der variablen Konstituente nur von solchen Wörtern besetzt werden, die durch paradigmatische semantische Beziehungen miteinander verbunden sind (z. B. Kohyponyme wie *Marille(n)-*, *Apfel*, *Kirsch(e)* in Komposita mit dem Zweitglied *-baum*).

In Bezug auf das Verhältnis von Neuheitseffekt und Verständlichkeit ist von Bedeutung, dass Wortneubildungen, die als Ganzes oder teilweise unverständlich sind, weil sie beispielsweise fachsprachliche Bestandteile enthalten, prinzipiell einen Neuheitseffekt auslösen (z. B. *Lordosenunterstützung*).

Darüber hinaus ist bei Komposita zwischen solchen zu unterscheiden, die selbstständig bzw. kontextfrei verständlich sind und denen, die als isoliertes Wort nicht eindeutig interpretierbar sind, sondern nur mithilfe des Kontextes verstanden werden können (z. B. *Fischfrau*: ‚Frau, die Fische verkauft', ‚Meerjungfrau', ‚Frau des Fisches' usw.). Selbstdeutig, also kontextfrei verständlich, sind Komposita dann, wenn sie motiviert sind, d. h. sich ihre Gesamtbedeutung aus der Summe der Bedeutungen ihrer einzelnen Glieder ableiten lässt (z. B. *Schreibtischplatte*).

Regelmäßig gebildete Komposita sind aufgrund ihres Paradigmenbezuges weitgehend selbstdeutig. Und auch bei der Interpretation singulärer, nicht an ein Paradigma anschlie-

91 Unter dem Begriff ‚Wortbildungsbedeutung' wird die verallgemeinerbare semantische Beziehung zwischen den zwei Hauptbestandteilen eines komplexen Wortes verstanden. Beispielsweise ist im Falle von verbalen Erstgliedern in substantivischen Komposita die Wortbildungsbedeutung ‚Instrumental' (‚B ist Mittel für A') relativ stark ausgebaut: z. B. *Waschmaschine* – ‚Maschine, mit der man wäscht'.

ßender Komposita müssen Rezipienten nicht immer auf Textinformationen angewiesen sein, sondern sie können auch aus sich selbst heraus verstanden werden (z. B. *Vitalcocktail*).

In den meisten Fällen wird jedoch für die Verständlichkeit singulärer Bildungen ein bestimmtes Textwissen benötigt. Dann besteht zwischen dem Grad der semantischen Bindung neuer Komposita an den Text und deren Neuheitseffekt ein unmittelbarer Zusammenhang. Das bedeutet, je stärker die Textbindung eines neu gebildeten Kompositums ist, desto höher ist sein Neuheitseffekt.

Vergleichsweise unkompliziert ist das Verhältnis von Neuheitseffekt und Lexikalisierungsgrad, weil die einsetzende Lexikalisierung eines Wortes unwillkürlich zum Abbau seines Status als Wortneubildung und somit auch zur Verringerung des Neuheitseffektes beiträgt. Schwierigkeiten ergeben sich eher bei der Frage, wie die Lexikalisiertheit oder ebenso die Einmaligkeit bzw. Neuheit einer Bildung in jedem konkreten Einzelfall festgestellt und nachgewiesen werden kann.[92]

Innerhalb der Gruppe der Wortneubildungen verfügen in der Regel diejenigen Wörter, die einen größeren Neuheitseffekt auslösen, über ein höheres stilistisches Potential, als Bildungen mit geringerem Neuheitseffekt.

Wortneubildungen, die einen geringeren Neuheitseffekt erzeugen, sind in Bezug auf ihre stilistische Wirkung unauffälliger. Sie basieren in funktionaler Hinsicht oft auf dem Wunsch nach **Informationskonzentration.** Das heißt, sie werden aus sprachökonomischen Gründen gebildet, denn sie sind kürzer als alternative syntaktische Konstruktionen (z. B. *Fahrzeugbediensystem* ‚System, das die Bedienung der einzelnen Fahrzeugelemente umfasst'). Sie können auch mit dem Ziel einer syntaktischen Umkategorisierung gebildet werden, da eine semantische Repräsentation durch einen Wortartwechsel in verschiedenen syntaktischen Strukturen verwendet werden kann und so der Ausdrucksvariation dient. Die Bildung von Wörtern mit geringem Neuheitseffekt kann auch eine Textfunktion haben, indem diese Rückgriffe auf bekannte Informationen (z. B. *Kita-Ersatzleistung*) bzw. Vorgriffe auf noch nicht bekannte Informationen ermöglichen (z. B. *Magermodels*), wodurch die Aufmerksamkeit der Rezipienten gesteuert werden kann:

> ***Gut, dass es weg ist***
> […]
> *In der Familienpolitik war es einige Jahre lang das zentrale Streitthema: das Betreuungsgeld. Die CSU und mit ihr die damalige Familienministerin Kristina Schröder (CDU) setzten sich vehement für die Einführung der Kita-Ersatzleistung ein …* (Süddeutsche Zeitung online, 21. 07. 2015)

> ***Frankreich: Verbot der Magermodels geplant***
> *Die Pariser Regierung will allzu dünne Mannequins (Magermodels) verbannen. Ein Zusatzartikel zu einem Gesundheitsgesetz, über das diese Woche in der Nationalversammlung beraten wird, verbietet*

92 Das gilt selbst im Zusammenhang mit der Verwendung von Suchmaschinen (z. B. Google), da diese u. a. den informellen und mündlichen Sprachbereich nur gering (wenn überhaupt) abdecken.

es Modelagenturen, Models einzusetzen, die einen bestimmten Body-Maß-Index unterschreiten; bei Verstößen drohen sechs Monate Haft uJ41 und 75 000 Euro Strafe … (Die Presse, 18. 03. 2015)

Die Auffälligkeit neuer Wörter und ihr damit verbundenes hohes stilistisches Potential resultiert oft aus der Verwendung spezieller Techniken, wie beispielsweise der **Verfremdung** (vgl. Krieg 2005, S. 91 ff.). Hier wird durch das bewusste Einsetzen von spielerischen, ironischen oder expressiven Elementen von gängigen Wortbildungsmustern abgewichen.

Dadurch werden zwar einerseits sprachliche Regeln und Normen verletzt, andererseits entspricht das sprachliche Abweichen der stilistischen Erwartungsnorm an bestimmte Textsorten. So ist etwa bei zahlreichen journalistischen Textsorten oder Textsorten der Unternehmenskommunikation ein kreativer Umgang mit Sprache üblich und damit erwartbar.

Abweichungen von usuellen Wortbildungsmustern können dabei durch zahlreiche Faktoren bedingt sein: Dazu gehören graphische Besonderheiten wie Großbuchstaben innerhalb eines Wortes (z. B. *BauSparen, HUKgünstig*), die Bindestrichschreibung nach Fugenelementen (z. B. *Einrichtungs-Assistent*) oder die Getrenntschreibung einzelner Bestandteile (z. B. *Wireless-N Technologie*). Morphologische Abweichungen ergeben sich beispielsweise durch das Hinzufügen oder Weglassen einzelner Wortteile oder Buchstaben. Bei anderen Bildungen kann das gesamte morphologische Muster auffällig sein (vgl. Satzkomposita wie z. B. *Esgrüntsowellnessgrün*). Lexikalisch-semantische Faktoren betreffen etwa die unübliche Verknüpfung von Wortbestandteilen (z. B. *Neid-Rider, Hundewickeltische*).

Im Vergleich zu usuellen und als ‚gebräuchlich' und ‚normgerecht' eingestuften Wörtern können solche Bildungen, bei denen von gängigen Wortbildungsmustern abgewichen wird oder vorhandenes Wortmaterial verfremdet wird, zur kognitiven Aktivierung und Wahrnehmungssteuerung des Hörers / Lesers eingesetzt werden. Sie erregen Aufmerksamkeit, weil sie bei den Rezipienten gedankliche Widersprüche und Konflikte auslösen, ihn überraschen. Die wichtigsten Voraussetzungen sind dabei, dass die Textrezipienten die Abweichungen und Verstöße gegen die Sprachnorm erstens als vom Textproduzenten intendiert erkennen und nicht als ‚Fehler' bewerten sowie zweitens die Intention und die durch die Abweichung gegebene zusätzliche Bedeutung nachvollziehen können (z. B. *Happy* ***Börsday!*** oder ***High Leitz*** *im Büro*). Beides hängt in hohem Maße auch von den Einstellungen des Rezipienten, seinem Sprach- und Weltwissen und seiner Sprachkompetenz ab. Gelingt es den Textrezipienten die semantischen Beziehungen innerhalb von verfremdeten Bildungen zu erfassen bzw. die Mehrdeutigkeiten zu bemerken, kann aus einem Verfremdungseffekt Humor evoziert werden, der dem Rezipienten intellektuelles Vergnügen bereitet, indem er Spannungs- und Aktivierungszustände erzeugt, deren Reduktion (als eigene kognitive Leistung) erleichternd und befriedigend wirkt. In Bezug auf die Stilwirkung wird die Aussage als ‚witzig' oder ‚amüsant' bewertet, der Textproduzent unter Umständen als ‚wortgewandt', ‚einfallsreich' oder ‚unkonventionell' eingestuft (vgl. Krieg 2005, S. 91 ff.).

Eine andere Form von stilistischer Wirkung erzielen Wortneubildungen, die von typischen Wortbildungsmustern des Allgemeinwortschatzes abweichen, indem sie **Merkmale von Fachwortschätzen** aufweisen. Als fachsprachliches Merkmal gilt etwa das Auftreten von Mehrwortlexemen, beispielsweise mehrgliedrigen Komposita wie *Mikro-RNA-Analytik*,

Kadmiumionenkanal oder *Aceton-Butanol-Fermentation*. Fachsprachen verfügen gewöhnlich über ein Inventar eigener Wortbildungselemente. Das sind in der Fachsprache der Chemie typische Endungen wie z. B. *-ol*, *-in* oder *-an*, darüber hinaus treten zahlreiche Zusammensetzungen mit Einzelbuchstaben, Buchstabenverbindungen, Zahlen, Formeln oder Symbolen wie z. B. *A-Faktor, OH-Gruppe, 3-Stellung* auf. Entspricht oder ähnelt eine Wortneubildung einem derartigen fachsprachlichen Muster oder enthält sie Bestandteile fachsprachlicher Termini, führt dies wiederum zu einem besonderen stilistischen Potential. Dies gilt auch für Wortneubildungen, die Lexeme wie *Formel, System* oder *Komplex* integrieren (z. B. *Schleudertrauma-Schutzsystem, Zement-Ceramid Komplex*). Sie sind ebenfalls prinzipiell dazu geeignet, einem Text eine fachsprachliche bzw. wissenschaftliche Wirkung zu verleihen (zur Unterscheidung von Termini, Halbtermini und Pseudofachwörtern s. u. „Fachsprachliche Elemente").

Archaismen

Mit dem Begriff ‚Archaismus' werden veraltete Lexeme bezeichnet, die ungebräuchlich geworden sind, weil sie durch andere Benennungen ersetzt worden sind. Von dieser Form lexikalischer Relikte sind sog. **‚Historismen'** zu unterscheiden, die Bezeichnungen für ein nicht mehr existierendes Denotat darstellen. Historismen sind nicht in jedem Fall besonders alte Wortformen, wie das in der Lehrliteratur häufig zitierte Beispiel *Hellebarde* in der Bedeutung ‚mittelalterliche Stoßwaffe'. Auch unter diachronischer Betrachtung relativ junge Wortbildungen wie z. B. *Kassettenrekorder* oder *Schallplattenspieler* können sich zu Historismen entwickeln.[93] **Archaismen** sind dagegen Bezeichnungen für ein noch bestehendes Denotat, das jedoch in der Gegenwartssprache überwiegend anders benannt wird. Innerhalb eines Wortfeldes stellt ein Archaismus deshalb nicht mehr das neutrale Wort dar, sondern verfügt über ein (mitunter sehr großes) stilistisches Potential.

Bei der Archaisierung von Lexemen handelt es sich um einen relativ langen, in mehreren Stufen verlaufenden Prozess, zu dem auch veraltete Wortformen gezählt werden. Dazu gehören beispielsweise die einst allgemein gebräuchlichen Bezeichnungen *Automobil* und *Omnibus*, die wie viele andere im gegenwärtigen Sprachgebrauch von ökonomischeren Kurzformen (*Auto, Bus*) verdrängt worden sind.

Beispiele wie *Automobil* machen deutlich, dass sich aus der diachronischen Markierung als Archaismus nicht zwangsläufig eine „altertümliche" Stilwirkung ergibt, z. B.:

---

93 Bei der stilistischen Beschreibung der Lexik kommt es zu Überschneidungen, wenn Wörter mehrfach markiert sind. So stellt der Ausdruck *Abwrackprämie* zugleich eine Wortneubildung als auch einen Historismus dar.

Nirgends ist ein Mercedes-Benz so überzeugend wie auf der Straße. Denn erst dort erleben Sie das souveräne Fahrgefühl, das diesen **Automobilen** *ihre unnachahmliche Klasse verleiht.* (Mercedes CLS-Klasse, Druckschrift vom 04.09.2009, Daimler AG, Stuttgart)

Egal, ob Eis, Regen oder Laub, Ihr **Automobil** *hat immer optimalen Vortrieb, maximale Bodenhaftung und Dynamik. Die Straße mag sich ändern. Die Freude am Fahren bleibt.* (Aus Auto-Show Engadin, Engadiner Post vom 04.10.2012)

Mit Archaismen wie *Automobil* geht vielfach eine diastratische Markierung einher. Sie können der gehobenen Stilebene zugeordnet werden, die der positiven Bewertung eines Gegenstandes und / oder des Textproduzenten dienen kann. An den beiden Textbeispielen ist zu erkennen, dass sich diese positive Wertung vielfach aus der kontextuellen Einbettung bzw. dem Zusammenspiel mit anderen Lexemen – hier vor allen sog. Hochwertwörtern (s. u.) wie *souverän, Klasse, Dynamik* und *Freude* – ergibt.

Das stilistische Potential von Archaismen kann außerdem für die Erzeugung zahlreicher Effekte wie Ironie oder Feierlichkeit nutzbar gemacht werden.

Markierungen aufgrund kultureller und / oder systematischer sozialer Begrenzung

Fremdwörter

Der Terminus ‚Fremdwort' bezieht sich im Allgemeinen auf sprachliche Ausdrücke, die aus einer fremden Sprache in die Muttersprache übernommen wurden. Es kann sich dabei auch um lexikalische Einheiten handeln, die auf unterschiedliche Weise aus nicht heimischem Sprachmaterial gebildet wurden.

Fremdwörter weichen häufig in Phonem- und Morphemstruktur, Aussprache und / oder Schreibung, zum Teil auch in der Flexion von der nativen Lexik ab. Deshalb geht die Aufnahme eines fremden Wortes in den heimischen Wortschatz häufig mit der schrittweisen Veränderung seines Formativs, seiner grammatischen Eigenschaften, seiner Aussprache und Schreibweise einher. Das heißt, bei Fremdwörtern besteht eine dauerhafte Tendenz, sie in das heimische Sprachsystem einzupassen. Dies zeigt sich u. a. an der Großschreibung der Substantive (engl. *mail* – dt. *Mail*), der Genuszuweisung bzw. Zuordnung zu einem Flexionstyp (z. B. *der Browser, der Scanner* als Maskulina starker Flexion mit Nullplural), der Eingliederung der Verben in das Konjugationssystem (engl. *to download* – dt. *downgeloadet*) oder in der Wortbildung, die verschiedene Integrationsmöglichkeiten für fremde Elemente bereitstellt. Gerade die Komposition als sehr produktives Wortbildungsverfahren ermöglicht eine verhältnismäßig freie Verbindung von Fremdwörtern und Nicht-Fremdwörtern (z. B. *Low-Budget-Baukultur*), die in den vielen Fällen sowohl mit als auch ohne Bindestrich realisiert werden kann (z. B. *Computerfachabteilung* oder *Computer-Fachabteilung; Cornedbeefbüchse* oder *Corned-Beef-Büchse*).

Gerade bei häufig gebrauchten Fremdwörtern kommt es auch zu Anpassungen an die deutsche Schreibweise. Oft sind dann nicht nur die integrierte bzw. eingedeutschte sondern auch die nicht integrierte Schreibung korrekt (z. B. *Frisör* oder *Friseur; Majonäse* oder *Mayonnaise, scharmant* oder *charmant*). Der bei weitem größte Teil der Fremdwörter ist jedoch nicht vollständig an die deutsche Schreibung angeglichen (z. B. *Computer, Macho, Aerobic, Metapher*).

In stilistischer Hinsicht ist es als erstes wichtig, zwischen solchen Fremdwörtern zu differenzieren, die sich dem graphemischen und morphophonemischen System des Deutschen völlig angepasst haben und nur im Zuge einer etymologisch-historischen Betrachtung als ‚fremd' identifizierbar sind. Dazu gehören Lexeme wie *Sport* oder *Wein*, sog. ‚**Lehnwörter**', die sich aus einer synchronen Perspektive nicht von heimischen Wörtern unterscheiden lassen. Diese Wörter sind in der Regel stilistisch unmarkiert, weil sie Leerstellen bzw. Lücken im lexikalischen System besetzen und den Sprechern durch die Häufigkeit ihres Auftretens vertraut sind. Sprachlicher Stil wurde bereits als ein Phänomen der Wahl charakterisiert, was bedeutet, dass der Fremdwortgebrauch immer dann eine stilistische Entscheidung darstellt, wenn zwischen fremdem und heimischem Wort ausgewählt werden kann. Diese Wahlmöglichkeit ist jedoch im Falle vieler Entlehnungen nicht gegeben.

Gibt es für ein bestimmtes Denotat aber auch ein deutsches Wort, so können Fremdwort und heimisches Äquivalent beispielsweise zur **Ausdrucksvariation** nebeneinander verwendet werden. Dies zeigt das folgende Beispiel:

> *Das **Image** von zwei Hollywood-Stars steht auf dem Spiel – und Cruise hat mehr zu verlieren. „Diese Scheidung wird ohne Zweifel seinem **öffentlichen Ansehen** schaden", sagte die Autorin Dorie Clark, die einen Ratgeber zum Aufbau des eigenen **Images** schrieb.* (OTZ 07. Juli 2012)

Solche Möglichkeiten zur Variation zwischen Fremdwort und heimischem Äquivalent sind in hohem Maße kontextabhängig und prinzipiell dadurch begrenzt, dass in der Regel nicht vollständige, sondern nur partielle Synonymie vorliegt. Als typische Unterschiede können die folgenden genannt werden:

- Fremdwort und deutsches Wort weisen einen gemeinsamen Bedeutungskern auf, unterscheiden sich aber durch sekundäre periphere Seme (z. B. *Verfasser – Autor, Bücherei – Bibliothek*).
- Fremdwort und heimisches Wort gehören verschiedenen Kommunikationsbereichen an (z. B. *Ausflug – Exkursion*) oder haben einen unterschiedlichen Gefühlswert (z. B. *Abteilung – Department, Gemeinschaft – Community*).
- Fremdwort und heimisches Wort differieren in ihrem Bedeutungsumfang (z. B. *Nudeln – Spaghetti*).

Entscheidend für die stilistische Bewertung derartiger Fremdwörter, denen – zumindest partiell synonymisch – ein deutsches Wort entspricht, ist ihre relative Häufigkeit und

Distribution im Sprachgebrauch. Das bedeutet, dass die häufigere und im Hinblick auf die Verwendung in verschiedenen Kommunikationsbereichen weniger eingeschränkte Variante grundsätzlich über ein geringeres stilistisches Potential verfügt und somit unauffälliger ist. Dies trifft auch auf die o. g. Möglichkeiten der Schreibung (‚integriert' vs. ‚nicht integriert') zu.

Gerade die stilistische Charakteristik von Fremdwörtern macht die Entwicklung und den Wandel des Wortschatzes besonders deutlich. So ist an Wörtern wie *Formgestalter* und *Designer* zu erkennen, dass das Fremdwort aufgrund seines häufigen Gebrauchs in unterschiedlichen Kommunikationsbereichen bisweilen das heimische Wort verdrängen und dadurch im Laufe der Zeit zu stilistischer Neutralität tendieren kann. Die Bewertung des stilistischen Potentials, der virtuellen stilistischen Markierung von Fremdwörtern kann deshalb nur vor dem Hintergrund des jeweils aktuell üblichen Sprachgebrauchs erfolgen. Das ist an Texten früherer Sprachstufen gut zu erkennen, z. B.:

> *Im Eintreten blickte Fink besorgt auf seinen Freund, Anton sah verstört aus, aber er schritt mit großer Energie vorwärts. Er machte sich von Fink los und trat zugleich zu Eleonore, mit der er sich zum ersten Tanz bereits* ***engagiert*** *hatte. Das Fräulein sah heut so reizend aus als möglich, sie hatte ihr erstes Ballkleid an, und die großen Augen strahlten vor Lust; ...* (Gustav Freytag „Soll und Haben" 1926, S. 93; [Hervorhebung nicht im Original])

Das Fremdwort *engagieren* (aus frz. *engager* „verpflichten, in Dienst nehmen") wird im Gegenwartsdeutschen vorwiegend in der Bedeutung ‚jemand (z. B. einen Künstler) unter Vertrag nehmen, für eine Aufgabe verpflichten' verwendet, während die o. g. Bedeutung ‚zum Tanz auffordern' durch heimische Formulierungen wie *zum Tanz verabreden* oder *einen Tanz versprechen* ersetzt würde.

In funktionaler bzw. pragmastilistischer Hinsicht sind Fremdwörter vielfältig einsetzbar. So sind sog. ‚umfassende Fremdwörter', also diejenigen mit einem großen Bedeutungsumfang, etwa dazu geeignet, die aktuelle Bedeutung im Text in der Schwebe zu lassen, weil sie Sememe einer ganzen Reihe heimischer Wörter in sich aufnehmen. Das Fremdwort wirkt dann eher vage, indem es vieldeutig ist und verschiedene Nuancen anklingen lässt, während das heimische Wort eine genauere, unter Umständen auch einseitige Festlegung verlangt (z. B. *Wellness* ‚leichte körperliche Betätigungen zur Steigerung des Wohlbefindens' vs. *Schwimmen, Turnen, Saunieren* usw.). Aufgrund dieser undurchsichtigen Benennungsstruktur eignen sich viele Fremdwörter auch als Euphemismen (z. B. *Manager*, ursprünglich ‚leitende Persönlichkeit eines großen Unternehmens mit weitgehender Entscheidungsgewalt').

Die Verwendung von Fremdwörtern kann auch der Nuancierung von Stilebenen dienen. So wirkt etwa *kredenzen* anstelle von *einschenken* gehobener, *produzieren* gegenüber *fertigen* eher neutral und *Visage* im Vergleich zu *Gesicht* abgesenkt.

Die Beispiele zeigen, dass sich Fremdwörter in ihrer stilistischen Wirkung stark unterscheiden können. Ob sie ein besonderes stilistisches Potential entwickeln, hängt davon ab, welche lexikalische Variante, die fremde oder die einheimische, sich durch eine stärkere

Festigung im Sprachbewusstsein und eben mehr Gebräuchlichkeit auszeichnet. Dies ist auch der Grund, weshalb deutsche Entsprechungen für etablierte fremde Wörter (z. B. *elektronische Post* für *E-Mail*, *Klapprechner* für *Laptop*) grundsätzlich auffälliger wirken als das Äquivalent fremder Herkunft. Sie sind in hohem Maße dazu geeignet, Stileffekte zu erzeugen, denn sie stellen für alle Kommunikationsbereiche übergreifend die markierte, weniger gebräuchliche Variante dar.

In Zusammenhang mit der Nuancierung von Stilebenen ist außerdem zu erwähnen, dass sowohl Fremdwörter als auch fremdsprachliche Phraseologismen wie *in dubio pro reo* (‚Im Zweifel für den Angeklagten') oder *etwas ad absurdum* führen (‚die Widersinnigkeit von etwas nachweisen') ein großes stilistisches Potential besitzen, weil sie auf Bildungsinhalte anspielen und damit weit mehr verkörpern als ihre unmittelbare Bedeutung. Sie können sozial integrierend oder auch ausgrenzend wirken und im Sinne der pragmatischen Dimension von Stil (Stil als ein ‚Was', vgl. Kap. 3.1) der Aufwertung von Produzent und / oder Rezipient dienen.

Viele Textsorten können durch den gezielten Einsatz von Fremdwörtern in stilistischer Hinsicht bereichert werden, denn sie erscheinen häufig eleganter oder pointierter (*passioniert* vs. *leidenschaftlich*, *talentiert* vs. *begabt*), gelegentlich passen sie auch akustisch besser zum Wortsinn (z. B. *Attacke* vs. *Angriff*).

Für die stilistische Gestaltung ist zudem von Bedeutung, dass die Verwendung von Fremdwörtern anstelle des heimischen Äquivalents Auswirkungen auf die rhythmische Formung von Texten haben und zur syntaktischen Variation beitragen kann. Variationsmöglichkeiten auf syntaktischer Ebene ergeben sich etwa durch die Verwendung fremdsprachlicher Verben, die aufgrund ihrer Untrennbarkeit zu einem ausgewogenen Gebrauch der Satzklammer beitragen können.

Beim Kommunizieren über tabuisierte, unangenehme oder heikle Themen ist in stilistischer Hinsicht bedeutsam, dass Fremdwörter mitunter eine versachlichende Wirkung haben, die aus der Zugehörigkeit zu einer Fachsprache resultiert (z. B. *Adipositas* vs. *Fettleibigkeit / Fettsucht*). Fremdes Wortgut hat an den terminologischen Systemen der fachsprachlichen Kommunikation einen erheblichen Anteil. Dabei handelt es sich vor allem um sog. ‚Internationalismen', die vielfach auf lateinisches Sprachmaterial zurückgehen und in den meisten europäischen Sprachen mit mehr oder weniger übereinstimmender Bedeutung vorkommen, auch wenn sie einzelsprachlich in Aussprache, Schreibung und Flexion (leicht) variieren.

Momentan werden viele Fachsprachen in hohem Maße durch Anglizismen beeinflusst. In Bezug auf die Stilwirkung geben solche fachsprachlichen Anglizismen ebenso wie andere fachgebundene Fremdwörter jeweils in der Fachsprache, der sie angehören, einen Stilwert ab. Werden sie außerhalb dieser Fachsprache verwendet, können sie Stileffekte erzielen.

An den Anglizismen lässt sich ein weiterer stilistischer Aspekt zeigen, der alle Wortschatzbereiche betrifft, die eine Markierung aufgrund räumlicher und kultureller Begrenzung aufweisen: die Zeichnung eines Lokalkolorits. Dieses bezieht sich im Falle der Anglizismen häufig auf die angloamerikanische Kultur und das Gefühl vom „American way of life", lässt sich durch andere erkennbar fremdsprachige Elemente natürlich beliebig auf andere Kulturräume übertragen (z. B. der Firmenslogan *CRÉATEUR D'AUTOMOBILES* (Renault)) und betrifft auch die regionalen Markierungen innerhalb des deutschen Sprachraumes, z. B.: *Woischd Karle, du sollschd emol e Seitenbacher Müsli esse ...* („Die Stimme für das Müsli" FAZ 19. 02. 2013).

Regionalismen

Unter dem Begriff ‚Regionalismus' werden hier alle lexikalischen Einheiten zusammengefasst, die eine Markierung in Bezug auf die räumlich differenzierten Teilsysteme einer Sprache, die sog. diatopische Dimension von Sprachvariation,[94] aufweisen.

Im Hinblick auf die **diatopische Dimension** lässt sich das deutsche Sprachsystem in drei nationalsprachliche Varietäten, nämlich die der Bundesrepublik Deutschland, Österreichs und der Schweiz gliedern. Innerhalb dieser drei nationalsprachlichen Varietäten erlauben die sprachgeschichtlich bedingten teilsystematischen Unterschiede des Deutschen eine großräumige Unterscheidung zwischen Hochdeutsch und **Niederdeutsch**, wobei dann innerhalb des Hochdeutschen traditionell zwischen **Oberdeutsch** und **Mitteldeutsch** differenziert wird. Ferner ist es üblich, das hochdeutsche und das niederdeutsche Gebiet in übergreifende Dialektverbände zu unterteilen und innerhalb dieser die einzelnen groß- und kleinräumigen Dialektgruppen zu bestimmen.

Dies spiegelt sich beispielsweise im Oberdeutschen in der Abgrenzung der Dialektverbände ‚**Alemannisch**' und ‚**Bairisch**'. Mit dem Begriff ‚Alemannisch' werden die sehr heterogenen Dialektgruppen im Südwesten des deutschen Sprachraumes gefasst, mit ‚Bairisch' der große Dialektbereich im Südosten, der sich weiter in das Nordbairische, das Mittelbairische und das Südbairische gliedern lässt. Obgleich sich zwischen beiden Dialekträumen ein breites Übergangsgebiet erstreckt, gibt es markante Grenzen, d. h. strukturelle Entwicklungsunterschiede, die sich als Isophonen, Isomorphen und Isoglossen[95] abbilden lassen.

Auf der lautlichen Ebene zeigen sich die an diesen Grenzen aneinander stoßenden ålemannisch-bairischen Gegensätze vor allem durch /ā/ : /ō/ für mhd. â, ferner als /ē/ : /ā/ für mhd. ä. Auf der morphologischen Ebene der Sprachbeschreibung werden die Unterschiede zwischen dem Alemannischen und dem Bairischen etwa am verbalen Einheitsplural auf /əd/ sichtbar oder am Formengegensatz des Plurals der zweiten Person des Personalpronomens, z. B.: alem. *(d)ir wißəd* gegenüber bair. *ēs wißtß* für ‚ihr wisst'. Ein Beispiel für Verschiedenheiten im Bereich des Wortschatzes sind die Bezeichnungen *Heid(e)le(in)* (alem.) und *Taubbeere* (bair.) für ‚Heidelbeere' (vgl. u. a. Krieg-Holz 2009).

---

94 Innerhalb des soziolinguistischen Beschreibungsansatzes der Variationslinguistik wird neben räumlichen Sprachvarianten z. B. auch zwischen schichtenspezifischen, situativen und sprachentwicklungsspezifischen Varianten unterschieden.

95 Mit dem Terminus ‚Isophone' werden in der Dialektologie Grenzlinien auf Sprachkarten bezeichnet, die die geographische Ausbreitung bestimmter Lauterscheinungen anzeigen, dementsprechend beziehen sich ‚Isomorphen' auf Grenzen morphologischer Formen / Formvarianten, ‚Isoglossen' auf die des Wortgebrauchs.

Die stilistische Klassifikation dialektaler und regionaler Wort- und Formvarianten ist problematisch, was vor allem an der besonderen Art ihrer Begrenzung und ihrer spezifischen Systembindung liegt. In den grundlegenden Schriften zur Stilthematik nimmt ihre Beschreibung – wenn überhaupt – nur wenig Raum ein. Exemplarisch sollen hier zwei prominente Positionen skizziert werden:

Fleischer et al. (1993) unterscheiden bei den als regional begrenzt zu kennzeichnenden Einheiten zunächst drei Gruppen:

1. Dialektismen – als im eigentlichen Sinne mundartliche Wörter und Wendungen.
2. Territoriale Dubletten oder Heteronyme mit weniger enger regionaler Begrenzung, die als charakteristisch für größere Sprachlandschaften anzusehen sind.
3. Territorial gebundene Realienbenennungen, d. h. Bezeichnungen für Erscheinungen und Gegenstände, die nicht im gesamten Sprachgebiet anzutreffen sind.

Die Elemente der ersten Gruppe, die Dialektismen, werden aufgrund ihres geringen Vorkommens in standardsprachlichen Texten als unbedeutend für die textstilistische Analyse beurteilt:

> Die erste Gruppe ist für standardsprachliche Texte wohl ohne größere Bedeutung, wenngleich es natürlich außer der Mundartdichtung im engeren Sinne auch literarische Texte mit einem größeren Anteil an Dialektismen gibt. (Fleischer 1993, S. 101)

In Zusammenhang mit den stilistischen Funktionen von Regionalismen nennen die Autoren drei Hauptmotive. Dazu gehören die Zeichnung eines Lokalkolorits, die Nutzung für das literarische Sprachportrait sowie phonostilistische Gründe wie Reim und Versmaß.

Eroms (2008) gibt in seinem Überblickswerk zur deutschen Stilistik in Bezug auf „Regionale Varianten und Dialektalismen" u. a. Folgendes an:

> Analog den staatlichen Regionalvarianten in Bezug auf ihre stilistische Bestimmung lassen sich die innerstaatlichen Varianten bewerten. Also etwa norddeutsch gegen süddeutsch
>
> *Brötchen – Semmel*
> *Junge – Bub*
> *Meerrettich – Kren usw.*
>
> Die regionalen Varianten geben generell Stilwerte und nur dann Stileffekte ab, wenn sie nicht in ihren Heimatbereichen verwendet werden.
> [...] Die Dialektalismen sind wieder etwas anders zu beurteilen. [...] Es sind meist Euphemismen, Hüllwörter. Damit erzielen sie Stileffekte.
> [...] Als systemgebundene Bezeichnungen unterliegen sie den jeweiligen funktionalstilistischen Bewertungen. Aber wenn sie in anderen als ihren Heimatsystemen verwendet werden, bekommen sie Kolorite, und daraus resultieren Stileffekte. Verwendet werden sie in den meisten Fällen, um die regionale oder dialektale Sprechweise von Sprechern zu kennzeichnen [...]. (Eroms 2008, S. 69)

Die diatopische, die regionale Dimension der Sprachvariation wird – aufgrund ihres bevorzugten Verwendungsbereichs – typischerweise in Bezug auf die gesprochene deutsche Sprache dargestellt, weshalb auch hier vom Medium ‚Mündlichkeit' (vgl. Kap. 1) ausgegangen wird. Bezogen auf die gesprochene deutsche Sprache können die Begriffe ‚**Dialekt**' und ‚**Standard**' als die beiden äußeren Pole einer Skala verstanden werden. Dialekt ist dabei im Gegensatz zur Standardsprache regional bzw. örtlich gebunden und nicht normiert, auf jeden Fall nicht kodifiziert. Er ist primär für den mündlichen Gebrauch bestimmt und besitzt in der Regel keine Schriftlichkeit.[96] Dialekt unterliegt auch keiner Standardisierung durch normierte orthografische und grammatische Regeln. Als zentrales Merkmal gilt seine Kleinräumigkeit.

Zwischen den kleinräumig gebundenen Dialekten und der Standardsprache liegt ein großer heterogener Bereich von Substandardvarietäten, die (neben Mediolekten, Fachsprachen usw.) die vielfältigen Varianten der Umgangssprache einschließen (vgl. Abb. 13). **Umgangssprache** ist teilweise normiert und kodifiziert (z. B. durch stilschichtige Markierungen im Lexikon), sie wird vorwiegend mündlich, aber auch schriftlich verwendet.[97] Abgesehen von individuellen Sprechgewohnheiten gehören zu den Kennzeichen der Umgangssprache nach Spiekermann (2004, S. 109 ff.) einerseits regionalsprachliche Merkmale und andererseits solche, die überregional auftreten. Letztere beinhalten z. B. nicht-regional klitisierte oder reduzierte Wortformen wie die Apokope von Schwa in der 1. Person Singular der Verben, z. B.: *ich geh* anstelle von *ich gehe* oder das überregional gebräuchliche *nich* anstelle von *nicht*. Daneben gibt es regionale Kennzeichen der Umgangssprache, wie z. B. *net* als regionale Konkurrenzform zu *nich*.

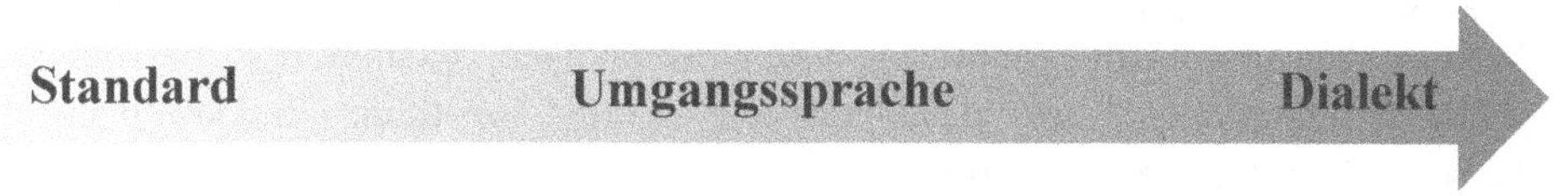

Abb. 13: Regionale Variation

Entsprechend der für die gesprochene deutsche Sprache getroffenen Unterscheidung zwischen Standard – Umgangssprache (Substandard) – Dialekt (Nonstandard) wäre dann im Falle des unbestimmten Artikels *eine* die standardsprachliche Variante, die Reduktion *ne* ein nicht-regionales Merkmal der Umgangssprache und *a* (in *a mass* für ‚eine Trinkeinheit') ein möglicher Dialektausdruck.

Stiltheoretisch können die **gesprochenen Varietäten** nicht auf die **Schriftsprache** übertragen werden, weil sie an das Medium der Mündlichkeit gebunden sind und sich nicht in die gebräuchlichen Regeln der Schriftsprache einpassen lassen. Die graphematische Nach-

96 Dialektverwendung auf Speisekarten u. ä. sollen hier außer Acht gelassen werden.

97 In Kommunikationsformen wie E-Mail oder SMS finden umgangssprachliche Elemente beispielsweise besonders häufig Verwendung.

zeichnung regionaler umgangssprachlicher Merkmale oder dialektaler Aussprachevarianten bewirkt deshalb in den meisten Texten immer Stileffekte, z. B.:

> *Lodenbacher grüßte kurz und fing sofort an zu reden. Er habe gerade „g'hert", was gestern in Altusried „bossiert" sei. Das sei eine „ganz heiße G'schicht", für die es jede Menge „Fingerschbidsngfui" brauche. Dann machte er Kluftinger klar, dass er schnell „hiab- und schdichfesde" Ergebnisse erwarte …*
> *So schnell, wie er gekommen war, war der Vorgesetzte wieder verschwunden und die kleine niederbayerische Dialekteinlage war vorbei …*
> *„So, jeds wissmas, meine Herren, und schdrengans eana bloos o!", ahmte Hefele den Chef zur allgemeinen Erheiterung nach, bevor Kluftinger die Konferenz endgültig beendete.* (Volker Klüpfel / Michael Kobr „Milchgeld" 2009, S. 28)

> *Dass sie „no wos zum Hearn kriagn wearn" bekam er mit, dass ihre Vorgesetzten in Österreich wegen des Vorfalls „bös gschimpft" hätten und dass sie „auf der Stei" nach Hause fahren sollten.* (Klüpfel / Kobr: Laienspiel 2009, S. 29)

Stileffekte ergeben sich in diesen Textbeispielen etwa durch die Schreibung von *o* anstelle von *a* in *wos* statt *was, bossiert* statt *passiert*. Dadurch soll die Verdumpfung der mittelhochdeutschen *a*-Laute angezeigt werden, die zu den bekanntesten Merkmalen des Bairischen gehört. Darüber hinaus werden mundartliche Diphthonge (z. B. *hiab-*, *hearn*) und andere typische mittelbairische Aussprachemerkmale wie die Vokalisierung von auslautendem mhd. *l* (z. B. in *Stei*) oder den Wegfall des *-e-* des *ge*-Präfixes im Partizip Perfekt von Verben durch Synkope (wie *gschimpft* für *geschimpft*) verschriftlicht. Gerade in belletristischen Texten dienen derartige graphematische Nachzeichnungen regional umgangssprachlicher und dialektaler Aussprachevarianten der Zeichnung eines Lokalkolorits oder der Konstruktion von Identitäten,[98] denn das Eigene / die Identität konstituiert und konturiert sich im Wesentlichen durch eine Abgrenzung.

Für die stilistische Klassifikation ist von Bedeutung, dass die gesprochenen Varietäten neben den Stilebenen des Lexikons existieren und diese vielfältig überlagern können. Sie sind auch terminologisch strikt von ihnen zu trennen – das betrifft vor allem den Begriff ‚umgangssprachlich', mit dem sich bezogen auf lexikalische Einheiten weitere Merkmale verbinden können (bei Wörtern wie *Kohle* oder *Knast* eben ‚abwertend' oder sozial markiert).

In Bezug auf die stilistische Bewertung regionaler Lexik ist zunächst eine Unterscheidung nach der Größe ihres Verbreitungsgebietes und dem Vorhandensein von (überregional verwendeten) Synonymen sinnvoll. Demzufolge sind erstens reine ‚Dialektismen' von sog. ‚Regionalismen' zu unterscheiden. Der Begriff ‚**Dialektismus**' bezieht sich dabei wiederum auf basismundartliche – d. h. im engeren Sinne dialektale – also besonders kleinräumig auftretende Benennungen. Ein Beispiel für den mittelbairischen Dialektraum sind dafür bestimmte Bezeichnungen für die ‚Heidelbeere' wie *Äugleinbeere* und *Taubbeere*, die jeweils in relativ kleinen geschlossenen Gebieten auftreten (vgl. Abb. 14).

98 Zum Identitätskonzept und seiner Entwicklung vgl. Kresic (2006).

Legende zu Karte 75

| >**Äugleinbeeren**< Pl. (z.B. *ą̂ęglḅia, ą̂ęglḅịan, ą̈ęglḅęan*)

○ >**Taubbeeren**< Pl. (z.B. *dą̂obêan, dą̂owan, dą̂obịar*)

■ >**Schwarzbeeren**< Pl. (z.B. *šwǫ̂dṣbịa, šwǫ^{a}tʃbę̂a, šwǫ̂adʃḅa*)

△ >**Blaubeeren**< Pl. (z.B. *blą̂obêan, blą̂obę̄r, blǭbę̄r*)

⏏ >**Moosbeeren**< Pl. (z.B. *mǭsḅęąl, mǫ̂sbį̄ų̄*)

⋈ >**Moosgöckel**< Pl. (z.B. *mǭ^{u}sgękl*)

● >**Heid(e)le(in)**< Pl. (z.B. *hǫ̂ędələ, hę̄ä̃dəlịn*)

◒ >**Haidbeeren**< Pl. (z.B. *hǫ̂ä̃bal, hą̂ôwan*)

∘ >**Heidelbeeren**< Pl. (z.B. *hąę^{d}lbean, hâedlbę̄ər*)

Seltenheiten:
266 Wob: *raošbę̄a* >Rauschbeeren< Pl.
289 Hug: *raoṣb^{ə}r* >Rauschbeeren< „etwas andere

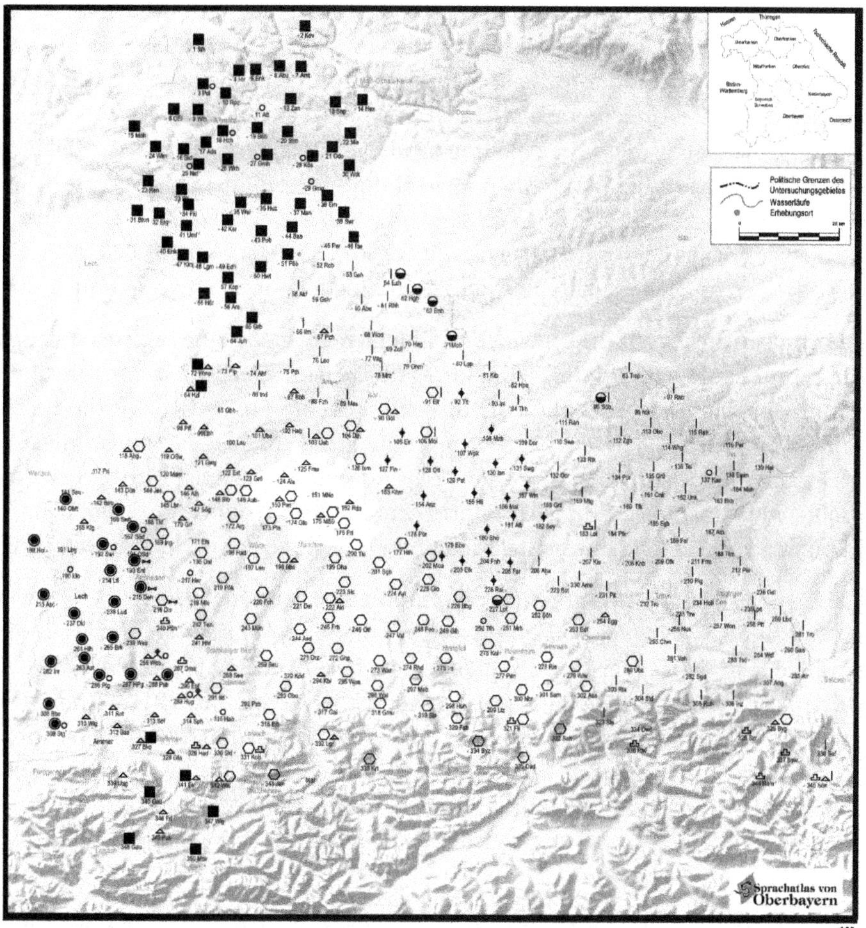

155

Abb. 14: ‚Heidelbeere' (Sprachatlas von Oberbayern, vgl. Krieg-Holz 2009)

Um reine Dialektismen handelt es sich auch bei den etwas großräumiger auftretenden Bezeichnungen *Pfinztag* für ‚Donnerstag' oder *Er(ch)tag* für ‚Dienstag', die als sog. „Kennwörter" für den mittelbairischen Dialekt gelten. Sie sind fest an mündliche Kommunikationsformen gebunden, weshalb ihre Verwendung in Texten – ebenso wie die Inszenierung regionaler Aussprachevarianten – Stileffekte bewirkt. Hinzu kommt bei den genannten Beispielen, dass sie im Zuge einer zunehmenden Mobilität der ländlichen Sprecher und des damit verbundenen Rückgangs der Basismundart veralten.

Die Wahl des dialektalen Ausdrucks, für den meistens standardsprachliche Synonyme vorhanden sind, widerspricht in der Regel[99] den Erwartungsnormen an schriftliche Texte, weil die Bildungen einem großen Teil der Kommunikationsgemeinschaft unbekannt sind, sie nicht im Lexikon gespeichert sind und ihr Schriftbild nicht usualisiert ist.

Hinsichtlich der Stärke potentieller Stileffekte gibt es auch bei den Dialektismen strukturelle Unterschiede. Im Falle von Wortbildungsprodukten ist hier – ähnlich wie bei Wortneubildungen (s. o.) – davon auszugehen, dass vor allem die Regelmäßigkeit der Bildung, die Bekanntheit der motivierenden lexikalischen Einheiten und die Selbstdeutigkeit des neuen Wortes, also die kontextfreie Verständlichkeit, ausschlaggebend sind. Das bedeutet für die genannten Dialektismen, dass Bezeichnungen wie *Schwarzbeere*, die an eine Reihe gleichstrukturierter lexikalisierter Wörter, ein Wortbildungsparadigma, angeschlossen werden können (z. B. *Blaubeere, Grünbeere, Hohlbeere*), über ein geringeres Potential verfügen, Stileffekte zu erzeugen, als etwa *Äugleinbeere, Taubbeere* oder die bairischen Dialektkennwörter *Pfinztag* oder *Er(ch)tag*, die nicht selbstdeutig und nicht kontextfrei verständlich sind.

Von den Dialektwörtern sind Ausdrücke zu unterscheiden, die eine **regionale Umgangssprache** kennzeichnen. So gilt die Verwendung des Wortes *schauen* anstelle von *kucken* als klares Indiz für die Verortung im oberdeutschen Sprachraum, ebenso wie die Perfektbildung mit *sein* im Falle von *ich bin gesessen* gegenüber *ich habe gesessen* gemeinhin als „süddeutsch" wahrgenommen wird. Auch die Verwendung von regional markierten Wörtern (z. B. *Bub – Junge, Semmel – Brötchen*) und Formeln (z. B. *Grüß Gott – Guten Tag*) wirkt auffällig und abgrenzend, denn sie stellt in anderen Regionen eine Normabweichung dar.

Ganz ähnlich verhält es sich mit **regionalen Dubletten** verschiedener Art. Dazu gehören Bezeichnungen wie *Fleischer, Schlachter, Metzger* und *Fleischhacker/Fleischhauer*, die sich aus verschiedenen Tätigkeiten und entsprechenden Berufsbezeichnungen entwickelt haben und bei denen es kein überregionales standardsprachlich verbindliches Wort gibt.[100] Solche Wörter eines Synonymfeldes geben einen „Stilwert" für genau die Region ab, für die sie typisch sind. Das setzt jedoch voraus, den Begriff des ‚Stilwertes', der ursprünglich ausschließlich mit Vorgaben für bestimmte Kommunikationsbereiche und deren Textsorten verbunden wurde, um territoriale Beschreibungsaspekte zu erweitern. Dasselbe gilt auch

---

99 Ausnahmen bilden wenige Textsorten wie die Mundartlyrik. Auch in computervermittelten Kommunikationsformen wie Chat-Kommunikation oder E-Mails sind in Zusammenhang mit einer stärkeren Orientierung an Mündlichkeit dialektale Formen erwartbarer.

100 Weitere Beispiele für territoriale Dubletten und typische lexikalische Merkmale regionaler Umgangssprachen werden im dtv-Atlas „Deutsche Sprache" genannt (vgl. König 2007).

für die staatlichen Regionalvarianten. So gibt *Lenker* in der Bedeutung ‚Fahrer' den Stilwert „österreichisch" ab und verfügt über das Potential, innerhalb einer anderen Nationalstandardvarietät des Deutschen Stileffekte zu bewirken.

Weitere Beispiele für staatliche Varianten (Österreich – Deutschland) sind etwa:

Bewerb – Wettbewerb
Abgeltung – Vergütung
Angelobung – Vereidigung
Marille – Aprikose
Stiege – Treppe
Zuseher – Zuschauer

Staatliche Varianten können auch mit innerstaatlichen regionalen Varianten zusammenfallen:

> *Als Kind hatte sie vergeblich auf den Schutzengel neben ihrem* ***Kopfpolster*** *gewartet, der alle Träume überblickte. Nun, mit Mitte dreißig, ein Alter, in dem die Illusionen aufgebraucht waren, hatte sie plötzlich Hannes Bergtaler neben sich.* (Glattauer, Daniel „Ewig Dein" 2012, S. 42 [Hervorhebung nicht im Original])

Kopfpolster als Bezeichnung für ‚Kopfkissen' entspricht einerseits der österreichischen Nationalstandardvarietät und ist innerhalb dieser unmarkiert. Im Teilsystem der Bundesrepublik Deutschland stellt dagegen *Kopfkissen* die unmarkierte und aufgrund von Systemneutralisierung stilneutrale Form dar, während *Polster*, *Kopfpolster*, *Hauptenpolster* u. ä. als bairische Dialektismen und damit wiederum als markierte Formen mit besonderem stilistischen Potential anzusehen sind.

Bei der stilistischen Beschreibung regionaler Lexik muss also von verschiedenen Gruppen regionaler Einheiten ausgegangen werden. Dabei ist zunächst zwischen Dialektismen und Regionalismen zu differenzieren, bei letzteren zudem zwischen den Varianten, für die ein überregional verbindliches bzw. an eine Nationalstandard-Varietät gebundenes Synonym existiert und denen, für die kein großräumiger geltendes Synonym vorhanden ist (vgl. Abb. 15).

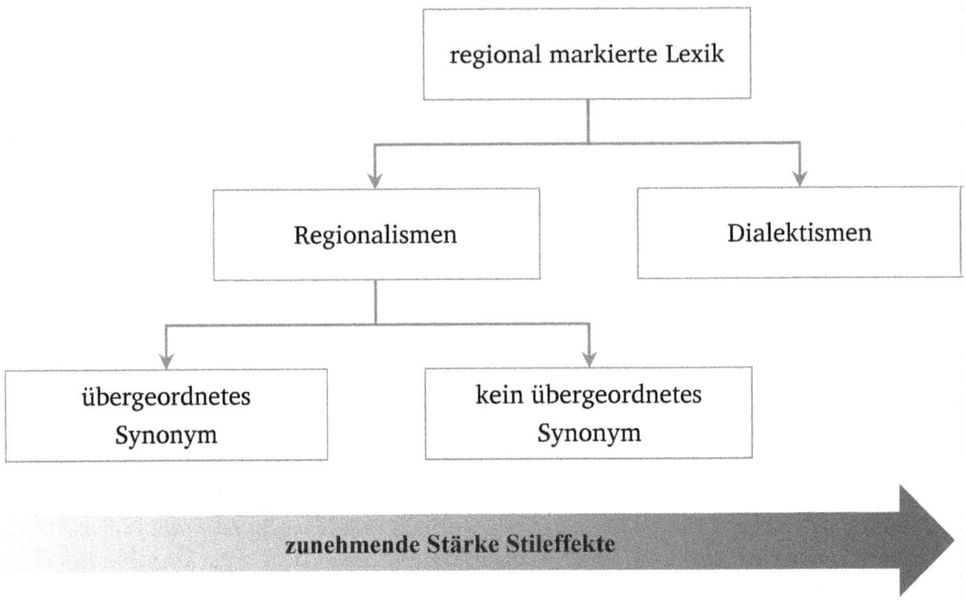

Abb. 15: Stilistische Kategorisierung regionaler Lexik

Fachsprachliche Elemente

Fachsprachen zeichnen sich gegenüber der Gemeinsprache vor allem durch ihre spezifische Lexik, also die Verwendung von Fachwörtern, aus. Als wichtige **Merkmale von Fachwörtern** gelten die Tendenz zu Exaktheit, Eindeutigkeit, Systematik und Ausdrucksökonomie. Gleichzeitig resultiert aus dieser Ökonomisierung ein Mangel an allgemeiner Verständlichkeit, weil einzelne inhaltliche Aspekte nicht mehr ausgedrückt werden oder vage bleiben.

Die Verstehbarkeit von Fachwörtern ist nicht nur dann eingeschränkt, wenn eindeutige Wissensdefizite, d. h. Lücken bzw. Leerstellen im Zeichensystem des Kommunikationspartners bestehen, sondern häufig bereits dann, wenn die Kommunikationsteilnehmer zwar über eine Bezeichnung verfügen, die dahinter stehenden Bedeutungsinhalte zum Teil auch noch erfassen, darüber hinaus jedoch nur ungenaue inhaltliche Vorstellungen haben. Diese „**Randunbestimmtheit**" kann etwa bedeuten, dass es für eine Reihe von Gegenständen oder Sachverhalten unklar ist, ob sie zu einer Bedeutung gehören oder nicht.

Für die stilistische Bestimmung ist einerseits der Anteil fachspezifischer Elemente am Textganzen relevant, da sich die lexikalische Charakteristik von Textsorten in der Regel durch die Frequenz und Kombination lexikalischer Einheiten ergibt und weniger durch eine entsprechende feste Markierung einzelner Benennungen. Das gilt in besonderem Maße für den Gebrauch von Fachwörtern, deren Dichte und Art ihrer Verwendung durchaus als

Kriterien betrachtet werden können, um einen Text auf einer Skala von ‚rein fachsprachlich' über ‚gemischt' bis hin zu ‚rein gemeinsprachlich' einzuordnen.

Fachwortschätze sind nicht homogen, sondern in sich vielfältig geschichtet. Ihre Elemente unterscheiden sich durch den Grad an Distanziertheit von der Allgemeinsprache, was an der geringeren oder stärkeren Exklusivität des Faches oder an der Struktur und der Bedeutung der Benennungen liegen kann. Bei einer Klassifizierung fachsprachlicher Elemente ist zudem zu berücksichtigen, dass es zum einen keine scharfe und grundsätzliche Trennung zwischen den einzelnen Kommunikationsbereichen gibt und auch fachinterne und fachexterne Kommunikation ineinander übergehen.

Zwischen Allgemeinwortschatz und Fachwortschätzen besteht eine Wechselbeziehung, die sich in den letzten Jahrzehnten im Zuge einer zunehmenden ‚Verwissenschaftlichung' in vielen Bereichen des gesellschaftlichen Lebens verstärkt hat und insbesondere durch die elektronischen Medien begünstigt wird. Durch einen zunehmenden Gebrauch in fachexterner Kommunikation und der damit einhergehenden Frequenzsteigerung verlieren Fachwörter ihren spezifischen Charakter, das bedeutet, **Determinologisierung** setzt ein. Ein weiterer Schritt in diese Richtung kann darin bestehen, dass Fachwörter zur Bezeichnung außerfachlicher Sachverhalte verwendet werden. Für eine stilistische Differenzierung von Fachwörtern ist es deshalb notwendig, zwischen verschiedenen Ausprägungen von fachlicher Gebundenheit zu unterscheiden. Dies drückt sich auch in diversen Begriffen wie ‚Terminus', ‚Halbterminus', ‚Fachjargonismus' oder ‚Pseudofachwort' aus.

Als ‚**Termini**' gelten diejenigen Wortschatzelemente, die i. e. S. Mittel einer optimalen Verständigung über ein Fachgebiet unter Fachleuten sind, also einer effektiven, relativ emotionsfreien Kommunikation zwischen Fachleuten dienen. Werden solche Termini in fachexternen Kommunikationsformen, die sich nicht in erster Linie an Experten, sondern an Laien richten, verwendet,[101] ergeben sich besondere Anforderungen an die Textgestaltung. So ist es etwa notwendig, dass Textinhalte, deren Darstellung fachsprachliche Elemente erfordern, durch andere sprachliche Mittel verständlich gemacht werden. Dies können Erläuterungen fremdsprachiger Termini sein, die den Zielpersonen ein grobes Verständnis des Gesamttextes ermöglichen (z. B. *Das Auge besitzt einen körpereigenen Schutz an der Makula, an der empfindlichsten Stelle der Netzhaut.*), oder auch explizite Bedeutungsbeschreibungen, z. B.:

> *Bei der altersbedingten Makuladegeneration (AMD) wird die Makula (= „Stelle des schärfsten Sehens") auf der Netzhaut zerstört [...]. Es gibt 2 Formen der Erkrankung: 1. die trockene AMD, bei der sich Ablagerungen unter der Netzhaut bilden und das Sehen beeinträchtigen. Diese Form kann in die gefährlichere 2. feuchte AMD übergehen. Dabei wuchern zusätzlich aggressive, krankhafte Blutgefäße in die Stelle des schärfsten Sehens (= Makula) ein und zerstören diese.* (Informationsprospekt Augenheilkunde)

101 Das kann z. B. in Zeitschriften und bestimmten populärwissenschaftlichen Textsorten sein.

Termini haben aufgrund ihrer eingeschränkten Allgemeinverständlichkeit, die häufig aus ihrer übereinzelsprachlichen Prägung resultiert, ein erhöhtes stilistisches Potential. Sie markieren Texte als eindeutig fachgebunden und erzielen i. d. R. einen Stilwert, der fachliche Kommunikation (in den o. g. Beispielen für den Bereich der Medizin) anzeigt.

Neben solchen Termini, die durch eingeschränkte synonymische Variationsmöglichkeiten gekennzeichnet sind, sind unter stilistischen Gesichtspunkten vor allem diejenigen Fälle von Bedeutung, bei denen aufgrund von zumindest partieller terminologischer Synonymität prinzipiell Wahlmöglichkeiten bestehen. Wie bereits in Zusammenhang mit fremdsprachlichen Elementen gezeigt wurde, existieren in vielen Fällen fremdsprachiges Fachwort und heimisches Äquivalent nebeneinander. Dabei ist in bestimmten Bereichen, wie beispielsweise der Medizin, die Zahl **terminologischer Mehrfachbenennungen** sogar sehr groß. Im Vergleich zu anderen Sprachen wie dem Englischen verfügt der deutsche Wortschatz in vielen Fällen über eine heimische Entsprechung für den fremdsprachigen medizinischen Terminus (z. B. *Hepatitis – Gelbsucht*, *Appendizitis – Blinddarmentzündung*), so dass die Verwendung je nach Textsorte und Kommunikationsbereich variieren kann. Mitunter wird auch in der wissenschaftlichen Kommunikation der fremdsprachige Terminus verdrängt und durch das heimische Äquivalent ersetzt, das dann zur neutralen Form wird (z. B. *Herzschrittmacher* statt *Pacemaker*). In vielen Fällen werden die fremdsprachigen Termini auch in der nicht fachgebundenen Alltagskommunikation geläufig und verlieren bzw. verringern dadurch ihre Markiertheit (z. B. *Diabetes* statt *Zuckerkrankheit*, *Angina* anstelle von *Mandelentzündung*).

Fremdsprachiges Fachwort und heimisches Äquivalent sind vielfach kommunikativ differenziert. Oft ist das Fremdwort auf terminologischen Gebrauch beschränkt, während die heimische Entsprechung auch als Nichtterminus häufiger vorkommt. Ein Beispiel dafür stellt das Fremdwort *Myopie* (griech. *myopia*) und das entsprechende heimische Wort *Kurzsichtigkeit* dar. Hier ist das Fremdwort ausschließlich auf den Gebrauch als Terminus im Bereich der medizinischen bzw. ophthalmologischen Fachsprache beschränkt, während die deutsche Entsprechung *Kurzsichtigkeit* im Hinblick auf bestimmte Kommunikationsbereiche deutlich weniger gebunden ist. Entsprechend der oben genannten Kriterien für eine Differenzierung von Fachwortschätzen zeichnet sich das Wort *Kurzsichtigkeit* durch seinen Gebrauch in fachexterner Kommunikation nicht nur durch eine deutlich höhere Frequenz aus, sondern wird auch zur Bezeichnung außerfachlicher Sachverhalte verwendet:

Kurzsichtigkeit

- terminologisch:	‚Fehlsichtigkeit', ‚zu langer Augapfel'
- nichtterminologisch:	‚Unkenntnis', ‚Ignoranz', ‚Arglosigkeit'

Insofern verfügt das heimische Wort *Kurzsichtigkeit* gegenüber dem fremdsprachigen Terminus *Myopie* über deutliche Kennzeichen von Determinologisierung und wird deshalb hier als Halbterminus bezeichnet. Als **Halbtermini** gelten demnach diejenigen Wörter, die einerseits präzise standardisierte Benennungen für berufsspezifische Sachverhalte innerhalb der fachinternen Kommunikation darstellen, andererseits durch eine hohe Frequenz infolge des Gebrauchs in fachexterner Kommunikation gekennzeichnet sind. Darüber hinaus können Halbtermini unter bestimmten Umständen auf außerfachliche Sachverhalte übertragen werden.

Mit der Verwendung von Halbtermini können verschiedene Funktionen verbunden sein: Gerade in fachexterner Kommunikation kann durch Halbtermini in vielen Fällen der Einsatz von stärker begrenzten Termini umgangen werden, wodurch Texte, die sich an ein Laienpublikum richten, im Allgemeinen verständlicher werden. Darüber hinaus ermöglicht die gehäufte Verwendung von Halbtermini – vor allem in Verbindung mit typisch fachsprachlichen syntaktischen Strukturen – die Vermittlung eines fachlichen Eindrucks, so dass der Text aus der Perspektive von Laien als Fachtext rezipiert und interpretiert werden kann. Dabei unterstützt die Attraktivität einzelner Fachgebiete (z. B. Wirtschaftssprache) die Verbreitung bestimmter Ausdrücke und lässt sie zu sprachlichen Prestigeformen werden (z. B. *Relaunch*).

Zahlreicher als im Falle reiner Termini begegnen im Bereich der Halbtermini terminologische Benennungsvarianten, d. h. Wort- und Wortgruppenstrukturen, die sich auf den gleichen Begriff beziehen und nicht in jedem konkreten Einzelfall eindeutig von Pseudofachwörtern abzugrenzen sind. Im Bereich des Marketings / der Unternehmenskommunikation handelt es sich dabei beispielsweise um Bezeichnungen für technische Neuheiten, die marken- bzw. firmenabhängig variieren (z. B. *Tiptronic, Steptronic, Easytronic* als Bezeichnungen für ‚Automatikgetriebe mit der Möglichkeit der manuellen Gangwahl').

Während sich im folgenden Text die Bezeichnungen *Phakoemulsifikation* und *Inzision* eindeutig als reine Fachtermini klassifizieren lassen, handelt es sich bei *Phakozeiten* um einen Fachjargonismus.

> *OZIL – Neuer Schwung in der Phakoemulsifikation ... verkürzte Phakozeiten und sichtbar erhöhte Effizienz bei reduzierter thermischer Energie in der Inzision: nur Wunschdenken? Das Infiniti Vision System mit der neuen OZIL-Technologie bietet genau diese Vorteile ...* (Werbeprospekt Ozil)

Fachjargonismen gehören zur fachlichen Umgangssprache, es sind keine Fachtermini, eher Eigentümlichkeiten bestimmter Berufsgruppen. Ebenso wie bei anderen Gruppensprachen geht es bei der Verwendung von Fachjargonismen vor allem um den aus der begrenzten Nutzung resultierenden Signalwert für die Gruppenzugehörigkeit. In Bezug auf Stilebenen sind Fachjargonismen in manchen Fällen als ‚abgesenkt' einzustufen, weil sie mehr oder weniger bewusst von geläufigen, auch außerhalb der Berufsgruppe gebrauchten Ausdrücken, abweichen. Damit befriedigen sie einerseits ein Bedürfnis nach Emotionalität im Rahmen von fachinterner Kommunikation, andererseits dienen sie häufig dazu, Kommunikationsabläufe ökonomischer zu gestalten. So bezieht sich die im oben genannten Beispiel gebrauchte Formulierung *verkürzte Phakozeiten* in deutlich komprimierter Form auf ‚einen verkürzten Zeitraum der Phakoemulsifikation'.

Als pseudofachsprachlich ist alles das zu bestimmen, was aufgrund seiner Ausdrucksseite (z. B. nach fachsprachlichem Muster mit Ziffern, Initialen o. ä. gebildet) dazu geeignet ist, beim Rezipienten einen fachsprachlichen Eindruck zu erwecken, ohne jedoch über eine fachspezifische Bedeutung zu verfügen. Derartige **Pseudofachwörter** von bestimmten Halbtermini zu unterscheiden, ist nicht immer leicht. Am deutlichsten scheint eine Abgrenzung unter funktionalen bzw. kontextuellen Gesichtspunkten. So können z. B. produkt- bzw. markenspezifische Halbtermini in Marketingtexten dadurch von Pseudofachwörtern unterschieden werden, dass sie vergleichsweise präzise erklärt werden, z. B.:

> *Das BLIND SPOT INFORMATION SYSTEM (BLIS) überwacht mit zwei Digitalkameras, die in den Außenspiegeln integriert sind, den Bereich um Ihren Volvo. Und macht sie über eine Kontrollleuchte im Innenraum – in der A-Säule – auf Fahrzeuge, die sich im toten Winkel bewegen, aufmerksam.* (Volvo Direct Marketing-Prospekt 2010)

Demgegenüber handelt es sich bei pseudofachsprachlichen Ausdrücken um Wortbildungen, die sich durch einen geringen Grad an Verständlichkeit auszeichnen (z. B. *Pro-Xylane, Alpha-Hydroxy-Stufenprogramm*). Bei der Bildung von Pseudofachwörtern geht es auch nicht darum, dass der Leser sie versteht, es handelt sich vielmehr um intendierte Formen von Vagheit im Sinne semantischer Unbestimmtheit. Dabei kann durch die Übernahme originaler Bestandteile von Termini das mit Fachsprachen verbundene Prestige nutzbar gemacht werden, um – trotz semantischer Unschärfe oder referentieller Vieldeutigkeit – die Glaubwürdigkeit von Aussagen zu erhöhen, in dem Fachlichkeit suggeriert wird.

Pseudofachsprachliche Elemente sind typisch für den Kommunikationsbereich des Marketings. In funktionaler Hinsicht handelt es sich bei der Verwendung solcher pseudofachsprachlicher Bildungen, die kein fachliches Denotat besitzen, also nicht um das Informieren der Zielpersonen, sondern um eine Form der Inszenierung von Fachlichkeit oder Wissenschaftlichkeit, die einen marken- oder produktspezifischen Zusatznutzen darstellen soll. Dem Vagheitsbereich pseudofachlicher Bildungen sind auch Beispiele wie *Kaviar-Protein-Komplex, Pigment-Pflegesystem, Lavaextract oder Zement-Ceramid Technologie* zuzuordnen, deren Einzelbestandteile großenteils bekannt sind. Hier ermöglicht der Umstand, dass in Komposita die syntaktisch-semantischen Relationen nicht explizit zu werden brauchen, die Schaffung inexakter, un(ter)bestimmter Ausdrücke, die das Vorhandensein solcher Relationen vortäuschen (zur Verdunkelungsfunktion von Wortneubildungen vgl. Krieg 2005, S. 102 ff.). Außerdem ist im Falle solcher Bildungen davon auszugehen, dass die benennungspragmatische Aufgabe neben dem Suggerieren von Fachlichkeit bzw. Wissenschaftlichkeit darin besteht, mnemotechnische Anhaltspunkte in Bezug auf den produktspezifischen Zusatznutzen zu geben.[102]

102 Da es in vielen Bereichen des Konsumgütermarktes kaum noch objektive Produktunterschiede gibt, geht es im Marketing weniger um einen Produkt-, sondern vielmehr um einen Kommunikationswettbewerb. Gerade die Verwendung von Pseudofachwörtern belegt, dass das Streben nach einer „Unique Selling Proposition" immer mehr von dem nach einer „Unique Communication Proposition" abgelöst wird.

In stilistischer Hinsicht sind Pseudofachwörter keinesfalls neutral, sondern geben in Abhängigkeit von der Frequenz ihres Auftretens entweder Stilwerte ab, die den Kommunikationsbereich der Unternehmenskommunikation kennzeichnen, oder erzielen Stileffekte.

Expressive Lexik

Der expressiven Lexik werden Wörter und Phraseologismen zugeordnet, die aufgrund ihrer emotionalen Wertung, ihrer besonderen Anschaulichkeit und Bildhaftigkeit nicht als stilneutral eingestuft werden und nicht in allen Textsorten und Funktionsbereichen vorkommen können.

Die Markierung lexikalischer Elemente infolge der emotionalen Wertung wird auch als **Stilfärbung** bezeichnet und drückt im Gegensatz zur stilschichtigen Markierung, die sich auf die Verwendungssphäre der Ausdrücke bezieht, die emotional-wertende Einstellung des Textproduzenten zum benannten Gegenstand aus. Diese Bewertungen können entsprechend den verschiedenen Richtungen von Emotionen positiv oder negativ sein, häufig im Sinne von abwertend (pejorativ) oder aufwertend (meliorativ). Beispiele wie *Hund* – *Köter* als neutrale und pejorative Bezeichnungen für ein Tier zeigen, dass über die emotionale Bewertung hinaus Bedeutungsunterschiede zwischen den Wörtern bestehen können (*Köter* ‚struppiger, unansehnlicher Hund', vgl. Fleischer et al. 1993, S. 116 f.). Hier zeigen sich die verschiedenen Geltungsbereiche denotativer und konnotativer Signifikate, die jeweils unterschiedliche Facetten der Wortbedeutung betreffen.

Innerhalb der sprachwissenschaftlichen Teildisziplin ‚Semantik' gibt es unterschiedliche Zugänge zum Begriff der Denotation. So wird mit ‚Denotation' einerseits die Relation zwischen einem sprachlichen Ausdruck und der Welt bezeichnet (z.B. alle Lebewesen der Spezies ‚Hund'; vgl. Lyons 1995, S. 76), mit ‚Denotat' bzw. ‚Extension' entsprechend die Menge der Dinge, auf die man mit einem Ausdruck konventionell Bezug nehmen kann. Das bedeutet, dass die **Extension** eines sprachlichen Ausdrucks im weitesten Sinn alle außersprachlichen Dinge einschließt, die dieser Ausdruck bezeichnet (Meibauer et al. 2002, S. 179).

In diesem Zusammenhang wird von der Denotation die **Referenz** abgegrenzt – eine Relation, die erst dann entsteht, wenn in einer konkreten Situation sprachlich auf Objekte oder Individuen verwiesen wird. Dabei ist ein Ausdruck referentiell, wenn er prinzipiell dazu benutzt werden kann, eine Referenz zu vollziehen; und er ist referierend, wenn ein Sprecher ihn in einer konkreten Situation zum Referieren benutzt. Der Terminus ‚Referenz' bezeichnet also die Bezugnahme eines sprachlichen Ausdrucks auf Objekte oder Individuen aus der Extensionsmenge (vgl. Lyons 1995, S. 76, Cruse 2011, S. 46), die demgegenüber unabhängig von einer bestimmten Äußerungssituation ist.

Im Vergleich zur Extension umfasst der Begriff der **Intension** die deskriptive Bedeutung eines Ausdrucks, sie charakterisiert Objekte und Individuen, die zu seiner Extension gehören. Allerdings können sich sprachliche Ausdrücke mit derselben Extension, aber verschiedenen Intensionen[103] erheblich voneinander unterscheiden (vgl. Meibauer et al. 2002, S. 178 f.). So hat *Penner* dieselbe Extension wie *Obdachloser*, seine Bedeutung umfasst aber noch weitere pejorative, emotionale Merkmale, die in diesem Fall als konnotative Signifikate bewertet werden können.

Unterscheiden sich Paare von sprachlichen Ausdrücken ausschließlich durch konnotative Bedeutungsaspekte, entspricht dies einem Denotationsbegriff wie er von Bloomfield (1933, S. 151 ff.) eingeführt wurde. Dabei wird der Terminus ‚**Denotation**' für die Linguistik dem Begriff ‚Konnotation' entgegengesetzt.

Bei der begrifflichen Differenzierung zwischen ‚Denotation' und ‚Konnotation' ist mit ‚Denotation' häufig der Kern einer Wortbedeutung gemeint. Unter ‚**Konnotation**' wird hingegen die Überlagerung dieses denotativen Kerns mit zusätzlichen Bedeutungsaspekten (z. B. Gefühlswerten) verstanden. Einzelne Autoren, wie z. B. Römer / Matzke (vgl. 2003, S. 122) stellen Konnotationen den Assoziationen gleich und stufen sie als Zusatzinformationen ein, die die Sprecher – ausgelöst durch die Motivierung des Wortes und / oder das angelagerte Weltwissen – über sich und die spezifischen historischen und sozialen Bedingungen geben. Auch zählen sie zu den Konnotationen jegliche Form der stilistischen Markierung von Lexemen.

Darüber hinaus gibt es zahlreiche Gegenüberstellungen der Begriffe ‚Denotation' und ‚Konnotation', die in der Regel verschiedene, miteinander inkompatible Attribute wie ‚konventionell' vs. ‚privat', ‚kontextunabhängig' vs. ‚kontextabhängig' oder ‚neutral' vs. ‚gefärbt' / ‚markiert' enthalten.

Insbesondere innerhalb der Wortart ‚Adjektiv' enthält das Lexikon bestimmte Ausdrücke wie *hässlich* oder *böse*, die in semantischer Hinsicht ausschließlich der Bewertung dienen, indem sie eine Eigenschaft zuordnen, die sich – wie in den genannten Beispielen – auf ästhetische oder moralische Aspekte und viele andere mehr beziehen kann. Ebenso wie bei diesen qualifizierenden Adjektiven gehört bei zahlreichen Wörtern wie eben *Köter* die Bewertung zum Lexikoneintrag (‚hässlicher, böser oder struppiger Hund'). Bei diesen bewertenden Bestandteilen einer Wortbedeutung handelt es sich um Konnotationen. Sie sind als ‚**konventionell**' anzusehen, weil sie zur wörtlichen Bedeutung eines Wortes gehören.

Im Vergleich zur Konnotation, die Teil der lexikalischen Bedeutung eines Wortes ist, beruhen **Assoziationen** auf vermeintlichem oder wirklichem Wissen über Denotate. So kann das Lexem *Junggeselle*, dessen denotatives Signifikat ‚unverheirateter Mann' oder ‚Mann, der nie geheiratet hat' ganz unterschiedlich gelagerte Assoziationen wie ‚einsam', ‚verwahrlost', ‚frei' oder ‚sorglos' bewirken. Das bedeutet, die Opposition ‚konventionell – privat' betrifft nicht die Differenzierung von Denotation und Konnotation, sondern die von Konnotation und Assoziation.

---

103 Als klassisches Beispiel für zwei Ausdrücke mit der gleichen Extension, aber unterschiedlicher Intension nennt Frege (1892) die Wörter *Morgenstern* und *Abendstern*, die sich beide – jedoch auf verschiedene Weise – auf den Planeten Venus beziehen, wobei Frege das Begriffspaar ‚Bedeutung' (Extension) und ‚Sinn' (Intension) verwendet.

Die Unterscheidung ‚kontextabhängig – kontextunabhängig' bezieht sich ebenfalls nicht auf das Begriffspaar ‚Denotation – Konnotation', sondern fokussiert die Relation zwischen lexikalischer Bedeutung als Gegenstand der Wortsemantik und aktueller Bedeutung als Phänomen der Performanz. Denn die **aktuelle Bedeutung**, die sich erst im Satzzusammenhang bzw. einer bestimmten Redesituation ergibt, ist von der konventionellen, wörtlichen Bedeutung, die kontextunabhängig permanent im Lexikon gespeichert ist, zu unterscheiden.[104] Die aktuelle Bedeutung eines Wortes wird sowohl vom jeweiligen Kontext als auch von der lexikalischen Bedeutung determiniert, denn sie entsteht auf der Basis des kulturellen Wissens über einen Ausdruck und schließt somit lexikalisches Wissen, Textwissen sowie Welt- und Handlungswissen ein, z. B.:

> *Ich war nämlich schon einmal in der Türkei und weiß genau, wie die dort hausen. Da ist ja dieser grindige Bungalow das reinste* ***Neuschwanstein*** *dagegen. Das muss man jetzt schon einmal sagen.* (Falk 2011, S. 14)

Das Lexem *Neuschwanstein* mit dem denotativen Merkmal ‚Schloss König Ludwigs II. von Bayern' wird hier in der aktuellen Bedeutung ‚besonders schöne und komfortable Wohngelegenheit' verwendet. Diese Bedeutung gehört nicht zur lexikalischen bzw. konventionellen Bedeutung des Begriffes *Neuschwanstein*, sie entspricht nicht der Extension des Ausdrucks, sondern referiert auf einen anderen Gegenstand. Dabei geht es um ein okkasionelles semantisches Verschieben, sog. „**Umdeuten**" (vgl. Kap. 3.3.3), das sich auf die denotative Bedeutung von Ausdrücken bezieht (‚Schloss' → ‚Bungalow') und in funktionaler Hinsicht häufig eingesetzt wird, um Assoziationen hervorzurufen, die sich mit der ursprünglichen Bedeutung verbinden lassen. Das bedeutet, es werden für die Äußerung relevante, durch das Weltwissen angelagerte Informationen aktualisiert, die wiederum nicht zur lexikalischen Bedeutung des Wortes gehören. Die aktuelle Bedeutung weicht damit von den denotativen Merkmalen eines Lexems ab, was neben der Bedeutungsverschiebung vor allem mit dem Streben nach einem kreativen Umgang mit Sprache und der damit verbundenen Ästhetisierung und Stilisierung einhergeht (vgl. Kap. 3.3.3).

Von ‚aktuellen Bedeutungen' kann auch gesprochen werden, wenn der Kontext die Bedeutung mehrdeutiger Wörter (z. B. aufgrund von Polysemie oder Homonymie) spezifiziert und festgelegt, z. B.:

> ***„Bulle, verpiss dich!"***
> *In Deutschland werden jährlich Tausende Polizisten brutal angegriffen. Der Respekt schwindet – laut internen Studien vor allem bei jungen Männern mit Migrationshintergrund …* (Focus Nr. 21, 2014)

---

104 Diese aktuelle Bedeutung eines Wortes ist wiederum allgemein vom kommunikativen Sinn (der pragmatischen Bedeutung im Sinne einer konversationellen Implikatur; vgl. z. B. Schwarz / Chur 2003, S. 29) abzugrenzen (wie z. B. die Äußerung *Hundert!* in der situationsspezifischen Bedeutung ‚Du solltest etwas langsamer fahren!').

Hier wird eine aus der Grundbedeutung des Ausdrucks *Bulle* (‚Stier, männliches Zuchtrind') abgeleitete Nebenbedeutung, nämlich ‚Polizist' ausgewählt. Solche Bezeichnungen wie *Bulle* für ‚Polizist' oder *Kohle* für ‚Geld' können neben denotativen Merkmalen natürlich auch konnotative – hier abwertende – enthalten.

Aktuelle Bedeutungen sind kontextabhängig und somit pragmatischer Natur.[105] Wie gezeigt wurde, unterscheiden sie sich in Bezug auf die Herkunft ihrer Bedeutungsaspekte, die zum einen maßgeblich aufgrund des Kontextes zustande kommen (und sozusagen „pragmatischer" sind wie z. B. bei *Neuschwanstein*), zum anderen ein durch den Kontext spezifizierter Teil der lexikalisierten Bedeutung(en) eines Ausdrucks und damit „semantischer" sind (wie z. B. bei *Bulle*).

In Bezug auf die Anwendbarkeit des Begriffspaares ‚neutral' – ‚gefärbt'/‚markiert' für die Differenzierung von Denotation und Konnotation soll vom stilistischen Neutralitätsbegriff ausgegangen werden (vgl. Kap. 3.1). Dieser richtet sich bei den systemimmanenten Wahlmöglichkeiten an der potentiellen Verwendbarkeit in diversen Kommunikationsbereichen und Textsorten aus, wobei diejenigen Wörter als neutral zu betrachten sind, die uneingeschränkt in allen Bereichen vorkommen können. Dazu gehören vor allem Archilexeme, also lexikalische Einheiten im Zentrum eines Wortfeldes. Dies hat zum einen damit zu tun, dass peripherere Ausdrücke von Wortfeldern spezifizierende Bedeutungen in Form von denotativen Merkmalen enthalten (z. B. *hinken, humpeln, marschieren* vs. *gehen* oder *laufen*; *flüstern, schreien* vs. *reden* oder *sprechen*). Zum anderen implizieren ihre konnotativen Bedeutungsmerkmale oft emotionale Bewertungen, durch die u. a. die Einstellung des Textproduzenten zum benannten Objekt oder dem Kommunikationspartner ausgedrückt werden kann (z. B. *quatschen, schwatzen* vs. *reden* oder *sprechen, Schrift* oder *Klaue*). Oft enthalten die Lexeme an den Rändern eines Feldes beides, d. h. denotative und konnotative Merkmale, z. B.: *latschen, schreiten* vs. *gehen*; *nuscheln, brüllen* vs. *reden*. Aus stilistischer Perspektive sind sie damit in mehrfacher Hinsicht markiert.

Das bedeutet, dass sich die Opposition ‚neutral – markiert' auf die Beschreibung denotativer und konnotativer Signifikate nicht übertragen lässt, weil auch denotative Merkmale nicht per se neutral sind, sondern zu stilistischen Markierungen führen können. In Bezug auf die konnotativen Merkmale ist immer von einer Markierung, d. h. einem erhöhten stilistischen Potential und einer eingeschränkten Verwendbarkeit auszugehen.

Innerhalb der verschiedenen Arten stilistischer Markierungen stellen Konnotationen besondere Formen dar, die sich vor allem auf das Indizieren einer **Stilfärbung**, einer spezifischen Wertung, die die Einstellung des Textproduzenten zum thematisierten Gegenstand oder Sachverhalt zum Ausdruck bringt, bezieht.

Im Falle von Synonymengruppen lässt sich die mit den Konnotationen verbundene Wertung vielfach auch als Unterschied in der Stilebene (vgl. Kap. 3.1) beschreiben. So ist

105 Hier erfolgt eine Orientierung am Bedeutungsbegriff von Meibauer (2001, S. 4 f.), der die Bedeutungen semantischer Einheiten im Allgemeinen als kontextunabhängig und die Bedeutungen der pragmatischen Einheiten als im Allgemeinen kontextabhängig charakterisiert.

Penner in Bezug auf seine denotative Bedeutung als ‚Mensch ohne Arbeit und Wohnsitz' zu beschreiben und stimmt dahingehend mit *Obdachloser* überein. Der semantische Unterschied zwischen beiden resultiert einerseits daraus, dass *Penner* eine zusätzliche Bedeutungskomponente enthält (z. B. ‚negativ bewertend', ‚abwertend', ‚geringschätzig'), die konventionell an diesen gekoppelt ist (vgl. Schwarz-Friesel 2007, S. 166 f.). Zudem kann *Penner* gegenüber *Obdachloser* nicht der neutralen Stilebene zugeordnet werden, sondern gehört zur abgesenkten Stilschicht.

Zusammenfassend können nun denotative Bedeutungsmerkmale als diejenigen bestimmt werden, die das Gemeinte eingrenzen, während der konnotative Teil einer Bedeutung dazu nichts beisteuert, sondern ausschließlich auf die Beziehungen zwischen dem Sprecher, dem Ausdruck und dem Gemeinten hinweist. Konnotationen werden zudem als konventionalisiert bzw. lexikalisiert charakterisiert und somit von Assoziationen abgegrenzt. Konnotationen sind an bestimmte Bedeutungen von Wortformen gebunden und werden gemeinsam mit diesen aktualisiert. Lexeme mit konnotativen Bedeutungsmerkmalen sind in stilistischer Hinsicht nicht neutral, sondern weisen eine spezifische Markierung auf, die der **emotionalen Bewertung**.

Konnotationen sind konventionell an Wörter oder bestimmte Bedeutungen von Wortformen gebunden. Sie beziehen sich auf die Beziehungen zwischen dem Sprecher, dem Ausdruck und dem Gemeinten. Konnotierte Ausdrücke weisen eine spezifische stilistische Markierung, die der emotionalen Bewertung, auf.

In der linguistischen Forschungsliteratur der letzten Jahrzehnte hat die Frage nach einer Markierung bestimmter lexikalischer Elemente in emotionaler Hinsicht und der daraus resultierenden expressiven Wirkung bestimmter Wörter relativ wenig Beachtung gefunden.[106] Demgegenüber war sie ein zentraler Gegenstand der populärwissenschaftlichen Ratgeberliteratur (z. B. Förster 1999, Reins 2006).

Der **emotionale Wortschatz** stellt einen wichtigen Teil der expressiven Lexik dar. Er setzt sich ganz allgemein aus den Ausdrucksmöglichkeiten für Emotionen[107] zusammen, die das Sprachsystem in lexikalischer Hinsicht bereitstellt. Hierzu gehören vor allem die sog. „Gefühlswörter" (vgl. Fiehler 1990), also Lexeme, mit denen explizit auf einzelne Emotionen referiert wird. Das sind Ausdrücke wie *Freude, Liebe, Glück, Angst, Wut, Hass, Verzweiflung* etc., die sich deskriptiv auf emotionale Zustände und Prozesse beziehen. Sie werden deshalb auch ‚**emotionsbezeichnende Wörter**' genannt. Neben den genannten Nomina zählen dazu auch entsprechende Verben und Adjektive (z. B. *freuen, lieben, hassen, glücklich, neidisch* etc.), die ebenfalls der deskriptiven Benennung von emotionalen Zuständen dienen, weil

106 Ausnahmen bilden beispielsweise die Ausführungen von Schwarz-Friesel (2007) oder Stoeva-Holm (2005), im Rahmen der Gesprächslinguistik die Untersuchung von Fiehler (1990).

107 Auf die Definition des Begriffes ‚Emotion' und die z. T. problematische Abgrenzung desselben gegenüber ähnlichen wie ‚Gefühl', ‚Affekt' oder ‚Empfindung' soll an dieser Stelle nicht eingegangen werden.

der Sprecher mit ihnen eine direkte Referenz auf das von ihm wahrgenommene Gefühl vollzieht.

Aus stilistischer Perspektive ist zunächst relevant, dass emotionsbezeichnende Wörter über ein erhöhtes stilistisches Potential verfügen, weil emotionale Bedeutungsaspekte einerseits auf besondere Weise rezipiert werden: Sie werden z. B. schneller und hinsichtlich ihres Aktivierungsniveaus intensiver aufgenommen sowie besser behalten als neutrale Ausdrücke (vgl. z. B. Kroeber-Riel / Weinberg 1999). Zum anderen ist die Verwendung emotionsbezeichnender Wörter wiederum nicht für alle Kommunikationsbereiche / Textsorten typisch bzw. erwartbar.

Von den emotionsbezeichnenden können **emotionsausdrückende Lexeme** unterschieden werden. Schwarz-Friesel (vgl. 2007, S. 153) nennt als prototypische expressive Mittel, die rein emotionsausdrückend fungieren, die **Interjektionen**. Durch Interjektionen können Emotionen unmittelbar zum Ausdruck gebracht werden, ohne diese explizit zu benennen. Dabei dienen sie primär dem spontanen Ausdruck starker, subjektiver Emotionalität und kommen deshalb vor allem in der gesprochenen Sprache vor. Sie gelten als prototypisch expressiv, weil sie Empfindungen ausdrücken (z. B. *au, igitt*).[108]

Innerhalb der Interjektionen lassen sich drei Klassen voneinander unterscheiden: solche, die unangenehme Empfindungen kodieren (z. B. *brrr!, ih!*), diejenigen, die angenehme Empfindungen ausdrücken (z. B. *hurra!, juhu!*) sowie hinsichtlich einer Bewertung relativ neutrale (z. B. *ah!, oh!*). Letztere sind in Abhängigkeit von der Intonation multifunktional einsetzbar (z. B. *hm, ach*) und damit in Bezug auf ihre Funktion und Interpretation stark kontextabhängig. Stehen sie satzassoziiert, d. h. im Vorfeld oder Nachfeld eines vollständigen Satzes, geben sie eine emotionale Bewertung für die folgende oder vorangehende Proposition, was erheblichen Einfluss auf den kommunikativen Sinn dieser Äußerung hat.

Gegenüber den genannten einfachen Interjektionen enthalten **komplexe Interjektionen** mehr oder weniger deutliche lexikalische Strukturen (*Oh Gott!, Mein Gott!, Scheiße!*). Zum Teil bestehen sie sogar aus Wortgruppen, wobei die eigentliche Bedeutung der verwendeten Lexeme nicht aktualisiert wird (*Ach du meine Güte!*). Als Spezialfall der komplexen Interjektionen können **Inflektive** (auch: deverbative Interjektionen), die aus bloßen Verbstämmen ohne Flexionsendungen bestehen, angesehen werden (z. B. *ächz!, brech!, seufz!, stöhn!* vgl. Nübling 2006, S. 605 f.).

Zu den emotionsausdrückenden Wörtern gehören neben den Interjektionen auch **Wortbildungen** mit bestimmten Diminutivsuffixen (z. B. *Kindchen, Sohnilein*), mit Bewertungspräfixen (z. B. *Scheißbuch, Superbuch*), mit dem Suffix *-ler* (z. B. *Abweichler, Gewinnler*), mit einzelnen Zirkumfixen (z. B. *Gerede*) u. v. m. sowie natürlich **Kosenamen** und **Schimpfwörter** (z. B. *Schatz, Idiot*).

108 Auf die wenigen, nicht prototypischen Interjektionen wie beispielsweise *Pst!, He!* oder *Pfui!*, die das Gegenüber zu einem bestimmten Verhalten auffordern (auch: Appellinterjektionen) soll hier nicht eingegangen werden (vgl. dazu z. B. Nübling 2006, S. 604).

Einen wichtigen Teil des emotionsausdrückenden Wortschatzes bilden die oben bereits näher beschriebenen **konnotierten Lexeme** (*flennen* vs. *weinen, Balg* vs. *Kind*), denn stark konnotierte Wörter wie *Penner* oder *Nigger* sind gut dazu geeignet, eine Bewertung – hier eine negative emotionale und / oder kognitive Einstellung zu einer Person – auszudrücken.

Auch die emotionsausdrückenden Lexeme verfügen natürlich über ein besonders großes stilistisches Potential, wie das folgende Beispiel zeigt:

> *Auch wenn jetzt ihr kleiner* **Liebling** *in jeder Beziehung Mittelpunkt des Lebens ist, Sie brauchen Zeit für sich selbst oder für die Zweisamkeit mit Ihrem Partner … Übrigens: Scheuen Sie sich nicht, enge Freunde oder Verwandte wie zum Beispiel Ihre Eltern ab und zu um die Betreuung Ihres* **Lieblings** *zu bitten. Seien Sie versichert, dass ihre* **Kinder** *das irgendwann mit Ihnen auch tun werden.* (Markus Stemmler „Baby- und Kindertagebuch", S. 11 [Fettdruck zur Hervorhebung, nicht im Original])

Neben den emotionsbezeichnenden und emotionsausdrückenden Lexemen gibt es Wörter, die in Relation zu ihrer kontextuellen und situativen Einbettung emotiv wirken. Dazu gehören sog. **Reizwörter**. Das sind vor allem Substantive, die als bildliche Ausdrücke für Emotionen aufgefasst werden können (vgl. Stoeva-Holm 2005, S. 63).

Als typische Reizwörter gelten **Somatismen,**[109] d. h. Lexeme wie *Herz, Auge* oder *Tränen*, die einerseits Teile des menschlichen Körpers oder Körperflüssigkeiten bezeichnen, jedoch auch der Versprachlichung von Emotionen, Eigenschaften und Einstellungen dienen können und dann expressiv wirken. Solche Bezeichnungen stehen dabei stellvertretend für die Gefühlswelt, wobei eine Unterscheidung zwischen positiver und negativer emotionaler Befindlichkeit oft durch attributive Ergänzungen gewährleistet wird (z. B. *leuchtende Augen, glänzende Augen*). Da der indexikalische Zusammenhang zwischen visuell erkennbaren körperlichen Symptomen und verschiedenen psychischen und kognitiven Erscheinungen vielfach erwiesen ist, kann die sprachliche Darstellung eines emotionalen Zustandes durch die Feststellung äußerer körperlicher Symptome vorgenommen werden. Sie lassen sich vor allem im Gesicht ablesen, weshalb Lexeme wie *Auge, Tränen* oder *Blick* in emotionalen Kontexten eine besondere Frequenz aufweisen. Das heißt, es geht einerseits um die Nennung von Körperteilen, die stellvertretend für die Gefühlswelt stehen und an denen sich ein bestimmter Gemütszustand erkennen lässt. Andererseits geht es um das Verweisen auf Reaktionen des Körpers, die als Ausdruck eines bestimmten Gemütszustandes, in dem sich eine Person befindet oder befand, angesehen werden.

Die expressive Wirkung derartiger Somatismen – insbesondere aus dem semantischen Feld des Sehens – zeigen folgende Abschnitte aus verschiedenen Romanen von Herta Müller, z. B.:

---

109 Neben den Somatismen gibt es auch Reizwörter aus anderen bildspendenden Bereichen, z. B. der Natur. So eignen sich Wörter wie *Sonnenschein, Abend, Meer, Stern* usw. wiederum dazu, als äußere Entsprechungen eines seelischen Zustandes zu fungieren.

In jeder Sprache sitzen andere Augen
In der Dorfsprache [...] lagen bei allen Leuten um mich herum die Worte direkt auf den Dingen, die sie bezeichneten. Die Dinge hießen genauso, wie sie waren, und sie waren genauso, wie sie hießen. [...] Es gab für die meisten Leute keine Lücken, durch die man hindurch schauen und ins nichts starren musste. (Herta Müller „Der König verneigt sich und tötet", S. 7 f.)

Fast jeder Satz ist ein anderer Blick. Das Rumänische sah die Welt so anders an, wie seine Worte anders waren. Auch anders eingefädelt ins Netz der Grammatik.
Lilie, crin, ist im Rumänischen maskulin. Sicher schaut DIE Lilie einen anders an als DER Lilie. Man hat es auf Deutsch mit einer Liliendame, auf Rumänisch mit einem Herrn zu tun. Wenn man beide Sichtweisen kennt, tun sie sich im Kopf zusammen.
(Herta Müller „Der König verneigt sich und tötet", S. 25)

Das Schwarze im Auge des Diktators ist wie Adinas Daumennagel, wenn sich der Daumen krümmt, ohne nach etwas zu greifen. Das Schwarze im Auge sieht jeden Tag aus der Zeitung ins Land.
(Herta Müller „Der Fuchs war damals schon der Jäger", S. 27)

Angler stehen am Fluß, und im Wasser steht es noch einmal, das Schwarze im Auge. Und glänzt. Was glänzt, das sieht.
Pappelschatten fallen am Ufer die Treppen herunter, zerbrechen an den Kanten und tauchen nicht. Wenn die Straßenbahn über die Brücke fährt, treiben die Schatten kleinere Schatten hinaus in den Wasserlauf, wie die Stirnlocke des Diktators kleinere Locken auf den Hinterkopf des Diktators treibt.
(Herta Müller „Der Fuchs war damals schon der Jäger", S. 28 f.)

Das hier gezeigte stilistische Verfahren, auf der Grundlage von Somatismen ein Analogiesystem mit extremer Bildkraft zu entwickeln, ist spezifisch für das Werk von Herta Müller und kann damit als individuelles stilistisches Handlungsmuster angesehen werden (vgl. Kap. 3.2.4).

Durch die Verwendung expressiver Lexik können je nach Textsorte und Kommunikationsbereich verschiedenste Stilwirkungen erzielt werden. Dazu gehören im Falle der Reizwörter oder Somatismen etwa das Auslösen von Assoziationen, das Herstellen von Anschaulichkeit oder Strukturiertheit.

Zum stilistischen Potential einzelner Wortarten und Wörter

Die stilistischen Möglichkeiten im lexikalischen Bereich schließen auch das stilistische Potential bestimmter Wortarten ein. Die folgenden, knappen Ausführungen beschränken sich auf bestimmte Substantive und Adjektive, wobei es vordergründig um semantische Charakteristika geht.[110]

Vor allem praktische Stillehren (vgl. Kap. 3.2.4) betonen seit jeher die große Bedeutung der gehäuften Verwendung bestimmter Wortarten für die stilistische Gestaltung von Texten. So warnt Reiners (2004) etwa vor gefährlichen Beiwörtern oder der Schling-

110 Zur Darstellung grammatischer Bedingungen und Folgen s. o. (z. B. zum Nominalstil).

pflanze Adjektiv. Schneider (2010) schlägt für journalistische Textsorten vor, zwei von drei Adjektiven zu streichen, denn Adjektive seien „oft falsch, oft hässlich, oft bloße Rauschgoldengel – und wenn all dies nicht, dann immer noch Weichmacher, eine Bedrohung für Klarheit und Kraft“ (Schneider 2010, S. 31).

Für die Beschreibung des stilistischen Potentials von Adjektiven wird hier wiederum das Kriterium der stilistischen Neutralität angewendet und die damit verbundene Frage aufgeworfen, in welchen Funktionsbereichen oder Textsorten der Gebrauch von (bestimmten) Adjektiven Stilwerte oder Stileffekte erzielen kann. Relevant ist in diesem Zusammenhang, dass bei **Adjektiven** „in viel höherem Grade als bei Substantiven von vornherein eine Wertung, ein Bezugsmaßstab“ (Eroms 2008, S. 64) impliziert ist. Dabei ist dahingehend zu unterscheiden, ob mittels eines Adjektivs eine objektive Bewertung – etwa im Sinne einer Beschreibung – vorgenommen wird oder eben eine eher subjektive, relative Bewertung, denn mit Adjektiven wird in semantischer Hinsicht Unterschiedliches geleistet. So kann im Falle von qualifizierenden Adjektiven einer Person oder einem Sachverhalt / Gegenstand relativ oder absolut eine Eigenschaft zugeordnet werden (*Schneewittchen war sehr schön.*). Mit Relationsadjektiven wird eine Zugehörigkeit oder Beziehung ausgedrückt (*Die Gewinne steigen um stolze 44 Prozent.*), bei quantifizierenden Adjektiven geht es um relative und absolute Mengenangaben (z. B. *mit vielem alten Gerümpel; die doppelte Ration.*).

In Bezug auf die Frage, welche Adjektive in allen Funktionsbereichen der Sprache eingesetzt und somit als stilneutral eingestuft werden können, sind beispielsweise innerhalb der Gruppe der superlativischen Ausdrücke, die eine höchste Bewertung abgeben sollen, *sehr gut* und *ausgezeichnet* in stilistischer Hinsicht neutral. Sie bewirken im Vergleich zu anderen Wörtern des Paradigmas wie *stark, toll, super etc.* in der Regel keinen Stileffekt und erzielen keinen Stilwert.

Stilistisch relevant können auch die Gebrauchsweisen des Adjektivs im Satz sein, denn Adjektive können attributiv (z. B. *ein guter Einfall*), prädikativ (z. B. *Der Abend wurde teuer.*) und adverbial (z. B. *Der Sommer war scheußlich kalt.*) verwendet werden. Die Wahl einer attributiven oder einer prädikativen Ausdrucksweise ist oft abhängig vom Verdichtungsgrad eines Textes, denn je stärker Merkmale von Nominalstil ausgeprägt sind, desto eher besteht die Möglichkeit, durch adjektivische (und sonstige) Attribute weiter zu komprimieren (Eroms 2008, S. 149). Der adjektivische Ausdruck kann bei einer attributiven Verwendung thematisch verwendet werden, etwa als Attribut eines Subjekts, z. B.:

> *Die **attraktiven** Proportionen des Volvo C30 sorgen nicht nur für optische Reize.*
> (Volvo Direct Marketing)

In solchen Fällen komprimiert jede attributive Verwendung einen virtuellen Satz, z. B.:

> *Die Proportionen des neuen Volvo C30 sind attraktiv.*

Wie dieses Beispiel zeigt, stellt eine thematische Verwendung des Attributs damit im Falle persuasiver Kommunikationsstrategien zugleich eine einfache Möglichkeit dar, die Beurteilung der verschiedenen Qualitäten von Sachverhalten, Dingen und Personen durch den Textproduzenten kommunikativ zu transportieren.

Soll hingegen der Aussageschwerpunkt auf der Beurteilung bzw. Bewertung der Qualität einer Person oder eines Sachverhalts liegen, ist die prädikative Form besonders geeignet, weil hier das Adjektiv im Rhemagipfel erscheint, z. B.:

Das Fahrgefühl im neuen BMW3er Coupé ist unbeschreiblich.

Bedeutsam für die stilistische Gestaltung von Texten sind schließlich bestimmte Wörter, die der Assoziation von Hochwertbereichen dienen. Hierbei handelt es sich um sog. „Hochwertwörter" oder auch „Plastikwörter", die einen Stilwert in der Darstellungsart abgeben können.

Der Begriff des ‚**Hochwertwortes**' wurde zunächst in der Rhetorik verwendet und diente zur Bezeichnung von Wörtern, mit denen positive Assoziationen verbunden sind (z. B. *Heimat, Vaterland*). In Bezug auf die Werbesprache werden unter Hochwertwörtern seit Römer (vgl. 1980, S. 99 ff.) diejenigen Ausdrücke verstanden, die ohne die grammatische Struktur eines Komparativs oder Superlativs geeignet sind, das damit Bezeichnete (bei Substantiven) oder näher Bestimmte / Prädizierte (bei Adjektiven) aufgrund ihrer sehr positiven Inhaltsseite aufzuwerten. Der Begriff ‚Hochwertwort' referiert dabei ganz allgemein auf Wörter, mit denen die Kommunikationsbeteiligten ein hohes Ansehen und ein hohes Prestige verbinden und die deshalb positive Assoziationen vermitteln. Wie die folgenden Beispiele aus Marketingtexten zeigen, können dies im substantivischen Bereich bestimmte Konkreta sein wie etwa *König* (*… das König der Biere*), die etwa ‚Adel' und ein damit verbundenes hohes soziales Prestige assoziieren, ebenso wie entsprechende Adjektive (z. B. *kaiserlich, majestätisch, edel, nobel*), z. B.:

Majestätischer Genuss
Hamburger Royal TS
Dem guten Geschmack verpflichtet.
Der Hamburger Royal TS gehört von Haus aus schon zum geschmacklichen Hochadel. Eine edle Sauce, kaiserlich-knackiger Salat, noch mehr feines Rindfleisch und zwei noble Tomatenscheiben. Tataa!
Wie das mundet!
(Verpackungsaufschrift *McDonalds*-Produkt 2011)

Sehr häufig sind es Abstrakta wie z. B. *Genuss, Eleganz* oder *Freude*, deren Wirkung – wie das Beispiel zeigt – innerhalb des Textes durch stilschichtig markierte Lexik (z. B. *munden* ‚gehoben') und stilschichtig markierte Phraseologismen (z. B. *jemandem verpflichtet sein*) gestützt werden kann.

Durch eine besonders hohe Frequenz zeichnen sich aktuelle Hochwertwörter aus, die entweder als besonders zeitgemäß empfunden werden oder auf gesellschaftlich brisante Themen Bezug nehmen. Dazu gehören zurzeit etwa *Nachhaltigkeit* (z. B. *Die nachhaltigste*

Verbindung von Effizienz und Dynamik.) oder *Umwelt* (*Fahrvergnügen ohne Reue. Unserer Umwelt zuliebe.*).

Als sog. „**Plastikwörter**" werden seit Pörksen (1992) Lexeme wie *Entwicklung, Prozess, Technik, Strategie, Substanz* oder *System* bezeichnet, die er als ein Symptom für die „wissenschaftliche Durchdringung des Alltags und seiner Sprache" (Pörksen 1992, S. 19) ansieht. Kennzeichnend für Plastikwörter ist ihre (pseudo-)wissenschaftliche Prägung, wodurch die Assoziationen in eine ganz bestimmte Richtung, nämlich die fachsprachliche gelenkt werden. Dementsprechend gehen die mit Plastikwörtern verbundenen stilistischen Intentionen immer in Richtung ‚wissenschaftlich fundiert', ‚Expertentum' oder ‚Sicherheit' (im Sinne von ‚geprüfter Qualität'). Die genannten Ausdrücke verfügen in der Regel über ein stilistisches Potential – ähnlich wie es für fachsprachlich markierte Lexik (insbesondere für sog. Halbtermini und Pseudotermini, s. o.) charakteristisch ist, z. B.:

> *Trotzdem sind diese gesundheitsgefährdenden Substanzen das Hauptthema beim aktuellen ADAC-Test von **Transportsystemen** für Kinder, die mit Fahrrädern verbunden werden können.*

3.2.4 Generelles zur Verwendung der Einzelelemente

Im Folgenden werden einzelne, sich mitunter überschneidende Aspekte angeführt, die für die Analyse der Einzelelemente von Bedeutung sein können.

In engem Zusammenhang mit der Stilanalyse steht immer auch das Problem der Bewertung. Obwohl sich die Sprachwissenschaft generell um einen deskriptiven Zugang bemüht, ist gerade innerhalb ihrer Teildisziplin ‚Stilistik' die normative Komponente kaum vollständig auszuschließen. Wird – wie in den vorangegangenen Unterkapiteln – das **System** als die Gesamtmenge aller Möglichkeiten beschrieben und bestimmte Auswahlen aus den paradigmatischen Varianten des Systems für einzelne Verwendungsbereiche als typisch gekennzeichnet, so geht es auch um die Klassifikation von Beschränkungen und damit im weiteren Sinne um usuelle **Normen**. Im Rahmen von linguostilistischen Ansätzen wird insbesondere bei den Funktionalstilen Normativem großes Gewicht beigemessen. Es wird versucht, schriftliche Texte oder mündliche Äußerungen als angemessen oder adäquat für eine Kommunikationsfunktion bzw. einen Kommunikationsbereich zu bestimmen. Dabei werden jedoch die Prinzipien, nach denen entsprechende Bewertungskriterien aufgestellt werden, nicht offengelegt.

Die stilistische Beurteilung als ‚angemessen' oder ‚nicht angemessen', ‚gut' oder ‚schlecht' stellt auch ein wesentliches Ziel zahlreicher laienlinguistischer bzw. populärwissenschaftlicher Arbeiten dar. Es handelt sich um **normative Stilistiken**, die sich vielfach als **Handlungsorientierung** für die Produktion von Texten verstehen, wobei die Verfasser ihre Bewertungsmaßstäbe vorwiegend auf der Basis ihres Stilgefühls sowie ihrer Erfahrung im Formulieren und im Umgang mit Texten ansetzen.

Nur zwei dieser normativ ausgerichteten Stilistiken sollen hier exemplarisch genannt und kurz vorgestellt werden, dazu gehört als eines der einflussreichsten Werke die „Stilkunst" von Ludwig Reiners, zudem das Buch „Deutsch für Profis“ von Wolf Schneider, welches sich auf aktuell gültige Stilprinzipien beziehen soll.

Reiners „**Stilkunst. Ein Lehrbuch deutscher Prosa**“ ist erstmals 1943 erschienen und enthält – obwohl es seither umfassend überarbeitet wurde – natürlich zahlreiche Aspekte, die vor dem Hintergrund gegenwärtiger Stilprinzipien nicht mehr von Bedeutung sind. Es handelt sich jedoch um ein äußerst umfassendes Werk, das Wege zu gutem Stil beschreiben will, indem es anhand zahlreicher Beispiele Gesichtspunkte von Wortwahlen und Satzkonstruktionen diskutiert. Großen Raum nimmt dabei die Beschreibung sog. Stilkrankheiten ein, von denen die folgenden beispielhaft herausgegriffen werden sollen. So warnt Reiners etwa vor gefährlichen Beiwörtern oder der Schlingpflanze Adjektiv, die er als den Feind des Hauptwortes, des Substantivs, ansieht:

> Das Adjektiv ist ein gefährliches Stilinstrument. Mühelos, ohne den Satz wirklich durchzuformen, können wir es einem allgemeinen Hauptwort anhängen, und allzu oft verleitet es den Schreiber, ein allgemeines Hauptwort zu wählen und die genauere Festlegung dem Adjektiv zu überlassen. Schon Quintilian hat die mit Beiwörtern überladenen Sätze mit einem Heere verglichen, bei dem hinter jedem Soldaten ein Kammerdiener einhergehe. (Reiners 2004, S. 119)

Ebenso empfiehlt er, ein Übermaß an Fürwörtern zu vermeiden, da diese den Stil „trocken“ machen, und fordert Hauptsätze für Hauptsachen:

> Das Fürwort ist von Natur blaß; es ruft keine Vorstellung hervor und borgt seine Kraft und Bedeutung nur von dem Wort, für welches es steht. Oft wäre uns lieber, wenn der Autor, statt ein Fürwort zu setzen, die Sache selbst noch einmal beim Namen genannt hätte. (Reiners 2004, S. 126 f.)

> Hauptsachen verlangen Hauptsätze. Gegen diesen Ratschlag verstößt, wer neue Ereignisse in Bezugssätze einsperrt: 1910 heiratete er Ursula, die aber im gleichen Jahr starb. Der Tod Ursulas verlangte einen Hauptsatz (aber sie starb im gleichen Jahr). Der Bezugssatz soll nur ergänzende oder unterscheidende Beschreibungen des Hauptsatzes enthalten, welche für ein Beiwort oder Mittelwort (Partizip) zu lang und für einen selbständigen Satz zu unwichtig wären: er kann auch eine Mitteilung aus der Vergangenheit nachholen, aber er darf nicht neue wichtige Tatsachen berichten. Echte Bezugssätze sind unentbehrliche Hilfsmittel jedes Satzbaus. Aber leider haben die Satzbaustümper eine unausrottbare Neigung, Hauptsachen in Nebensätze zu zwängen […]. (Reiners 2004, S. 140)

Auch Schneiders „**Deutsch für Profis. Wege zu gutem Stil**“ (2001, Erstauflage 1984) soll bei weitem nicht nur als Handlungsanleitung für angehende Journalisten dienen, sondern allgemeine Ratschläge zu gutem bzw. besserem Deutsch geben. Dabei nehmen diejenigen, die der Verständlichkeit von Texten dienen sollen, den breitesten Raum ein. Unter der Überschrift „Wie man gut, interessant und verständlich schreibt“ finden sich wiederum scheinbar pauschale Forderungen wie „Weg mit den Adjektiven!“, „Her mit den Verben!“ oder eben „Hauptsachen in Hauptsätze!“, z. B.:

> Auch dieser Rat ist populär und gut. Beherzigt wird er so selten wie der, die Sätze kurz zu halten, und eine ziemlich grobe Faustregel mit ziemlich vielen Einschränkungen ist er ebenfalls. Denn: Gereiht wirken Hauptsätze unangenehm und schließlich ermüdend – genau wie gehäufte kurze Sätze, mit denen sie ja oft identisch sind.
> Was grammatisch ein Nebensatz ist, kann inhaltlich ein Hauptsatz sein (Inhaltssatz): „Es trifft sich, dass ich im Lotto gewonnen habe" oder „Den Umstand, dass Du Deine Frau geohrfeigt hast, finde ich bemerkenswert". Mit solchen Hauptsätzen ist nichts gewonnen.
> (Schneider 2001, S. 97)

Darüber hinaus nimmt sich Schneider – ebenso wie andere Verfasser praktischer Stillehren – spezifischen Aspekten von Texten wie etwa dem Rhythmus an, die im Rahmen der linguistischen Stilistik bisher kaum zum Gegenstand systematischer Untersuchungen gemacht wurden.[111] So zeigt Schneider beispielsweise an den Sätzen *Dies ist ein Fall, der klar zu sein scheint.* und *Dieser Fall scheint klar zu sein.*, dass der letzte in rhythmischer Hinsicht angenehmer ist, während sich beim ersten die Silben „reiben":

> lauter einsilbige Wörter, drei davon nach dem letzten Tonwort (*klar*), die beiden letzten (*sein scheint*) zudem mit der hässlichen Eigenschaft, dass sie zwar unbetont, aber lang sind
> (Schneider 2001, S. 188 f.).

Was hier eher salopp formuliert wird, deutet dennoch an, dass solche phonostilistischen Gesichtspunkte durchaus relevant für Textproduktion und -rezeption sein können und zwar nicht nur im Bereich der Lyrik.

Innerhalb der sprachwissenschaftlichen Auseinandersetzung mit Stil und Stilistik wird generell eine Konzentration auf Deskriptives angestrebt, wobei die Beschreibung der Möglichkeiten des Sprachsystems und der potentiellen Stilwirkungen einzelner sprachlicher Elemente im Vordergrund steht. Handlungsanleitungen begegnen allenfalls in Form allgemeiner Anforderungen und Gesichtspunkte im Hinblick auf den stilistischen Gesamteindruck des Textes. In der linguistischen Literatur begegnen in diesem Zusammenhang vor allem die Kriterien ‚Einheitlichkeit', ‚Variation', ‚Sparsamkeit', ‚Sachangemessenheit / Logik' und ‚Bildkraft' (vgl. Riesel / Schendels 1975, Eroms 2008).

Gerade das Gebot der **Einheitlichkeit** als wichtige Voraussetzung für die stilistische Gestaltung macht deutlich, dass sich das Phänomen Stil immer auf konkrete Texte bezieht, vor deren Hintergrund stilistische Einzelphänomene zu analysieren sind. So erzeugt die Kombination fachsprachlich markierter Elemente desselben Fachbereichs vor dem Hintergrund neutraler Elemente einen fachsprachlichen Eindruck, z. B.:

---

111 Ausnahmen bilden hier Spillner (1984), der die semantisch-stilistische Leistung lautlicher Ausdrucksmittel untersucht hat, oder Sowinski (1999), der sich allgemein mit lautlichen Erscheinungen der Sprache im Hinblick auf Laut- und Klangstilistik bzw. Phonostilistik beschäftigt hat.

*Während der **AL-Horizont** aus fast unverändertem Laub- oder Nadelabfall besteht, stellt der **AF-Horizont** die **Fermentations- oder Vermoderungsschicht** dar, die aus **in Zersetzung befindlichen Pflanzenresten** aufgebaut wird.*

Demgegenüber können beispielsweise stilschichtig abgesenkte, umgangssprachliche Elemente wie *vergammeln* in solch einem Text die fachsprachliche Einheitlichkeit stören, indem sie zu Stileffekten führen, z. B.

*Während der AL-Horizont aus fast unverändertem Laub- oder Nadelabfall besteht, stellt der AF-Horizont die Fermentations- oder Vermoderungsschicht dar, die aus Pflanzenresten aufgebaut wird, die teilweise schon **vergammelt** sind.*

Eng an das Kriterium der Einheitlichkeit ist das der **Sparsamkeit** gebunden. Dies manifestiert sich u. a. darin, dass die Verwendung markierter Lexeme eine Basis neutraler Ausdrücke benötigt, vor deren Hintergrund sich Stilwerte entfalten können. Dies steht in Zusammenhang mit dem Aspekt der Natürlichkeit der Textgestaltung (vgl. Kap. 3.3.2 und Kap. 3.3.3), d. h. genauer mit der Abfolge von Figur und Grund. Eine Gestalt wird nur vor einem Hintergrund erkennbar. Im Vordergrund, als Figur, können nur Wahrnehmungsinhalte stehen, die sich vom Unmarkierten abheben (z. B. auch Stilfiguren o. ä.; vgl. Kap. 3.2.5), wobei der Grund insofern Teil der Gestalt ist, als sich diese erst durch ihr Abheben vom neutralen Hintergrund konstituieren kann. Das bedeutet, beide sind interdependent, denn die unmarkierten oder wenig markierten Elemente gehören ebenso zum Stil wie die markierten.

Das allgemeine Gebot der **Variation** bezieht sich auf die Ausgewogenheit sprachlicher Mittel. Es geht im weitesten Sinne um Abwechslung und diese lässt sich auf alle Ebenen der Sprachbeschreibung beziehen. Ein anschauliches Beispiel für derartige Variationen sind die in der Wortwahl, die jedem Sprachlerner mit dem Ziel, Wiederholungen zu vermeiden, bereits in den frühen Phasen des Schriftspracherwerbs nahegebracht werden (vgl. Kap. 5.3). Auch der folgende Text enthält solche Variationen auf lexikalischer Ebene. Sie resultieren hier z. B. aus der Verwendung von – zumindest partiellen – Synonymen wie *Wirtschaft*, *Wirtshaus*, *Gasthaus*, mit denen auf einen zentralen Bestandteil des Themas Bezug genommen wird:

Mit Mut und Bescheidenheit Wirtshäuser retten

Da freut man sich so richtig, wenn Leute im Gastgewerbe nicht jammern, sondern voller Begeisterung in die Zukunft schauen, ihren Lebensweg mit dem gemeinsamen Ziel verwirklichen, dass ihnen eine kleine Wirtschaft ein zufriedenes Auskommen sichern kann. Anzutreffen ist dieses Glück – natürlich auch für die Gäste gesehen – im kleinen Dorf Pritzl unweit von Raitenhaslach bei Burghausen. Zwei junge Wirtsleut', eine Österreicherin und ein Holländer, haben sich ein altes Wirtshaus gepachtet und damit eine Existenz aufgebaut. Sie sind in Zeiten des großen Wirtshaussterbens mit neuen Ideen in die Selbstständigkeit gegangen und haben es nicht bereut. Sie können vielleicht für die neue Generation von Köchen ein Beispiel dafür sein, ein altes Gasthaus wieder aufzusperren, um den Dörfern und Stadtteilen ein neues gesellschaftliches Leben einzuhauchen [...]. (Passauer Neue Presse 28.08.2014)

Das Variationsgebot bezieht sich auf der lexikalischen Ebene natürlich nicht nur auf referenzidentische Ausdrücke, sondern auf ganz verschiedene Arten der Wiederholung von Wortformen und -bestandteilen, die wie im folgenden Beispiel in der Regel durch Umformulierungen vermieden werden können:

Von den emotionsbezeichnenden ***Ausdrücken*** *können die emotions****ausdrückenden*** *unterschieden werden.*

Von den emotionsbezeichnenden Lexemen können die emotionsausdrückenden unterschieden werden.

Auf der grammatischen Ebene dienen dem Variationsgebot gerade im Hinblick auf die makrostilistische Gestaltung von Texten ein abwechslungsreicher Satzbau – insbesondere durch einen Wechsel von mäßig kurzen und mäßig langen Sätzen, einfachen und unterschiedlich komplexen Sätzen – sowie Vielfalt bei den Verbformen und Nominalphrasen (etwa durch variierende Verwendung einfacher und komplexer bzw. synthetischer und analytischer Formen, verschiedener Klammertypen und unterschiedlich komplexer Nominalphrasen), z. B.:

Die Insel vor ihm hatte die Farbe des Sandsteins, den man hier brach. Das Land in seinem Rücken entließ seine Hügel ins Licht. Es war eine buckelnde Herde, die vor der aufsteigenden Sonne davonkroch, spärliche Haine, gewundene Terrassen, Gärten aus Geröll. Auf den Spuren der Dämmerung wanderten Schatten wie dunkle Wolken über das Land. Doch der Morgen im Sommer war kurz, und sobald die Sonne steil stand, würde sich nichts mehr rühren. Jorge de Houwelandt watete bis zu den Hüften in den Uferwellen und rieb sich eine Handvoll Wasser ins Gesicht. Das Meer schmeckte nach Schlaf. Ohne die Augen zu öffnen, legte er das Kinn auf die Brust, streckte die Arme aus und tauchte ein. (John von Düffel „Houwelandt" 2004, S. 9)

Mit dem Ziel einer **Stilisierung** kann gegen das Variationsgebot auch bewusst verstoßen werden, indem bewusst sprachliche Einzelelemente unterschiedlicher Komplexität mehrfach in einem Satz oder aufeinanderfolgenden Sätzen eingesetzt werden. Derartig intendierte Wiederholungen stellen zugleich ein gutes Beispiel dafür dar, dass prinzipiell jedes sprachliche Mittel zum Stilelement werden kann (vgl. Kap. 3.1). Im folgenden Textausschnitt sind es beispielsweise die virtuell neutralen Formen von *kein*:

Das Seminar verläuft ohne Vorfälle. Es gibt kein Leuchten und kein Licht, keine Offenbarung, keine Idee, keinen Geistesblitz, keine Erkenntnis, weder bei ihm noch bei den Studenten. In den zwei Stunden taucht kein einziger Gedanke auf, der, wie unausgegoren auch immer, es wert wäre, entfaltet oder gar aufgeschrieben zu werden. (Christoph Hein „Weiskerns Nachlass" 2011, S. 22)

Die Wiederholung eines Wortes oder einer Wortgruppe bildet auch die Grundlage für spezifische Formen von Stilfiguren, die Figuren der Hinzufügung, die ebenfalls zur Stilisierung von Texten und Textteilen beitragen (z. B. *Er rollt und rollt und rollt. Der Reifen von Reifen Schwarz.* Vgl. Kap. 3.2.5).

Auch in der linguistischen Literatur begegnet die stilistische Anforderung der **Angemessenheit**, die darauf abhebt, einen bestimmten kommunikativen Zweck sprachlich adäquat auszufüllen. Das Kriterium der Angemessenheit steht immer in Verbindung mit einer bestimmten Textsorte,[112] denn diese sind untrennbar mit bestimmten stilistischen Eigenschaften verbunden. Dies verdeutlichen beispielsweise die Ergänzungsvorschläge für die Lücken in den beiden folgenden Textbeispielen, von denen jeweils die letzte die stilistisch angemessene ist:[113]

(1) Es war einmal ein armer Mann, der konnte seinen einzigen Sohn nicht mehr ernähren. Da sprach der Sohn: „Lieber Vater, es geht Euch so kümmerlich, ich falle Euch zur Last; .... Da gab ihm der Vater seinen Segen und nahm mit großer Trauer von ihm Abschied.

a) ich sollt mich wohl endlich um eine Stelle kümmern."
b) was hältst Du davon, wenn ich mich auf eigene Füße stelle?"
c) ich schätze, dann sollte ich jetzt auch einen Beitrag zur Haushaltskasse leisten."
d) lieber will ich selbst fortgehen und sehen, wie ich mein Brot verdiene."

(2) Der Allgemeinheitsanspruch einer Theorie lässt es nicht zu, dass eine Theorie aufgrund empirischer Überprüfungen endgültig und eindeutig als „wahr" bezeichnet werden kann. Die Wahrheit ist mittels empirischer Untersuchungen nur approximierbar. Dennoch erfolgt üblicherweise aus Theorien nach hinreichend gründlicher empirischer Überprüfung die Ableitung praktischer Konsequenzen. Was jedoch unter „hinreichender empirischer Überprüfung" zu verstehen ist, kann nicht generell gesagt werden, sondern wird von Theorie zu Theorie mehr oder weniger rational neu bestimmt. Es liegt auf der Hand, dass ....

a) sich die Forscher empirisch umso besser abstimmen müssen, je wichtiger die praktischen Konsequenzen sind, die an einer solchen Theorie hängen.
b) man umso mehr Aufwand mit der empirischen Absicherung betreiben muss, je durchschlagender die praktischen Konsequenzen der Theorie sind.
c) in die empirische Absicherung der Theorie natürlich umso mehr Zeit und Arbeit gesteckt werden muss, je wichtiger die Folgen für die Praxis sind.
d) mit Zunahme der Bedeutsamkeit aller mit einer Theorie verbundenen praktischen Konsequenzen eine verbesserte empirische Absicherung gefordert wird.

---

112 Zu externen und internen Determinanten von Textsorten vgl. Kap. 4.3.

113 Die Beispiele stellen leicht abgewandelte Aufgaben der Gruppe „Sprachstile erkennen" aus dem Demotest der Studienstiftung des deutschen Volkes dar (veröffentlicht in „Forschung & Lehre" 1/14).

Aspekte wie **Anschaulichkeit**, **Bildkraft** oder **Expressivität** stellen keine allgemeinen Anforderungen an die stilistische Gestaltung von Texten dar, sondern sind Variablen, die sich wiederum in Relation zu Textsorten und Kommunikationsbereichen ergeben. Sie resultieren aus dem Zusammenspiel verschiedener Einzelelemente wie etwa dem Vergleich, der Metapher, einer bildhaften und ausdrucksstarken Wortwahl.

Für die stilistische Analyse ist schließlich bedeutsam, dass sich Sprecher / Schreiber – neben ihrer ganz persönlichen, ihrer individuellen Art sprachlich zu handeln – je nach Alter, nach Beruf, nach ihrer Herkunft unterschiedlich verhalten. Es geht um Merkmale sog. **Gruppenstile**, die sich in Stilen verschiedener Altersgenerationen (z. B. Jugendsprache), in Stilen verschiedener Berufsgruppen, in regionalen Stilen wie dem Stil der Berliner oder der Rheinländer, im Stil der Fußballfans und vielen anderen Gruppierungen manifestieren (vgl. dazu Kap. 5.2 „Kiezdeutsch").

Gerade im Bereich der ästhetischen Textsorten, insbesondere denen der Belletristik, bemühen sich Textproduzenten in der Regel um einen bestimmten Grad an Stilisierung, der zugleich ein Signal für Individualität abgeben soll. Dabei resultiert **Individualstil** im Sinne eines für eine Einzelperson typischen Schreib- oder Sprechstils aus wiederkehrenden Kombinationen bestimmter Merkmale (spezifischer Bündel kookkurrierender Merkmale), die in Texten anderer Schreiber nicht in der gleichen Verteilung und Ausprägung realisiert werden. So weisen im folgenden Text der kombinierte Einsatz verschiedener Stilfiguren (Personifikation, Wiederholung, Alliteration usw.), umgangssprachlicher und expressiver Lexik, spontansprachlicher Syntax und Interjektionen ebenso auf einen Individualstil[114] hin wie die Abweichungen beim Interpungieren:

> *Kein Lastenausgleich, Hausratshilfe, Aufwertung der Ostsparkonten (Fluch den Ministern !). Die Sterne erschienen wie Diebe in Regenmänteln, in schleichenden Wolkengassen. Aber dafür drei Mann in jeder Stube; aber dafür Wiederaufrüstung he : was müssen das für Ochsen sein, die sich den Fleischer zum König wählen ! Der schwarze Wind gebärdete sich wie ein Rasender, rempelte und schrie; den nächsten Zweig hieb er mir durch die Stirn, pfiff einen Kumpel und spuckte Regen : der kam johlend von hinten, treib mir den Hut hoch und würgte am Schal. Aber dafür klappt die Umsiedlung nicht : in jedem Beruf ist ein Mensch mit 65 ausrangiert; aber der Staatsmann, Senilissimus, wird scheinbar erst mit 75 so recht reif, eiskalt, total unmenschlich, greisig gräulich griesgram Gräber grimmig. Drei graue Fledermenschen kreuzten mich in langen taumelnden Umhängen, und schon erschien der schwarze Dachkeil des Niedersachsenbauern : Niemand hat ein Recht von den Schrecken des Krieges zu reden : die ewigen Kontrollen, mein Lieber!*
> (Arno Schmidt „Die Umsiedler" 1966, S. 74)

114 Natürlich ist Individualstil insofern eine dynamische Kategorie als jeder Textproduzent permanent äußeren Einflüssen unterliegt und sich auch seine Intentionen im Rahmen von verschiedenen Textherstellungssituationen ändern.

3.2.5 Stilfiguren

Stilfiguren lassen sich mitunter den besprochenen Einzelphänomenen wie etwa den Markierungen auf topologischer Ebene zuordnen, vielfach bilden sie auch die notwendige Voraussetzung für die Entstehung stilistischer Handlungsmuster (wie z. B. Muster 4: assoziativ-ästhetisch, vgl. Kap. 3.3.3). Denn die Verwendung bestimmter Einzelelemente kann Stilfiguren generieren, ebenso wie Stilfiguren zur Ausgestaltung von Handlungsmustern notwendig sein können.

Der Einsatz von Stilfiguren gründet sich auf einer langen rhetorischen Tradition. Seit der Antike beruht der Redeschmuck in Wortverbindungen (ornatus in verbis coniunctis) auf Ausdrucksweisen, die von der gewöhnlichen, schlichten sprachlichen Formulierung abweichen. Rhetorische Figuren stellen dabei Abweichungen im weitesten Sinne dar, nämlich Abweichungen von der einfachen Stellung und Ordnung der Worte, von der geraden und glatten Ausdrucksweise, vom gewohnten Ausdruck u. v. m. Sie werden als Ausdruck von Bewegung, von Affekten und von Leben verstanden, sie stellen in diesem Sinne ein Repertoire an Verfahren dar, um Starres (die logischen Begriffe) lebendig werden zu lassen oder starr Gewordenes (etablierte res und verba) auf neue Weise zu aktualisieren (vgl. Ueding / Steinbrink 2005, S. 300).

Die Einteilung des **Redeschmucks in Wortverbindungen** erfolgt traditionell nach grammatischen Änderungskategorien, die stark vereinfacht als Änderung durch adjectio (Hinzufügung), detractio (Auslassung) und transmutatio (Umstellung) aufgefasst werden können. Gegenüber diesen – aus den genannten drei Änderungsverfahren resultierenden rhetorischen Figuren – liegt den **Tropen** als Teil des Redeschmucks in den Einzelwörtern (ornatus in verbis singulis) im Wesentlichen ein Austausch (immutatio) zugrunde. Im Rahmen der stilistischen Analyse genügt es, die beiden Kategorien zusammenzufassen. Dementsprechend werden unter Stilfiguren im Folgenden sowohl rhetorische Figuren als auch Tropen verstanden.

Stilfiguren stellen Abweichungen von der neutralen Ausdrucksweise dar, die jedoch bereits etabliert und konventionalisiert sind. Es sind sozusagen eingeübte Divergenzen, die Texte bereichern, indem sie sie effektiver, dramatischer, wirkungsvoller etc. gestalten. Stilfiguren können Erwartungsnormen durchbrechen, tun dies aber nicht zwingend, weil sie für manche Textsorten typisch sind. Im gegenwärtigen Sprachgebrauch sind es vor allem Textsorten aus den Bereichen Publizistik, Belletristik, politische Rede oder Unternehmenskommunikation, in denen in hoher Frequenz Stilfiguren verwendet werden und sie dadurch erwartbar machen.

Stilfiguren heben sich – abhängig von der jeweils inhärenten Art der Abweichung – unterschiedlich stark von der neutralen Ausdrucksweise ab und tragen demgemäß zur Stilisierung von Texten bei. Aus ihrer Verwendung ergeben sich innerhalb der Text-sorten, für die sie charakteristisch sind, Stilwerte, in anderen eher Stileffekte.

Im Folgenden werden kurz diejenigen Stilfiguren vorgestellt, die in den einschlägigen Textsorten der Gegenwartssprache häufig begegnen.[115]

Figuren der Auslassung

Zu den Auslassungsfiguren gehören vor allem die syntaktische Ellipse, die Aposiopese sowie das Zeugma. Sie werden gebildet, indem Bestandteile eines Satzes weggelassen werden und tragen vor allem durch ihre Kürze und die dadurch gegebenen Möglichkeiten der lexikalischen Ausfüllung zur Stilisierung von Texten bei.

Ellipsen sind im grammatisch herkömmlichen Sinne alle Äußerungen, die die zweigliedrige Struktur des deutschen Normalsatzes unterschreiten. Während es in Alltagsgesprächen weit verbreitet ist, Teile des Satzes auszusparen, die situations- und partnerbedingt entbehrlich sind, lassen sich bei schriftlichen Kommunikationsformen relativ klar Bereiche abgrenzen, in denen elliptische Formen als rhetorische Figur[116] nahezu ausgeschlossen sind (z. B. Wissenschaft, Verwaltung), während andere Bereiche wie z. B. Journalismus, künstlerische Literatur oder auch unternehmerische Kommunikation ausgesprochen viele Ellipsen enthalten können.

Ellipsen werden zwar in der klassischen Rhetorik dadurch definiert, dass sie Auslassungsfiguren sind, bei denen das Ausgelassene hinreichend durch die übrigen Wörter verständlich ist bzw. ergänzt werden kann und unterscheiden sich damit von der **Aposiopese**, bei der ein Satz abgebrochen wird, bevor er beendet ist, und das Ausgelassene unklar bleiben kann (z. B. *Dich könnte ich ...*). Dennoch sind Ellipsen nicht als Reduktionen vergleichbarer nicht-elliptischer Ausdrücke zu verstehen, sondern stellen vielmehr Kondensationsformen mit eigenen Strukturgesetzmäßigkeiten und einem speziellen Mitteilungsgehalt dar.

Vielfach bilden elliptische Konstruktionen die Voraussetzung für Sprachspiele oder die Herstellung stilistischer Handlungsmuster, wobei der Figurationseffekt nicht zwingend primär aus der elliptischen Form resultieren muss, sondern auch durch die jeweilige kreative Umsetzung bzw. die Kombination mit anderen Strategien / Mustern oder auch anderen Figuren, wie beispielsweise der Ironie, entstehen kann (vgl. Kap. 3.3.3), z. B.:

> *Neid und Missgunst ab CHF 179,–/ Tag.*
> *(Mercedes-Benz E63 AMG günstig mieten unter sixt.ch)* (Werbeanzeige Sixt)

Eine weitere Stilfigur, die auf einer Form von syntaktischer Auslassung basiert, ist das **Zeugma**. Es entsteht dadurch, dass auf ein polysemes Lexem – in der Regel das Verb – zwei syntaktische Glieder bezogen werden, die verschiedene Sememe des Bezugswortes aktualisieren (z. B. *Nimm dir Zeit und nicht das Leben!*). Die Position des Bezugswortes kann

115 Zur Bedeutung einzelner Stilfiguren im Hinblick auf die Konstitution stilistischer Handlungsmuster vgl. Kap. 3.3.3.

116 Hier geht es natürlich nicht um reguläre Ellipsen wie beispielsweise die Koordinationsreduktion, bei der ein identisches Merkmal ausgelassen wird.

dabei der Satzanfang, das Satzende oder die Satzmitte sein. Die unterstellten syntaktisch-semantischen Glieder können gleichartig oder ungleichartig sein, wobei die Wirkung im Allgemeinen umso größer ist, je semantisch disparater diese sind, z. B.:

Steht Ihnen gut und zur Seite.

Figuren der Hinzufügung

Die Figuren der Hinzufügung entstehen im weitesten Sinne durch Wiederholung eines Wortes oder einer Wortgruppe und dienen im Wesentlichen der Hervorhebung. Im Allgemeinen stellt die Wiederholung ein wichtiges Instrument für die Textkonstitution dar, weil sie zum Sinnzusammenhang von Texten beiträgt (vgl. Kap. 2.1.2). Zu den Stilfiguren gehören solche Formen der Wiederholung, die auf lexikalischer, morphologisch-syntaktischer und lautlicher Ebene besonders strukturiert und auffällig sind und somit wiederum zur Stilisierung des Textes beitragen.

Besonders häufig auftretende Figuren der Hinzufügung sind gegenwärtig vor allem die Anapher (hier in einer völlig anderen Bedeutung als die in Kap. 2.1.2 beschriebene referenzstiftende sprachliche Form), die Epipher und die Klimax. Seltener begegnen andere Wiederholungsfiguren wie die einfache Verdopplung (Gemination), d. h. die Doppelsetzung eines Wortes am Anfang, in der Mitte oder am Ende des Satzes, oder der Kyklos, die Rahmenwiederholung.

Die **Anapher** bezeichnet die wörtliche Wiederholung jeweils am Anfang eines Satzes, Teilsatzes oder Gedankenabschnittes, z. B.:

*JET KRAFTSTOFF ist nicht gerade aufregend: **Immer** gleich hohe Qualität, **immer** penibel kontrolliert und **immer** gleich gut zum Motor.*

*ratiopharm: **Gute** Preise. **Gute** Besserung.*

Im Vergleich zur Anapher kommt die Schlusswiederholung, die **Epipher**, in Gebrauchstexten seltener vor. Hier wird am Ende eines Satzes oder Bedeutungsabschnittes dasselbe Wort oder Wortpaar gesetzt, womit ein eigener Rhythmus gefunden und das letzte Element verstärkt wird, z. B.:

*Und das nur für **dich**, für immer und **dich**, für immer und **dich** …*
(Rio Reiser „Für immer und dich")

Die Verwendung der Epipher ist typisch für ästhetische Textsorten, insbesondere die der Literatur.

Durch eine steigernde Reihung synonymer Wörter oder gleicher Satzglieder kann eine **Klimax** entstehen, z. B.:

Man repräsentiert, man tritt auf, man zeigt sich der jauchzenden Menge.
(Thomas Mann „Das Eisenbahnunglück")

Unter den Begriff der Klimax fallen zudem Formen der Aneinanderreihung von Wörtern nach dem inhaltlichen Prinzip der Steigerung zum Positiven oder Gewichtigen, z. B.:

Gut. Besser. Paulaner.

Zu den Wiederholungsfiguren gehört auch die **Paronomasie** als eine Form des Sprachspiels, die sich aus der Klanggleichheit oder Klangähnlichkeit zweier Wörter ergibt. Dabei werden semantisch und etymologisch unterschiedliche Wörter miteinander kombiniert, durch deren lautliche Ähnlichkeit ein Wiederholungseffekt entsteht, z. B.:

***Power** vom **Bauer**. Die Fitmacher aus deutschen Landen CMA.*

Im Falle von **Asyndeton** und **Polysyndeton** werden bedeutungsähnliche oder gleichbedeutende Wörter angehäuft,[117] wodurch die Eindringlichkeit der Aussage erhöht werden kann. Beim **Asyndeton** werden einfache Wörter, z. B. Substantive oder Wortverbindungen (wie z. B. Substantive mit Attributen, Adjektiv- und Adverbialgruppen), oder einfache Sätze durch das Auslassen jeglicher Bindewörter hintereinander aufgeführt. Dadurch wirkt das Asyndeton dynamisch und nachdrücklich, z. B.:

Erkennen der Risikofaktoren, Beurteilen der Symptome, Sichern des Therapieerfolgs.

Steht bei einer Aufzählung eine Konjunktion vor dem letzten Aufzählungsglied, so handelt es sich um ein **Monosyndeton**, z. B.:

*Trotz aller Lobeshymnen auf Winzer, Weinberge, Klima **und** Wein ...*

Beim **Polysyndeton** werden Wörter und Wortgruppen mehrfach, im extremsten Fall ausnahmslos mit demselben Bindewort verbunden, z. B.:

*Es gibt verschiedene Möglichkeiten durchs Leben zu kommen. Sehr sicher. **Oder** sehr bequem. **Oder** sehr schnell. **Oder?** ...*

Durch die Häufung der Bindewörter (auch eine Häufung verschiedener Konjunktionen ist möglich) entsteht ein gewisser Eindruck von Redundanz, wodurch „fließende Übergänge zwischen den Gliedern" (Fleischer et al. 1993, S. 273) geschaffen werden. Eine Wiederholung auf einer den Wortbereich übergreifenden Ebene bewirken vor allem die Stabreim- und

117 Sie werden deshalb in der Forschungsliteratur – ebenso wie die Klimax, Antiklimax usw. – mitunter als Figuren der Häufung klassifiziert (vgl. Michel 1983, S. 473 f.; Fleischer et al. 1993, S. 272 ff.).

die Endreimtechnik. Der Stabreim, die **Alliteration**, entsteht durch die Wiederholung bzw. den Gleichklang der Anlaute von Silben, die den Hauptton tragen. Dadurch entstehen rhythmusbetonte, leicht einprägsame Ausdrucksformen, z. B.:

Actimel aktiviert Abwehrkräfte.

Demgegenüber basiert der Vorteil des Endreims in mnemotechnischer Hinsicht auf dem Wiederholungseffekt des Reims, z. B.:

Ich trink' Ouzo. Was machst du so?

Knorr: Essen gut. Alles gut.

Figuren der Umstellung

Kennzeichnend für die durch Umstellung gebildeten Stilfiguren ist die Abweichung von der gewöhnlichen Wortstellung. Deshalb werden den Umstellungsfiguren hier auch die Figuren ‚Chiasmus' und ‚Antithese' zugeordnet, die in der Literatur häufig gesondert als Gegensatzfiguren behandelt werden.

Die **Antithese** beruht auf der Gegenüberstellung zweier gegensätzlicher Wörter oder Wortgruppen. Sie ist eine Stilfigur, die in zahlreichen Variationen auftritt und den Antagonismus der Inhalte besonders spannungsvoll und ökonomisch hervorhebt, z. B.:

*VW Polo – So **groß** kann **klein** sein.*

Eine spezielle Variante der Antithese ist das **Oxymoron**, bei dem zwei auf einer semantischen Ebene gegensätzliche Elemente nicht deutlich gegenübergestellt, sondern syntaktisch vereint werden, z. B.:

*Mercedes Benz: Die **Tradition** der **Innovation**.*

Beim **Chiasmus** erfolgt eine parallele Überkreuzstellung, indem zwei Ausdrücke mit gleichen oder ähnlichen lexikalischen Einheiten aufeinander folgen, deren Reihenfolge im zweiten Ausdruck vertauscht wird, z. B.:

Ihr Leben ist dein Tod! Dein Tod [ist] ihr Leben.
(Friedrich Schiller „Maria Stuart")

Damit kann – ebenso wie bei der Antithese – Widersprüchliches und Gegensätzliches besonders deutlich und einprägsam gestaltet werden. Ein **Parallelismus** entsteht durch die parallele Anordnung gleichrangiger syntaktischer Glieder, z. B.:

Heiß ist die Liebe. Kalt ist der Schnee.

Dreigliedrige Parallelismen enthalten häufig eine Klimax und können somit durch deren steigernde Wirkung der Hervorhebung dienen, z. B.:

Das erste Wort muss nicht verständlich sein,
der erste Schritt darf auch daneben gehen,
aber das erste Menü muss perfekt sein.

Figuren des Ersatzes

Unter **Tropen** werden im weitesten Sinne übertragene Ausdrücke verstanden, die anstelle der direkten, eigentlichen Formulierung verwendet werden. Die einfachste Form des Tropus liegt vor, wenn ein „semantisch nicht identisches Wort an die Stelle des *verbum proprium* gesetzt wird" (Ueding / Steinbrink 2005, S. 288) und somit die Übertragung auf einer Ähnlichkeit basiert, die in einem einzigen Wort enthalten ist. Zu den Tropen zählen aber auch Erscheinungen, bei denen mehrere Wörter für ein einziges Wort oder eine Wortgruppe gesetzt werden, weshalb es mitunter schwierig ist, Figuren von Tropen zu unterscheiden. So kann beispielsweise die Ironie einerseits den Satz- und Gedankenfiguren, andererseits den Tropen zugeordnet werden, ebenso wie die Antithese gleichsam Bestandteil der Wortfiguren und der Gedankenfiguren ist.

Die klassische Rhetorik nennt zahlreiche Verfahren (z. B. Klangmalerei, Synonymie, Allegorie), die auf Substitution der eigentlichen Ausdrücke durch unübliche, ungewöhnliche Benennungen basieren. Abhängig vom Typ des ersetzenden, uneigentlichen Ausdrucks nimmt Michel (vgl. 1983, S. 467 ff.) eine Untergliederung vor, die traditionelle Klassifikationen bewusst vereinfacht und modifiziert. So wird bei den Tropen zunächst zwischen Umschreibung und Übertragung unterschieden, je nachdem, ob durch die Art des ersetzenden Ausdrucks innerhalb der Begriffssphäre des ersetzten Ausdrucks geblieben wird (Umschreibung), oder ob die Begriffsebene deutlich gewechselt wird, indem die Art des tropischen Ersatzausdrucks außerhalb der Begriffssphäre des ersetzten Ausdrucks gewählt wird (Übertragung).

Bei Umschreibungen ist wiederum zwischen expliziter und impliziter Merkmalshervorhebung zu unterscheiden. Im Falle der **Emphase** erfolgt die Merkmalshervorhebung ohne zusätzliche sprachliche Mittel durch eine im Kontext angezeigte bedeutungsvolle Herausstellung des Elements, das als Tropus fungiert, im Geschriebenen beispielsweise durch graphische Kennzeichnung wie Fettdruck oder Anführungszeichen oder durch nachdrückliche Wiederholung. Die **Periphrase** ist eine umschreibende Ausdrucksweise, die mithilfe von mehreren Wörtern oder zumindest durch zusätzliche sprachliche Mittel (z. B. Zusammensetzung) zur Hervorhebung eines kommunikativ wichtigen Merkmals dient. Sehr geläufig ist die Umschreibung als Definition von Begriffen oder Wörtern sowie die Verwendung usualisierter Periphrasen, deren Denotatsbezug bekannt ist. Stilistisch relevant werden Periphrasen besonders dann, wenn sie innovativ sind und vordergründig der Ausschmückung bzw. der Ausdrucksvariation dienen sollen, z. B.:

Wir haben diese Tradition etwas variiert und statt bunten Eiern ***einen sizilianischen Roten*** *im Osternest für sie versteckt ...: Pasqua* **Nero d'Avola**. *Schon seit 10 Jahren erfreut* ***dieser reinsortige, würzige Wein*** *alle Freunde ursprünglicher, einheimischer Sorten ... Initiator* ***des sonnenverwöhnten Sizilianers*** *ist die Familie Pasqua ...* (Direct Mailing Jaques Weindepot)

Weitere Arten der Umschreibung, die der Periphrase teilweise nebengeordnet, teilweise untergeordnet werden, sind die Antonomasie, die Synekdoche, die Litotes und die Hyperbel. Unter **Antonomasie** wird die Umschreibung eines Eigennamens verstanden, bei der statt diesem ein charakteristischer Gattungsname, ein bezeichnendes Epitheton oder eine kennzeichnende Umschreibung gesetzt wird (z. B. *Ritter von der traurigen Gestalt* (Don Quijote)). Die **Synekdoche** bezeichnet den Austausch eines Wortes mit weiterer Bedeutung (Oberbegriff) gegen ein Wort mit engerer Bedeutung (Unterbegriff) und umgekehrt (z. B. *BMW* statt *Auto*). Ebenso wie das Allgemeine für das Spezielle, kann auch ein Teil für das Ganze (Pars pro toto) oder das Nachfolgende für das Vorausgehende (z. B. der Rohstoff für das fertige Produkt) gesetzt werden oder umgekehrt.

Im Falle der **Litotes** erfolgt der Ersatz einer Übertreibung oder eines positiven Ausdrucks durch die Negation des Gegenteils, wodurch eine Ausdrucksverstärkung erzielt werden kann, z. B.:

Nichts ist unmöglich. Toyota.

Im Gegensatz dazu basiert die **Hyperbel** auf einer bewussten Übertreibung, deren oftmals emotionale Wirkung vor allem durch vergleichende oder metaphorische Erhöhung oder Erniedrigung zustande kommt. Obwohl die Kennzeichnung des **Euphemismus** als Tropus nicht unproblematisch ist, soll er hier zu den Ersatzfiguren gezählt werden. Die Funktion von Euphemismen besteht darin, unangenehme, tabuisierte, negative etc. Sachverhalte durch die Ausdruckswahl aufzubessern, abzuschwächen oder zu verhüllen (z. B. *Vorstoß in den rückwärtigen Sektor* ‚Rückzug').

Ein Grundtyp der Übertragung ist die **Metapher**. Metaphern entstehen aus einer Analogie, die mit dem was damit verwandt ist, in Korrelation gebracht werden muss. Der metaphorische Prozess basiert auf Ähnlichkeitsbeziehungen bzw. auf der Aktivierung gemeinsamer Bedeutungsmerkmale (Seme) zwischen „Bildspender" und „Bildempfänger". Dementsprechend enthält er drei Bestandteile: den eigentlichen Ausdruck, der durch das Bild veranschaulicht werden soll; der veranschaulichende, also bildliche Ausdruck sowie der Vergleichspunkt beider, in dem eigentlicher Ausdruck und Bild übereinstimmen und der ihre Ähnlichkeit erst hervorbringt. Die metaphorische Ausdrucksweise gilt als sehr wirkungsvoll, weil sie – anders als der Vergleich – deren Auflösung, das Verbindende, die Ähnlichkeit nicht explizit macht. Daraus entsteht eine Expressivität, die sich steigern lässt je größer die Bildspanne ist, d. h. je weiter die Bereiche von Bildspender und Bildempfänger voneinander entfernt sind, z. B.:

Die Pappeln sind grüne Messer. (Herta Müller „Der Fuchs war damals schon der Jäger" 2009, S. 9)

An der Metapher lässt sich gut erkennen, dass für die Bestimmung dessen, was als Stilfigur interpretiert werden kann, ganz entscheidend ist, ob ein Ausdruck lexikalisiert, d. h. systemhaft ist. Derartig lexikalisierte Metaphern verfügen nicht über dasselbe stilistische Potential wie okkasionelle Metaphern und werden deshalb nicht im engeren Sinne den Stilfiguren zugeordnet, denn zu deren Wesensmerkmalen gehört der mehr oder minder auffällige, expressive Charakter.

Als Sonderformen der Metapher können die Personifikation und die Synästhesie eingestuft werden. Bei der **Personifikation** erfolgt eine Belebung von Gegenständen, Stoffen usw., indem spezifisch menschliche Eigenschaften auf Nichtmenschliches übertragen werden, z. B.:

Schaut auch im Dunkeln voraus. BMW Night Vision. (Direct Marketing-Prospekt BMW)

Im Falle der **Synästhesie** werden Benennungen von Eindrücken verschiedener Sinnesorgane miteinander kombiniert, wobei eine Übertragung dadurch erfolgt, dass von mehreren Ebenen einer Sinnessphäre ein Element ausgetauscht und durch eine Benennung aus dem Feld einer anderen Sinnesempfindung ersetzt wird (z. B. *schreiende Farben, der Klang der Bilder*).

Ein weiterer Grundtyp der Übertragung ist die **Metonymie**, bei der der Ersatz der Benennung aufgrund von Sachzusammenhängen zwischen zwei Erscheinungen erfolgt. Die Beziehungen, aufgrund derer metonymische Verschiebungen möglich sind, können sehr vielfältig sein, z. B.: Ursache – Wirkung, Behälter – Inhalt, Person – zugehörige Tätigkeit, Besitzer – Besitz, Bewohner – Ort (z. B. *Das Stadion tobte* ‚die Zuschauer'). Als spezielle Art der Metonymie kann die **Synekdoche** betrachtet werden, bei der ein Wort durch einen Begriff aus demselben Begriffsfeld ersetzt wird (Teil-Ganzes, Gattung-Art-Beziehung, zeitliche Beziehung usw.), z. B.:

Sie leben alle unter einem Dach. (‚Haus', ‚Wohnung')

Gedankenfiguren

Die Gedankenfiguren sind sprachliche Formen, die Sätze oder größere Textabschnitte betreffen. Von den Wortfiguren sind sie insofern abzugrenzen, als sie auch dann bestehen bleiben, wenn sich ihre lexikalische Ausfüllung ändert. Das heißt, ihre semantische Tiefenstruktur bleibt auf eine sprachlich zu identifizierende Weise erhalten.

Zu den häufigsten Gedankenfiguren gehört die **rhetorische Frage**, auf die der Sender keine Antwort erwartet, sondern sie benutzt, um eine Aufforderung oder Aussage auf besonders eindringliche und emotionale Weise zu transportieren. Im Falle von rhetorischen Fragen ist der wörtliche Ausdruck eine Frage, während die eigentliche Illokution eine Behauptung ist. Der Rezipient wird damit intensiver an der Interaktion beteiligt, wobei sich die argumentative Kraft dadurch entfaltet, dass er zunächst erschließen muss, was dem Sender bereits bekannt ist. Mit der Verwendung rhetorischer Fragen ist oft ein fingiertes Frage-und-Antwort-Spiel verbunden, bei dem der Textproduzent vorgebliche, selbst gestellte Fragen und Einwände auch selber beantwortet, was wiederum zur Belebung eines Textes beitragen kann.

Mit den Gedankenfiguren sind in der Regel spezifische kommunikative Absichten verbunden, die neben emotionaler Stimulierung vor allem in der Erläuterung und Detaillierung eines Themas bestehen können. Als eine der wichtigsten Formen der Veranschaulichung gilt dabei der **Vergleich**, bei dem neben einen meist abstrakten Sachverhalt ein überzeugendes Bild gestellt wird. Beim Vergleich müssen ebenso wie bei der Metapher Sachverhalt und Bild einen Vergleichspunkt (tertium comparationis) gemeinsam haben. Die Leistung von Vergleichen besteht vor allem darin, einen in direkt sachlicher Form nur umständlich und aufwendig beschreibbaren Vorgang oder Sachverhalt sinnfällig und leicht erfassbar darzustellen, indem er mit einer konkreten Situation oder einem im üblichen Erfahrungswissen präsenten Wirklichkeitszusammenhang verbunden wird.

Das **Beispiel** wird in der Rhetorik meistens in Zusammenhang mit Beweisen und Argumenten genannt, es handelt sich um einen zugefügten, veranschaulichenden Beleg. Die Funktion des Beispiels beschränkt sich jedoch nicht nur auf die des Beweisens und Belegens, sondern es kann auch eine schmückende, unterhaltende und emotionale Wirkung haben, weil es einen schwer zugänglichen, spröden oder abstrakten Sachverhalt an einem einsichtigen oder anschaulichen Fall erleuchtet.

Eines der wirkungsvollsten Mittel, die Glaubwürdigkeit einer Sache oder einer Person in Zweifel zu ziehen, stellt die **Ironie** dar. Diese Gedankenfigur entsteht durch eine Diskrepanz zwischen dem Wissen bzw. der Meinung des Textproduzenten und seinen Äußerungen. Dabei ist wichtig, dass dem Rezipienten Hinweise gegeben werden, die ihn die Doppeldeutigkeit, die ironische Qualität der Äußerung erkennen lassen. Für die mündliche Rede stehen hier zahlreiche audiovisuelle Signale wie Aussprache, Mimik, Gestik oder Körperhaltung zur Verfügung. Bei der schriftlichen Rede können entsprechende Signale z. B. durch den Kontext gegeben werden, der „die Verkehrung des Sinngehalts verdeutlicht, durch Übertreibung oder andere unerwartete stilistische Überformung" (Ueding / Steinbrink 2005, S. 318).

Die Gedankenfiguren der **Vergrößerung** (Steigerung) und der **Verkleinerung** (Abschwächung) werden in der Rhetorik oft zusammen abgehandelt, weil sie dieselben Verfahren und Mittel erfordern. So geht es im ersten Fall darum, einen Sachverhalt in seiner ganzen Fülle darzustellen, seine Bedeutung nachdrücklich herauszustellen, sogar überdeutlich zu machen, im zweiten werden umgekehrt nur wenige, geringfügige Aspekte genannt, wichtige Details vernachlässigt und durch die Beschäftigung mit Randerscheinungen die Dimension einer Problemstellung oder Sache verringert. Eine Vergrößerung kann z. B. durch einen erhöhenden Vergleich, durch eine Häufung verschiedenster Attribute, Bezeichnungen oder Namen erfolgen oder durch eine Folge sich überbietender Gedanken.

Weiterführende Literatur:

Ueding, Gert / Steinbrink, Bernd: Grundriß der Rhetorik. Geschichte – Technik – Methode. Metzler, Stuttgart 2005.

3.3 Komplexe stilistische Phänomene

Innerhalb der sprachwissenschaftlichen Stil- und Textanalyse steht in der Regel die Analyse bestimmter Einzelphänomene gegenüber der Beschreibung von komplexen stilistischen Phänomenen klar im Vordergrund. Dass ein Textproduzent bei der Gestaltung eines Textes an unterschiedliche Konventionen und Restriktionen gebunden ist, die keinesfalls nur auf der Ebene der Lexik und Grammatik zu finden sind, sondern vor allem auch bestimmte Muster der stilistischen Gestaltung betreffen, fand wenig Berücksichtigung,[118] obwohl es als zentrales Kriterium für eine Textsortentypologie anzusehen ist (vgl. Kap. 4).

Gerade der Umstand, dass Textrezipienten bestimmte Textexemplare aufgrund ihres Stils und ihrer Textstruktur einer Textsorte zuordnen können, zeigt, dass es Usuelles, Normatives und mehr oder weniger feste Muster gibt: Ein Geschäftsbrief unterscheidet sich vom privaten Brief nicht nur durch die Textstruktur, sondern auch die Art der Formulierung, die spezifische Auswahl der sprachlichen Mittel. Das bedeutet, auf der stilistischen Ebene gibt es Merkmale, die als typisch und universell für bestimmte Textsorten angesehen werden können. Diese stilistischen Merkmale sind gewöhnlich musterhaft ausgeprägt und können so in formaler (mitunter auch funktionaler) Hinsicht als stilistische Handlungsmuster beschrieben werden. Dabei ist natürlich ein gewisses Maß an Generalisierung notwendig, denn ebenso wie kein Text bei genauer Betrachtung einem anderen gleicht – selbst wenn es Texte desselben Textproduzenten für die Lösung einer identischen Kommunikationsaufgabe sind – stimmen derartige stilistische Handlungsmuster in ihrer konkreten Ausgestaltung nicht vollkommen überein.

In diesem Unterkapitel soll gezeigt werden, wie sich solche stilistisch relevanten Textmerkmale auf der Makroebene isolieren und analysieren lassen, darüber hinaus auch, wie sie in ihrer potentiellen Stilwirkung beschrieben und interpretiert werden können. Dabei erfolgt eine Konzentration auf typische, klassenbildende und innerhalb der einzelnen Strukturexemplare dominante Merkmale.

118 Eine Ausnahme stellen hier sog. ‚Vertextungsmuster' bzw. ‚Vertextungsstrategien' dar, die jedoch selten der stilistischen Beschreibungsebene zugeordnet werden.

3.3.1 Zur Typologie stilistischer Handlungsmuster

Um die stilistische Charakteristik eines Textes zu beschreiben, reicht es nicht aus, einzelne Stilelemente oder Stilfiguren aufzuzählen, denn der Stil in seiner Ganzheit bedeutet eben mehr als die Summe seiner Elemente. Deshalb ist es sowohl im Hinblick auf Textproduktions- als auch auf die Textrezeptionsprozesse äußerst wichtig, diejenigen Merkmale der Stilqualität zu beschreiben, die für einen Text oder eine Textsorte charakteristisch sind (vgl. Michel 1983, S. 478). Dabei geht es um stilistische Besonderheiten, die sich aus dem Beziehungsgefüge der einzelnen sprachlichen Mittel ergeben, um erwartbare Muster, die einen Stilwert in der Darstellungsart abgeben.

Der Begriff ‚**textstilistisches Handlungsmuster**' geht auf Sandig (vgl. 2006, S. 147) zurück, die zwischen „allgemeinen textstilistischen Handlungstypen und Verfahren", „generellen textstilistischen Mustern" und „komplexen stilistischen Handlungsmustern" unterscheidet und diese als Ausdruck von unterschiedlichen Aspekten produktiver und rezeptiver stilistischer Kompetenz bewertet. Sandig betrachtet stilistische Handlungsmuster als Vorgaben für stilistische Textherstellungshandlungen unterschiedlichen Allgemeinheitsgrades und unterschiedlicher Komplexität. Sie versucht diese von anderen formalen Merkmalen (wie z. B. dem Abweichen), mit denen im Text nicht eine begrenzte Bandbreite von Funktionen oder gar eine einzige Funktion verbunden ist, abzugrenzen. Als **generelle textstilistische Muster** beschreibt Sandig solche wie z. B. ‚Emotionalisieren'. Sie können formal beschrieben werden, sind variabel einsetzbar und legen nur innerhalb bestimmter Kontexte einen spezifischen stilistischen Sinn nahe (vgl. Sandig 2006, S. 175 f.). Zu Mustern dieser Art gehören dabei auch generelle Textherstellungsmuster wie z. B. Anfangs- und Endmarkierung, sofern sie stilistisch einsetzbar sind, d. h. gewählt werden können. Sowohl die ‚allgemeinen stilistischen Verfahren' als auch die ‚generellen textstilistischen Muster' können dann in ‚**komplexe stilistische Handlungsmuster**' eingehen (vgl. Sandig 2006, S. 248). Als Beispiele für solche ‚komplexen stilistischen Handlungsmuster' nennt sie u. a. ‚Verständlich machen' oder ‚Bewerten', die jeweils eng mit einem bestimmten Kommunikationsziel verbunden sind. Im komplexen stilistischen Handlungsmuster ‚Verständlich machen' können dann etwa einfache Muster wie z. B. ‚Interessant / Attraktiv machen', ‚Anschaulich machen', ‚Hervorheben', ‚Zusammenfassen' und ‚Typographisch gestalten' integriert sein.

Diese Differenzierung zwischen allgemeinen stilistischen Verfahren, generellen textstilistischen Mustern und komplexen stilistischen Handlungsmustern ist in terminologischer Hinsicht insofern problematisch, als sie kaum klare Zuordnungen ermöglicht und so vielfältige Überlagerungen und Mehrfachnennungen begünstigt. Abgesehen davon zeigt sich bereits an den von Sandig unterschiedenen Handlungsmustern und deren Bezeichnungen, dass sie vielfach von einer grundlegenden Funktion innerhalb des Textes abgeleitet werden (z. B. Bewerten, Emotionalisieren), in anderen Fällen von eher formalen Kriterien wie der Position innerhalb des Textes (z. B. Anfangs- und Endmarkierung). Auf dieser Unterscheidung basiert die folgende Einteilung, indem grundsätzlich zwischen stilistischen Mustern differenziert wird, die sich aus inhaltlichen Aspekten des Textes ergeben (z. B. Argumentieren) und solchen, die aus strukturellen Anforderungen an Texte – und diese sind in der Regel jeweils Exemplare einer Textsorte – resultieren. Diese beiden Perspektiven auf stilistische Handlungsmuster machen ein jeweils eigenes Beschreibungsdesign notwendig, das in der folgenden Abbildung (vgl. Abb. 16) überblicksartig dargestellt wird:

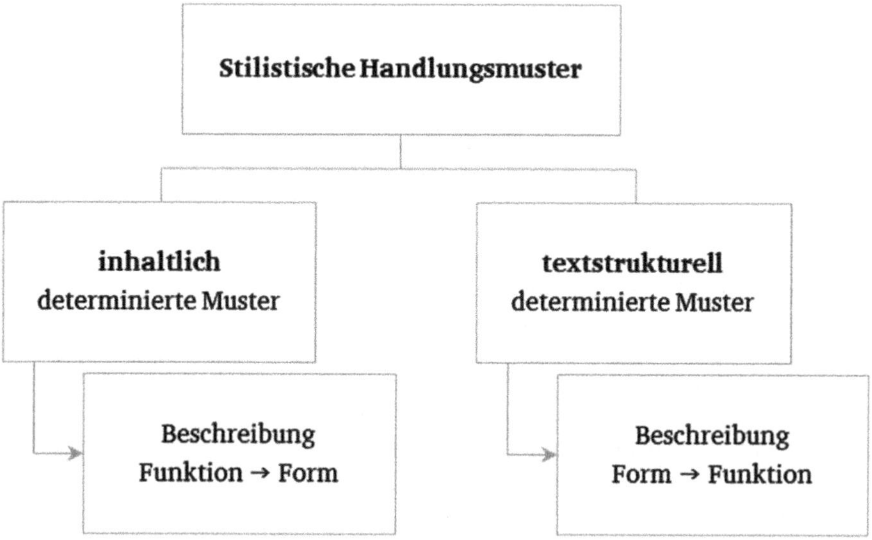

Abb. 16: Beschreibung stilistischer Handlungsmuster

Im Wesentlichen geht es um die Beschreibungsrichtung, die im Falle der inhaltlich determinierten Handlungsmuster von der Funktion zur Form, bei den strukturell vorbestimmten Handlungsmustern umgekehrt verläuft.

Stilistische Handlungsmuster können mehr oder minder stark an bestimmte Textsorten und Kommunikationsbereiche gebunden sein, sind prinzipiell jedoch vielfältig verwendbar. Als ‚stilistisch' sind sie einerseits eben deshalb zu betrachten, weil sie durch ihre Bindung an Textsorten und Kommunikationsbereiche einen Stilwert in der Darstellungsart abgeben. Andererseits kann entweder das Muster selbst (strukturelle Typen) oder die konkrete Ausgestaltung des Musters (inhaltliche Typen) prinzipiell gewählt werden, sie stehen also grundsätzlich in Relation zu bestimmten Alternativen. Die verschiedenen Handlungsmustertypen unterscheiden sich hinsichtlich ihrer Position und Reichweite: So kommen inhaltlich determinierte Muster typischerweise innerhalb eines Kern- oder Fließtextes vor und sind üblicherweise satz- bzw. äußerungsübergreifend.[119] Demgegenüber sind strukturell determinierte – in der Regel textsortenstrukturell bedingte – Muster prinzipiell kleinräumiger zu beschreiben, dafür aber in der Regel an zentralen Punkten der Textorganisation zu finden und stellen z. B. in Form von Überschriften zugleich Abgrenzungs-, Gliederungs- und natürlich Musterhinweise dar.

119 In Bezug auf die Konstitution von Texten können inhaltlich determinierte Handlungsmuster deshalb auch als Verknüpfungshinweise angesehen werden.

Ein **stilistisches Handlungsmuster** ist eine in einer Kommunikationsgemeinschaft etablierte Technik der Textherstellung, die auf jeden Fall die Wortebene, vielfach auch die Satzebene überschreitet. Durch ihre Bindung an Textsorten und Kommunikationsbereiche geben derartige komplexere sprachliche Phänomene einen Stilwert in der Darstellungsart ab.

Bei der Beschreibung dieser stilistischen Handlungsmuster unterschiedlicher Reichweite ist es sinnvoll, den seitens der Textproduktion zugrunde liegenden Anteil an divergenten und konvergenten Denkoperationen einzubeziehen. Denn nicht nur bei prototypisch ästhetischen Textsorten, wie etwa den belletristischen, sondern auch im Falle vieler Gebrauchstexte, wie beispielsweise denen des Marketings, erfolgt die Textproduktion auf der Grundlage bzw. in Abhängigkeit von „**divergent-kreativen**" und „**logisch-konvergenten**" Denkvorgängen (vgl. Linneweh 1984, S. 51 f.).[120]

Konvergentes Denken wird im Rahmen von denkpsychologischen und kreativitätstheoretischen Ansätzen als fixiertes und enges, aber vor allem als logisches Denken, das in systematischen Schritten verläuft, definiert. So könnten konvergente Zuordnungen einer Gedankenkette z. B. *Auto – Straßenverkehr – Unfallrisiko* sein. Sie beruhen auf einem Denkprozess, der durch Erfahrungen, Wissen und bisherige Begegnungen mit der Umwelt geprägt ist.

Divergentes Denken hingegen ist ein freies, ungeordnetes und phantastisches Denken, das nicht logisch nachvollziehbar ist. Es geht dabei um Verknüpfungen von entfernter liegenden Dingen, die zunächst nicht logisch begründbar oder nachvollziehbar sind, z. B.:

Porsche – Essen – Familienwagen

Da bei Sender und Empfänger bzw. Produzent und Rezipient kein übereinstimmender Erfahrungshintergrund vorliegt, müssen solche divergenten Gedankenketten, wenn sie zeichenhaft artikuliert nachvollziehbar und sinntragend wirken sollen, erst in einen künstlich zu schaffenden Bezugskontext gestellt werden, damit dieser den bestehenden Erfahrungsbestand der Rezipienten um die fehlende Bezugsgröße ergänzen kann. Das heißt divergente Zuordnungen müssen dem Rezipienten zunächst durch einen bestimmten Kontext – in Werbeanzeigen beispielsweise auch durch einen Text-Bild-Zusammenhang – logisch bzw. konvergent erscheinen, um nachvollzogen und verstanden werden zu können.

---

120 Linneweh (vgl. 1984, S. 51 f.) untersucht ausgehend von vier Denkstilen, die bei kreativen Tätigkeiten am häufigsten Verwendung finden, inwiefern jeder dieser Denkstile zu spezifisch eigenen Ergebnissen bei der Lösung werblicher Kommunikationsaufgaben führt bzw. welcher dieser Denkstile zur Kodierung von bestimmten Anzeigenformen besonders geeignet ist. Dabei differenziert er zwischen dem logischen, dem pragmatischen, dem kreativen und dem phantastischen Denkstil. Als grundlegend für diese Unterscheidung nimmt er den jeweiligen Anteil von konvergenten und divergenten Denkoperationen an, die eine entscheidende Rolle beim kreativen Denken spielen und in notwendiger Ergänzung zueinander stehen.

So wirkt die exemplarisch angeführte divergente Gedankenkette im Kontext folgender ironischer Werbeaussage für ein Produkt der Firma Porsche konvergent:

Sie können länger frühstücken. Sie sind früher zum Abendessen zurück. Gibt es ein besseres Familienauto? (vgl. Jung / von Matt 2002, S. 168)

Ebenso wie innerhalb der Rhetorik die Wirkung von Figuren ganze Redeabschnitte beeinflusst, können die auf divergenten Denkoperationen basierenden stilistischen Muster, die sich teilweise mit den klassischen Figuren überlagern oder diese nutzen, das Profil eines Textes oder ganzer Textsorten auf besondere Weise prägen. Sie bergen ein außerordentlich großes Potential in sich, Stilwerte zu erzeugen und andere Stilelemente innerhalb des Merkmalbündels zu dominieren. In Bezug auf eine stilistische Klassifikation auf der Makroebene ist im Allgemeinen davon auszugehen, dass eine auf divergenten Operationen basierende Gestaltung den Stil eines Textes exzeptioneller werden lässt, während eine konvergente Ausführung zu eher unauffälligen Stil- bzw. Textformen führt. Natürlich ist hierbei zu berücksichtigen, dass das regelmäßige Auftreten divergenter Muster in bestimmten Textsorten solche Muster konventionalisiert und somit erwartbar macht, wodurch deren Potential, Stileffekte zu erzeugen bzw. auffällig zu wirken, prinzipiell herabgesenkt werden kann.

Hinsichtlich der oben eingeführten Differenzierung erfordern inhaltlich determinierte Muster vor allem logisch-konvergente Denkvorgänge, während für die strukturell determinierten Muster verschieden große divergent-kreative Anteile charakteristisch sind (vgl. Abb. 17).

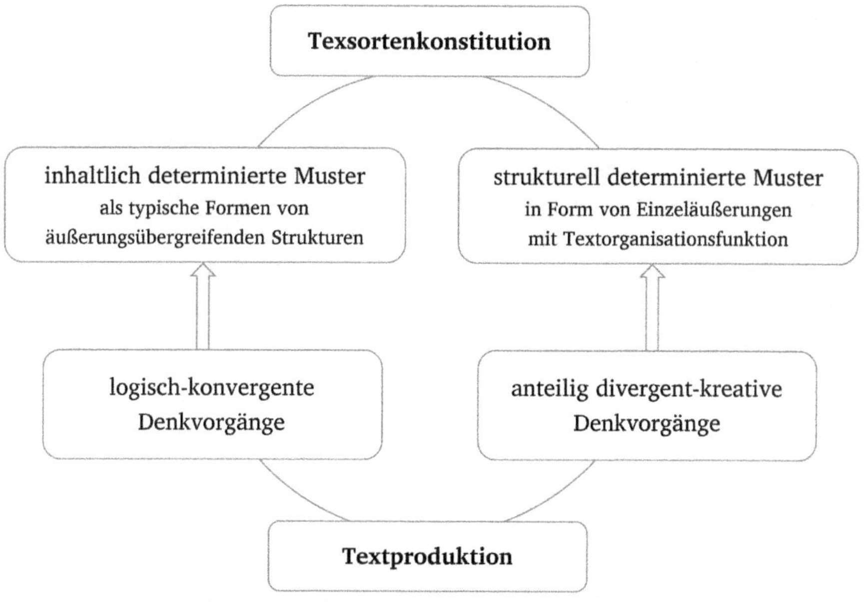

Abb. 17: Textproduktion und Denkvorgänge

3.3.2 Inhaltlich determinierte stilistische Muster

Als inhaltlich vorgegebene stilistische Muster sind globalere Techniken für die Konstitution von Texten anzusehen, die den Bau von Textpassagen oder ganzer Texte prägen. Zur Beschreibung der stilistischen Variation auf dieser textologischen Ebene dient das Modell der sogenannten ‚**Vertextungsstrategien**',[121] das sprachliche Merkmale mit inhaltlichen und funktionalen Eigenschaften bestimmter Kommunikationssituationen verbindet, indem es von alltagssprachlichen Begriffen der Vertextung ausgeht, die als Prototypen angesehen werden (vgl. Fritz 2006, S. 1157).

Vertextungsstrategien stellen globale Handlungsregularitäten dar, weil sie verschiedene Möglichkeiten für die Textbildung bereitstellen, mit denen kommunikative Aufgaben absolviert werden können. Sie lassen sich jedoch zum einen nicht strikt regelhaft fixieren, zum anderen können innerhalb einer Textsorte mehrere Vertextungsstrategien kombiniert werden. In der Regel ist dann eine Strategie die dominierende.

Die jeweils dominante Vertextungsstrategie markiert nicht nur in erheblichem Maße die Textsortenzugehörigkeit, sondern sichert auch die Konstanz des Stils. Außerdem ist in Hinblick auf die stilistische Interpretation davon auszugehen, dass dominierende Vertextungsstrategien in der Regel dazu geeignet sind, Stilwerte zu erzielen, weil sie für bestimmte Kommunikationsbereiche und deren Textsorten charakteristisch sind (vgl. Kap. 3.1).

Vertextungsstrategien sind **idealtypische Muster**. Sie beziehen sich auf grundlegende, ziemlich abstrakte Mechanismen, deren konkrete sprachliche Gestaltung stark variieren kann. Im Folgenden wird von fünf inhaltlich bestimmten Strukturmustern bzw. Vertextungsstrategien ausgegangen: **Erzählen**, **Beschreiben**, **Erklären**, **Argumentieren** und **Anweisen**.

Voraussetzung für die Herstellung eines konvergenten narrativen Strukturmusters ist die Erzählbarkeit vergangener Ereignisse (vgl. Hausendorf/Kesselheim 2008, S. 91). Folglich stellt die **Orientierung am zeitlichen Ablauf** das entscheidende Merkmal des Erzählens dar (vgl. Gülich/Hausendorf 2000, S. 369 ff.), d. h., das **Erzählen** ist das typische chronologische Strukturmuster. Inhaltlich besteht eine Erzählung hauptsächlich aus der prozessual-aktionalen Repräsentation eines Ereignisses, das sich aus einer oder mehreren Ereignisphasen konstituiert (vgl. Brinker 2005, S. 69 ff.). Deshalb kann ein Erzählschritt als innerhalb des Ereignisses bedeutsame Transformation eines Ausgangszustandes zu einem Endzustand beschrieben werden.

Insbesondere bei schriftlichen Texten wird das Erzählen formal durch das Tempus Präteritum[122] kodiert, zudem finden vielfach temporale Kohäsionsmittel Verwendung. Bestimmte

121 Anstelle des Begriffs ‚Vertextungsstrategien' begegnet z. B. auch ‚Darstellungsarten', vgl. Fleischer/Michel (1977); ‚Texttypen', vgl. Werlich (1975) oder ‚Vertextungsmuster', vgl. Heinemann (2000).

122 Eroms (2008, S. 83ff) differenziert den Tempusgebrauch am Beispiel von prototypischen Erzähltexten, den Märchen. Demnach wird im Falle von Märchen, die ja in der Regel eingeleitet durch die Formel *es war einmal* eine Begebenheit aus einer fernen Vergangenheit in die Gegenwart holen, nahezu durchgängig das Tempus Präteritum verwendet. Lediglich Gesprochenes wird als wörtliche Rede im

Textsorten wie Märchen oder belletristische Erzählungen weisen (im Gegensatz etwa zu chronologischen Abhandlungen, Chroniken oder sachlichen Berichten, deren dominierende Vertextungsstrategie üblicherweise ebenfalls das Erzählen ist) wörtliche Rede auf, die typischerweise im Präsens realisiert wird, z. B.:

> *Wie so oft versammelten sich schon nach kurzer Zeit einige Vögel in Lillis Nähe. Die Amseln, Rotkehlchen und Meisen folgten ihr von Baum zu Baum, während Lilli den Zoopfad aus Schotter entlangging. Ein paar neugierige Meisen hüpften schließlich vor Lilli auf den Weg, und ein vorwitziges Rotkehlchen ließ sich sogar auf Lillis Schulter nieder.*
> *Lilli seufzte und blickte sich vorsichtig um. Im Augenblick waren kaum Zoobesucher in der Nähe. Ein Stück vor ihr schlenderte lediglich ein älteres Ehepaar.*
> *„Könntet ihr mich bitte allein lassen?", bat Lilli die Vögel mit gesenkter Stimme.*
> *„Wieso denn? Warum das?", zirpten die Meisen durcheinander, und einige hüpften trotzig auf der Stelle.*
> *„Wenn andere Menschen sehen, dass ihr mir folgt, starren sie mich an und fangen an zu tuscheln", erklärte Lilli flüsternd.*
> *„Wir wollen nicht weg!", zwitscherte das Rotkehlchen auf Lillis Schulter. „Du bist interessant."*
> *Lilli überlegte. „Wenn heute Abend alle Leute weg sind, rufe ich euch. Dann könnt ihr wieder zu mir kommen."*
> *Inzwischen war ein neugieriges Eichhörnchen an einem Baumstamm herabgeklettert. Es hörte Lilli ebenso gebannt zu wie die Vögel. Zu allem Überfluss ließ sich nun auch noch ein Schmetterling auf Lillis Kopf nieder.*
> *„Jetzt ist es wirklich genug!", sagte Lilli laut und schüttelte das Rotkehlchen und den Schmetterling ab. Das ältere Ehepaar war glücklicherweise schon zu weit entfernt, um sie zu hören. „Heute Abend rufe ich euch und breite die Arme aus. Das ist das Zeichen. Dann könnt ihr alle kommen und auf mir landen. Aber lasst mich bis dahin bitte in Ruhe."*
> *Die Vögel zogen sich murrend zurück und das Eichhörnchen fiepte: „Wann ist heute Abend? Dauert das noch lange?"*
> *„Das ist, wenn es dunkel wird", erklärte Lilli.*
> *Das Eichhörnchen rief „Aha!" und verschwand wieder im dichten Laubwerk der Bäume.*
> (Tanya Stewner „Liliane Susewind. Tiger küssen keine Löwen" Frankfurt a. M.: Fischer 2008, S. 56 / 57)

Wie das Textbeispiel zeigt, können Erzähltexte natürlich noch weitere narrative Struktursignale enthalten. Dazu gehören im Beispieltext etwa sog. Episodenmerkmale (wie z. B. *im Augenblick*), die die erzählten Ereignisse in der Zeit verankern bzw. in ein zeitliches Verhältnis zueinander setzen; ebenso sog. Iterationsmerkmale (wie z. B. wie so oft), die Handlungen und Vorgänge als gewohnheitsmäßig ausweisen und dadurch die Normalität einer Situation signalisieren, vor deren Hintergrund das Ungewöhnliche hervortreten kann.[123]

Präsens wiedergegeben und Ereignisse, die vor dem Orientierungszeitpunkt liegen, natürlich durch das Plusquamperfekt, als Hintergrundtempus.

123 Eine ausführlichere Übersicht der narrativen Strukturmerkmale findet sich in Hausendorf / Kesselheim (2008, S. 93). Sie enthält absolute und relative Episodenmerkmale, Iterationsmerkmale, implizite und explizite Hinweise auf die Erzählwürdigkeit, den Aufbau eines Kontrasts von Verlangsamung und Beschleunigung sowie das Präteritum als Leittempus der erzählten Welt.

In manchen Erzählungen spiegelt sich die chronologische Folge vorrangig in der textuellen Abfolge, wenngleich auch dann Episodenmerkmale wie Temporaladverbien u. ä. dem Spannungsaufbau bzw. der dramatischen Inszenierung dienen können, z. B.:

> Das ist ohnehin ein langsamer Zug, und er hat vor der Kurve noch abgebremst. Jackson ist in*zwischen der einzige Fahrgast, bis zum nächsten Halt in Clover sind es noch ungefähr zwanzig Meilen. Danach kommen Ripley, Kincardine und der See. Er hat also Glück, und das muss man nutzen. Schon hat er seine Fahrkarte aus dem Schlitz über seinem Platz herausgezogen.*
> *Er wirft seine Tasche hinaus und sieht sie gut landen, zwischen den Gleisen. Jetzt bleibt ihm keine Wahl – langsamer wir der Zug nicht mehr.*
> *Er ergreift die Gelegenheit. Ein junger Mann, gut in Form, so gelenkig, wie er je sein wird. Aber der Sprung, die Landung enttäuschen ihn. Er ist steifer, als er dachte, der abrupte Stillstand schleudert ihn nach vorn, seine Handflächen treffen hart auf den Schotter zwischen den Schwellen, er schrammt sich die Haut auf. Schlechte Nerven.*
> (Alice Munro „Liebes Leben" Frankfurt am Main: Fischer 2013, S. 205)

Als Tempusform dominiert hier das Präsens, das aufgrund seiner Funktion innerhalb der Erzählung als **‚episches Präsens‘** oder **‚szenisches Präsens‘**[124] bezeichnet werden kann.

Innerhalb der Tempora der Vergangenheit weist das Präteritum heute gegenüber dem Perfekt eine zunehmende Markierung auf, weshalb es in der gesprochenen Sprache größtenteils aufgegeben und durch das Perfekt ersetzt wird. Demzufolge kann in der gesprochenen Sprache bereits das Perfekt als das unmarkierte Erzähltempus angesehen werden.

Während Erzähltexte zeitlich strukturiert sind, fassen typische **Beschreibungen** den Textgegenstand räumlich auf, wobei der Textverlauf einem Beschreibungsweg folgt, der sich auf die Wahrnehmbarkeit von Objekten im Raum bezieht und diese so in eine bestimmte Reihenfolge bringt. Beschreibungen konzentrieren sich auf einen Ausschnitt der Welt, der Benennung von Dingen, die in diesem vorhanden sind, ihrer Verortung im Raum und der Zuschreibung von Eigenschaften, die diesen Dingen zukommen.

Sie können sich dabei in ihrer globalen Struktur auch an der Charakteristik eines Objektes und seiner Bestandteile orientieren. Dann entsprechen sie sog. **„Natürlichkeitsprinzipien“**,[125] wie den von Sandig genannten (vgl. Sandig 2006, S. 193) ‚der Wahrnehmung

---

124 In seiner spezifischen Funktion, ein vergangenes Geschehen auszudrücken, ist das Präsens stilistisch markiert. Tritt es in fiktionalen Texten als Erzähltempus und damit als ein konventionalisiertes Stilmittel auf, wird es in der Regel als ‚episches Präsens‘ bezeichnet. Der Begriff ‚szenisches Präsens‘ fokussiert die Vergegenwärtigung einer Situation aus der Vergangenheit, indem die erzählten Ereignisse so geschildert werden, als ob sie simultan abliefen (vgl. Kap. 3.2.2). In dieser Funktion kommt das Präsens mit Vergangenheitsbezug auch als sog. ‚historisches Präsens‘ vor (z. B. *In diese Weimarer Situation wird Christianes Vater am 12. November 1725 hineingeboren. Ihm ergeht es anders als Goethes Vater, der …*).

125 Die Natürlichkeitstheorie ist ein linguistischer Ansatz, der die Sprecher mit ihren produktiven und rezeptiven Fähigkeiten in den Vordergrund stellt. Dabei geht es im Wesentlichen darum, was für den Sprecher besser oder schlechter ist, was weniger oder mehr markiert ist. Obwohl die Konzepte der Markiertheit und Natürlichkeit vor allem in der Phonologie und der Morphologie Anwendung fanden (vgl. Dressler 1980, Mayerthaler 1981, Wurzel 1984) und eine umfassende stilistische Analyse

des thematisierten Gegenstandes folgend‘ oder ‚von außen nach innen‘. Dem Prinzip ‚der Wahrnehmung des thematisierten Gegenstandes folgend‘ entsprechen beispielsweise solche räumlichen Sequenzen, mit denen der Leser – wie in diversen Exemplaren der Textsorte ‚Reiseführer‘ – von einem Ort zum anderen gelenkt wird bzw. ihm gezeigt wird, wohin er schauen soll,[126] z. B.:

> *Nun geht es weiter durch die Ludwigstraße. Dieser Hauptstraßenzug Passaus verläuft relativ gerade und wird von mehreren Gässchen geschnitten. Die Ludwigstraße mündet in den Heuwinkel ein. Durchquert man diese Gasse kommt man zum Rindermarkt, an dem heute mehrere Cafés liegen. Dieser Platz lädt zum Verweilen ein. Vom Rindermarkt ist es nicht weit zur Stadtpfarrkirche St. Paul. Bereits um 1050 wurde die erste Kirche dem hl. Paulus geweiht. Diese wurde allerdings bei Bränden in den Jahren 1512 und 1662 zerstört. Der jetzige Bau entstand 1678. Der Turm von St. Paul ist nach dem Dom der zweithöchste Kirchturm Passaus.* (Eigene Darstellung)

Auch das Sequenzierungsmuster ‚von außen nach innen‘ stellt eine typische Form des Beschreibens dar, wie es häufig in Reiseführern erfolgt, z. B.:

> *Der Passauer Dom St. Stephan wurde nach dem großen Standbrand von 1668 wiedererrichtet. Die barocke Bischofskirche liegt auf der höchsten Erhebung der Altstadt, 13 m über der Donau. Nach Osten nähert man sich über den Domplatz der zweitürmigen Barockfassade des Doms. Der Passauer Dom nimmt eine Sonderstellung unter den Kathedralen Deutschlands ein, da er zwei Baustile harmonisch vereint. St. Stephan gilt als barocker Dom mit gotischer Seele.*
> *Das Innere des dreischiffigen Langhauses ist zunächst durch sechs breite Bögen gegliedert, an die sich die Kuppelvierung und der einschiffige Chor anschließen. Es dominiert die barocke Stuckierung Giovanni Battista Carlones. Auffällig sind die Atlanten im Chorgewölbe und die Fresken von Carpoforo Tencalla im Mittelschiff. Das Chorgemälde zeigt die Steinigung des Hl. Stephanus.* (Eigene Darstellung)

Diesen Natürlichkeitsprinzipien entsprechen Beschreibungen in allen Kommunikationsbereichen. Beispielsweise erfolgt die Präsentation eines Produktes in einem Katalog oder einer Broschüre in der Regel ausgehend vom äußeren Design zu Details der inneren Ausstattung. Mitunter zeigen sich dabei Überschneidungen mit der Abfolge ‚vom Ganzen zu den Teilen‘, zu der Muster wie z. B. ‚Klasse – Teilklasse‘ oder ‚Thema – Teilthema‘ zu rechnen sind (vgl. Sandig 2006, S. 196).[127]

---

unter dem Natürlichkeitsaspekt nicht möglich scheint, fasst Sandig (2006, S. 191 ff.) für den Bereich der stilistischen Handlungsmuster zentrale Natürlichkeitsprinzipien zusammen, für die sie bestimmte ‚Sequenzmuster‘ formuliert. Diese Sequenzmuster, die Texte ‚natürlich‘ machen, unterteilt sie in vier Gruppen: (1) ‚auf das Wahrnehmungssystem bezogen‘, (2) ‚der Wahrnehmung des thematisierten Gegenstandes folgend‘, (3) ‚wie ein Gegenstand wahrgenommen werden soll‘ und (4) ‚die Sequenzmuster Figur – Grund und Grund – Figur‘.

126 Neben solchen räumlichen Darstellungen entsprechen natürlich auch zeitliche Abfolgen, die der Ordo naturalis nach dargestellt werden (z. B. *bisher – jetzt, früher – heute*) der Natürlichkeit im oben genannten Sinne.

127 Wird gegen diese Muster verstoßen bzw. die Abfolge umgekehrt, ist dies insofern stilistisch wirksam, als dass die entsprechende Äußerung ein erhöhtes stilistisches Potential hat und beispielsweise zu

Daneben gibt es jedoch auch Beschreibungen, die sich weniger an der Wahrnehmungsperspektive des Textproduzenten orientieren und denen dann eher ein loses Aufzählungsprinzip zugrunde liegt, z. B.:

> *Für seinen Shiraz-Carmenère wählte Seňor Edwards die Region Santa Bernadida de Pupilla. Die hohe Lage und der steinige Boden bremsen dort die Wuchskraft der Rebe und helfen, die Erträge niedrig zu halten – nicht nur in Chile ein Qualitätsfaktor erster Güte. Und die klimatischen Bedingungen sind außergewöhnlich: keine Frostgefahr, extreme Sonnenscheindauer, ausgewogene Verteilung der Niederschläge über die Vegetationsperiode hinweg und starke Tag/Nachtschwankungen der Temperatur. Alles zielt in Richtung großartiger Ergebnisse.* (Direct Mailing Jaques Weindepot)

Beschreibungen dienen der Abbildung wahrgenommener Begebenheiten, weshalb in der Regel das tempusneutrale Präsens dominiert. Ausnahmen bilden vergangenheitsbezogene Beschreibungen im Präteritum, die auf einen realen oder fiktiven Beschreibungszeitpunkt bezogen sind (vgl. o. g. Beispiel: *Gebäude Nr. 6 beherbergte einst das Domspital, in Nr. 8 lebte* ***Paracelsus*** *1541 bis zu seinem Tod.*).

Typisch für Beschreibungstexte sind Verben, die Wahrnehmungsakte (z. B. *sehen*), Zustände (z. B. *haben, sein, sich befinden*) oder wahrnehmbare Eigenschaften (z. B. *klingen*) bezeichnen, eine große Zahl an Passivformen und die Tendenz zum Nominalstil (vgl. Kap. 3.2.2). Darüber hinaus begegnen verhältnismäßig viele Substantive der Klasse ‚Konkreta', mit denen auf wahrnehmbare Dinge referiert werden kann, sowie Attribute aller Art, die die Eigenschaften des Beschriebenen vermitteln, z. B.:

> *Das skandinavisch inspirierte Innenraumdesign ist hell, modern und luftig. Klare Linien, hochwertige Materialien und ergonomische Bedienelemente sorgen dafür, dass der neue Volvo C 70 sich nicht nur sportlich, sondern ebenso geräumig und komfortabel anfühlt.*
> (Volvo Direct Marketing)

Die Vertextungsstrategie des **Erklärens**[128] spielt eine besondere Rolle im fachsprachlichen und wissenschaftssprachlichen Bereich, um Wissen zu vermitteln, sie tritt jedoch auch im alltagssprachlichen Bereich auf.

Kennzeichnend für wissenschaftliche Erklärungen ist es, dass ein Sachverhalt, das Explanandum, aus anderen Sachverhalten, die zusammen als das ‚Explanans' bezeichnet werden, logisch abgeleitet wird (vgl. Jahr 2000, S. 385). Ein Erklärungstext liegt demnach immer dann vor, wenn die Einteilung in Explanandum und Explanans erkennbar bzw. rekonstruierbar ist. Das wichtigste Merkmal von Erklärungstexten besteht in der Vermittlung eines erklärenden Zusammenhangs, der in Abhängigkeit von den kommunikativen Gegebenheiten und Zielsetzungen verschiedene Realisierungsformen hat. Zu diesen ge-

---

Hervorhebungen genutzt werden kann: *Wer sich für einen* ***Mercedes*** *entscheidet, kauft viel mehr als ein* ***Auto****.*

128 Nicht immer wird das Erklären als eigenständiges Handlungsmuster betrachtet, beispielsweise bestimmt Eroms (2008) das Erklären, die Exposition, als eine Unterart des Beschreibens mit einer speziellen Variante, die dem Argumentieren verwandt ist.

hören u. a. die Rechtfertigung einer Handlung oder das Einsichtigmachen eines Abhängigkeitsverhältnisses zwischen bestimmten Erscheinungen.

Ein erklärender Zusammenhang kann zwischen Aussagen nur dann hergestellt werden, wenn sie in eine logische Folgebeziehung gebracht werden können. Die interpretatorische Ermittlung dieser Folgebeziehung kann dabei zum einen auf der Grundlage von Sachkenntnissen basieren, zum anderen mithilfe sprachlicher Mittel wie Konjunktionen, Adverbien, der syntaktischen Abfolge etc. erfolgen.

Begegnen **im alltagssprachlichen Bereich** erklärende Texte, so ist für diese Texte – gedacht für durchschnittlich vorgebildete Rezipienten – in aller Regel charakteristisch, dass die einzelnen Aussagen durch geeignete sprachliche Verknüpfungsmittel explizit miteinander verbunden sind. Damit soll dem Leser verdeutlicht werden, dass bestimmte Sachverhalte in einem Zusammenhang stehen. Vor allem, wenn die Sachzusammenhänge per se keine natürliche Folgebeziehung nahelegen, sind sprachliche Mittel, die diese explizit kennzeichnen, notwendig. Ein Beispiel dafür ist folgender Text aus dem Bereich der medizinischen Dienstleistungen, der sich an ein disperses Publikum richtet:

> *Der Excimer-Laser ist ein Kaltlichtlaser – denn Hitzeeinwirkung schadet der empfindlichen Augenhornhaut. Mit dem Excimer-Laser wird die Augenhornhaut schonend verändert, auch das angrenzende Gewebe nicht beeinträchtigt. Die notwendige Präzision beim Einsatz des Excimer-Lasers wird durch aufwendige Computerprogramme sichergestellt. Deshalb ist dieser medizinische Laser erst durch die rasante Entwicklung der Laser- und Computertechnologie Realität geworden. Durch eine sanfte und flächige Abtragung des Hornhautgewebes werden die optischen Eigenschaften des Auges, also die Brechkraft, direkt verändert.* (Direct Marketing Augenklinik)

Von solchen alltagssprachlichen Erklärungstexten sind **fachsprachliche oder wissenschaftliche Texte** abzugrenzen. Hier wird der Textzusammenhang weniger durch sprachliche Indikatoren wie Konjunktionen etc. gegeben, sondern vor allem durch die textuelle Organisation von Inhaltselementen bestimmt. Dabei liegt die Satzlänge solcher fachsprachlichen oder wissenschaftlichen Erklärungstexte in der Regel über dem Durchschnitt und die Einzelaussagen treten verstärkt in Form von Nominal- und Partizipialkonstruktionen auf, wie es das Beispiel einer pharmazeutischen Produktinformation deutlich macht:

> *Lotemax ist das Steroid der neuen Generation mit dem Wirkstoff Lotepreduoletabonat 0,5 %. Lotepreduoletabonat wurde entwickelt, um bei minimiertem Nebenwirkungsrisiko gleichzeitig die erwünschte maximale antiinflammatorische Wirksamkeit eines Glukokortikoids zu erhalten. Lotemax ist lokal direkt am Applikationsort wirksam und wird nach Erreichen der therapeutischen Wirkung zu einem inaktiven Metaboliten hydrosiert. Eine außerordentliche hohe Lipophilität und Bindungsaffinität an Steroidrezeptoren (4,3-fach höher als die des Dexamethasons) fördern die Korneapenetration und bewirken hohe Konzentrationsspiegel in der Kornea, im Iris-Ziliarkörper und im Kammerwasser.* (aus der Produktinformation *Lotemax*)

Für die konkrete Ausgestaltung des Handlungsmusters ‚Erklären' gilt in besonderem Maße, dass die Auswahl und Kombination der sprachlichen Mittel so erfolgen muss, dass sie der Gesamtfunktion des Erklärens, dem Wissenstransfer, gerecht wird. Dafür ist es notwendig, nicht nur das Spezifische der Kommunikationssituation, sondern auch die Möglichkeiten der Sinnerfassung bei den Rezipienten einzukalkulieren und zu berücksichtigen.

Hierzu gehören neben der Frage, in welchem Ausmaß logisch-semantische Beziehungen zwischen Informationseinheiten implizit bleiben oder sprachlich explizit gemacht werden (z. B. durch konditionale oder kausale Verknüpfungen wie *dadurch, so dass, aufgrund, weil*), auch die Möglichkeit des Einsetzens von Verständnishilfen wie Rückverweisungen, Neuformulierungen oder explizierenden Zusätzen. Letzteres erfolgt wiederum vielfach musterhaft durch die Struktur des Vergleichs, mit dem ein Geschehen veranschaulicht wird, oder einer Vereinfachung, die eine Sache auf ihr Wesentliches reduziert, z. B.:

> *Nach 15 Jahren intensiver Forschung, die 1986 begann, hat Markenschöpfer José Eisenberg mit der Trio-Molekular-Formel ein revolutionäres Hautpflege-Geheimnis enthüllt. Sie arbeitet mit dem Haut-Gedächtnis zusammen, um die jugendliche Ausstrahlung der Haut zu erhalten. Drei in der Natur vorkommende Moleküle, die nie zuvor zusammengebracht wurden, sorgen für einen strahlenderen und strafferen Teint. Sie erinnern die Haut daran, wie sie arbeiten muss, um ihr jugendliches Aussehen zu erhalten.*
> (http://www.douglas-beautynews.de / cms / servlet / site / prportal / exklusivmarken / Eisenberg/; letzter Zugriff: August 2016)

Zum komplexen stilistischen Handlungsmuster ‚Erklären' gehört als grundlegendes Verfahren fachexterner Kommunikation vor allem auch die lexikalische Erläuterung von Fachtermini, da diese für Laien in der Regel das offensichtlichste Problem bei der Aneignung von Fachwissen darstellen, z. B.:

> *Bei Einreichung der Klage Ende 2005 waren die Schadensersatzansprüche allerdings verjährt. Die Architektenleistungen wurden zwar niemals ausdrücklich abgenommen, es fand jedoch mehr als fünf Jahre vor Einreichung der Klage eine sogenannte konkludente Abnahme statt, mit der die Verjährung einsetzte. Konkludent bedeutet: durch schlüssiges Verhalten. Der Auftraggeber einer Architektenleistung handelt konkludent, wenn er dem Auftragnehmer gegenüber ohne ausdrückliche Erklärung erkennen lässt, dass er dessen Werk als im Wesentlichen vertragsgemäß billigt. Erforderlich ist ein tatsächliches Verhalten des Auftraggebers, das geeignet ist, seinen Abnahmewillen dem Auftragnehmer gegenüber eindeutig und schlüssig zum Ausdruck zu bringen, so der BGH.*
> (Deutsches Architektenblatt 03 / 2014, S. 48)

Die Plausibilität der Aussagen wird zudem häufig durch Hinweise auf Allgemeingültiges bzw. Gesetz- und Regelmäßigkeiten gestützt, z. B.: *Menschen sind nicht unfehlbar.* Innerhalb von Gesprächen gibt es die Möglichkeit,[129] die Evidenz oder Plausibilität von Einzelaussagen besonders ökonomisch durch bestimmte Abtönungspartikeln anzuzeigen (vgl. Kap. 2.1.2), z. B.: *Aber jede Operation ist* **halt** *eine große Belastung für den Körper.*

Im Gegensatz zu den Vertextungsstrategien Erzählen, Beschreiben und Erklären sind die Strategien Argumentieren und Anweisen direkt handlungsorientiert. Sie unterscheiden

129 Das gehäufte Auftreten solcher Abtönungspartikel ist auch charakteristisch für verschiedene Formen der computervermittelten Kommunikation (E-Mail, Chat usw.), die sich in hohem Maße an Mündlichkeit orientieren.

sich dahingehend, dass das **Argumentieren** zum rational eingesehenen Handlungsvollzug führen soll, während beim Anweisen normalerweise auf Begründungen verzichtet wird, weil die Sachverhalte entweder zu trivial sind (z. B. Gebrauchsanweisungen oder Kochrezepte) oder asymmetrische Rollenkonstellationen vorliegen.

Die zentralen Vertextungsmuster von argumentativen Texten bilden zusammen mit den verschiedenen Argumentationstypen und Widerlegungsformen die Schlussregeln Deduktion, Induktion und Illustration sowie die weniger stringenten Verfahren a pari, e contrario oder a fortiori (vgl. Eggs 2000, S. 405). Im Unterschied zu mathematischen und logischen Beweisen ist innerhalb vieler Textsorten die Offenlegung der Argumentation fakultativ. Oft ist es schwer, die Argumentation überhaupt zu entdecken, weil sie kaschiert wird.

Eine generalisierte globale Struktur von Argumentationen ist gut an dem folgenden Chat-Ausschnitt zu erkennen:

> *September 4, 2013*
> ***Agata***
>
> *… wobei ich damit nicht das Serum gutreden will, nur dass man zB bei Retinol den gleichen Effekt hat: Man sieht ihn nicht. Außer, man hatte vorher mit öliger Haut zu kämpfen (da Retinol zusätzlich die Sebumdrüsen verkleinert) oder Hyperpigmentierung (da Retinol die mit Melanin volle Zellen schneller wegtransportiert / löst).*
> *Das neueste Video von Goss zu Retinol ist zB nicht komplett wahr, da er Retinol mit chemischem Peeling verwechselt und die Vorzüge von zB. AHA aufzählt – doch er selbst wird das nicht unterscheiden können, da er ja nebenbei noch chemisches Peeling benutzt:*
> http://www.youtube.com/watch?v=728ZGc73e9U (letzter Zugriff: August 2016)
> *AA ist unglaublich undankbar – man muss nur auf die Wirkung vertrauen, indem man weiß, wie die Inhaltsstoffe funktionieren ☹*
> (http://www.magi-mania.de/loreal-skin-perfection-und-lancome-visionnaire/ [Fehlschreibungen im Original]; letzter Zugriff: August 2016)

Beginnend mit einer Ausgangsfrage oder einem Einstieg in die Thematik (Worum geht es?), werden relevante Hintergründe erläutert, mitunter behauptet, um abschließend die eigene Position, den eigenen Standpunkt zu untermauern.

Als grundlegend für Argumentationen sind das Bestehen eines Konflikts bzw. einer Kontroverse oder die grundsätzliche Absicht, die Meinung des Kommunikationspartners (auch als diffuse Größe) beeinflussen zu wollen, anzusehen. Dies kann sich in der Auswahl der Ausdrücke (z. B. *bezweifeln, für – gegen*) spiegeln, in der begründenden und stützenden Qualität von Aussagen (Begründungen,[130] Behauptungen wie z. B. *Das neueste Video von*

130 Einige Autoren wie z. B. Eggs (2000, S. 397) betonen die Notwendigkeit einer Unterscheidung zwischen Argumentieren und Begründen, d. h. zwischen einfachen Ursache / Folge-Beziehungen und Argument / Konklusions-Beziehungen. Dabei sind Argumente sprachliche Handlungen, die erlauben, von etwas explizit oder implizit Gesetztem – den Prämissen – auf etwas anderes als das Gesetzte – die Konklusion – zu schließen. Demnach werden mit dem Satz *Wegen der zwei Airbags ist der neue VW*

Goss zu Retinol ist zB nicht komplett wahr ...) sowie im Rückbezug auf Normen, Regeln und Werte. Denn gerade im Alltag erfolgt die Steuerung von Argumentationen maßgeblich über Bewertungen bzw. Werttopoi.

Entsprechend können die folgenden Beispiele in einem Kontext wie ‚Sollen wir in diesem Restaurant essen?' als Argument für und gegen den Besuch des Restaurants fungieren:

Das Restaurant ist sehr teuer, aber man isst da ausgezeichnet.
In diesem Restaurant isst man ausgezeichnet, aber es ist sehr teuer.

Unabhängig davon, in welchem Handlungsbereich argumentiert wird, geht es immer um Simultanität, d. h., der Rezipient soll durch ein Mitvollziehen zu den gleichen Folgerungen gelangen wie der Produzent. Das heißt, die Grundstrategie des Argumentierens ist, den Rezipienten zur Übernahme eines Schemas zu bewegen, damit er den entsprechenden Konklusionen nicht mehr ausweichen kann (vgl. Eroms 2008, S. 100). Dazu kann die stützende Qualität von Textelementen explizit markiert werden (z. B. durch kausale Konnektoren). In vielen Fällen müssen sie jedoch auch wissensabhängig inferiert werden.

Das Argumentieren kann sich auf vergangene, gegenwärtige oder zukünftige Handlungen beziehen. Da sich die Argumentation jedoch simultan durch das Eingehen des Rezipienten darauf vollzieht, begegnet häufig das Präsens. Zu den typischen sprachlichen Elementen, die beim Argumentieren auftreten können, zählen Verben, die den konfliktären Hintergrund von Argumentationen anzeigen (z. B. *bestreiten, infrage stellen*) oder Sprechhandlungen des Argumentierens bezeichnen (z. B. *beweisen, rechtfertigen*) sowie sprachliche Formen, die Geltungsansprüche von Äußerungen stützen bzw. deutlich machen, indem sie sich auf die Gültigkeit, Relevanz oder Eignung von Äußerungen beziehen (vgl. Hausendorf / Kesselheim 2008, S. 95 f.). Letztere geben Hinweise auf die Fragen ‚Ist die Äußerung wahr oder richtig' (z. B. *strittig, Gesetzmäßigkeit, vermutlich*), ‚Gibt es eine allgemeine Regel, in deren Rahmen das Geäußerte relevant sein könnte?' (z. B. *wichtig in diesem Zusammenhang, gelten für*) oder ‚Lässt sich die Äußerung auf den konkreten Fall beziehen?' (z. B. *treffend, geht am Kern vorbei*). Derartige sprachliche Indikatoren geben Stilwerte ab, die das Muster des Argumentierens anzeigen, denn es sind die dabei zu erwartenden sprachlichen Mittel. Hierzu gehören auch das – möglicherweise verdeckte – Nennen von Thesen, die Anführung von Beweisgängen oder die Suggestion von Konklusionen.

Ebenso wie beim Argumentieren wird auch bei dem stilistischen Muster **Anweisen** der Mitvollzug durch den Rezipienten angestrebt; das Ziel besteht jedoch hier in der unmittelbaren Handlungssteuerung. Obwohl Anweisungen mitunter Begründungen enthalten, kann prinzipiell auf diese verzichtet werden, weil eine asymmetrische Kommunikationskon-

---

Passat noch sicherer. im engeren Sinne keine Argumente vorgebracht, es handelt sich vielmehr um eine Behauptung, in der durch die Präpositionalphrase *wegen der zwei Airbags* ein Grund für die noch größere Sicherheit des neuen VW Passat genannt wird. Von derartigen Begründungen unterscheiden sich Argumente, wie sie die folgenden Beispiele enthalten: *Der neue VW Passat ist noch sicherer,* ***denn*** *er hat zwei Airbags. Der neue VW Passat hat zwei Airbags,* ***deshalb*** *ist er noch sicherer.*

stellation vorliegt und / oder die textexternen Merkmale einer Textsorte (Funktion, Thema, Situation) diese unnötig machen. Denn das komplexe Handlungsmuster ‚Anweisen' tritt nur in wenigen Textsorten dominant auf. Als prototypisch anweisende Textsorten gelten u. a. Gebrauchsanweisungen, Bedienungsanleitungen oder Kochrezepte.

In formaler Hinsicht ist für Anweisungen typisch, dass jeder Anweisungszug satzweise erfolgt, und sich somit als Verknüpfungshinweis das Muster einer charakteristischen additiven Aufeinanderfolge von Handlungsschritten zeigt, z. B.:

> *Öffnen Sie den Beutel mit den 15 Einzeldosisbehältnissen. Waschen Sie zuerst ihre Hände, brechen dann ein Einzeldosisbehältnis von einem Streifen ab und drehen Sie die Spitze des Einzeldosisbehältnisses ab. Beugen Sie den Kopf nach hinten und ziehen Sie das Unterlid leicht herab, damit sich zwischen Ihrem Augenlid und Ihrem Auge eine Tasche bildet. Träufeln Sie einen Tropfen in das (die) Auge(n), wie von Ihrem Arzt angeordnet. Werfen Sie das Einzeldosisbehältnis nach Gebrauch weg, auch wenn noch Lösung übrig geblieben ist.*
> (nach einer Gebrauchsanweisung für Augentropfen TRUSOPT-S, Santen GmbH, Januar 2015)

Wenn eine Aufforderung weniger direkt und höflicher verstanden werden soll, können Imperative als prototypische Zeichen zur Handlungsaufforderung durch andere Verbformen wie Infinitive, Präsens- oder Futurformen ersetzt werden. Dies zeigt das folgende Beispiel, bei dem mehrere thematisch zusammenhängende Anweisungszüge in einer satzähnlichen Einheit verpackt werden, was – entsprechend des Gegenstandes ‚Schnelle Küche' – auch das sprachliche Tempo, den Rhythmus beschleunigt. Im Vergleich zum o. g. Bespiel, in dem vereinzelt nebengeordnete Teilsätze, die anweisende Struktur aufweichen (z. B. *damit sich zwischen Ihrem Augenlid und Ihrem Auge eine Tasche bildet*), werden hier einzelne und kombinierte Anweisungsschritte konsequent additiv aneinander gereiht:

> *AUF GEHT'S*
> *Den Salat putzen, vom Spargel die holzigen Enden abschneiden, die Möhre waschen, die Zwiebeln schälen und in kleine Würfel schneiden • Dann einen Esslöffel Öl in der Pfanne heiß werden lassen und die Zwiebeln anbraten • Etwas später den Spargel dazu geben und ebenfalls gut anbraten • In der Zwischenzeit die Paprika und Tomaten waschen sowie schneiden, zum Salat in die Schüssel geben [...]*

Die starke Ausdruckswirkung von Aufforderungen kann dabei etwa durch den Verzicht auf das Ausrufezeichen (Weglassen oder Ersetzen durch einen Punkt) oder eine weichere kontextuelle Einbettung abgemildert werden, z. B.:

> *Empfehlen Sie Ihren Patienten Aruvit. Fordern Sie kostenlose Probepackungen von Aruvit an. Setzen Sie bei Ihren Katarakt-Patienten auf Santen. Wir helfen Ihnen bei der optimalen Betreuung.*
> (Werbeprospekt Santen)

Zu den Merkmalen des stilistischen Musters ‚Anweisen' können außerdem die Verkürzung von Sätzen und die überdurchschnittlich häufige Verwendung von Handlungsverben (z. B. *schneiden, putzen, empfehlen*) gezählt werden.

Generell gilt für die Verwendung der genannten Strukturmuster, dass diese als reine Formen in einem Text auftreten können. Dies ist charakteristisch für einzelne Textsorten bzw. bestimmte Textsortenexemplare wie etwa ein durchgängig erzählendes Märchen oder ein ausnahmslos anweisendes Kochrezept. In der Regel dominieren solche Vertextungsstrategien Texte bzw. Textsorten oder kommen als Einlagerungen zwischen einem jeweils anderen Vertextungsmuster vor. Für zahlreiche Textsorten ist die Verwendung bestimmter Vertextungsmuster charakteristisch, sie bewirken dann Stilwerte, die in erheblichem Maße zum Gesamtstil eines Textes beitragen.

Weiterführende Literatur:

Brinker, Klaus et al. (Hrsg.): Text- und Gesprächslinguistik. Ein internationales Handbuch zeitgenössischer Forschung. Band 1. Berlin / New York: de Gruyter 2000. S. 344–414.

Hausendorf, Heiko / Kesselheim, Wolfgang: Textlinguistik fürs Examen. Vandenhoeck & Ruprecht, Göttingen 2008.

3.3.3 Strukturell determinierte stilistische Muster

Die Frage der Klassifikation von stilistischen Merkmalen ist aufs engste mit der Klassifikation von Stilen überhaupt verbunden. Wird nun versucht, stilistische Muster zu beschreiben, die sich aus strukturellen Anforderungen an Texte ergeben, so setzt dies eine textsortenspezifische Stilperspektive voraus, die Texte jeweils als typische oder weniger typische Exemplare einer Textsorte beschreibt. Die Vorstellung, dass Stil untrennbar mit einer bestimmten Textsorte verbunden ist, geht auf Bachtin (1979) zurück, der Stilforschung – im Gegensatz zur Tradition der Funktionalstilistik – von Anfang an mit Textsorten (sog. „Redegenres", vgl. 1979, S. 240) verbunden hat. Er sieht Stil als ein immanentes Element der textsortengefügten Einheit des Textes an.

Für die stilistische Beschreibung strukturell determinierter Muster ist an dieser Stelle[131] zunächst relevant, dass Texte an bestimmte Kommunikationssituationen gebunden sind, die die Ausprägung ihrer äußeren Gestalt und ihrer Struktur maßgeblich bestimmen. Dies betrifft rein quantitative Aspekte wie den Textumfang ebenso wie qualitative (z. B. attraktive oder ästhetische Gestaltung) und kann u. a. zu einer Musterhaftigkeit der Textabgrenzung oder zu einer Musterhaftigkeit der Textgliederung führen. Gerade bestimmte Gliederungssignale, die sich auf die spezielle Art, wie eine textuelle Obereinheit in Untereinheiten aufgeteilt wird, beziehen, sind in Bezug auf strukturell determinierte Muster besonders wichtig.

Hierzu gehören insbesondere die verschiedenen Formen von Überschriften in Zeitungen, Zeitschriften und Prospekten oder auch die Betreffzeilen von Geschäftsbriefen, die wiederum jeweils durch typographische Gliederungshinweise, d. h. ein spezifisches Layout,

131 Eine detaillierte Darstellung zu textexternen und textinternen Determinanten von Textsorten und Aspekten der Textsortenklassifikation erfolgt im vierten Kapitel.

vom eigentlichen Text abgegrenzt werden. Allein schon durch ihre Extrastellung sind sie automatisch mit bestimmten Funktionen verbunden, wie sie bei Sandig (vgl. 2006, S. 223 ff.) etwa als „Hervorheben" oder „Informationen Gewichten" bezeichnet werden. An derart prominenten Positionen mit Textorganisationsfunktion begegnen bevorzugt stilistische Muster, die zum Teil auf divergent-kreativen Denkvorgängen basieren (vgl. Abb. 18).

Tausend und eine Macht

Von grausamen Herrschern und legendären Gelehrten: Eine Reise durch Usbekistan, einen jungen Staat mit uralten Städten VON CHRISTOPH DIECKMANN

Es ist verboten, wir wissen es genau. Keine Fotos von Uniformierten! Folgsam porträtierten wir das Land ohne die allgegenwärtige Polizei. Doch nun, in Samarkand, erscheint uns eine märchenhafte Szene. Durch die bunt gekachelte Pracht der Mausoleen-Stadt Schah-e-Sende schreitet, leuchtend grün, ein Polizeibataillon. Es strebt zum Heiligtum des allhier enthaupteten Mohammed-Cousins Kusam ibn Abbas. Die Staatsmacht im Anmarsch zum Gebet – wie von selbst hebt sich die Kamera. Was tut die Macht? Lacht und posiert.

Usbekistan ist eine nachsowjetische Diktatur, zugleich ein Sehnsuchtsziel der deutschen Orientverklärung. Die verdanken wir zu guten Teilen Goethe. Leiblich war er nie in »Bochara, dem Sonnenland« seines *West-östlichen Divans*. Aus Traumgefilden sandte er 1815 als Poet Hatem »tausend liebliche Gedichte / Auf Seidenblatt von Samarkand« an Suleika, Marianne von Willemer, in Frankfurt am Main.

Von dort fliegt man sechs Stunden gen Morgenland. Weit westlich zurück bleiben die Ukraine, die Krim, der Kaukasus. Das Kaspische Meer erscheint. Jenseits breitet sich Ust-Urt, kasachisch-turkmenisches Todland aus Lehm und Salz. Dann Usbekistan, zu zwei Dritteln Wüste. Die Hauptstadt Taschkent wurde 1966 durch ein Erdbeben zerstört.

Ein halbes Jahrhundert später durchstreifen wir eine Zweieinhalb-Millionen-Metropole. Weiträumig und grün ist Taschkent, nunmehr bebaut mit den schönsten Plattenblocks der Welt. So rühmt Mahmud, unser lokalpatriotischer Begleiter. Wir sehen mehrstöckige Volkskunst-Ornamentik und dass die Sowjetmoderne schon wieder bröckelt. Unterirdisch glänzt sie. Taschkents Metro-Stationen sind Majolika-Paläste, von Kronleuchtern illuminiert. Jeder Fahrgast wird eingangs polizeilich durchsucht. Es gab Anschläge, sagt Mahmud. Halt, nicht fotografieren!

Stattdessen betrinkt sich die Kamera an den Wimmelbildern des Basars. Tausend Gesichter. Teppiche, Seide, Spezereien. Granatäpfel, Datteln, Stalaktiten aus Zuckerkand, flammend leuchtendes Gewürz. Überall brodelt's und brät's. Wir futtern Hammelhack am Spieß zum grünen Tee. Aber warum sind wir hier?

Nicht nur wegen bunter Sehenswürdigkeiten. Wir wollen auch »den Spuren von Philosophen und Universalgelehrten« folgen und etwas erfahren vom »Kontakt zwischen der östlichen und westlichen Geisteswelt«. Der Reiseveranstalter hat ein Themenjahr »Philosophie und Lebenswelten« ausgerufen, unsere Tour gehört dazu. Sie führt durch Chiwa, Buchara, Samarkand – zweieinhalbtausendjährige Sagenstädte eines 1991 gegründeten Staats. Usbekistan ist kein geschlossener Kulturraum, keine homogene Nation, sondern eine sowjetische Schöpfung, Stalins Kartenzeichnung aus dem Jahre 1926. Der bis dato einzige Präsident des jungen Staates, Islam Karimow, inzwischen 75, herrscht vermutlich auf Lebenszeit, unbedrängt von Opposition, machtkritischen Medien, Streiks und ähnlichen Missvergnügen. Mahmud sagt: Ich mag unseren Präsidenten.

Warum?

Er entspricht meinen persönlichen egoistischen Wünschen. Ich kann reisen, das Internet nutzen, eine Firma gründen ...

Aber wie konnte Karimow, der hiesige Honecker, als letzter Statthalter des Sowjet-Atheismus Marx und Lenin stürzen und fortan einen muslimischen Staat führen?

Er hat den Frieden bewahrt.

1991 drohten Zentralasien jugoslawische Verhältnisse, doch die sowjetgeschulten Präsidenten der fünf neuen -stan-Staaten vereinbarten, trotz überlappender Völker alle Grenzen zu belassen. Karimow bekämpfte die Islamisten. 2005 schlug sein Militär einen Aufstand von Separatisten nieder, die das Fergana-Tal zum gottesstaatlichen Kalifat machen wollten. Wohl 700 Menschen starben. Wir sind nicht fundamentalistisch, erklärt Mahmud. Bei uns ruft kein Muezzin vom Minarett.

Am Unabhängigkeitsplatz wich der weltgrößte Lenin, 40 Meter hoch, einem Obelisken, den ein goldener Globus krönt. Taschkenter Volksspott: Lenin hat ein Ei gelegt. Das einstige Lenin-Museum, eine Betonkommode, erzählt nun usbekische Geschichte. Man erfährt von der religiösen Polyfonie vor dem flächendeckenden Islam, vom Waren- und Wissenstransfer entlang der Großen Seidenstraße, von den Kriegswalzen Alexander und Dschingis Khan. Dem mongolischen Zerstörer folgte im 14. Jahrhundert dessen Bewunderer Tamerlan alias Timur Lenk. Mahmud, warum wurde dieser Nicht-Usbeke 1991 zum nationalen Ahnvater ausgerufen, obwohl er ein grausamer Machtmensch war?

Nicht obwohl, lächelt Mahmud. Weil. Das machte ihn berühmt.

Unweit steht die Hasrati-Imam-Moschee nebst der Koranschule Barach-Khan. Koranschulen, sogenannte Medresen, reproduzierten die winzige Elite der Feudalgesellschaft. Die Sowjetmacht ließ sie schließen. Dank allgemeiner Schulpflicht stieg die usbekische Alphabetisierungsrate von 1 auf 99 Prozent. Bildung, sagt Mahmud, ist auch ein Grund, warum wir uns nicht islamistisch aufhetzen lassen. Die Bibliothek der Medrese birgt den ältesten Koran der Welt, vor 13 Jahrhunderten auf Rehhaut geschrieben. Angeblich befleckt ihn das Blut des dritten Kalifen Osman, der, 656 beim Freitagsgebet erstochen, über

Fortsetzung auf S. 60

Abb. 18: Beispielüberschrift eines Zeitungsartikels (Die Zeit Nr. 20, 8. Mai 2014, S. 59)

Nun scheint gerade bei einer divergenten Gestaltung, die einen originellen und kreativen Sprachgebrauch generiert, eine strenge Klassifikation aller denkbaren Stilelemente kaum möglich. Jedoch liegen auch hier bestimmte Muster zugrunde, anhand derer eine Einteilung von komplexeren stilistischen Erscheinungsformen möglich ist. Im Folgenden sollen solche Muster, die nicht an ein einzelnes sprachliches Mittel gebunden sind, sondern durch verschiedenartige sprachliche Mittel realisiert werden können, aufgedeckt werden, indem das Invariante, das sich Wiederholende, das Wesen der stilistischen Erscheinungsform beschrieben wird.

Mögliche Ansatzpunkte dafür sind zum einen der Strukturtyp, d.h., die **syntaktische Form** des stilistischen Musters, zum anderen ist es die **Spezifik der lexikalischen Ausfüllung**. Anhand dieser beiden Parameter lassen sich strukturell determinierte stilistische Muster insofern systematisch beschreiben, als sie entweder in syntaktischer oder lexikalischer Hinsicht von konvergenten Strukturen, die für kohärente Texte typisch sind, abweichen, oft auch beides oder in mehrerlei Hinsicht. Im Folgenden werden exemplarisch jeweils drei solcher Muster vorgestellt, die in alltäglichen Gebrauchstexten besonders häufig begegnen. Auf der syntaktischen Ebene betrifft dies verschiedene Formen der **Satzverkürzung**.

Bereits ein sehr oberflächlicher Blick auf strukturell determinierte stilistische Muster zeigt, dass diese – im Vergleich zu Sätzen wie sie in kohäsiven Textabschnitten vorkommen – auffallend kurz sind. Diese Kürze ist Ausdruck einer fehlenden Explizitheit, die oft als notwendige Basis für divergente, kreative Zuordnungen anzusehen ist. In diesem Zusammenhang ist das Auftreten von syntaktischen Reduktionsformen von großer Bedeutung. Es betrifft neben bestimmten Satzbauplänen, die die Maximalzahl möglicher Aktanten nicht ausnutzen, vor allem die Ellipsenbildung bzw. Satzverkürzungen und Satzfragmente.

In stilistischer Hinsicht ist die **Reduktion von Aktanten** häufig dann neutral, wenn sie entweder in einer generischen Aussage erfolgt (z.B. *er raucht = er ist Raucher*) oder die nichtgesetzten Aktanten eindeutig aus dem Kontext oder der Situation zu erschließen sind (z.B. *Wir haben verstanden. – Sie liest gerade.*). Für die Beurteilung elliptischer Ausdrucksweisen ist dagegen die Beachtung der medialen Bedingungen und der Textsorten besonders wichtig. So gelten in der gesprochenen Sprache **Ellipsen** als stilistisch neutral. Innerhalb der geschriebenen Sprache ist die stilistische Bewertung von Ellipsen deutlich schwieriger, je nachdem, wie weit der Begriff ‚Ellipse' gefasst wird. Unauffällig sind beispielweise spezielle Aussparungen von sprachlichen Elementen aufgrund von syntaktischen Regeln, wie die sog. Koordinations-Reduktion, bei der ein identisches Element ausgelassen wird: *Er trank Bier und sie (trank) Wein*. In einem weiteren Sinne werden mit dem Begriff der Ellipse jedoch auch sämtliche Formen der Auslassung syntaktischer Elemente eines Satzes verstanden, die das syntaktische Minimum, d.h. die zweigliedrige, nominativische und verbale Struktur des deutschen Satzes unterschreiten. Diese werden aufgrund ihrer Bedeutung für das Herstellen stilistischer Muster im Folgenden terminologisch abgegrenzt und – gewissermaßen als Spezialfall der Ellipse – als ‚Satzverkürzung' bzw. (bei extrem kurzen Varianten) als ‚Satzfragment' bezeichnet. Die Unvollständigkeit eines Satzes in diesem Sinne kann bereits ein Anzeichen für Divergenz sein und verfügt prinzipiell über ein besonderes stilistisches Potential im Hinblick auf die Erzeugung von Expressivität sowie von Stilwerten bzw. Stileffekten. Dafür sprechen auch die gegenwärtig in großer Zahl auftretenden „unechten" Satzverkürzungen, die durch das von syntaktischen Regelmäßigkeiten abweichende Interpungieren, d.h., das rein ausdrucksseitige Zerschneiden vollständiger Sätze, entstehen, z.B.:

Das Geld ist wieder da. Die Hoffnung nicht. (Artikeltitel aus Die Welt 21. 07. 2016)
Alles dreht sich um Freude. Mehrere tausend mal pro Minute. (Direct Marketing-Prospekt BMW)

Zusammenfassend ist an dieser Stelle bereits festzuhalten, dass es für einen großen Teil strukturell determinierter stilistischer Muster eine notwendige Voraussetzung ist, dass sprachliche Elemente ausgespart werden. Für einige dieser Muster ist das Aussparen von syntaktischen Elementen das einzige formale Beschreibungsmerkmal. Entsprechend der Zweigliedrigkeit des deutschen Satzes können dabei zwei grundlegende **Typen von Satzverkürzungen** unterschieden werden:

1) Auslassung des Subjekts und
2) Auslassung des Prädikats.

Unter dem Begriff ‚**Satzfragment**' werden mehr oder minder komplexe syntaktische Strukturen zusammengefasst, die weder über ein Subjekt noch über ein Prädikat verfügen.

Muster 1: Satzverkürzung durch Subjektauslassung

Folgende Beispiele repräsentieren ein erstes stilistisches Muster, das sich auf syntaktischer Ebene beschreiben lässt, denn es ist gekennzeichnet durch das Fehlen eines Subjekts:

Holt mehr aus jedem Tropfen. (Direct Marketing-Prospekt BMW)

Schaut auch im Dunkeln voraus. (Direct Marketing-Prospekt BMW)

Hält andere selbständig auf Distanz. (Direct Marketing-Prospekt BMW)

Die Vorfeldposition ist hier nicht besetzt, sie könnte, ohne den semantischen Gehalt der Äußerung zu verändern, durch ein *es* ausgefüllt werden, das kataphorisch auf ein rhematisches Element weiter rechts oder im nächsten Satz verweist. Die Aussparung des Vorfelds bewirkt (ebenso wie ein mögliches *es*) gerade am Textanfang oder bei Einzelstellung, dass die Äußerung nicht vollständig eingeordnet werden kann, indem unklar bleibt, worauf sie sich bezieht. Damit wird Spannung erzeugt und das Interesse auf die fehlende semantische Rolle bzw. auf den nachfolgenden Text gelenkt.

In der Regel bildet das ausgelassene Element das Thema des Bezugskontextes bzw. erscheint häufig als rhematisches Subjekt des Nachfolgesatzes, z. B.:

Holt mehr aus jedem Tropfen.
Die High Precision Injection von BMW. (Direct Marketing-Prospekt BMW)

Bereits am Beispiel dieses ersten Musters ist zu erkennen, dass sich strukturell determinierte Muster auf vielfältige Weise überlagern können. Kommt etwa zur Satzverkürzung ein spielerischer Umgang mit Wörtern oder festen Wendungen hinzu, entstehen Verfremdungseffekte, die einen ästhetischen Mehrwert erzeugen und formal mit einer Zunahme an Divergenz einhergehen. Diese Divergenzzunahme kann mithilfe einer entsprechenden konvergenten Paraphrase[132] nachgewiesen werden. Dabei wird mit der Bezeichnung ‚konvergent' wiederum zum einen auf den Umstand Bezug genommen, dass solche Strukturen in allen Texten und Textsorten beliebig vorkommen können und gerade für kohäsive schriftliche Texte typisch sind. Darüber hinaus sind sie entweder wörtlich zu verstehen oder stellen lexikalisierte bzw. etablierte Formen (z. B. lexikalisierte Metaphern) dar und können in diesem Sinne logisch nachvollzogen werden. Daraus ergibt sich zugleich, dass eine solche konvergente Paraphrase den ästhetischen Wert / das ästhetische Potential der entsprechenden divergenten Struktur nicht transportieren kann, weil sie ihn durch die Umschreibung verliert.

Die Unterschiede zwischen reinen Verkürzungen und Verkürzungen mit spielerischem Mehrwert verdeutlichen die folgenden Beispiele:

> *Reduziert Wankbewegungen. = Es (Dynamic Drive) reduziert Wankbewegungen.*
> vs.
> *Schärft Ihren Schulterblick. = Es (das technische System Totwinkel-Assistent) warnt den Fahrer vor Fahrzeugen im toten Winkel.* (Direct Marketing-Prospekt BMW)

Dabei ist zu erkennen, dass mit einer Zunahme an Divergenz immer auch der Umfang und die Komplexität der Paraphrase ansteigen.

Abgesehen von spielerischen Aspekten können die durch Subjektauslassung hervorgerufenen Satzverkürzungen beispielsweise auch durch das o. g. Verfahren einer abweichenden Interpunktion, das zu einem rein ausdrucksseitigen Zerschneiden führt, ergänzt werden, z. B.:

> ***Steht Ihnen gut. Und zur Seite.***
> *Stil, Sicherheit und Komfort. Beim Stil Ihrer E-Klasse können Sie zusätzlich zur Serienausführung zwischen der sportlichen Ausstattungslinie AVANTGARDE und der klassischen ELEGANCE wählen. Zwei andere wesentliche Eigenschaften verlangen Ihnen dagegen keine Entscheidung ab, denn sie sind untrennbar miteinander verbunden. Sicherheit und Komfort verschmelzen in der besten E-Klasse aller Zeiten zu einem faszinierenden Automobil, das alles tut, um Gefahren begegnen zu können, bevor sie entstehen. Und Sie entlastet, damit Sie das Fahren noch entspannter und gleichzeitig intensiver erleben …* (Direct Marketing-Prospekt Mercedes Benz)

Das durch Punkt und anschließende Großschreibung bewirkte ausdrucksseitige Zerschneiden des Musterexemplars *Steht Ihnen gut. Und zur Seite.* kann hier einerseits als Gliederungssignal für die im Bezugskontext angesprochenen Themen (1) ‚Stil' und (2) ‚Sicherheit und Komfort' verstanden werden, andererseits hebt es den Verfremdungseffekt, der aus dem spielerischen Umgang mit dem Verb *stehen* als Teil von verschiedenen

132 Der Begriff ‚Paraphrase' referiert darauf, dass der Bezugsausdruck und der umschriebene Ausdruck weitgehend bedeutungsgleich sind. Im Extremfall sind es nahezu identische Reformulierungen, d. h., im Falle von Verkürzungen geht es mit Ausnahme des ausgelassenen Elements / Satzgliedes um wörtliche Wiederholungen.

festen Wendungen[133] resultiert, stärker hervor. Die Expressivität entsteht vor allem aus dem elliptischen Eingreifen in die Phraseologismusstruktur des zweiten Teils, während der erste Bestandteil in einer vollständigen Phraseoschablone besteht.

Mit derartigen Konstruktionen können zahlreiche Intentionen in Bezug auf die Stilwirkung verbunden sein. So kann das Zerlegen in zwei ausdrucksseitige syntaktische Strukturen dem Kontrastieren[134] dienen und dadurch die Informationsverarbeitung steuern. Das Kontrastieren gehört zu den generellen Möglichkeiten der stilistischen Nutzung von im Sprachsystem angelegten Gegenpolen (z. B. Antonymen) und betrifft auch das Herstellen solcher Gegensätzlichkeiten. So nutzt auch das folgende Musterexemplar eine lexikalische Relation des Kontrasts (*Stärken* vs. *Schwächen*) und löst zugleich die antithetische Form durch ein spielerisches Umdeuten auf (‚Schwäche als Stärke'):[135]

> ***Hat viele Stärken. Zum Beispiel eine Schwäche für die Umwelt.***
> *BlueEFFICIENCY und die neue Motorengeneration. Modernste Mercedes-Benz Technologie sorgt auf verschiedenen Wegen für mehr Effizienz – bei deutlich reduzierten Emissionen und bis zu 23 % weniger Verbrauch. So schonen Triebwerke der BlueEFFICIENCY Fahrzeuge wertvolle Energiereserven und die Umwelt. Bei den 4-Zylinder-Benzinern kommen Motoren mit höherem Wirkungsgrad und Turboaufladung zum Einsatz, die maximale Effizienz erreichen.* Das 6-Zylinder-*Triebwerk im E 350 CGI BlueEFFICIENCY spart dank Benzineinspritzung mit geschichtetem Brennverfahren signifikant Kraftstoff. Bei den 4-Zylinder-Dieseltriebwerken sorgt die 4. Generation der Common-Rail-Technologie mit Magnetloch- bzw. Piezoventilen und ein oder zwei Turboladern für saubere Leistung …* (Direct Marketing-Prospekt Mercedes Benz)

Muster 2: Satzverkürzung durch Prädikatsauslassung

Ein weiteres Muster ergibt sich in formaler Hinsicht aus der Auslassung des Prädikats:

---

133 Eine Klassifikation von festen Wendungen kann unter semantisch-strukturellen Gesichtspunkten erfolgen, wobei semantische Kriterien wie Idiomatizität und lexikalisch-semantische Stabilität entscheidend sind. Diese können ergänzt werden durch strukturelle Aspekte wie die Unterscheidung zwischen Wortgruppenstrukturen und Satzstrukturen. Demzufolge kann etwa differenziert werden zwischen Phraseolexemen, Phraseoschablonen, Nominationsstereotypen (z. B. *gesunder Menschenverstand*) und kommunikativen Formeln (z. B. *Nichts für ungut!*). Den Kernbereich der Phraseologismen bilden die Phraseolexeme, d. h. feste Wendungen, die die Merkmale idiomatisch und stabil aufweisen. Sie sind kommunikativ-grammatisch mehr oder weniger variabel (z. B. Tempus, Person). Ein typisches Beispiel ist: *die Augen gehen auf.* Phraseoschablonen unterscheiden sich von Phraseolexemen zunächst durch die fehlende lexikalisch-semantische Stabilität. Es sind syntaktische Strukturen (Wortgruppen oder Sätze), deren lexikalische Füllung zwar nicht fest ist, aber eine syntaktische Idiomatizität aufweist (z. B. *zum Lachen bringen*; *Es ist zum Davonlaufen.* vgl. Fleischer 1983, S. 318 f.).

134 Bei Sandig (2006, S. 206) wird „Kontrastieren / Gegensätze aufbauen" als eigenständiges textstilistisches Handlungsmuster aufgeführt.

135 Diese Form des Kontrastierens bezeichnet Sandig (2006, S. 478) mit dem Sequenzmuster „eine unerwartete Wendung (machen)", das u. a. konstitutiv für Witze ist. Denn die Wirkung von Witzen basiert auf einem Überraschungseffekt, häufig darauf, dass etwas Nebensächliches plötzlich fokussiert wird, wobei die Pointe ein Hinweis auf die Art der überraschenden Wendung ist.

Ost- und Südostbayern nicht auf der Straßenbauliste
Wahl zum FIFA-Chef erst im Januar
Die Integral-Aktivlenkung: einzigartig wie jede Kurve. (Direct Marketing-Prospekt BMW)
Das Fahrwerk des neuen BMW7er. Das Meisterwerk unserer Ingenieure.
(Direct Marketing-Prospekt BMW)

Wie an den Beispielen zu sehen ist, kann das fehlende Prädikat in der Regel durch Kopulaverbformen wie *ist* oder *sind* ergänzt werden, z. B.:

Das Fahrwerk des neuen BMW7er ist das Meisterwerk unserer Ingenieure.
(Direct Marketing-Prospekt BMW)

Diese spezifische Form grammatikalisch unvollständiger Sätze wird in der Forschungsliteratur häufig als ‚Setzung' bezeichnet. Solche Setzungen, die einst als Indiz für den Einfluss der Umgangssprache auf die Schriftsprache galten, sind aktuell ein typisches Merkmal zahlreicher journalistischer Darstellungsformen. So stellt beispielsweise die Aussage *Westerwelle erfolgreichster FDP-Chef aller Zeiten!* (Bild-Zeitung 05.09.2009) einen prototypischen Schlagzeilen-Duktus dar.

Gegenüber solchen typischen Setzungen in Schlagzeilen, die mit der ersatzlosen Auslassung des Prädikats operieren, werden bei anderen Exemplaren des zweiten Musters die Prädikatsleerstellen mit einem Platzhalter-Element[136] besetzt. Als Platzhalter erscheinen dabei Interpunktionszeichen, vor allem der Doppelpunkt, der Gedankenstrich oder der Punkt.

Während das Setzen eines Punktes wiederum mit dem Zerschneiden in zwei syntaktische Strukturen verbunden ist, signalisiert ein Gedankenstrich nur die Auslassung und bewirkt dabei in der Regel zugleich, dass die anknüpfende Einheit hervorgehoben wird, z. B.:

Der neue BMW7er – hellwach, selbst in tiefster Nacht. (Direct Marketing-Prospekt BMW)

Diese Hervorhebungsfunktion des Gedankenstrichs lässt sich gerade auch an seiner Verwendung in vollständigen syntaktischen Strukturen nachweisen, z. B.:

BMW Efficient Dynamics – nimmt wenig und gibt viel. (Direct Marketing-Prospekt BMW)
Ökonomen sind sicher: Der Grexit kommt – nur später.

Durch einen Doppelpunkt wird eine enge Verbindung zwischen zwei Satzteilen hergestellt. Dies führt zu einer Informationsverdichtung, die für alle Arten von Setzungen anzunehmen ist. Durch die Reduzierung der Syntax verändert sich zudem die rhythmische Struktur

136 Unter einem Platzhalter-Element werden sprachliche Zeichen verstanden, deren Funktion darin besteht, eine in einer syntaktischen Struktur nicht besetzte grammatische Position auszufüllen.

der Aussage, wodurch sich das Tempo der Informationsvermittlung zu erhöhen scheint, z. B.:

Terror in Südtürkei: 30 Jugendliche getötet

Das stilistische Muster ‚Satzverkürzung durch Prädikatsauslassung' ist als semantisch zweigliedrige Struktur zu beschreiben, die problemlos als vollständige Aussage mit Referenzteil und Prädikat rekonstruiert werden kann. In funktionaler Hinsicht dient sie zumeist der Kondensation des Bezugstextes (im Sinne einer thematischen Überschrift), vielfach erfolgt dabei auch eine Bewertung der im Bezugstext gegebenen Informationen, wie es folgende Textausschnitte aus dem Bereich der Unternehmenskommunikation zeigen:

Die Motoren: Sparsam, ohne auf Leistung zu verzichten.
Die 3-Zylinder-Reihenmotoren in Vollaluminium-Bauweise entsprechen ganz dem Fahrzeugkonzept des smart fortwo: Mit unter einem Liter Hubraum sind sie überaus kompakt und platzsparend. Trotz niedrigen Verbrauchs sorgen sie für überzeugende Leistungsdaten – und so für mehr Agilität und bessere Fahrleistungen. Die mhd-Technologie geht einen Schritt weiter. So sinkt der Verbrauch der Benzin-Saugmotoren, ohne Leistungseinbußen, noch einmal bis zu ca. 20 Prozent …

Das Fahrwerk des neuen BMW7er. Das Meisterwerk unserer Ingenieure.
… Zahlreiche Fahrwerkskomponenten sind für mehr Agilität aus Aluminium gefertigt. Dadurch wird das Gewicht des Motors auf der Vorderachse kompensiert und eine optimale Gewichtsverteilung von nahezu 50:50 erreicht.
Doch mit dem optionalen Fahrwerksregelsystem Dynamic Drive wird selbst diese Fahrfreude noch gesteigert: Aktive Stabilisatoren an Vorder- und Hinterachse reduzieren die Fahrzeugbewegungen auf ein Minimum – für maximale Agilität … (Direct Marketing-Prospekt BMW)

Die Textausschnitte zeigen dabei nicht nur die für explizite Bewertungen typische häufige Verwendung von Adjektiven, sondern auch den auffallend hohen Gebrauch von Hochwertwörtern, der ein charakteristisches Merkmal von Textsorten der Unternehmenskommunikation darstellt (z. B. *optimal, maximal, Agilität*; vgl. Kap. 3.2.3).

Die Exemplare des zweiten Musters können auch verfremdete Elemente enthalten, die etwa zu einer besonderen Anschaulichkeit oder zu einer Emotionalisierung führen sollen, z. B.:

Der neue BMW7er – hellwach, selbst in tiefster Nacht.
Für ein Höchstmaß an Sicherheit bei Dämmerung und Dunkelheit ist der neue BMW7er mit einer im wahrsten Wortsinn vorausschauenden Lichttechnologie ausgestattet. Das serienmäßige Xenon-Licht mit integrierter Fernlichtfunktion leuchtet die Fahrbahn besonders hell und großflächig aus. Doch es ist nicht nur hell, sondern auch hellwach: Es passt sich der Fahrsituation an, indem es zum Beispiel per optionales Adaptives Kurvenlicht die Fahrbahn in Kurven um bis zu 90 % besser ausleuchtet …
(Direct Marketing-Prospekt BMW)

Das personifizierende Element *hellwach* im prädikativen Teil der möglichen Paraphrase (*Der neue BMW7er ist* ***hellwach***.) bewirkt hier besondere Anschaulichkeit, die – wie es für metaphorische Ausdrücke allgemein kennzeichnend ist – auf einer auf Ähnlichkeitsbeziehungen basierenden Übertragung beruht. Im Beispielfall aus der Übertragung der Bezeichnung eines menschlichen Zustandes in die Sphäre nichtmenschlicher Sachverhalte.

Solche Formen der Übertragung können auch als eigenes Muster ‚Anschaulich machen' aufgefasst werden (vgl. Sandig 2006, S. 245 ff., Wagner 2000, S. 422), das eine Darstellung verständlich und / oder attraktiv macht, wobei die Bewertung, ob ein Text ‚anschaulich' ist oder nicht, als interpretationsabhängig und somit subjektiv gilt.

Als Voraussetzungen für eine anschauliche Stil-/Textwirkung ist jedoch grundsätzlich die Beziehung zu etwas Bekanntem anzusehen. Die Bestandteile des neu Vermittelten müssen dann entweder Analogien zu bereits Bekanntem aufweisen, Bekanntes in den Vermittlungszusammenhang übernehmen oder aus bereits Bekanntem (insbesondere dem Kontext) herzuleiten sein.

Muster 3: Satzfragment

Der Begriff ‚Satzfragment' hebt darauf ab, dass es sich bei den Äußerungen, die dem dritten Mustertyp entsprechen, nicht mehr um Sätze im engeren Sinne handelt und eben auch nicht um sog. ‚Satzverkürzungen'. Es scheint jedoch berechtigt, von Bruchstücken eines Satzes auszugehen. Dafür spricht u. a. die bei einem Untertyp auftretende komplexe syntaktische Gestaltung durch angeschlossene Nebensätze („komplexes Satzfragment" s. u.).

Unterschiedliche Formen von Satzfragmenten zeigen folgende Beispiele:

Ungetrübtes Reisevergnügen. (Direct Marketing-Prospekt Dacia)
Licht, das um die Ecke sehen kann. (Direct Marketing-Prospekt BMW)
Ein starker Partner. (Direct Marketing-Prospekt Volvo)
Weltweit getestet, um ein besonderes Gefühl zu vermitteln: Geborgenheit.
(Direct Marketing-Prospekt Mercedes)
Präzise Eleganz. (Direct Marketing-Prospekt BMW)
Krimi mit einem Happyend

Sie zeichnen sich – das lässt sich wiederum durch eine mögliche Paraphrase verdeutlichen (z. B. *Das ist …*) – durch ein gemeinsames Merkmal aus, nämlich das Fehlen von Subjekt und Prädikat. Die genannten Äußerungen könnten demnach in syntaktischer Hinsicht vervollständigt werden durch ein Subjekt, das wohl meistens dem Thema des Bezugskontextes entspricht, und ein Kopulaverb, seltener auch ein Verb der persönlichen Einschätzung, das als Ergänzung ein Subjekts- oder ein Objektsprädikativ verlangt.

In funktionaler Hinsicht ist die Struktur des Satzfragmentes damit besonders geeignet, eine Behauptung / eine Meinung zu äußern bzw. den thematisierten Sachverhalt explizit zu bewerten. Durch die Aussparung des Subjekts als Bezugsphrase des prädikativen Elements erfolgt jedoch keine explizite Bewertung, denn diese setzt eine Thematisierung des zu bewertenden Sachverhalts voraus. Zugleich werden durch die fehlende Thematisierung des zu Bewertenden die Aussagen kürzer und natürlich stilisierter. Es bietet sich die Möglichkeit, wesentliche Aspekte akzentuierter zu kommunizieren, die rhematischen Ausdrücke rücken gleichzeitig nach links.

Darüber hinaus kann eine Funktion von Satzfragmenten (ähnlich wie beim ersten Muster) in der Steuerung von Aufmerksamkeit bestehen, z. B.:

> ***Eine Theorie, die in der Praxis Leben retten kann.***
> *Das integrale Sicherheitskonzept von Mercedes-Benz.*
> *Kaum ein Gebiet spornt uns so sehr zu Höchstleistungen an wie die Erforschung neuer Sicherheitstechnologien. Bereits in den 50er Jahren legten wir zum ersten Mal einen Meilenstein – mit der Sicherheitsfahrgastzelle, einer Erfindung von Béla Barényi …* (Direct Marketing-Prospekt Mercedes)

Natürlich geht es auch hier um ein Bewerten und eine anschauliche Form der Informationsvermittlung, indem zum einen ‚pointiert', zum anderen ‚konkretisiert' wird, indem etwa abstrakte Begriffe in eine verbal gebundene Satzaussage umgeformt werden (vgl. z. B. *integrales Sicherheitskonzept = eine Theorie, die in der Praxis Leben retten kann*).

Abhängig von Umfang und Struktur kann zwischen **zwei Untertypen** von Satzfragmenten unterschieden werden, nämlich erstens ausdrucksseitig komplexeren und zweitens weniger komplexen, sog. einfachen Satzfragmenten.

Kennzeichnend für zahlreiche **komplexe Formen** von Satzfragmenten ist das Auftreten eines Relativsatzes, z. B.:

> ***Licht, das um die Ecke sehen kann***
> *Das Adaptive Kurvenlicht von BMW*
> *Das Adaptive Kurvenlicht erhellt mit einer bis zu 90 % besseren Ausleuchtung die Fahrbahn. So werden Kurven besser einsehbar und die Straße insgesamt berechenbarer – dank Abbiegelicht sogar bei geringer Geschwindigkeit …* (Direct Marketing-Prospekt BMW)

> ***Sicherheit, die entspannt und begeistert.***
> *Entspannung ist vielleicht die schönste Begleiterscheinung bei einer Fahrt im neuen BMW3er Coupé – die sprichwörtliche Freude am Fahren.*
> *Denn nicht nur dank der besonders steifen Fahrgastzelle werden Sie sich jederzeit rundum sicher fühlen. Ein umfassendes Airbagsystem und crashaktive Kopfstützen sorgen ebenfalls dafür, dass Sie jede Tour sorglos genießen können: auf der sicheren Seite des Straßenverkehrs.*
> (Direct Marketing-Prospekt BMW)

Der Relativsatz bezieht sich in beiden Fällen auf das vor dem Komma stehende Substantiv. Die semantischen Beziehungen zwischen dem Bezugselement des Relativsatzes und dem thematisierten Sachverhalt unterscheiden sich insofern, als die Bezeichnung *Licht* gegenüber dem thematisierten Sachverhalt *Adaptives Kurvenlicht* einen Oberbegriff, ein Hyperonym darstellt, während *Sicherheit* zunächst in einer deutlich weiteren Bedeutungsrelation zur *besonders steifen Fahrgastzelle*, einem *umfassenden Airbagsystem* und *crashaktiven Kopfstützen* steht und einen Frame bildet, einen größeren Zusammenhang, unter dem sich die anderen Begriffe bzw. die damit verbundenen Inhalte und Wissensbestände einordnen lassen (vgl. Kap. 2.1.2). Die Äußerung *Licht, das um die Ecke sehen kann* enthält wiederum personifizierende Elemente, die mit dem vordergründigen Ziel der Veranschaulichung eingesetzt werden, das hier auch als ‚Konzeptualisieren' und ‚Konkretisieren' bewertet werden kann, indem einerseits der Deutungsrahmen im Hinblick auf die Informationsvermittlung aufgezeigt wird und andererseits eine Umformung komplexerer Begriffe in eine Aussage erfolgt, die beim Empfänger auf etwas als bekannt Voraussetzbarem aufbaut.

In funktionaler Hinsicht geht es bei den genannten Beispielen mit Relativsatz primär um eine Informationsübermittlung, sie eignen sich auch zum Bewerten.

Dies trifft auch auf andere Formen des komplexen Satzfragmentes zu, die – weitgehend unabhängig von ihrer syntaktischen Form – verschiedene bewertende Elemente enthalten können, z. B.:

Kleine Köpfe und eine große Zeitung – Acht Wochen-Flirt mit der LVZ
Stilvoll und durchdacht – bis ins letzte Detail, Licht in seiner schönsten Form
Uniklinik im Finanz-Koma
Rückschlag für die Demokratie
Fahrt in die Freiheit

Wie bereits das erste der o. g. Beispiele zeigt, erfolgt zuweilen ein sog. „Umdeuten", d. h. eine bewusste Verschiebung in der sprachlichen Darstellung eines Gegenstandes oder Sachverhalts,[137] die im folgenden Beispiel durch die Bezeichnung eines Projektes zur Leseförderung mit der Neubildung *Acht-Wochen-Flirt* erfolgt:

Kleine Köpfe und eine große Zeitung – Acht-Wochen-Flirt mit der LVZ
Projekt zur Leseförderung läuft bis 24. Mai / 65 Grund- und Förderschulen aus Leipzig und Umgebung sind dabei
„Ich werde später mal Reporter!" – Davon ist Lydia überzeugt. Ebenso wie Alma und Johanna. Die Viertklässler gehören zu jenen Grundschülern, für die am Montag das Abenteuer Zeitungsflirt begann. Acht Wochen nehmen sie am LVZ-Projekt teil … (LVZ-Marktplatz 03. 04. 2014)

Für ein solches Umdeuten stehen mehrere Techniken zur Verfügung, dazu gehört insbesondere das Umdeuten eines einzelnen Wortes, bei dem ein Wortlexem durch ein anderes Wort ersetzt wird, das positivere Implikationen enthält (z. B. *Schokoriegel* → *Praline* in *Duplo, die längste Praline der Welt*). Prinzipiell geht es beim ‚Umdeuten' darum, die Beurteilung einer

137 Techniken wie das Umdeuten werden terminologisch mitunter anders erfasst. So spricht etwa Felder (2010) von sog. ‚semantischen Kämpfen', die sich im Versuch äußern, „in einer Wissensdomäne bestimmte sprachliche Formen als Ausdruck spezifischer, interessengeleiteter und handlungsleitender Denkmuster durchzusetzen" (Felder 2010, S. 544).

Aussage in eine bestimmte Richtung zu verändern und dadurch letztlich die Einstellung des Hörers / Lesers zu verändern. Die offensichtlichste Form des Umdeutens drückt sich z. B. im Slogan *Geiz ist geil!* (Saturn) aus, weil hier versucht wird, direkt auf Einstellungen und Werte Einfluss zu nehmen, indem negative Bedeutungskomponenten des Wortes *Geiz* durch die Aussage ‚Geiz ist extrem positiv' überzeichnet werden.

Indirektere Formen des Umdeutens ergeben sich durch die Veränderung der Abstraktionsebene (vgl. o. g. Beispiel *Airbag* → *Sicherheit*), das schrittweise Hinauf- oder Hinuntergehen vom Besonderen zum Allgemeinen, vom Teil zum Ganzen, auch ein laterales Umdeuten, ein Vergleichen, eine Metaphorik oder Analogie auf derselben Abstraktionsebene (z. B. ***Fahren** wie Piloten **fliegen**.*).

Wie die Beispiele zeigen, zielt das Umdeuten vielfach auf eine emotionale Bewertung[138] ab, die nachvollzogen werden soll, um Einstellungen beeinflussen zu können. Dies ist wiederum typisch für bestimmte persuasive Textsorten wie Printanzeigen und Produktbroschüren, z. B.:

> ***Ein starker Partner.***
> *Die Vielseitigkeit des neuen Volvo XC60 geht weit über Zweckmäßigkeit hinaus und stellt sich souverän den Anforderungen des Alltags …*
>
> ***Ein charismatischer Begleiter.***
> *Der Volvo V 50 ist von der Front bis zum Heck auf Individualität programmiert, für Leistung gebaut und zum Schutz seiner Insassen konstruiert. Der Innenraum lädt ein zu langen, komfortablen Reisen oder vergnüglichen Kurztrips …* (Direct Marketing-Prospekt Volvo)

Die genannten Formen des Bewertens können wiederum mit verschiedenen Graden an Stilisierung einhergehen. So resultiert das ästhetische Potential der Muster 3-Äußerung *Unwiderstehlich schön. Und ganz schön widerstandsfähig.* vor allem aus der figurierten, hier der rhetorischen Figur ‚Chiasmus' ähnlichen Anordnung der Elemente *wider-* und *schön.* Ferner geht es um ein Spiel mit Polysemie bzw. Wortartwechsel (*schön*) sowie mit der Polymorphie des Stamms von *unwiderstehlich* und *widerstandsfähig.*

Gegenüber den genannten komplexen Satzfragmenten sind **einfache Satzfragmente** in der Regel zweiteilig aufgebaut:[139]

> *Grenzenloses Fahrvergnügen.* (Direct Marketing-Prospekt Volvo)
> *Ungetrübtes Reisevergnügen.* (Direct Marketing-Prospekt Dacia)
> *Präzise Eleganz.* (Direct Marketing-Prospekt BMW)
> *Souveräne Sportlichkeit.* (Direct Marketing-Prospekt BMW)
> *Klassische Werte.* (Direct Marketing-Prospekt BMW)

---

138 Zur Emotionalisierung als Möglichkeit der Lösung von Bewertungsaufgaben vgl. Fiehler (2001).

139 Im Grenzbereich zwischen einfachen und komplexen Satzfragmenten sind Beispiele wie die oben genannten anzusiedeln (*ein starker Partner* oder *ein charismatischer Begleiter*), die sich nur durch die Verwendung des unbestimmten Artikels vom einfachen Satzfragment unterscheiden.

Zeitlose Eleganz. (Direct Marketing-Prospekt BMW)
Stilvolle Dynamik. (Direct Marketing-Prospekt BMW)

Häufig bestehen sie aus einem attributiv verwendeten Adjektiv und einem dazugehörigen Nomen. An den genannten Beispielen, die allesamt aus der Unternehmenskommunikation stammen, ist zu erkennen, dass innerhalb dieses Kommunikationsbereichs häufig Hochwertwörter eingesetzt werden, die auch ohne die Struktur eines Komparativs oder Superlativs geeignet sind, das Bezeichnete aufgrund ihrer sehr positiven Inhaltsseite aufzuwerten. In semantischer Hinsicht ist zudem auffällig, dass Attribut und Bezugssubstantiv inhaltsseitig nicht immer vollständig kompatibel sind: vgl. z. B. *Präzise Eleganz.* und *Souveräne Sportlichkeit.* Da das attributive Element hier ebenfalls einen Hochwertbereich repräsentiert, soll die Verbindung beider Wörter möglicherweise nur der Assoziation von zwei positiv besetzten Konzepten dienen.

In funktionaler Hinsicht geht es – neben der möglichen Meinungsäußerung / Stellungnahme als Form der Bewertung – um eine pointierte Zusammenfassung der im kohäsiven Bezugstext thematisierten Inhalte. Dies zeigen auch Exemplare aus anderen Kommunikationsbereichen, z. B.:

Gemeinsames Bauen
Innovatives Projekt für anspruchsvolle Eigenheimbebauung
Wittenberg. „Es passen mehr Menschen in die Altstadt", betont Jo Schulz, Geschäftsführer der Saleg, als Alternative zum Bauen auf der grünen Wiese sollen Brachflächen der Altstadt entwickelt werden. Vorteile: Alle wichtigen Einrichtungen wie Kitas, Schulen, Ärzte und Geschäfte können fußläufig erreicht werden. Mit dem Projekt „ichwohnen" soll eine als provisorischer Pkw-Stellplatz genutzte Brachfläche in der Töpferstraße für den individuellen Wohnungsbau erschlossen werden. Vorgesehen ist die Bildung einer Baugruppe von mehreren privaten Eigentümern: Nach ihren persönlichen Vorstellungen können sie ihren Traum von den eigenen vier Wänden verwirklichen. Dass solche städtebaulich sinnvollen und finanziell attraktiven Baugruppen-Modelle funktionieren, zeigen nach Ansicht von Schulz Beispiele in Dresden und Berlin […].
(Wochenspiegel Mitteldeutsche Zeitung 7. Mai 2014)

Die Typen strukturell determinierter Handlungsmuster wurden eingangs danach charakterisiert, ob sie primär auf syntaktischer oder lexikalischer Ebene abweichen. Im Folgenden geht es nun um solche Muster, die sich aufgrund einer besonderen lexikalischen Ausfüllung ergeben und sich prinzipiell (auch bei syntaktischer Vollständigkeit) dadurch als Figur vom jeweiligen Hintergrund bzw. Kontext abheben. Das heißt, Äußerungen, die diesen Mustern entsprechen, unterscheiden sich von einer stilneutralen Gestaltung, weil sie über eine **lexikalische Stilisiertheit** verfügen, die das Potential in sich birgt, Stilwerte oder Stileffekte zu erzeugen.

Intendiertes lexikalisches Abweichen kann wiederum ergänzt werden durch Formen syntaktischer Unvollständigkeit oder eine herausgehobene Wortstellung – ganz ähnlich, wie es z. B. rhetorische Figuren der Umstellung fordern, die ebenfalls auf einer besonderen lexikalischen Ausfüllung basieren (z. B. Chiasmus und Antithese). So enthalten die folgenden Beispiele etwa Bestandteile von Wortbildungsprodukten, die durch die semantische Relation des Bedeutungsgegensatzes (z. B. *off-* und *on-*) oder des Kontrasts (z. B. Präfixe *auf-* und *an-*, Stämme *Ästh-* und *Athl-*) gekennzeichnet sind:

Offroad fahren, onroad fühlen. (Direct Marketing-Prospekt Mercedes)
Ästhetisch im Auftritt. Athletisch im Antritt. (Direct Marketing-Prospekt BMW)

Derartige Äußerungen vereinen zugleich Merkmale syntaktisch abweichender Strukturtypen – hier als Satzfragmente – mit Besonderheiten der lexikalischen Gestaltung, wobei letzteres als dominantes Merkmal des Strukturtyps zu betrachten ist, weil es bei allen Varianten solcher Muster notwendig ist.

Lexikalische Muster sind immer Ausdruck eines kreativen, spielerischen Umgangs mit Sprache. Diese kreative, spielerische Form der Sprachverwendung erfordert seitens der Rezipienten, dass sie die Äußerung als intendierte Abweichung erkennen und sie als solche positiv bewerten, indem sie sie als Ausdruck der hohen sprachlichen Kompetenz des Textproduzenten betrachten. Natürlich müssen Stilwirkungen beim Rezipienten nicht den Stilintentionen des Produzenten entsprechen, denn sie sind abhängig von der generellen kommunikativen und stilistischen Kompetenz sowie von Überzeugungen und Dispositionen.

Die produzentenseitige Intention, mithilfe lexikalischer Muster zu einer anspruchsvollen Textgestaltung, einer Stilisierung des Textes beizutragen, spiegelt sich bei den folgenden drei Mustern jeweils in der Bezeichnung ‚ästhetisch'.

Muster 4: assoziativ-ästhetisch

Als Beispiele für die Realisierung des assoziativ-ästhetischen Musters sollen die folgenden aus dem Bereich der Unternehmenskommunikation genannt werden, z. B.:

Höchstleistung ist ganz leicht. (Direct Marketing-Prospekt BMW)
Sparsames Fahren beginnt beim Bremsen. (Direct Marketing-Prospekt BMW)
Ideale formt man aus Ideen. (Direct Marketing-Prospekt BMW)
Alles dreht sich um Freude. Mehrere tausend mal pro Minute. (Direct Marketing-Prospekt BMW)

Hier liegt jeweils ein spielerischer Umgang mit dem semantischen Gehalt oder der Formativstruktur einzelner Wort- oder auch Wortgruppenlexeme zugrunde (morphologisches, graphisches oder lautliches Abweichen). Dabei geht es um bestimmte morpho-lexikalische Techniken wie z. B. das Gegenüberstellen semantischer Gegensätze (z. B. *-leistung* und *-leicht*), das Spiel mit Elementen einer Wortfamilie (z. B. *Ideale, Ideen*) oder Polysemie (z. B. *sich drehen um*).

In verschiedenen Kommunikationsbereichen und deren Textsorten werden heute derartige textstilistische Strukturtypen von den Mitgliedern der Kommunikationsgemeinschaft erwartet. Das heißt, es handelt sich um eine „Normalformerwartung" (Sandig

2006, S. 157) in Bezug auf Stile in bestimmten Kommunikationskontexten, die sich bei den Kommunizierenden im Laufe ihrer kommunikativen Sozialisation herausbildet. Zu diesen Kommunikationserwartungen gehört im Falle von Medientexten häufig die Vorstellung einer besonders unterhaltsamen und ästhetischen sprachlichen Darbietung zum Zwecke der Informationsvermittlung und Meinungsäußerung.

Sprachliche Verfahren, die zum vierten Strukturmuster führen, werden in der Forschungsliteratur mitunter anders benannt. So bezeichnet Dittgen (1989) diese etwa als „Verdichten", womit eine komprimierte, nicht-explizite Ausdrucksweise gemeint ist.[140] Für ein stilistisches Verfahren wie ‚Verdichten' spricht bei allen auf lexikalischer Ebene stilisierten Bildungen wiederum eine Paraphrasierung, die in der Regel nicht dazu geeignet ist, den ästhetischen Mehrwert zu transportieren.[141] Als Gemeinsamkeit aller Exemplare des assoziativ-ästhetischen Typs ist ein Abweichen zu betrachten – ähnlich wie es für Stilfiguren charakteristisch ist, denn diese können im weitesten Sinne immer als Abweichung von der einfachen Stellung und Ordnung der Wörter (vgl. Kap. 3.2.5) angesehen werden und sind damit gewissermaßen eingeübte Divergenzen.

Die Vertreter des assoziativ-ästhetischen Musters heben sich also entweder durch den Einsatz von Stilfiguren oder den anderer Verfremdungen, Mehrdeutigkeiten etc. von der neutralen Ausdrucksweise ab. Sie sollen den Text wirkungsvoller gestalten und sind besonders stilisiert im Sinne einer ansprechenden, geschmackvollen, also ‚ästhetischen' sprachlichen Formgebung. Diese Form von Stilisiertheit ist untrennbar mit dem funktionalen Aspekt der Unterhaltung, dem Spaß an ästhetischen Sprachformen verbunden.

Wie die o. g. Beispiele zeigen, scheinen sich bestimmte Arten von Stilfiguren besonders gut für die Ausfüllung derartiger Strukturen zu eignen. Dazu gehören etwa die Antithese, der Chiasmus, die Synekdoche oder die Alliteration, z. B.:

> ***Höchstleistung ist ganz leicht***
> *Der Intelligente Leichtbau von BMW.*
> *BMW Ingenieuren gelang es erstmals, ein Motorengehäuse aus einer Magnesium-Aluminium-Verbindung zu bauen. Das Ergebnis: Das BMW Triebwerk ist der leichteste Sechszylinder seiner Klasse – und bringt trotzdem mehr Leistung ...*
> (Direct Marketing-Prospekt BMW)

140 In Zusammenhang mit der Untersuchung von Zeitungsüberschriften, Titeln, Werbeslogans usw. unterscheidet Dittgen zwischen „semantisch-lexikalischen Verdichtungen" (z. B. *Null Bock auf Ziegen*), „semantisch-thematischen Verdichtungen" (z. B. *Löwenbräu nimmt kräftigen Schluck*) und „semantisch-grafischen Verdichtungen" (z. B. *FALLOBST*), bei denen mithilfe der Typografie oder der Schriftart die Bedeutung unterstrichen wird. Auch Mehrdeutigkeiten, Phraseologismus-Abwandlungen, Inkompatibilitäten und Zusammenziehungen gelten bei Dittgen als mögliche Teilverfahren des Verdichtens (vgl. Dittgen 1989).

141 Mit allen Typen strukturell determinierter stilistischer Muster geht eine Operation wie ‚Verdichten' einher, z. B. beim Verkürzen durch Auslassung oder mithilfe bestimmter Interpunktionszeichen (z. B. *Brille: Fielmann*).

Gerade innerhalb der Unternehmenskommunikation wird dieses Muster vielfach mithilfe der Verwendung von Hochwertwörtern (z. B. *Ideale, Kraft*) sowie anderen Wörtern oder Phraseologismen mit einer gehobenen Inhaltsseite realisiert, um positive Assoziationen in Bezug auf das beworbene Produkt oder die Marke zu stimulieren, z. B.:

Wenn es hart auf hart kommt, fängt Sie ein Mercedes-Benz weich auf. (Direct Marketing-Prospekt Mercedes)
Selten hat sich Kraft so sanft angefühlt. (Direct Marketing-Prospekt Mercedes)

Hinsichtlich ihrer Verständlichkeit sind die Exemplare des vierten Strukturmusters in unterschiedlichem Grad vom kohäsiven Bezugstext abhängig. Häufig wirken dabei verbale und visuelle Komponenten (v. a. Bilder) zusammen. Mitunter konstituiert sich die Bedeutung von Äußerungen des vierten Typs auch erst durch diese Verbindung aus verbalen und visuellen Informationen (vgl. Abb. 19)[142], z. B.:

Alles dreht sich um Freude. Mehrere tausend mal pro Minute.

Die Aussage steht über der Abbildung eines Motorblocks, die zudem ergänzt wird durch einen Fließtext (vgl. Abb. 19):

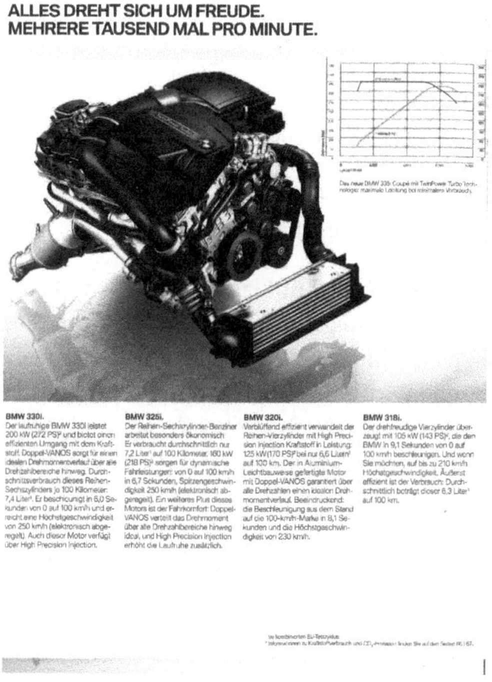

Abb. 19: Direct Marketing-Prospekt BMW (3er Coupé) 2010

142 Zu verbal-visuellen Beziehungen und ihre Bedeutung für die Textanalyse vgl. z. B. Stöckl (1997) und (2004), Androutsopoulos (2000).

Die Stilwirkung der Bildungen des vierten Typs ist vor allem davon abhängig, ob die Rezipienten die Figuriertheit der Strukturen erkennen und als Merkmal ästhetischer Textgestaltung interpretieren. Weniger wichtig ist es dabei, ob der ästhetische Effekt durch die Verwendung von Stilfiguren, als etablierten, konventionalisierten Formen mit Wiedererkennungseffekt, oder durch okkasionelle Wortspiele zustande kommt.

In funktionaler Hinsicht geht es zum großen Teil um eine Meinungsäußerung und eine Bewertung (z. B. durch inhaltsseitig positive Lexik). Die Bewertung ergibt sich dabei sekundär auch aus der ästhetischen, unterhaltenden Gestaltung.

Muster 5: affektiv-ästhetisch

Die Strukturen des fünften Typs ähneln insoweit denen des vierten als sie ebenfalls über das Merkmal der Figuriertheit verfügen. Dabei unterscheiden sie sich zunächst hinsichtlich der Art der verwendeten Figuren, denn sie basieren auf der Verwendung bestimmter Gedankenfiguren – wie der Ironie, der rhetorischen Frage oder der Vergrößerung – oder auf einem Spiel mit Intertextualität. So kann das folgende Beispiel als Vergrößerung interpretiert werden, die die positiven Eigenschaften eines Gegenstandes (hier wiederum in Verbindung mit einem Produktmarketing) hervorheben soll. Dies geschieht hier nicht durch einen erhöhenden Vergleich oder eine Folge sich überbietender Gedanken, sondern durch das semantische Ausdehnen des zentralen Arguments:

> ***Wir regeln alles. Wenn es sein muss, sogar den Luftstrom.***
> *Aerodynamik, die mitdenkt: Öffnungen in der Karosserie sind dazu da, um dem Motor Kühl- oder Ansaugluft zuzuführen. Aber nicht immer ist das notwendig. Deshalb hat BMW die Luftklappensteuerung entwickelt. Wenn der Motor Kühlung benötigt, wird Luft zugeführt. Andernfalls bleiben die Klappen geschlossen …* (Direct Marketing-Prospekt BMW)

Der produktspezifische Zusatznutzen ‚Luftklappensteuerung', der die ‚Luftzufuhr bei einem Auto' regeln kann, wird mit der Regelung des Luftstroms im Allgemeinen gleichgesetzt und damit zugleich aus der Problematik der Beeinflussung klimabestimmter Witterungsbedingungen eine Begründung für die überhöhte Behauptung *Wir regeln alles.* abgeleitet.

Im zweiten Beispiel geht es um ein fingiertes Frage- und Antwort-Spiel, bei dem der Textproduzent eine vorgebliche, selbst gestellte Frage auch selbst beantwortet:

> ***Was sind schon Sekunden?***
> ***Für einen Mercedes der Unterschied zwischen einem Unfall und hervorragendem Schutz.***
> *Als Mercedes-Benz im Jahr 2002 PRE-SAFE® vorstellte, stand ein Gedanke im Vordergrund: Vom Erkennen der Unfallgefahr bis zum Aufprall vergehen wertvolle Sekunden – meist ungenutzt. Diese Zeit kann PRE-SAFE® wirksam nutzen. Die Sensorik von ESP® und BAS erkennt kritische Fahrsituationen wie starkes Über- oder Untersteuern, kritische Lenkbewegungen, Panik- und Notbremsungen.*
> (Direct Marketing-Prospekt Mercedes)

Die argumentative Kraft entfaltet sich dadurch, dass der Rezipient erst einmal herausfinden muss, was der Produzent schon weiß, wodurch die Kernaussagen auf besonders eindringliche und emotionale Weise transportiert werden können.

Das heißt, die Verwendung solcher Gedankenfiguren dient der emotionalen Stimulierung im Hinblick auf die Erläuterung und Detaillierung eines Themas. Sie haben häufig eine sehr gefühls- und affektbetonte Wirkung[143] und sind zudem aufgrund der Figuriertheit als besonders stilisiert anzusehen. Als kreative Operationen gehen solchen affektiv-ästhetischen Strukturen Denkmethoden wie ‚Verfremden', ‚Herstellen ungewöhnlicher Verbindungen' oder auch ein ‚Visualisieren' voraus, das einen Aspekt in bildlich-anschaulicher Form darstellt, um dadurch eine stärkere kognitive Aktivierung auszulösen. Die Herstellung von Konvergenz erfolgt gerade in diesen Fällen durch den Kontext, der die Aussage thematisch einordnet, die zentralen Argumente ausführlich darstellt und präzisiert sowie erläuternde Einschränkungen der Erhöhung vornimmt bzw. die Inhalte versachlicht.

Den Gedankenfiguren können auch geplante, gespielte, also künstliche Affekte und die figürlich amplifizierten Affekte zugeordnet werden. Deshalb werden auch Aussagen, die direkt auf Affekte bezogen sind, weil sie diese benennen, hervorrufen oder suggerieren wollen, dem affektiv-ästhetischem Muster zugeordnet.[144] Derartige Äußerungen begegnen wiederum häufig in den Textsorten der Unternehmenskommunikation. Hierbei geht es oft um eine Art Kinästhesierung, womit gemeint ist, dass die Aussagen die Sinneswahrnehmung, das Gefühl, ansprechen sollen. Es geht in sprachlicher Hinsicht darum, Inhalte in „etwas zu Fühlendes" umzuwandeln und die emotionalen Aspekte derart herauszustellen, dass sie Aufmerksamkeit erregen. Beispiele für diesen Subtyp einer kinästhetischen sprachlichen Gestaltung sind etwa die folgenden:

Zuerst entdecken Sie: Design, das eine Form zu einem Erlebnis macht.
Dann entdecken Sie: Bauchkribbeln.

Zuerst spüren Sie: Dynamik, die schon vor der Bewegung entsteht.
Dann spüren Sie: Adrenalin.

Das, was dieses Design einzigartig macht, produzieren Sie selbst: Adrenalin. Sie spüren es sofort, wenn Ihre Augen den Passat entdecken: beim ersten Blick auf die pfeilförmige Motorhaube zum Beispiel, die in einen markanten chromglänzenden Kühlergrill mündet …

143 Mit der Bezeichnung ‚affektiv' wird ganz allgemein ‚Affektivität' als die Gesamtheit des menschlichen Gefühls- oder Gemütslebens gemeint.

144 In der antiken Rhetorik wird mit der Affekterregung (affectus) im Allgemeinen beabsichtigt, den Redner, den Richter oder die Meinung des Publikums für sich zu gewinnen. Die Mittel zur Erregung der Affekte werden dabei vor allem für den Schlussteil einer Rede als geeignet angesehen. Sie umfassen die Gesamtskala der Gefühlsregungen von ihren Extrempunkten ‚pathos' und ‚ethos', ‚movere' (‚mitreißen / entsetzen') und ‚delectare' (‚erfreuen / unterhalten'; vgl. Ueding / Steinbrink 2005, S. 276).

> ***Zuerst bemerken Sie: Formen, die neu und vertraut zugleich sind.***
> ***Dann bemerken Sie: Ihren Pulsschlag***
>
> *Die erste Aufregung bei Ihrer Begegnung mit einem Passat legt sich, sobald Sie auf einem seiner Sitze Platz nehmen. Der großzügig gestaltete Innenraum aus vielen hochwertigen Materialien empfängt Sie mit funktionalem Komfort, der nur einem Zweck dient: Ihrer Entspannung. Dank der reduzierten Ästhetik der Instrumententafel und dem angenehm unaufdringlichen Design der Mittelkonsole strahlt der Passat in jeder Situation Ruhe und Eleganz aus ...*
> (Direct Marketing-Prospekt VW)

Die Beispiele verfügen nicht nur über eine parallele Anordnung der syntaktischen Glieder, die jeweils analoge Struktur *Zuerst ... – Dann ...* dient zudem der Hervorhebung, indem sie die Aufmerksamkeit auf die Einheiten hinter dem Doppelpunkt lenkt. Zudem entsprechen sie durch die Verwendung der Temporaladverbien am Beginn dem von Sandig genannten Natürlichkeitsprinzip ‚der Wahrnehmung des thematisierten Gegenstandes (im weitesten Sinne) folgend' (vgl. Sandig 2006, S. 193 ff.), denn dazu gehört etwa die Darstellung der zeitlichen Abfolge entsprechend der natürlichen Ordnung (*Zuerst ... – Dann ...*).

Mit dem Sequenzmuster ‚erst die Voraussetzung, dann die Folgen' bzw. ‚erst die Ursache dann die Wirkung' stimmen jeweils die Aussagen nach dem Doppelpunkt überein, z. B.:

Voraussetzung / Ursache:	*Design, das eine Form zu einem Erlebnis macht*
Folge / Wirkung:	*Bauchkribbeln*
Voraussetzung / Ursache:	*Formen, die neu und vertraut zugleich sind*
Folge / Wirkung:	*(erhöhter) Pulsschlag*

Durch den Doppelpunkt wird die Aufmerksamkeit auf dieses Verhältnis von ‚Voraussetzung'/‚Ursache' und ‚Folge'/‚Wirkung' gelenkt.

Die affektive Komponente dieses Musterexemplars zeigt sich außerdem an der Art der verwendeten Lexik. Es finden emotionsbezeichnende Elemente Verwendung, wie die auf ein Gefühl, ein Erleben referierenden Verben *spüren* oder *bemerken*. Darüber hinaus gibt es Reizwörter, die sich als figürliche Ausdrücke für Emotionen auffassen lassen (vgl. Kap. 3.2.3). Dazu gehören Somatismen, die Teile des menschlichen Körpers, Körperfunktionen oder bestimmte Körperflüssigkeiten bzw. andere Körperstoffe bezeichnen. So steht etwa das Lexem *Adrenalin* als Halbterminus für ein Stresshormon und damit für die positive Anspannung, die sich allein schon durch das Betrachten des Produkts ergeben soll. Im Rahmen dieser Behauptung ordnen dann sowohl das Hochwertwort *Dynamik* als auch der Somatismus *Adrenalin* dem emotionsbezeichnendem Verb *spüren* eine positive Bewertungsrichtung zu. Aufgrund ihres hohen Grades an Stilisiertheit verfügen die Beispiele natürlich über einen ästhetischen Mehrwert.

In anderen Kommunikationsbereichen wie dem der Presse und Publizistik werden affektiv-ästhetische Äußerungen mitunter durch intertextuelle Bezüge hergestellt. Dabei geht es in der Regel um die verfremdete Verwendung von Phraseologismen und bekannten Zitaten, die durch Emotionalisierung der Aufmerksamkeitssteuerung und / oder Meinungsäußerung dienen sollen, z. B.:

Tod und Spiele
Die Weltmeisterschaft, die keiner will – warum die fußballbegeisterten Brasilianer protestieren, statt zu feiern. (Der Spiegel 20 / 2014, S. 7)

Er kam, sah und lachte.
Wie „GNTM"-Juror Joop die Herzen der Mädchen gewann. (Die Welt Kompakt 8. Mai 2014).

An den folgenden Beispielen ist zu erkennen, dass derartige, auf einer intertextuellen Anspielung basierenden Musterexemplare – abhängig von der jeweils verwendeten Lexik – in die Nähe des vierten Musters („assoziativ-ästhetisch") rücken bzw. diesem zuzuordnen sind:

Tausend und eine Macht
Von grausamen Herrschern und legendären Gelehrten: Eine Reise durch Usbekistan, einen jungen Staat mit uralten Städten. (Die Zeit 20 / 2014, S. 59)

Räder machen Leute.
Wie man sein Fahrrad in ein Statussymbol verwandelt. (Mobil 5 / 2014 S. 5)

Gut gegrillt, Löwe!
Unsere Vorschläge für einen heißen Start in die Freiluftküchen-Saison. (Mobil 5 / 2014 S. 5)

In beiden bisher besprochenen Kommunikationsbereichen kommen als strukturell determinierte Muster ferner Formen direkter Aufforderung vor, die ebenfalls dem affektiv-ästhetischem Mustertyp zugeordnet werden, weil sie in der Regel in Zusammenhang mit emotionalen Strategien begegnen, z. B.:

Empört euch!
Mit der Rentenreform verrät die Bundesregierung die junge Generation.
(Der Spiegel 20 / 2014, S. 14)

Vielfach begegnen auch Aufforderungen, bei denen das Ausrufezeichen wegen seiner starken Ausdruckswirkung durch einen Punkt ersetzt wird, um den auffordernden Charakter abzuschwächen. Als Beispiele dafür sind folgende zu nennen:

Ziehen Sie Blicke auf sich. (Direct Marketing-Prospekt Mercedes)
Genießen Sie. (Direct Marketing-Prospekt BMW)
Erlebe den CC Moment. (Direct Marketing-Prospekt Peugeot)

In allen Fällen geht es wiederum um eine emotionale Form der Kommunikation, die hier primär dadurch zustande kommt, dass in der Imperativform Verben verwendet werden, die auf ein Gefühl, auf ein Erleben referieren (*genießen*, *empören*) bzw. etwas emotional Wahrnehmbares bezeichnen (*Blicke auf sich ziehen*).

Der Aspekt einer ästhetischen Gestaltung zeigt sich dabei deutlich in Zusammenhang mit dem kohäsiven Bezugstext, z. B.:

> ***Erlebe den CC Moment.***
> ***Die CC-Modelle vom Erfinder des Coupé-Cabriolets.***
>
> *... Im PEUGEOT 308CC und im PEUGEOT 207CC, Deutschlands meistgekauftem Cabriolet, erleben Sie nicht nur ein einzigartiges Fahrvergnügen, sondern auch die gesamte Erfahrung des Erfinders des weltweit ersten seriengefertigten Cabriolets mit Metallklappdach.*
> *Ästhetisches Design ohne Kompromisse und ein unvergleichliches Fahrgefühl.*
> (Direct Marketing-Prospekt Peugeot)

Ausgehend vom kohärenten Bezugskontext, der sowohl emotionale als auch rationale Argumente enthält (z. B. *das weltweit erste seriengefertigte Cabriolet mit Metallklappdach*), erfolgt hier mit der Aussage *Erlebe den CC Moment* die Konzentration auf einen emotionalen Aspekt (eben *das einzigartige Fahrvergnügen* bzw. *das unvergleichliche Fahrgefühl*), der durch ein weiteres Umdeuten nochmals verfremdet und somit stilisiert wird: *Auto – einzigartiges Fahrvergnügen / unvergleichliches Fahrgefühl – CC Moment*. Die aufwertende Bedeutung der Ad-hoc-Bildung *CC Moment* wird dabei inhaltsseitig durch die informationsbetonten Abschnitte des Fließtextes gestützt.

Muster 6: pragmatisch-ästhetisch

Mit dem sechsten Mustertyp werden schließlich Strukturen zusammengefasst, die sich dadurch von den anderen abheben, dass sie bestimmte Phänomene nutzen, die für die linguistische Teildisziplin ‚Pragmatik' konstitutiv sind. Hierbei geht es vorwiegend um den Einsatz von konversationellen Implikaturen und Präsuppositionen, zwei Begriffe, die mitunter nur schwer voneinander abzugrenzen sind.

Konversationelle Implikaturen können sowohl durch das Befolgen als auch durch das gezielte Missachten der Konversationsmaximen von Grice (1989) entstehen. Dabei stützt sich der Textproduzent auf die Annahme, dass es dem Rezipienten im Prinzip möglich ist, das Zustandekommen der Implikatur argumentativ zu rekonstruieren. Zu einer solchen Rekonstruktion stehen dem Rezipienten folgende Informationen zur Verfügung (vgl. Grewendorf et al. 1996, S. 408):

- die konventionelle Bedeutung der verwendeten Wörter,
- das Kooperationsprinzip und die Konversationsmaximen,
- der sprachliche und außersprachliche Kontext der Äußerung,
- das Hintergrund- bzw. Weltwissen.

Als erste Eigenschaft der konversationellen Implikaturen gilt daher ihre Rekonstruierbarkeit. Zweitens sind konversationelle Implikaturen nicht Teil der konventionellen Bedeutung der verwendeten Ausdrücke. Dies unterscheidet sie von den konventionellen Implikaturen. Als weitere Eigenschaften gelten Kontextabhängigkeit und Streichbarkeit, d. h., dass es Kontexte geben muss, innerhalb derer (bei gleicher Äußerung) die entsprechende konversationelle Implikatur nicht auftritt, und im selben Kontext im Anschluss an eine Äußerung die Rücknahme der Implikatur stattfinden kann, ohne dass es widersprüchlich wirkt. Demnach stellen bei einer Äußerung auftretende Bedeutungseffekte genau dann eine konversationelle Implikatur dar, wenn sie rekonstruierbar, variabel und streichbar sind. Konversationelle Implikaturen stellen damit eine besondere Form der pragmatischen Schlussfolgerung dar, die eng mit der Kooperation der Kommunikationspartner verbunden und in starkem Maße von den kontextuellen Faktoren abhängig ist.

Unter dem Begriff ‚**Präsupposition**' werden bestimmte Voraussetzungen zusammengefasst, die eher den Bereich der logischen Folgerung betreffen. In diesem Zusammenhang gelten bestimmte sprachliche Elemente als Präsuppositionsauslöser. Hierzu gehören neben implikativen Verben etwa faktive (z. B. *bedauern*, *bereuen*, *erkennen*) und nicht-faktive Verben (z. B. etwas *vorgeben*, *erträumen*, *vorstellen*)[145] oder auch Verben der Zustandsveränderung (z. B. *beginnen*, *aufhören*). Zu den Präsuppositionsauslösern können außerdem definite Kennzeichnungen, bestimmte Partikeln und Adverbien (z. B. *schon*, *nur*, *wieder*), grammatische Kategorien (wie z. B. Tempus, Modus) sowie spezielle Satzstrukturen (z. B. temporale Nebensätze, Spannsätze, kontrastierende Konstruktionen, nicht-restriktive Relativsätze) usw. gezählt werden.

Dementsprechend werden zahlreiche Typen von Präsuppositionen unterschieden: So differenziert beispielsweise Meibauer (vgl. 2001, S. 46 ff.; in Anlehnung an Yule 1996) zwischen folgenden Präsuppositionstypen:[146]

- **Existenzpräsuppositionen**, die regelmäßig mit definiten Kennzeichnungen verbunden sind,
- **faktiven** und **nicht-faktiven Präsuppositionen**, die jeweils an ein faktives oder eben ein nicht-faktives Verb gebunden sind,
- **lexikalische Präsuppositionen**, die ebenfalls an bestimmte Verben oder auch Adverbien geknüpft sind,

145 Mit solchen nicht-faktiven Verben ist stets die Information verbunden, dass die Proposition im *dass*-Satz nicht wahr ist: z. B. präsupponiert die Äußerung *Egon gibt vor, dass Nastassja seine Frau ist.* zugleich ‚Nastassja ist nicht Egons Frau'.

146 Die Aufstellung zeigt, dass hier nur zeichengebundene Präsuppositionstypen erfasst werden. Sog. pragmatische Präsuppositionen, die auf der Basis eines gemeinsamen Hintergrundwissens funktionieren, das den Kommunikationspartnern wechselseitig bekannt ist oder als gegeben vorausgesetzt wird, werden hier nicht berücksichtigt.

- **strukturelle Präsuppositionen**, die mit bestimmten Satzstrukturen, wie dem Ergänzungsfragesatz und dem nicht-restriktiven Relativsatz, verbunden sind.[147]

Derartige Präsuppositionstypen repräsentieren analog zu den entsprechenden Präsuppositionsauslösern sehr heterogene Elemente und Konstruktionen, bei denen es mitunter im Einzelfall schwierig ist, eine Relation nachzuzeichnen, die sich ausreichend scharf von konversationellen bzw. konventionellen Implikaturen, logischen Folgerungen oder Glückensbedingungen für illokutionäre Akte unterscheidet (vgl. Grewendorf et al. 1996, S. 435). Dieser Problematik wird hier nicht weiter nachgegangen, da es im Folgenden nur darum geht, aufzuzeigen, inwiefern pragmatische Phänomene allgemein (Implikaturen, Präsuppositionen, Formen von Indirektheit usw.) in bestimmten stilistischen Handlungsmustern enthalten sein können bzw. diese ausmachen.

Beispiele für sprachliche Strukturen, die das sechste Muster repräsentieren, sind die folgenden:

Ein perfektes Cockpit zeichnet sich dadurch aus, dass man hinschauen möchte – aber nicht muss. (Direct Marketing-Prospekt BMW)
An der Spitze ist man oft allein. Das können Sie ändern. (Direct Marketing-Prospekt Mercedes)
Sich sicher fühlen ist die beste Unfallvorsorge. (Direct Marketing-Prospekt Mercedes)
Es müssen schon ganz besondere Gründe sein, einen BMW nicht selbst fahren zu wollen. (Direct Marketing-Prospekt BMW)

Gemeinsam haben diese Musterexemplare, dass sie pragmatische Techniken nutzen, um bestimmte Produktinformationen zu vermitteln. Sie legen etwa nahe, dass ein Fahrzeug über ein *perfektes Cockpit* verfügt, dass man sich in einem Fahrzeug *sicher fühlen* kann oder dass es eben *Gründe gibt, einen BMW nicht selbst fahren zu wollen.*

Dabei handelt es sich oft um die Äußerung einer speziellen Form von Behauptung, innerhalb derer weitere Interpretationen rekonstruierbar sind, wenn etwa davon ausgegangen wird, dass der Kommunikationspartner kooperativ ist und seine Äußerung relevant sein soll (Prinzipien der konversationellen Kooperation), z. B.:

Sich sicher fühlen ist die beste Unfallvorsorge.
Entspannt fahren, um Gefahren schon im Ansatz zu vermeiden.
Die meisten Unfälle beginnen lange vor einem Aufprall. Mit einer Unaufmerksamkeit, schlechter Sicht oder einer unvorhersehbaren Gefahr. Deswegen ist die S-Klasse mit einer Sicherheitsausstattung versehen, die im Alltag zu einer entspannten Fahrt beiträgt und Ihnen hilft, kritische Fahrsituationen zu meistern …

147 Hierzu gehören etwa auch kontra-faktische Präsuppositionen, die einen irrealen Konditionalsatz erfordern: Die Äußerung *Wenn du mein Freund wärst …* präsupponiert beispielsweise zugleich ‚Du bist nicht mein Freund' (vgl. Meibauer 2001, S. 48).

Zu den jüngsten Neuzugängen im Bereich Sicherheit hat sich inzwischen der optionale Nachtsicht-assistent gesellt. Damit können Sie nachts Hindernisse früher erkennen. Auch er entspricht also ganz dem Mercedes-Benz Sicherheitskonzept, Unfälle bereits im Vorfeld zu vermeiden.
(Direct Marketing-Prospekt Mercedes-Benz)

Geht der Rezipient davon aus, dass der Textproduzent nicht gegen die Maxime der Relevanz verstoßen will und es eben nur um eine scheinbare Verletzung dieser Konversationsmaxime geht, kann er daraus konversationell implikatieren, dass *sich sicher fühlen* in Zusammenhang mit dem Thema des Textes, nämlich der Produktbeschreibung eines bestimmten Fahrzeuges stehen muss:

Sich sicher fühlen ist die beste Unfallvorsorge.
→ ‚In der S-Klasse kann man sich sicher fühlen, und das ist die beste Unfallvorsorge.'

In diesem Beispiel wird auch gegen die Maximen der Quantität und der Modalität (vgl. Grice 1989) verstoßen. Diese Verstöße gehören – ebenso wie die gegen andere Maximen – zu typischen Gestaltungsmerkmalen der externen Unternehmenskommunikation, insbesondere der Mediawerbung, sind somit für die Rezipienten erwartbar und stehen der Kooperativitätsannahme nicht entgegen.

In Bezug auf die direkt geäußerte Behauptung (*Sich sicher fühlen ist die beste Unfallvorsorge.*), werden zunächst keine Beweise erbracht, so dass die kausale Relation vorerst offen bleibt, was wiederum das Interesse in Richtung Bezugskontext lenkt. Zwischen dem Musterexemplar und dem Bezugskontext befindet sich eine weitere Äußerung, die das Erschließen der Bedeutungsrelation und damit der Argumentationsführung verdeutlichen und somit den sehr hohen Grad an Divergenz abbauen soll:

Sich sicher fühlen ist die beste Unfallvorsorge.
Entspannt fahren, um Gefahren schon im Ansatz zu vermeiden.
(Direct Marketing-Prospekt Mercedes)

→ ‚Wer sich sicher fühlt, fährt entspannt und das ist die beste Unfallvorsorge, weil so Gefahren schon im Ansatz vermieden werden.'

Derartige Strukturen sind Ausdruck einer zunehmenden, crossmedialen Kommunikationsverdichtung, die vor allem aus veränderten Rezeptionsbedingungen resultiert. Das Ergebnis bzw. Ziel der Kontextargumentation wird hier als kreativ verfremdete Behauptung vorweggenommen, um diese auch für den Fall zu transportieren, dass der potentielle Rezipient den Bezugstext nicht (zu Ende) liest.

Der kohärente Bezugstext ist demgegenüber relativ ausführlich. Die Verknüpfung der Aussagen und Sätze erfolgt sehr explizit entlang der Argumentationsführung. So geht es nicht um abzuleitende Bedeutungen, sondern das deutliche Sichtbarmachen von Bedeutungen und Sinnzusammenhängen etwa durch die Verwendung zahlreicher Konnektoren.

Auf ähnliche Weise funktioniert das folgende Beispiel:

Es müssen schon ganz besondere Gründe sein, einen BMW nicht selbst fahren zu wollen.
Kein Luxus kann die Freude hinter dem Steuer eines BMW ersetzen. Doch in der neuen BMW 7er Langversion wird sie perfekt ergänzt – um die Freude am Gefahrenwerden. Im Fond erwarten Sie noch mehr Raum und höchster Komfort, dank längerer Türen beginnt dieser sogar schon mit einem besonders bequemen Einstieg. Zudem verleiht die lang gestreckte Silhouette dem Fahrzeug außergewöhnliche Eleganz und einen überaus repräsentativen Charakter.

Ebenso wie im Falle von rhetorischen Fragen geht es hier um eine Form von Indirektheit, bei der die eigentlich gemeinte Illokution, eine Behauptung, sekundär auf andere Weise transportiert wird:

Es müssen schon ganz besondere Gründe sein, einen BMW nicht selbst fahren zu wollen.

→ ‚Es gibt Gründe, einen BMW nicht selbst fahren zu wollen.'

Die argumentative Kraft entfaltet sich dadurch, dass der Rezipient erst erschließen muss, was der Produzent schon weiß:

Gibt es Gründe, einen BMW nicht selbst fahren zu wollen?

→ ‚Ja, ganz besondere (nämlich *Raum, Komfort, längere Türen, Eleganz* und einen *repräsentativen Charakter*).'

Darüber hinaus ähnelt das Musterexemplar auch dahingehend einer rhetorischen Frage, als es eine Art fiktiven Dialog initiiert, der zur Belebung des Textes beiträgt und die Aussagen auf emotionalere und eindringlichere Weise transportiert. Abermals wird die Aufmerksamkeit des Rezipienten auf den kohärenten Bezugstext gelenkt, der gewissermaßen eine Antwort gibt, indem er die Informationslücke schließt.

Die einzelnen Exemplare des pragmatisch-ästhetischen Musters unterscheiden sich zum Teil erheblich in Bezug auf die Länge einer möglichen Paraphrase. Dabei ist die Paraphrase jeweils nicht geeignet, den ästhetischen Mehrwert zu transportieren, z. B.:

Es müssen schon ganz besondere Gründe sein, einen BMW nicht selbst fahren zu wollen. = Wenn man einen BMW nicht selbst fahren will, dann muss es dafür ganz besondere Gründe geben und diese Gründe liefern die Produkteigenschaften der BMW 7er Langversion.

An der Spitze ist man oft allein. Das können Sie ändern.
= Mit dem GL befinden Sie sich an der Spitze und in der Spitzenposition ist man oft allein. Das können Sie ändern, indem Sie Personen mitnehmen, denn im GL haben bis zu sieben Personen bequem Platz.

Das Heimweh beginnt nach der Probefahrt.

= *In der neuen E-Klasse werden Sie sich sofort wie zu Hause fühlen und deshalb bereits nach einer Probefahrt Heimweh empfinden.*[148]

Deshalb ist bei diesem Mustertyp von sehr unterschiedlichen Graden an Divergenz auszugehen. In funktionaler Hinsicht handelt es sich jeweils um Formen von Meinungsäußerung.

148 Bei diesem Beispiel ergibt sich durch die Verwendung des emotionalen Ausdrucks *Heimweh* eine Nähe zu den Strukturen des sechsten Typs, ebenso wie beim o.g. BMW-Beispiel aufgrund der argumentativen Ähnlichkeit mit einer rhetorischen Frage.

4. Textsorten und Textklassifikation

Im Zentrum dieses Kapitel steht die Annahme, dass eine Textsorte untrennbar mit einer typischen Form von Stil verbunden ist.[149] Mit dem Ziel, den Aspekt des Stils stärker in die Textsortenbeschreibung und Textklassifikation zu integrieren, wird im Folgenden kurz auf bisherige Vorschläge zur Textsorteneinteilung eingegangen und eine Definition des Terminus ‚Textsorte' vorgestellt, um im Anschluss daran mögliche Determinanten von Textsorten diskutieren zu können.

4.1 Vorschläge zur Textsortenklassifikation im Überblick

Wird hier die Skizzierung bisheriger Vorschläge für die Textsortenklassifikation einer Textsortendefinition vorangestellt, hat das vor allem damit zu tun, dass die Deskription und Distinktion von Textsorten bislang nicht auf der Grundlage einer einheitlichen Bestimmung des Textsortenbegriffs erfolgte.

Prinzipiell ist davon auszugehen, dass jeder Text einer Textsorte zugeordnet werden kann. In der Forschungsliteratur ergibt sich jedoch in Bezug auf die Gruppierung von Textsorten ein überaus heterogenes Bild. Denn die jeweiligen Klassifizierungskriterien weisen erheblich divergierende Komplexitäts- und Abstraktionsgrade auf und sind von unterschiedlichen theoretischen oder praktischen Interessen geleitet. Seit den frühen 1970er Jahren lassen sich bestimmte Entwicklungsschritte markieren, die zwar nicht als geschlossene Abschnitte aufgefasst, aber in chronologischer Hinsicht durch eine bestimmte Schwerpunktsetzung fixiert werden können (vgl. Krause 2000, S. 25). Hierzu gehören die Suche nach distinktiven Merkmalen für die Bestimmung und Abgrenzung von Textsorten, die Ermittlung von Strukturmustern bzw. Strukturmodellen, die Einbeziehung sprachlich-formulativer Aspekte sowie Vorschläge, die Textsorten nach der unterschiedlichen Dominanz von Konstituenten der Kommunikationsaufgabe unterscheiden.

Aus der Vielzahl dieser Deskriptions- und Klassifizierungsansätze werden hier – entsprechend ihrer chronologischen Reihenfolge – bloß einzelne Arbeiten vorgestellt, die die genannten Schwerpunkte im Wesentlichen repräsentieren.

Einer der ersten Vorschläge zur Textsortenunterscheidung geht auf **Sandig** (1972) zurück, die Differenzierungsmerkmale mithilfe von binären Oppositionen zu beschreiben versucht. Um Unterschiede zwischen 18 ausgewählten Textsorten deutlich zu machen,[150] setzt sie Merkmalsoppositionen an, die zum Teil stilistischer Natur sind, zum Teil auf übergeordneten oder außersprachlichen Ebenen der Kommunikation liegen, z. B.:

149 Damit wird gewissermaßen an dem Gegenstück einer Feststellung Bachtins angesetzt: „Wo Stil ist, da ist auch eine Textsorte." (Bachtin 1979, S. 244)

150 Als Textsorten werden dabei beispielsweise auch Telefongespräche und Interviews bewertet.

+/- Gebrauch der 1. Person
+/- spezifische Formeln für den Textanfang,
+/- festgelegter Textaufbau,
+/- festgelegte Thematik,
+/- räumlicher Kontakt bei der Kommunikation oder
+/- Gleichberechtigung der Kommunikationspartner.

Mit dem Vergleich einzelner ausgewählter Textsorten möchte Sandig nachweisen, dass ähnliche Kommunikationsbedingungen die Anwendung derselben oder ähnlicher sprachlicher Mittel nach sich ziehen, womit sie bereits früh darauf hinweist, dass die Stilfrage auf das Engste mit der Textsortenbeschreibung und -klassifikation verbunden ist (vgl. Sandig 1972, S. 121). Die wenigen, sehr heterogenen Merkmale können jedoch nur eine grobe Differenzierung einzelner Textsorten leisten.

Ein weiterer früher Klassifikationsvorschlag, der ebenfalls den stilistischen Aspekt der Textsortendifferenzierung hervorhebt, stammt von **Sowinski** (1978). Er fasst Textsorten als Stilformen auf, als „textliche Einheiten, die außer durch ihre Funktion und ihren Inhalt durch die Art und Kombination der stilistischen Mittel bedingt sind“ (Sowinski 1978, S. 280), und lehnt sich damit an Ansätze an, die bis in die antike Rhetorik zurückreichen. Vor allem für den Bereich der Prosa finden sich in Stillehrbüchern bis zum frühen 20. Jahrhundert Textsortenbeschreibungen mit den Angaben zu charakteristischen Stilmerkmalen. Diese deskriptive Tradition, die sich auch über lange Zeit in der Aufsatzlehre der Schulen (z. B. bei der Erörterung) im Sinne einer didaktischen Stillehre etabliert hatte, versucht Sowinski fortzusetzen und weiterzuentwickeln, indem er die Aufstellung einer deskriptiven Typologie von Stilformen anstrebt. Diese Typologie soll die wichtigsten Stilmittel und Stilzüge der Prosa-Textsorten aufführen. Ausgehend von der Annahme, dass sich die gängigen Prosaformen nach der Art und Absicht der Informationsdarbietung unterscheiden lassen, gruppiert Sowinski diese in: brieflich-mitteilende, berichtende, beschreibende, erläuternde, bindende, auffordernde und hervorhebende, erörternde und schildernde Texte.

Dabei verweist er selbst auf die Uneinheitlichkeit der Parameter, die zur Untergliederung der Textformen herangezogen werden: „Die Gruppierung brieflicher Formen erfolgt nach der charakteristischen Übermittlungsart bestimmter Nachrichten, zugleich aber auch aufgrund bestimmter Stilkomponenten. Alle anderen Gruppierungen sind durch die Mitteilungsweise oder -absicht geprägt.“ (Sowinski 1978, S. 281)

Sowinskis Textsorteneinteilung bietet einerseits eine frühe, relativ umfangreiche Übersicht über seinerzeit gängige Gebrauchstextsorten, die mitunter detaillierte Funktionszuweisungen enthält. Dabei werden die jeweiligen Stilmittel und Stilzüge jedoch nicht systematisch erfasst, sondern nur einzelne stilistische Mittel beschrieben.

Die folgenden Vorschläge zur Gruppierung und Beschreibung von Textsorten können u. a. danach unterschieden werden, ob sie eindimensional oder mehrdimensional angelegt sind oder ob textinterne oder textexterne Kriterien zur Textsortendifferenzierung herangezogen werden. Dabei lassen sich in der Regel die Klassifikationsvorschläge, die auf textinternen Kriterien basieren, als strukturell auffassen, während die textextern orientierten Klassifikationsvorschläge mehrheitlich als funktional einzuordnen sind.

Unter den strukturell ausgerichteten Arbeiten ist die Position von **van Dijk** (vgl. 1980) am weitesten entwickelt und am einflussreichsten. Van Dijk stellt im Rahmen der Erzähltextanalyse ein Konzept von Makrostrukturen vor, das er später um Superstrukturen erweitert.

Unter einer Makrostruktur bzw. einer semantischen Tiefenstruktur versteht er die globale Bedeutung des Textes, die aus Verfahren der paraphrasierenden Reduktion gewonnen werden kann. Dabei werden aus den Propositionen des konkreten Textes, des Oberflächentextes, sog. Makropositionen abgeleitet, indem eine Reihe von Operationen Anwendung finden, wie ‚Auslassen', ‚Verallgemeinern' und ‚Konstruieren' (vgl. Kap. 2.1.2). Makrostrukturen sollen die Möglichkeit eröffnen, sich an den Inhalt eines Textes zu erinnern, Texte zusammenzufassen und das Thema eines Textes zu benennen.

Im Unterschied dazu stellt eine Superstruktur ein abstraktes Schema dar, das „die globale Ordnung eines Textes festlegt und das aus einer Reihe von Kategorien besteht, deren Kombinationsmöglichkeiten auf konventionellen Regeln beruhen" (van Dijk 1980, S. 131). Superstrukturen sind demnach Strukturen, die „den Typ eines Textes kennzeichnen", und dies – im Gegensatz zu den Makrostrukturen – „unabhängig vom Inhalt" (van Dijk 1980, S. 128). Die Superstruktur liegt den unterschiedlichen Textinhalten jeweils strukturbildend zu Grunde und wird als Ordnungsschema aufgefasst, das aus textsortentypischen Kategorien und Regeln besteht. Sie ist innerhalb der Diskussion um typologische Textstrukturen vor allem deshalb wichtig, weil van Dijk durch deren Einführung darauf hinweist, dass es zahlreiche Textsorten gibt, die sich „nicht nur aufgrund ihrer unterschiedlichen kommunikativen und daher auch sozialen Funktionen" unterscheiden, sondern auch „verschiedene Arten des Aufbaus" (van Dijk 1980, S. 128) aufweisen. Superstrukturen bestimmen deshalb zugleich auch die Ordnung von Textteilen. Sie sind somit als eine Art Schema aufzufassen, auf das der Text zugeschnitten wird. Für die Produktion von Texten bedeutet dies, dass der Sprecher beispielsweise weiß, dass er eine Erzählung schreiben wird. Für die Rezeption oder Interpretation von Texten heißt das, dass der Hörer / Leser nicht nur erkennt, wovon ein Text handelt, sondern auch, dass es eine Erzählung ist. Das bedeutet, Superstrukturen besitzen Relevanz für die Text- und Informationsverarbeitung.

Van Dijk entwirft jedoch kein umfassendes Schema für Superstrukturen, sondern beschreibt vor allem zwei solcher Superstrukturen genauer, die Erzählung und die Argumentation, wobei er die distinktive Funktion in Bezug auf Textsortendifferenzierung verschiedenen Vertextungsstrategien zuweist (vgl. Kap. 3.3.2). Andere Merkmale auf der stilistischen Ebene oder auch formale Aspekte des Textaufbaus bzw. der Textgliederung bleiben innerhalb des Konzepts der Superstrukturen jedoch unberücksichtigt.

Eine Reihe von Arbeiten ist vor allem um die theoretische Einbeziehung textexterner, kommunikationslinguistischer Zusammenhänge wie der Textfunktion, dem Kommunikationsgegenstand oder der Kommunikationssituation bemüht.

Hier ist der Vorschlag von **Dimter** (1981) zu nennen, der am Beispiel von Texten der Alltagsprache versucht, Kriterien für eine tragfähige wissenschaftliche Texttypologie zu bestimmen, indem er z. B. die alltagssprachlichen Namen für Textsorten näher betrachtet und davon ausgeht, dass Bezeichnungen wie Brief, Vertrag etc. Namen für Textklassenkonzepte sind. Aus den drei Ableitungskategorien Textfunktion, Kommunikationsgegenstand bzw. Textinhalt und Kommunikationssituation erstellt er ein relativ differenziertes Gefüge von Textsortendifferenzierungsmerkmalen. Dabei wird allerdings gerade die Typologie der Textfunktionen wenig ausdifferenziert, indem auf der Basis von Sprecherzielen lediglich die Kategorien ‚Wissen', ‚Werten' und ‚Wollen' im Sinne der Änderung des mentalen Zustandes des Hörers angegeben werden.

Dimter erstellt ein Merkmalsraster in Form einer Matrix, mit dem er Beispiele für verschiedene Textklassenkonzepte (Befehl, Telegramm, Feuilleton) darzustellen versucht. Dabei zeigt sich hinsichtlich der Auswahl der Klassifikationskriterien, dass diese – ebenso wie auch bei Sandig – zum Teil kaum aussagekräftig sind.[151]

Brinker (1985) nimmt die Textfunktion als „Basiskriterium" für die Bestimmung von Textsorten an und unterscheidet in Orientierung an Searles Klassifikationsvorschlag für Sprechakttypen (Searle 1975) zwischen fünf Textfunktionen und dementsprechend fünf „Textsortenklassen" (Brinker 1985, S. 125). Dazu modifiziert er die Illokutionstypologie Searles im Hinblick auf die Kategorien ‚Repräsentativ' und ‚Expressiv' und führt stattdessen eine ‚Informationsfunktion' und eine ‚Kontaktfunktion' ein. Somit kommt Brinker „unter dem kommunikativ-funktionalen Aspekt der interpersonalen Beziehungen" (1985, S. 97) zu folgenden textuellen Grundfunktionen (vgl. Brinker 1985, S. 98 ff.):

- ‚Informationsfunktion' („Ich (der Emittent) informiere dich (den Rezipienten) über den Sachverhalt X (Textinhalt).")
- ‚Appellfunktion' („Ich (der Emittent) fordere dich (den Rezipienten) auf, die Einstellung (Meinung) X zu übernehmen / die Handlung X zu vollziehen.")
- ‚Obligationsfunktion' („Ich (der Emittent) verpflichte mich (dem Rezipienten gegenüber), die Handlung X zu tun.")
- ‚Kontaktfunktion' (Hier gibt der Emittent dem Rezipienten zu verstehen, dass es ihm um die personale Beziehung zum Rezipienten geht, vor allem die Herstellung und Erhaltung des persönlichen Kontakts.)
- ‚Deklarationsfunktion' („Ich (der Emittent) bewirke hiermit, dass X als Y gilt.")

Dementsprechend führt er fünf Textklassen an: ‚Informationstexte' (z. B. Nachricht, Bericht, Rezension), ‚Appelltexte' (z. B. Werbeanzeige, Gesetzestext, Antrag), ‚Obligationstexte' (z. B. Vertrag, Garantieschein), ‚Kontakttexte' (z. B. Danksagung, Kondolenzschreiben, Ansichtskarte) und Deklarationstexte (z. B. Ernennungsurkunde, Testament). Da diese Textsortenklassen noch sehr umfangreich und heterogen sind, erfolgt die Annäherung an

151 Als Beispiel hierfür kann etwa die Subkategorie ‚Anzahl der Rezipienten' genannt werden, innerhalb derer das Textklassenkonzept ‚Ausweis' den Eintrag ‚Menge' enthält, das Textklassenkonzept ‚Feuilleton' die Einträge ‚Menge' und ‚Masse'.

Textsorten im engeren Sinne durch eine weitere Unterscheidung mithilfe von kontextuellen und strukturellen Kriterien.

Kontextuelle Kriterien nehmen darauf Bezug, dass Texte immer in abgrenzbare Kommunikationssituationen eingebettet sind, die die Ausprägung der Textstruktur erheblich beeinflussen. Hierzu werden zwei Analysekriterien aufgestellt, das sind die ‚Kommunikationsform' und der ‚Handlungsbereich'. Der Begriff der ‚Kommunikationsform' bezieht sich auf das Medium, das zur Kommunikation eingesetzt wird und durch spezifische Konstellationen der Kommunikationssituation gekennzeichnet ist (z. B. monologisch / dialogisch, räumlich und / oder zeitlich unmittelbar / getrennt). Hier differenziert Brinker zwischen den fünf Medien Face-to-face-Kommunikation, Telefon, Rundfunk, Fernsehen und Schrift. Besonders wichtig ist in diesem Zusammenhang die Annahme, dass eine Kommunikationsform – im Unterschied zu einer Textsorte – ausschließlich durch situative bzw. mediale Merkmale definiert und in kommunikativ-funktionaler Hinsicht nicht festgelegt ist. Als Beispiel nennt Brinker die Kommunikationsform ‚Brief', innerhalb derer zwischen appellativen Briefen (z. B. Mahnbrief), informativen Briefen (z. B. privater Mitteilungsbrief), Kontaktbriefen (z. B. Liebesbrief) etc. differenziert werden kann.

Hinsichtlich der strukturellen Kriterien erachtet Brinker „vor allem die thematischen Kategorien ‚Textthema' und ‚Form der Themenentfaltung' als grundlegend für die Textsortendifferenzierung" (Brinker 1985, S. 130), wobei er unter der Art des Textthemas das Anführen spezifischer thematischer Restriktionen versteht. Für die Formulierung solcher Restriktionen gibt er jedoch nur vage Hinweise und verweist (in Anlehnung an Ermert 1979) lediglich auf zwei Aspekte, nämlich die zeitliche Fixierung des Themas und die räumliche Orientierung.

Dem zweiten strukturellen Kriterium für die Textsortendifferenzierung, der Form der thematischen Entfaltung, entspricht die Unterscheidung zwischen deskriptiver, narrativer, explikativer und argumentativer Themenentfaltung, die – wie in Kap. 3.3.2 erläutert – als komplexe stilistische Handlungsmuster und somit als textstilistische Merkmale aufzufassen sind. Für Brinker ist dabei ausschlaggebend, wie die Grundformen thematischer Entfaltung in den einzelnen Textsorten realisiert werden, wobei er von den thematischen Einstellungen der Emittenten ausgeht. Demnach unterscheidet er im Bereich der deskriptiven Themenentfaltung zwischen „sachbetonter" und „meinungsbetonter" Realisationsform (z. B. Zeitungsnachricht oder Buchbesprechung), im Bereich der argumentativen Themenentfaltung zwischen „persuasiv-überredender" und „rational-überzeugender" Form der Musterrealisierung. Für die zuletzt genannte Differenzierung führt er die Beispiele Werbeanzeige und Zeitungskommentar an.

Alles in allem enthält Brinkers Ansatz neben den kommunikativ-funktionalen Kriterien auch auf stilistischer / struktureller Ebene wichtige Beschreibungsaspekte, dies sind vor allem die Grundformen der Themenentfaltung oder auch Aspekte der Kohärenz. Er führt für die Textsorten, die die von ihm vorgeschlagenen Funktionen und Merkmale aufweisen, jedoch nur eine Reihe von Beispielen an und entwickelt keine vollständige Klassifikation.

Engel (1988) geht davon aus, dass jeder Text ein spezielles Ziel hat und es zu jedem Text eine spezielle Konstellation gibt. Deshalb versucht er, Textsorten nach ihrem Ziel, d. h. einem Hauptziel und einer wechselnden Zahl von Nebenzielen, und nach der Textkonstellation zu charakterisieren. Zur Textkonstellation zählt er dabei die Teilnehmer am Kommunikationsprozess, die in unterschiedlichen Beziehungen zueinander stehen können, die Gesprächstaktik, wozu beispielsweise Aspekte der Gleichberechtigung der Kommunikationsteilnehmer, möglicherweise vorgegebene Rollen (z. B. Interview, Verhör) oder die Bedingungen, die aus den verwendeten Medien resultieren, gehören. Bei den Textzielen differenziert Engel zwischen Globalzielen und modifizierenden Zielen, wobei er als wichtigste Globalziele ‚Informieren', ‚Veranlassen', ‚Überzeugen', ‚Belehren', ‚Kontaktpflege' und ‚Emphase-Aufbau' nennt.

Neben den Globalzielen nimmt Engel modifizierende Ziele an, die zur näheren Bestimmung der Texte dienen können. Als wichtigste modifizierende Ziele nennt er neben dem Medium und der Schrittlänge (Umfang der einzelnen Gesprächsschritte) Anschaulichkeit und Sorgfalt im Ausdruck, womit zum einen die Verwendung des korrekten bzw. angemessenen Ausdrucks gemeint ist, zum anderen die Frage, ob ein Text besonders illustrativ ist. Bemerkenswert ist hier vor allem das zuletzt beschriebene Ziel der Anschaulichkeit, das als eine offenkundig stilistische Kategorie zu interpretieren ist, der eine unmittelbar textsortenkonstitutive Funktion zugewiesen wird.

Mit dem Ziel, möglichst alle wesentlichen Merkmalsaspekte in die Textsortenklassifikation einzubeziehen, entwickeln **Heinemann / Viehweger** (1991) eine Mehrebenenklassifikation. Sie schlagen vor, Textsorten nach den Dimensionen der Funktionalität, der Situationalität, der Verfahrenstypen, der Strukturiertheit sowie der prototypischen Formulierungsmuster zu beschreiben.

Auf der Ebene der Funktionstypen unterscheiden sie zwischen vier „Primärfunktionen des Kommunizierens", nämlich ‚Sich Ausdrücken' mit der beabsichtigten Wirkung „sich psychisch entlasten", ‚Kontaktieren' mit dem Ziel „Kontakt mit Partnern aufnehmen oder erhalten", ‚Informieren' zu dem Zweck „Informationen von Partnern ermitteln oder an sie vermitteln" sowie ‚Steuern' im Sinne von „Partner veranlassen, etwas zu tun". Als weitere mögliche Hauptfunktion von Texten – wenn auch in einer Sonderstellung – wird ‚Ästhetisch Wirken' genannt, das vor allem dadurch erfolgt, dass der Textproduzent mithilfe des Textes eine fiktive Welt erschafft, womit er dem Rezipienten pragmatische Informationen vermittelt und emotionale Bewusstseinsprozesse auslöst (vgl. Heinemann / Viehweger 1991, S. 149). Dabei kann die spezifische Funktion ‚Ästhetisch Wirken', die primär literarischen Texten zugewiesen wird, andere Grundfunktionen von Texten überlagern.

Heinemann / Viehweger gehen davon aus, dass die Kommunizierenden ein Situationswissen gespeichert haben und bei der Lösung kommunikativer Aufgaben bestimmte Situationsmuster aktivieren. Auf der Grundlage eines weiten Situationsbegriffs, der Kenntnisse über Kommunikationsbereiche, Institutionen und Gesellschaftsformen einschließt, versuchen sie deshalb, bestimmte Situationstypen voneinander abzuheben. Als Kriterium für die Abgrenzung von Situationsklassen wird zunächst die jeweils grundlegende interaktionale

Tätigkeit angesetzt, wobei grundsätzlich zwischen eigenständig kommunikativen Tätigkeiten und Tätigkeiten im Dienste übergeordneter nichtverbaler Tätigkeiten differenziert wird, die hinsichtlich ihrer thematischen Einbindung in übergeordnete Tätigkeitsbereiche weiter unterschieden werden (z.B. geistig-theoretische Tätigkeit, gegenständlich-praktische Tätigkeit). Als weiteres Kriterium für die Differenzierung der Situation wird die soziale Organisation der Tätigkeiten angenommen. Dabei geht es um den spezifischen Vollzug kommunikativer Tätigkeiten im Rahmen bestimmter Kommunikationsbereiche und die mehr oder weniger institutionelle Prägung von Interaktionsereignissen (z.B. Kommunizieren nach mehr oder weniger fest interiorisierten Handlungsmustern). Zu den situativen Aspekten gehören zudem die Anzahl der Kommunikationspartner, die soziale Rolle der Kommunikationspartner und die Grundtypen der Umgebungssituation.[152]

Besonders hervorzuheben ist die im Modell von Heinemann / Viehweger angeführte Subkategorie ‚Verfahrenstypen', die sich auf die jeweils spezifischen Verfahren bezieht, die Textproduzenten und -rezipienten einsetzen, um erfolgreich zu kommunizieren. Solche Textherstellungs- oder Textverstehensverfahren werden dabei als zielgerichtete, meist bewusst ablaufende Verarbeitungsoperationen bei der Textproduktion und -rezeption begriffen. Sie sind spezielle Realisierungen strategischer Konzepte des Texterzeugens und Textverstehens. Heinemann / Viehweger gehen davon aus, dass die Kommunikationsbeteiligten auch über ein spezielles Strategiewissen verfügen und Erfahrungen darüber besitzen, welche Verfahren sich in Verbindung mit globalen Mustern als erfolgreich erwiesen haben. Sie integrieren in diesen übergreifenden Strategiebegriff die von Enkvist (vgl. 1987, S. 19ff.) genannten textstrategischen Grundkonzepte „im Sinne eines Mit- bzw. Nacheinanders strategischer Aspekte: die Musteradaption, die Adressatenorientierung und die Prädikationslinearisierung" (Heinemann / Viehweger 1991, S. 158f.). Als spezielle Verfahrenstypen stellen sie jedoch nur die Prozeduren heraus, die für das methodische Vorgehen des Textproduzenten bei der Textstrukturierung wichtig sind. Hierzu zählen sie vor allem Text-Thema-Entfaltungen, strategische Verfahrensschritte und taktisch-spezifizierende Einzelverfahren.

Die Gesamtheit diesbezüglicher Entscheidungsprozesse bildet dann nach Heinemann / Viehweger den Rahmen für die eigentliche Textstrukturierung, innerhalb derer es ihnen nicht darum geht, feste Strukturierungsmuster für jede einzelne Textklasse[153] aufzustellen, sondern darum, die grundlegenden Strukturierungstypen zu kennzeichnen. Dazu gehören vor allem kompositorisch-architektonische Entscheidungen auf der Makroebene wie die Entscheidung über die Platzierung der thematischen und intentionalen Kerninformation oder die Verwendung bestimmter Sequenzierungs- und Konnexionstypen

152 In späteren Darstellungen werden die situativen Kriterien noch durch die Situationsklasse ‚Kanal / Medium' ergänzt (vgl. Heinemann / Heinemann 2002, S. 147).

153 Heinemann / Viehweger beziehen die Begriffe ‚Textklasse' und ‚Textsorte' auf empirisch nachgewiesene Klassifizierungen von Texten und Gesprächen, die auf Alltagsklassifikationen referieren und das Wissen über eine Textsorte bündeln (vgl. auch Dimter 1981). Im Gegensatz dazu wird der Terminus ‚Texttyp' als theoriebezogene Kategorie zur wissenschaftlichen Klassifikation von Texten verstanden.

(z. B. additiv, additiv-chronologisch, implikativ), die für die interne Strukturierung von Teiltextkomplexen relevant sind.

Auf der Ebene der Formulierungsmuster geht es Heinemann / Viehweger schließlich um das Erfassen von Gemeinsamkeiten und Unterschieden des Formulierens bei den einzelnen Textsorten. Sie heben damit auf den stilistischen Aspekt der Textklassifikation ab, durch den sich neben Aspekten der Textkomposition etc. das Telegramm deutlich vom Bewerbungsschreiben oder der Erzählung unterscheidet.

Um solche Unterschiede für die Textklassifikation nutzbar zu machen, werden Merkmale wie ‚institutionell geprägt', ‚sachlich-informativ', ‚sachorientiert', ‚knapp', ‚prägnant' und ‚höflich' angeführt, wobei Hinweise für deren konkrete sprachliche Realisierung vage bleiben.

Durch die von Heinemann / Viehweger apostrophierten Typologisierungsebenen ‚Verfahrensmuster' und ‚Formulierungsmuster' wird jedoch klar die Notwendigkeit der Einbeziehung strategischer Konzepte und stilistischer Parameter in die Textsortenklassifikation herausgestellt.

In Bezug auf die Integration der genannten Text-Typologisierungsebenen betonen Heinemann / Viehweger, dass zur Konstitution der einzelnen Textklassen prinzipiell ein Miteinander von bestimmten Typen dieser Ebenen notwendig ist, wobei den Ebenen unterschiedliches Gewicht zukommen kann. So dominiere beispielsweise bei einer Textsorte ‚Antrag' der funktionale, bei der Textsorte ‚Brief' primär der situative Aspekt, wobei die Typisierungen auf anderen Ebenen immer mitgeführt werden.

Einige Autoren legen ihrer Textsortenklassifikation zunächst nur eine Größe zugrunde und das ist in der Regel die Textfunktion.[154] Die umfassendste Arbeit unter diesem Aspekt hat **Rolf** (1993) vorgelegt, der eine Untergliederung der etablierten Gebrauchstextsortenklassen in assertive, direktive, kommissive, expressive und deklarative Textsorten vornimmt. Er orientiert sich damit vor allem an Brinker (1985), der in Anlehnung an Searles Sprechakttypentaxonomie zwischen den fünf Textfunktionen ‚Informationsfunktion', ‚Appellfunktion', ‚Obligationsfunktion', ‚Kontaktfunktion' und ‚Deklarationsfunktion' unterscheidet (s. o.).

Rolf versucht, diese funktionale Ausgangsbasis zu erweitern und zu präzisieren, um seinen Vorschlag einer Klassifikation von Gebrauchstextsorten konsequent funktional ausrichten zu können und auch bei der Subklassifizierung auf kontextuelle, strukturelle usw. Kriterien zu verzichten. Hierzu ersetzt er zum Teil die von Brinker verwendeten Textfunktionsbegriffe durch die wortgetreuen Bezeichnungen aus Searles Vorschlag zur Sprechaktklassifikation (1975) und bestimmt den Begriff ‚illocutionary point' neu.

Rolf (vgl. 1993, S. 170) betrachtet in Analogie zu den Bezeichnungen der Sprechakttypen auch die Textsortenbezeichnungen als primär „funktionsbenennende" Ausdrücke, die Aufschluss über den Sinn verfertigter Texte bzw. die Verfertigung von Texten geben sollen.

154 Vgl. z. B. die Darstellung von Schmidt (1980), der die Textfunktion mit den Kommunikationsabsichten des Produzenten gleichsetzt und somit auf der obersten Ebene zwischen ‚informierenden', ‚aktivierenden' und ‚klärenden' Texten unterscheidet.

Durch diese funktionale Ausrichtung und die Anwendung des sprechakttheoretischen Paradigmas kommt er zu einer Untergliederung der genannten Textsortenklassen, die so gestaltet ist, das sie Bedingungen benennt, die erfüllt sein müssen, damit der Einsatz eines entsprechenden Textsortenexemplars erfolgreich ist. Bei diesen Erfolgs- oder Erfüllungsbedingungen, durch deren Benennung eine Taxonomisierung der Gebrauchstextsorten vorgenommen wird, unterscheidet er drei Arten, nämlich zum einen den ‚illocutionary point', also den Handlungszweck bzw. das Handlungsziel, zum zweiten den ‚mode of achievement', d. h. den Durchsetzungsmodus bzw. die Zielerreichungsweise und schließlich die ‚preparatory conditions', vorbereitende bzw. bereits als gegeben vorliegende oder als erfüllt hingestellte Bedingungen.

Die Bezeichnungen für die drei Arten von Erfolgs- bzw. Erfüllungsbedingungen werden in den fünf Teiltaxonomien der Klasse der Gebrauchstextsorten auf vier Ebenen angeordnet: Auf der obersten Ebene ist die Bezeichnung für den Handlungszweck angesiedelt, d. h., auf dieser Ebene ist von assertiven, direktiven usw. Textsorten die Rede. Auf der darunter liegenden Ebene finden sich Bezeichnungen wie ‚darstellend', ‚bindend', ‚stabilisierend' oder ‚destabilisierend', die den ‚mode of achievement', die Art der Erreichung des Handlungszwecks benennen sollen. Lässt sich die Art und Weise der Zielerreichung noch genauer spezifizieren wie beispielsweise bei den assertiven Textsorten, so werden auf der dritten Ebene der Taxonomie weitere Bezeichnungen zu Spezifikation wie ‚emittierend', ‚judizierend', ‚disputierend' oder ‚orientierend' angesetzt. In anderen Fällen werden auf der dritten Ebene der Taxonomien bereits Bezeichnungen für charakteristische vorbereitende Bedingungen genannt. Dies sind in der Regel umfassendere Ausdrücke wie ‚Option', ‚bei Kontrollgewalt auf Seiten des Textproduzenten P', ‚bei Bezugnahme auf innerstaatliche Beziehungen', ‚transaktionsbezogen' oder ‚reputationsbezogen'. Die vierte Ebene ist nicht gleichmäßig ausdifferenziert, sie enthält u. a. Benennungen für spezielle vorbereitende Bedingungen, die als Spezifizierungen der auf der dritten Ebene genannten vorbereitenden Bedingungen dienen, aber auch Bezeichnungen wie ‚speziell', ‚reaktiv' und ‚insistent'.

Bemerkenswert ist am Klassifikationsvorschlag von Rolf u. a., dass er im Gegensatz zu zahlreichen anderen Typisierungsvorschlägen, die nur eine deutlich geringere Anzahl von Textsorten berücksichtigen, versucht, eine umfassende Klassifikation von Gebrauchstextsorten zu erstellen, indem er ca. 2100 Gebrauchstextsortenbezeichnungen, vor allem diejenigen, die im großen Duden-Wörterbuch lexikalisiert sind, einbezieht. Als Nachteil einer solchen Vorgehensweise erweist sich deutlich die dadurch entstehende große Anzahl an Mehrfachnennungen durch synonyme, hyponyme o. ä. Bezeichnungen (z. B. Wettervorhersage vs. Wettervoraussage). Problematisch ist dabei auch die Anwendung eines sehr weiten Textsortenbegriffs, der es erlaubt, von Gebrauchstextsorten wie Werbeslogan, Friedensangebot, Benimmregel, Liebesgeständnis usw. auszugehen und sie in die Darstellung zu integrieren, sowie die fehlende Differenzierung zwischen übergeordneten und spezifizierenden Textbezeichnungen (z. B. Meldung vs. Pressemeldung, Wasserstandsmeldung, Siegesmeldung).

Was die verwendeten Klassifikationsmerkmale anbelangt, so ist in der Regel ab der vierten, zum Teil auch schon auf der dritten Ebene eine Art Beliebigkeit festzustellen. Offensichtlich zwingt die völlige Vernachlässigung formaler, sprachlicher oder stilistischer Aspekte zu einer Wahl von Klassifikationskriterien, die sehr heterogen sind.

4.2 Zum Textsortenbegriff

Nach wie vor wird in der linguistischen Forschung weder eine einheitliche Definition des Begriffs ‚Textsorte' angewendet noch besteht Einigkeit darüber, welche Dimensionen für eine Beschreibung von Textsorten herangezogen werden müssen.

Unbestritten scheint die Annahme, dass die Kommunizierenden Texte immer als Vertreter einer bestimmten Textsorte produzieren und rezipieren und somit ein Textsortenwissen benötigen, das auf der Rekonstruktion von Textmustern und -strukturen beruht. Daraus resultiert zugleich die Notwendigkeit der Erfassung solcher Textmuster und -strukturen.

Textsorten können das kommunikative Handeln erheblich erleichtern, weil sie auf der Produzentenseite als Gestaltungs- und Formulierungsmuster dienen können und damit die Produktion von Texten vereinfachen. Den Rezipienten können sie Hinweise darauf geben, was sie vom jeweiligen Text erwarten dürfen und wie sie ihn zu rezipieren haben (vgl. Renner 2007, S. 333). Textsorten sind über die individuelle Sprachkompetenz hinaus Bestandteil des Regel- und Erwartungssystems der Sprechergemeinschaft, denn die Strukturen und Verwendungsweisen von Textsorten sind sozial tradiert und reflektieren menschliches Handeln. Dementsprechend definiert Krause (vgl. 2000, S. 41) Textsorten als sozial-historisch entstandene und überlieferte, in der gesellschaftlichen Praxis real existierende typische Formen der sprachlichen Kommunikation. Textsorten stellen dabei Abstraktionen über einer Vielzahl von Textsortenexemplaren dar, deren Klassifikation sich folglich auch am Bewusstsein der Sprechergemeinschaft orientieren sollte.

Innerhalb der Linguistik wurde der Versuch unternommen, die Klassifikation von Textsorten unter systemtheoretischer Perspektive vorzunehmen und die systematischen Kategorien ‚Klasse', ‚Ordnung', ‚Familie', ‚Gattung / Sorte' und ‚Art' anzusetzen, wie sie durch die Biologie tradiert sind (vgl. Gansel / Jürgens 2009, S. 68 ff. und Gansel 2011, S. 12 ff.). Für ausgewählte Texte der Massenmedien ergibt sich dabei folgendes Bild (vgl. Abb. 20):

Systematische Kategorie	*Textsortenlinguistik*	
Klasse	**Textklasse**: Medientexte	
Ordnung	Textordnung: Journalistische Texte	
	a) Kernbereich	b) Nicht-Kernbereich
Familie	Textfamilie:	
	a) Meinungstexte	b) Anzeigentexte[155]

Gattung[156]	**Textsorte**:	
	a) Kommentar	b) Heiratsanzeige, Bekanntschaftsanzeige
Art	**Textsortenvariante**:	
	a) Kurzkommentar	b) Agentur-Heiratsanzeige

Abb. 20: Texthierarchie nach Gansel / Jürgens (2009, S. 72)

Die abgebildete Texthierarchie macht zum einen deutlich, dass Textsorten ihre Ausprägung in **Kommunikationsbereichen** erfahren. Kommunikationsbereiche lassen sich an vielen Stellen nicht klar gegeneinander abgrenzen, ergeben keine trennscharfen Gruppen von Textsorten, sondern greifen in mannigfacher Weise ineinander. Deshalb führt Heinemann (vgl. 2000, S. 610) etwa für den Kommunikationsbereich der Alltagskommunikation nicht nur Textsorten an, die im Alltag produziert und für alltägliche Zwecke benutzt werden, sondern auch die Beziehung von Personen zu anderen Kommunikationsbereichen aufzeigen (z. B. Schulzettel). Das Ziel von Textsortenklassifikationen sollte deshalb nicht in der Aufstellung eines abgeschlossenen und unveränderlichen Systems bestehen, sondern darin, einen solchen Teilbereich von Texten mit dem Blick auf bestimmte Zwecke und die Bezogenheit auf andere Textmengen überschaubarer zu machen (vgl. Heinemann / Viehweger 1991, S. 159).

Sinnvoll für die Textsortenklassifikation scheint eine Typologie von Kommunikationsbereichen in Analogie zu den gesellschaftlichen Institutionsbereichen und Lebensbereichen (z. B. ‚Wirtschaft und Handel', ‚Rechtswesen und Justiz', ‚Schule', ‚Wissenschaft', ‚politische Institutionen', ‚Alltag / Privatsphäre' usw.). Der Begriff ‚Textklasse' umfasst dann alle Texte in einem solchen abgegrenzten, durch situativ-funktionale und soziale Merkmale definierten kommunikativen Bereich (vgl. Gansel / Jürgens 2009, S. 70).

Eine **Textklasse** bildet die Menge aller Texte in einem abgegrenzten, durch textexterne Merkmale determinierten Kommunikationsbereich.

Der Kategorie ‚Ordnung' werden in der Hierarchie von Gansel / Jürgens (2009) bestimmte Teile eines kommunikativen Bereichs (z. B. Journalismus, Öffentlichkeitsarbeit) zugeordnet. Die Kategorie ‚Familie' repräsentiert die innerhalb des Journalismus übliche funktionale Unterscheidung in primär informierende, meinungsbildende und unterhaltende Texte.

Als Beispiele für die Kategorie der Gattung, bei der jedoch am Terminus ‚Textsorte' festgehalten wird, dienen der Kommentar oder die Glosse, bei denen wiederum eine mögliche

155 Ob Anzeigentexte wie die genannten Beispiele Heiratsanzeige und Bekanntschaftsanzeige überhaupt den journalistischen Textsorten zugeordnet werden sollten oder hierfür eine ganz andere Ordnung angenommen werden müsste, soll an dieser Stelle nicht weiter diskutiert werden.

156 Gansel / Jürgens (2009, S. 72) weisen darauf hin, dass die systematische Kategorie ‚Gattung' nicht mit dem literaturwissenschaftlichen Begriff ‚Gattung' übereinstimmt.

Differenzierung in Arten – in Form von Textsortenvarianten wie etwa dem Kurzkommentar – möglich ist.

Textsortenvarianten stellen Unterarten von Textsorten dar. Sie entstehen aus einer etablierten Abstraktion über die Modifikation eines Textmusters.

Das heißt, als Kriterien für die Klassifikation scheinen bis zur Ebene der Textfamilie situative und funktionale auszureichen, während mindestens ab der Textsortenebene auch thematische (Heiratsanzeige – Bekanntschaftsanzeige) und sprachliche Kriterien notwendig werden (Kommentar – Glosse) sowie solche, die die äußere Form betreffen (Kommentar – Kurzkommentar).

Textsorten werden von Gansel / Jürgens (2009) auf einer unteren Hierarchieebene eingeordnet, einer Ebene, die „kognitiv in Bezug auf die Bildung von Kategorien als Basisebene zu kennzeichnen ist“ (Gansel / Jürgens 2009, S. 81). Da auf der Basisebene Prototypen gebildet werden, sind Textsorten wie geschaffen für die Bildung von Prototypen und eine prototypische Beschreibung. Demnach lassen sich Textsorten als eine Menge von Textexemplaren auffassen, die sich durch eine prototypische Beziehung textexterner (z. B. Funktion, Situation) und textinterner Merkmale (z. B. sprachlicher Stil) beschreiben lassen (vgl. Gansel / Jürgens 2009, S. 81).

Textsorten sind sozial-tradierte Abstraktionen über eine Menge von Textexemplaren, die sich durch eine prototypische Verbindung textexterner und textinterner Merkmale beschreiben lassen.

4.3 Dimensionen der Textsortenbeschreibung

Eine Reihe von Arbeiten zur Textsortenproblematik (vgl. Kap. 4.1) zieht ein komplexes System von Parametern für die Textsortenbestimmung heran. Als extratextuelle Beschreibungsdimensionen werden dabei vor allem der funktionale, der situative und der thematische bzw. inhaltliche Aspekt genannt. Problematisch scheint in Bezug auf die Abgrenzung von textinternen und textexternen Merkmalen insbesondere die Eingliederung der Dimension ‚Thema'. Vater (1994) bestimmt das Thema in Verbindung mit Kohärenzbeziehungen zunächst als eine nichtsprachliche Größe, die (in einen Wissenszusammenhang eingebettet ist, der sowohl für den Textproduzenten als auch für den Rezipienten unerlässlich ist) dann durch den Text versprachlicht wird (vgl. Vater 1994, S. 66). Eine solche Herangehensweise erlaubt es, das Thema ebenso wie die Funktion und die Situation als der sprachlichen Gestaltung vorausgehende Faktoren zu bestimmen, von denen diese abhängig ist und bestimmt wird. Deshalb werden im Folgenden funktionale, situative und thematische Aspekte den textexternen Merkmalen zugeordnet und als textinterne Eigenschaften – gerade auch im Sinne einer Fokussierung auf stilistische Aspekte – ausschließlich diejenigen aufgefasst, die sich auf die konkrete sprachliche Form, auf das „Wie?" der sprachlichen Äußerung beziehen.

Die Anwendbarkeit der einzelnen Beschreibungsdimensionen für Textsorten wird im Folgenden exemplarisch an einzelnen Textsorten aus dem Bereich der Unternehmenskommunikation aufgezeigt.

4.3.1 Situative Aspekte

Innerhalb von pragmatisch orientierten Ansätzen zur Textsortenbeschreibung wird – ebenso wie bei denen zur Stilbeschreibung (vgl. Kap. 3.1) – der situativen Dimension ein besonderes Gewicht eingeräumt. Zur situativen Dimension kann dabei zunächst der **mediale Aspekt** gezählt werden, der in der traditionellen Gegenüberstellung von mündlicher und schriftlicher Kommunikation besteht und darüber hinaus die Frage nach den Massenmedien und den anderen Formen der technisch vermittelten Kommunikation betrifft.

Eine Unterscheidung zwischen mündlichem und schriftlichem Sprachgebrauch scheint grundlegend, ist aber alles andere als unproblematisch. Schriftlichkeit wurde anfänglich im Allgemeinen komplementär zur Mündlichkeit wahrgenommen und daher im Vergleich mit dieser und in Abgrenzung von dieser definiert und charakterisiert (vgl. Kap. 1). Von elementarer Bedeutung war dabei, ob eine Äußerung aufgeschrieben ist oder nicht, womit die graphische oder phonische Form der Realisierung sprachlicher Äußerungen gemeint war. Neben einer medialen Umsetzung vom phonischen ins graphische Medium nehmen Koch / Oesterreicher (vgl. 1994, S. 587 ff.) eine konzeptionelle Schriftlichkeit an und geben damit eine neuere Bestimmung des Konzepts der Schriftlichkeit. So entsprechen der Schriftlichkeit dann Parameterwerte wie ‚situations- und handlungsentbunden', ‚wenig Referenz auf origo', ‚keine Kooperationsmöglichkeit seitens des Rezipienten', ‚monologisch', ‚reflektiert-geplant', ‚fixes Thema', ‚raum-zeitliche Distanz' oder ‚öffentlich'. Dass diese Merkmale nicht auf alle schriftlichen Kommunikationsformen zutreffen, ist gerade an zahlreichen elektronisch vermittelten zu erkennen. Zudem liegt bei vielen Textsorten – gerade auch denen der Unternehmenskommunikation – nicht nur eine enge Verschränkung von schriftlichen und mündlichen Bestandteilen vor, sondern auch Kombinationen aus konzeptionell mündlichen und schriftlichen Bestandteilen. Die mit den Begriffen der ‚konzeptionellen Schriftlichkeit' bzw. ‚konzeptionellen Mündlichkeit' verbundenen Vorstellungen sind jedoch dazu geeignet, bestimmte Phänomene zu beschreiben, die die Ebene der Formulierung bzw. der ausdrucksseitigen Darstellung betreffen (z. B. Emoticons, klitisierte Formen) und bedingt werden durch gewisse situative Faktoren, nicht aber durch i. e. S. mediale. Für die Beschreibung von Textsorten der Unternehmenskommunikation scheint es etwa sinnvoll, den medialen Aspekt auf die Frage zu beschränken, wie die mediale Verfasstheit von Kommunikaten aussieht (Anteil von Sprache, Bildern, Abbildungen), denn diese können monomedial[157] und multimedial sein. Dabei kann als Übertragungs-

157 Obgleich Multimedialität vor allem als Charakteristikum moderner Massenmedien anzusehen ist, wird strikte Monomedialität als ein eher seltener Grenzfall beschrieben (vgl. Adamzik 2004, S. 76).

kanal alles dienen, was von den Sinnesorganen aufgenommen werden kann (z. B. auch Gerüche).

Ein entscheidender Faktor der situativen Dimension besteht in der **raum-zeitlichen Situierung**. Anders als bei zeitlich-räumlicher Kopräsenz fallen bei den Textsorten der Unternehmenskommunikation ebenso wie bei vielen anderen Textsorten Ort und Zeit der Produktion, der Distribution und der Rezeption nicht zusammen. Das bedeutet, dass Angaben über die raum-zeitliche Situierung u. U. dreifach gemacht werden müssten. Hinsichtlich der Kriterien, die für eine solche Beschreibung üblicherweise herangezogen werden, also die Frage nach dem Wann? und Wo?, zeigt sich vielfach, dass sie entweder nur sehr abstrakt erfasst werden können (z. B. ‚Privatraum', ‚halböffentlicher Raum', ‚öffentlicher Raum') oder – wie beispielsweise die kalendarische Angabe – für die Textsortenklassifikation irrelevant sind. Nach den genannten Kriterien der Kommunikationsumstände wäre ein großer Teil von Textsorten der Unternehmenskommunikation als ‚öffentlich' zu kennzeichnen, z. B.: Printanzeigen in den Massenmedien, Plakate. Die Rezipienten solcher öffentlichen Kommunikation, insbesondere der Massenmedien, werden als ‚disperses Publikum' bezeichnet. Dieser Terminus zeigt an, dass es sich um eine sehr diffuse Größe handelt, um eine räumlich und zeitlich verstreute Vielzahl von Individuen, zwischen denen keine Gemeinsamkeit bestehen muss, außer dass sie einem Medium zugewandt sind.[158] Natürlich machen sich die Textproduzenten in der Regel eine bestimmte Vorstellung von ihren Rezipienten, nach der sie ihre Texte gestalten (z. B. differenziert nach bestimmten Zielgruppen). Insofern scheint es sinnvoll, zu den situativen Merkmalen den vom Sender intendierten Empfänger zu zählen, der – im Gegensatz zum effektiven Rezipienten (etwa auch im Falle von fehlgeleiteten E-Mails) – eine erhebliche Rolle für die Beantwortung der Frage spielt, warum ein Text gerade so und nicht anders gestaltet ist. Natürlich betrifft dies auch das Rollenverhältnis von Produzent und Rezipient.

Andere Textsorten – insbesondere diejenigen, die privat adressiert sind – müssten nach der o. g. Unterscheidung als ‚individuell' eingeordnet werden, und dies trifft auf Textsorten wie Werbebriefe, Werbemailings, Angebote usw. in der Regel nicht zu. Zweckdienliche und abgrenzbare Kriterien in Bezug auf die Produktions- und Rezeptionsbedingungen solcher Textsorten aufzustellen, scheint jedoch kaum möglich.

Unbestritten ist natürlich die Relevanz der Frage, von wem Texte stammen und für wen sie produziert worden sind bzw. wer sie rezipiert, also nach **Produzent und Rezipient**. Dieser Faktor ist im Umgang mit Texten ganz zentral. Hinsichtlich der Textproduktion betrifft er zunächst die adressatengerechte Gestaltung. Seitens der Rezipienten ist umgekehrt von entscheidender Bedeutung, wer als Autor oder Sender identifiziert werden kann. Hiervon ist vielfach abhängig, mit welcher Einstellung und Vorerwartung sich der Rezipient einem Text nähert oder ihn überhaupt zur Kenntnis nimmt.

158 Dass sie dem Medium gleichzeitig zugewandt sind, gilt nur für die elektronischen Medien, und auch nur dann, wenn nicht von Speichermöglichkeiten Gebrauch gemacht wird (vgl. z. B. Burger 2005, S. 5.).

In der Text(sorten)linguistik gibt es bisher nur wenige Vorschläge, das Verhältnis von Produzent und Rezipient differenziert zu beschreiben, obwohl es von zentraler Bedeutung für die Textproduktion und -rezeption ist. So typisieren Heinemann / Heinemann (vgl. 2002, S. 127) die kommunikativ Handelnden etwa nach ihrer sozialen Rolle (symmetrisch, asymmetrisch) oder nach Kontakttypen, d. h. nach dem Grade der Bekanntheit / Vertrautheit des Partners (vgl. auch Heinemann / Viehweger 1991, S. 153 ff.). Etwas differenziertere Kategorieninventare bestehen für den Bereich der Gesprächsanalyse (vgl. Henne / Rehbock 1982, S. 32 ff.; Schank / Schoenthal 1983, 29 ff.). Als Beschreibungskriterien für Kommunikationsteilnehmer werden dort neben dem Alter, dem Ausbildungsgrad und dem Bekanntschaftsgrad wiederum die Häufigkeit vorausgehender Kommunikationsakte genannt, zudem der soziale Rang und die Rollenzuteilung, die Situationsvertrautheit, das Interesse und natürlich die Erwartungen und Intentionen der Gesprächspartner.

Dass eine erschöpfende Erfassung solcher potenziell relevanter Eigenschaften von Kommunikanten als Raster für die Beschreibung von Textsorten unausführbar ist, hat bereits Adamzik (vgl. 2004, S. 84) festgestellt. Für den Bereich der Schrifttexte bzw. der raumzeitlich zerdehnten Kommunikation geht sie jedoch davon aus, dass die Differenzierung von Interaktionsrollen besonders notwendig ist. Besondere Bedeutung haben in diesem Zusammenhang die Berufsrolle, die Funktionsrolle, die Diskursrolle sowie spezifische Aspekte der Kommunikantenrolle (z. B. Formulierer, Korrektor, Unterzeichner, Layouter usw.; vgl. Adamzik 2004, S. 87 ff.).

Zu den situativen Merkmalen von Textsorten wird mitunter die ‚**Objektgebundenheit**' gezählt, die auf den Umstand verweist, dass Texte entweder fixiert und untrennbar an bestimmte Gegenstände oder Orte gekoppelt oder materiell gesehen selbständig sind. Zu ‚fixierten Texten' gehören in diesem Sinne alle Arten von Aufschriften, Inschriften, Aushängen etc. an Gebäuden oder Objekten, die nur ortsgebunden rezipiert werden können (mit Ausnahme von Möglichkeiten des sekundären Reproduzierens, z. B. Fotografierens).

Aspekte des Objektbezugs können nicht nur zu den situativen, sondern auch den eher formalen und strukturellen Kriterien der Textsortenbeschreibung zugeordnet werden. Im Hinblick auf die Klassifikation von Textsorten des Marketingbereichs bietet sich hier eine weitere Differenzierung an, und zwar zwischen:

1. materiell gesehen selbständigen Texten (z. B. Brief),
2. fixierten Texten, die an bestimmte (bewegliche) Objekte gebunden sind (z. B. Printanzeige an eine Zeitschrift), und
3. fixierten Texten, die an bestimmte Orte oder nicht-bewegliche Objekte gebunden sind.

Die zuletzt getroffene Unterscheidung könnte sich in Begriffen wie ‚dynamisch fixiert' und ‚statisch fixiert' widerspiegeln. Sie hat vor allem Konsequenzen für die Rezeptionsbedingungen von Textsorten.

4.3.2 Funktionale Aspekte

Spätestens seit der sog. „pragmatischen Wende" besteht Übereinstimmung darüber, dass für die Beschreibung sprachlicher Äußerungen nicht nur ihre Struktur relevant ist, sondern auch ihr kommunikativer Wert. Allerdings sind nicht nur die Bezeichnungen, mit denen auf diesen Aspekt Bezug genommen wird, alles andere als einheitlich (z.B. pragmatisch, verwendungsorientiert, handlungstheoretisch, kommunikationsorientiert, kommunikativ-funktional etc.), sondern auch die Vorstellungen darüber, auf welche Weise dieser Aspekt in die Textanalyse und die Textsortenklassifikation zu integrieren ist (vgl. Kap. 4.1.).

Sollen funktionale Aspekte der Textsortenklassifikation am Beispiel eines Kommunikationsbereichs dargestellt werden, so ist es prinzipiell sinnvoll, zentrale Aspekte des Funktions- und Aufgabensystems des jeweiligen Bezugsbereichs, gegebenenfalls auch Teile des Bezeichnungssystems, in die linguistische Klassifikation einzubeziehen.

Dazu gehört im Bereich des Marketings zunächst, dass die Beziehung zwischen Zeichen und Zeichenbenutzer grundsätzlich interessengebunden ist, denn der Textproduzent ist hier bei seiner kommunikativen Handlung in der Regel fremden Interessen verpflichtet. Davon ausgehend kann gefragt werden, welche illokutiven und perlokutiven Handlungen[159] im Rahmen der einzelnen Textsorten möglich sind und vor allem, wie sie realisiert werden. Zu betonen ist in diesem Zusammenhang, dass die kommunikationspolitischen Textsorten im Unterschied zu vielen anderen nicht immer auf eine einzelne Funktion festgelegt sind.

Prinzipiell sind die Textsorten der Unternehmenskommunikation hinsichtlich ihrer Funktion als informierend, kontaktorientiert oder meinungsbildend zu kennzeichnen, wobei sich die damit verbundenen Charakterisierungen natürlich nur auf die vom Produzenten intendierten Wirkungsabsichten beziehen, nicht auf die tatsächlichen Wirkungen beim Rezipienten.

Unter **informierenden** Textsorten können dabei – ähnlich wie im Falle der tatsachenbetonten Textsorten im Bereich des Journalismus – solche Texte subsumiert werden, bei denen die illokutionäre Textfunktion des Informierens vorliegt. Diese Informationsfunktion kann in sprachlicher Hinsicht durch Paraphrasen wie *Wir setzen sie über den Sachverhalt XY in Kenntnis ...* nachgewiesen werden und dient im Allgemeinen dem **Wissenstransfer**. Die informative Funktion eines Textes kann in direkter Weise durch explizit performative Formeln mit den Verben *informieren, mitteilen, melden, eröffnen, benachrichtigen, berichten, unterrichten* etc. indiziert werden (vgl. Brinker 2005, S. 113). Derartige Formulierungen sind zunächst einmal sichere Indikatoren für die illokutionäre Textfunktion des Informierens, die nicht notwendigerweise mit der perlokutionären Textfunktion übereinstimmen muss.

---

159 Im Rahmen der Sprechakttheorie kann nach Searle (1969) zwischen dem Äußerungsakt (Artikulation sprachlicher Elemente), dem propositionalem Akt (Inhaltsformulierung der Äußerung), dem illokutionären Akt und dem perlokutionären Akt differenziert werden. Dabei gibt der illokutionäre Akt die kommunikative Funktion einer Sprechhandlung an (z.B. behaupten, feststellen). Wirkungen illokutionärer Akte, die der Sprecher / Textproduzent beabsichtigt, führen zu perlokutionären Akten.

Wichtig ist deshalb eine strikte Trennung von illokutionärer und perlokutionärer Textfunktion.[160] Denn im Bereich der Unternehmenskommunikation ist aufgrund des Zielsystems und der Kennzeichnung der Produzentenrolle als interessengebunden davon auszugehen, dass auch ein informierender Text hinsichtlich seiner perlokutionären Textfunktion der Meinungsbildung dienen kann. Dies ist beispielsweise der Fall, wenn das Verarbeiten bzw. Einordnen einer Information zum positiven Bewerten des Sachverhalts / eines Produkts führen soll.

Das bedeutet für diesen Kommunikationsbereich, dass bei Texten mit Informationsfunktion auf der illokutionären Ebene nochmals differenziert werden muss zwischen solchen, deren perlokutionäre Textfunktion ebenfalls im engeren Sinne im Informieren, d. h., im „auf dem Laufen halten" oder „Überblick erhalten" (vgl. Renner 2007, S. 339) besteht, und denen, deren perlokutionäre Funktion vordergründig die Meinungsbildung darstellt. Letzteres schließt dann ein, dass Informationstransfer, Meinungsäußerung (z. B. *Otto find ich gut*), Unterhaltung usw. als unterschiedliche Strategien von Meinungsbildung angesehen werden.

Folgt man Brinker (2005), so geht es bei der Meinungsbildung vor allem darum, dass der Produzent den Rezipienten mit einem Text dazu bewegen will, dass er eine bestimmte Einstellung gegenüber einer Sache einnimmt (Meinungsbeeinflussung), mitunter auch darum, dass er eine bestimmte Handlung vollziehen soll (Verhaltensbeeinflussung, z. B. im Falle von Gebrauchsanweisungen oder dem Vollziehen von Kaufakten). Beides gibt der Textproduzent dem Rezipienten nicht unbedingt direkt im Sinne einer „wahren Absicht" (vgl. Brinker 2005, S. 101) zu verstehen.

Obwohl die Zuordnung von sprachlicher / formaler Textstruktur und Textfunktion prinzipiell ein schwieriges Problem darstellt, weil es kaum allgemeingültige Zuordnungsregeln gibt und eine bestimmte Funktion in sprachlicher Hinsicht vielgestaltig realisiert werden kann (vgl. Kap. 3.2.3), lassen sich hinsichtlich der verschiedenen **meinungsbildenden** Strategien erstens solche voneinander unterscheiden, die primär durch eine Informationsvermittlung zur Bewertung eines Sachverhaltes und damit zur Meinungsbildung beitragen, und zweitens diejenigen, die auf eine phantasiebetont-kreative Form zur Meinungsbildung führen sollen.

Die erste Gruppe von Texten wird deshalb als ‚**informationsbetont**' bezeichnet – eine Benennung, die trotz der aufgrund des Gesamtzusammenhanges unterstellten Wirkungsabsicht der Meinungsbeeinflussung insoweit berechtigt ist, als sie auch die in den Marketingzielen bzw. im Zielsystem des Direct-Marketing[161] angelegte Strategiegruppe der

160 Bereits Renner (vgl. 2007, S. 338) hat am Beispiel der Unterhaltung deutlich gemacht, dass die perlokutionäre Funktion von Texten in eine andere Kategorie fällt.

161 Entsprechend der betriebswirtschaftlichen Lehr- und Forschungsliteratur wird an dieser Stelle zwischen Marketingzielen und Marketingstrategien unterschieden. Während Marketingziele zukunftsbezogene Vorgaben, sog. „Sollzustände" darstellen (vgl. Meffert 1991, S. 41), ist die Anwendung bestimmter Strategien eine Kanalisierung, mit deren Hilfe die Konzeption und Umsetzung der einzelnen Aktivitäten vollzogen wird. Nach Bruhn (2005, S. 689) lassen sich beispielsweise in Bezug auf das Direct-Marketing folgende Strategiegruppen unterscheiden: Bekanntmachungsstrategie,

Informationsstrategie widerspiegelt. Bei anderen Strategiegruppen wie den Bekanntmachungsstrategien, Imagestrategien und Konkurrenzabgrenzungsstrategien kann in der Regel davon ausgegangen werden, dass zwischen einer informationsbetonten und einer **phantasiebetont-kreativen** Form der Rezipientenansprache gewählt werden kann. Eine dritte Strategieform der Meinungsbildung besteht in der Äußerung von Meinungen bzw. Behauptungen, die ebenfalls zur Einstellungsänderung führen können. Wichtig ist in Zusammenhang mit der Strategieform ‚**meinungsäußernd**' vor allem, dass es vorrangig um ein primäres (explizites) Bewerten geht, das – wie an strukturell determinierten Handlungsmustern bereits gezeigt wurde – vielfach durch ein sekundäres (implizites) Bewerten gesteigert werden kann (vgl. Kap. 3.3.3).

Wird für die drei unterschiedenen meinungsbildenden Strategien eine Klassifikation nach den Kriterien ‚illokutionäre Funktion' und ‚perlokutionäre Funktion' versucht, so scheint zunächst offensichtlich, dass die von Brinker (vgl. 2005, S. 117) genannte Appellfunktion (vgl. Kap. 4.1) in Bezug auf den Aspekt ‚Einstellung / Meinung' auf illokutionärer Ebene gar nicht vollzogen werden kann. Zudem ist für die phantasiebetont-kreative Form, die letztlich ein implizites, ein sekundäres Bewerten zum Ziel hat, innerhalb der Sprechakttheorie keine illokutionäre Funktion vorgesehen. Deshalb stellen sich die meinungsbildenden Strategien innerhalb der einzelnen Textsortenarten zunächst folgendermaßen dar:

Textart	Illokutionäre Textfunktion	Perlokutionäre Textfunktion
informationsbetont	informieren	Meinung bilden
phantasiebetont-kreativ	-	Meinung bilden
meinungsäußernd	behaupten / bewerten	Meinung bilden

Als linguistisch operationalisierbare Kriterien, die die Formen der Textfunktion im Hinblick auf eine Textsortendifferenzierung anzeigen, können neben inhaltlich determinierten Handlungsmustern (z. B. deskriptiv, argumentativ) und Fragen der inhaltlichen Detailliertheit und Aspekten der formalen Struktur des Textes (z. B. konventionalisiertes Schema; vgl. Burger 2005, S. 210 f.) vor allem auch der Einsatz der auf den unterschiedlichen kreativen Denkoperationen bzw. Denkstilen basierenden strukturell determinierten Handlungsmustern angesehen werden (vgl. Kap. 3.3.3).

Als sprachliche Indizien, die zur Unterscheidung von informierenden und informationsbetonten, d. h. also meinungsbildenden Texten herangezogen werden können, sind zum einen die fehlende Verifizierbarkeit des propositionalen Gehalts zu nennen, hinzu kommen in der Regel höhere Grade an Stilisiertheit, die wie im Beispiel *Actimel aktiviert Abwehrkräfte* etwa aus der Verwendung rhetorischer Figuren (Alliteration, Dreierfigur etc.) oder einer charakteristischen phonostilistischen und rhythmischen Gestaltung resultieren können und somit ein erhöhtes persuasives Potential aufweisen. Ganz zentral ist auch der von Renner (2007) zur Unterscheidung von informierenden und meinungsbildenden

Zielgruppenerschließungsstrategie, Informationsstrategie, Imageprofilierungsstrategie, Konkurrenzabgrenzungsstrategie und Kontaktanbahnungsstrategie.

journalistischen Textsorten herangezogene Aspekt der divergierenden Begriffsverwendung. Dieser steht in Zusammenhang mit dem oben ausgeführten Problem der Neutralität und vielfältigen Markiertheit von Autosemantika bzw. dem sich daraus ergebenden stilistischen Potential von Wörtern (vgl. Kap. 3.2.3), das auch innerhalb der Unternehmenskommunikation für eine Unterscheidung zwischen informierenden und meinungsbildenden Texten von grundlegender Bedeutung ist. Hinsichtlich des stilistischen Potentials einzelner Wortarten wurde bereits darauf hingewiesen, dass mit dem Gebrauch von Adjektiven prinzipiell ein bewertender Aspekt einhergeht (vgl. Kap. 3.2.3), wobei natürlich dahingehend zu unterscheiden ist, ob mittels eines Adjektivs eine objektive Bewertung etwa im Sinne einer Beschreibung vorgenommen wird oder eben eine eher subjektive, relative Bewertung. Die wesentlichen Aspekte der Differenzierung zwischen informierenden und informationsbetonten Texten zeigt folgende Übersicht:

Textart	Illokutionäre Textfunktion	Perlokutionäre Textfunktion	Propositionaler Gehalt verifizierbar	Stilisiertheit	Lexik
Informierend	informieren	informieren / Wissenstransfer	eher ja	nein	neutrale Begriffe
Informationsbetont	informieren	Meinung bilden	eher nein	ja	divergente Begriffe

Innerhalb der Unternehmens- und Marketingkommunikation lässt sich die Mehrheit der informierenden Texte in größere Handlungskomplexe eingliedern. Solche Transfertexte sind in vielen Fällen gesetzlich verordnet und bilden außerdem – zumindest im Zuge des Kaufaktes – einen Bestandteil des Produktes. Beispiele dafür sind Textsorten wie ‚Bedienungsanleitung', ‚Gebrauchsanweisung' oder ‚Beipackzettel', die sich im Sinne des Konzepts der integrierten Kommunikation weniger den inhaltlichen und sprachlichen Dimensionen der Integration zuordnen lassen, sondern vielmehr formalen Integrationselementen (Farben, Formen, Größen) der Unternehmenskommunikation.

Hinsichtlich der dritten Funktion, die kommunikationspolitische Texte haben können, der **Kontaktorientierung**, ist zu bemerken, dass sie u. a. auf die in Zusammenhang mit den Zielen des Direct Marketings genannte Zielsetzung der Kontaktanbahnung abhebt. Sie ist damit nicht mit der bei Lüger (1995) genannten Textklasse der „kontaktorientierten Texte"[162] gleichzusetzen, denn er fasst als kontaktorientierte Texte diejenigen, die auf dem Bestreben gründen, „die Aufmerksamkeit und das Interesse der Leser zu gewinnen" (Lüger 1995, S. 79). Hierzu zählt er auch bestimmte Elemente von Pressetexten wie Fotos, Schlagzeilen, graphische Mittel des Layouts etc.

Im Unterschied zu derartigen Formen der Kontaktorientierung ist die kontaktorientierte Funktion bei den Textsorten der Unternehmenskommunikation im Sinne von reaktionsorientierten Formen zu verstehen, wie sie u. a. im Rahmen von Direct Marketing-Ak-

162 Lüger (2005) unterscheidet in seiner Typologie von Pressetexten zwischen „informationsbetonten", „meinungsbetonten", „auffordernden", „kontaktorientierten" und „instruierend-anweisenden Texten".

tivitäten vorkommen (z. B. Mailing). Es geht dabei vor allem um die Erreichung von konativ-orientierten Zielen, daneben auch um kognitiv-orientierte.[163] Entsprechend der o. g. Unterscheidung betrifft dies in erster Linie die Zielgruppenerschließungsstrategie und die Kontaktanbahnungsstrategie (vgl. Bruhn 2005, S. 689), wie sie etwa im folgenden Textbeispiel (als unadressierte Werbesendung in Form einer Postkarte) zum Ausdruck gebracht wird, z. B.:

Der erste Einstieg ... Lernen Sie Sankt Johann und sein Alpendorf kennen. Als ersten Einstieg in die „Ski amadé" – ein Skipass für 270 Lifte und 860 Pistenkilometer [...]. *Karte einfach per Post oder Fax retournieren. Gerne senden wir Ihnen dann unverbindlich und kostenlos unseren 100 Seiten starken Ferienkatalog mit Preisangaben und den günstigen Pauschalangeboten zu.*

Name: ....
Adresse: ....
PLZ / Ort: ....
(Direct Response Mailing Ski Amadé)

Wie das Beispiel zeigt, kann bei den Texten mit Kontaktorientierung vielfach von einer appellativen Textfunktion im Sinne einer Handlungsaufforderung ausgegangen werden (vgl. Kap. 4.1), die sich im vorliegenden Fall u. a. durch die Wahl der Imperativform ausdrückt.

Damit ergeben sich im Hinblick auf das Kriterium ‚Funktion' insgesamt drei grundlegende Textformen für den Bereich der externen Unternehmenskommunikation, die in der folgenden Tabelle noch einmal als Überblick dargestellt werden. Sie werden darüber hinaus typischen wirtschaftswissenschaftlichen Zielsetzungen zugeordnet:

Textform	perlokutionäre Funktion	wirtschaftswissenschaftliche Zielsetzung / Strategie (Bsp. DM)
Informierend	Wissenstransfer	Formale Integration
Meinungsbildend	Meinungsbildung / Einstellungsänderung	Informationsstrategie Imageprofilierungsstrategie Bekanntmachungsstrategie Konkurrenzabgrenzungsstrategie
Kontaktorientiert	Konation	Zielgruppenerschließungsstrategie Kontaktanbahnungsstrategie

163 Konativ- und kognitiv-orientierte Ziele gehören neben den affektiv-orientierten zu den psychologischen Zieldimensionen, die langfristig die Umsetzung ökonomischer Ziele unterstützen sollen. Kognitiv-orientierte Marketingziele bestehen z. B. in der Vermittlung von Informationen über Sonderangebote und Sonderaktionen, der Vermittlung von Kenntnissen über die Leistungsmerkmale von Produkten, der Vorbereitung von Produkteinführungen oder der Erhöhung des Bekanntheitsgrades von Produkten und Marken (vgl. Bruhn 2005, S. 675). Konativ-orientierte Marketingziele beziehen sich auf die Reaktionen des Rezipienten als Ergebnis einer Beeinflussung, d. h. auf deren äußeres Verhalten in Form eines bestimmten Informations- oder Kaufverhaltens. Hierzu gehören u. a. Neukundengewinnung, Direktkauf oder auch Formen der Kundenbindung, wie Kontaktpflege, Reaktivierung inaktiver Kunden u. v. m. (vgl. Bruhn 2005, S. 675 f.).

4.3.3 Thematische Aspekte

Auch in Bezug auf das Thema bzw. den Inhalt von Texten gibt es innerhalb der Diskussion um die Textsortenklassifizierung unterschiedliche Meinungen. Häufig wird der thematische Aspekt gerade gegenüber dem funktionalen weniger intensiv behandelt oder sogar ausgeklammert.

Texte haben einen bestimmten **Gegenstand** und beziehen sich auf einen bestimmten **Weltausschnitt**. Dass Texte in diesem Sinne „Themen" haben, soll hier als gegeben unterstellt werden. Zu klären ist vielmehr, inwieweit dieser Aspekt des Themas abgegrenzt und erfasst werden kann. Darüber hinaus ist die Frage zu stellen, ob Thementypen relevant für eine Textsortenklassifikation des kommunikationspolitischen Bereichs sind.

Adamzik (vgl. 2004, S. 118 ff.) geht in ihren Überlegungen zu Thementypen und zur Themenspezifik von Textsorten u.a. von der von Lötscher (1987, S. 77 f.) aufgestellten Differenzierung aus, bei der das Thema eines Textes als zentrales Referenzobjekt bzw. fokussierter Gegenstand, als Informationskern und als Problemstellung bzw. als das Fragliche betrachtet wird. Ausgehend davon schlägt sie eine Grobklassifikation von Themen vor, innerhalb derer sie auch Kategorien der Satzsemantik und der Theorie semantischer Rollen einbezieht. Hier werden folgende drei Gruppen unterschieden (vgl. Adamzik 2004, S. 123):

1. **statische Objekte** im Sinne unbelebter Dinge bzw. Gegenstände, Zustände / Situationen sowie Lebewesen,
2. **dynamische Objekte**, d. h. Ereignisse in Form von Vorgängen und Handlungen (vgl. von Polenz 1988), und
3. **kognitive Objekte** in Form von Begriffen bzw. Kategorien, Propositionen, (strittige) Thesen und Theorien.

Über den logisch-ontologischen Status dieser Thementypen wird schließlich abgeleitet, was über ein Thema mitgeteilt werden kann: So haben statische Objekte Eigenschaften, bestehen aus Einzelteilen oder sind selbst Bestandteile eines größeren Ganzen. Sie lassen sich situieren, d. h. sie befinden sich zu einer bestimmten Zeit an einem bestimmten Ort. Daraus resultiert, dass Textteile, die statische Objekte zum Thema haben, der Beantwortung entsprechender Fragen gewidmet werden (Welche Eigenschaften hat das Objekt? Wo befindet es sich? usw.). Treten statische Objekte als Bestandteile von dynamischen Objekten auf, dann vollziehen sich an statischen Objekten entweder Vorgänge oder Lebewesen vollziehen als Agenten Handlungen, weshalb häufig Vorgangs- und Handlungsverben zum Einsatz kommen. Darüber hinaus werden unter bestimmten Bedingungen andere Gegenstände als Instrumente benutzt, es wird aus bestimmten Motiven gehandelt, dabei bestimmte Zwecke verfolgt u. v. m. (vgl. Adamzik 2004, S. 125).

In Bezug auf die Frage, ob Thementypen fest mit bestimmten Textsorten verbunden sind bzw. Themen von Textsorten vorhersehbar sind, ist noch einmal auf Dimter (1981, vgl. Kap. 4.1) zurückzukommen. Dieser hat ausgehend von alltagssprachlichen Bezeichnungen für Textsorten in einer frühen Untersuchung festgestellt, dass über das Thema im engeren Sinne (gemeint ist der zu behandelnde Weltausschnitt) nur knapp über 25 % der Ausdrücke

Aufschluss geben – das sind vor allem die Komposita, deren Erstglied einen Ausdruck zur Bezeichnung eben dieses Weltausschnitts darstellt, z. B.: Geburtsanzeige, Wetterbericht, Kochrezept. Ein viel größerer Teil von Textsortenbezeichnungen (über 70 %) ermöglicht demgegenüber lediglich eine Vororientierung hinsichtlich des Textinhalts. Adamzik folgert daraus für den Umgang mit Texten, dass die Vororientierung, die durch die abstrakten Merkmale für Texttypen gewonnen wird, eine erhebliche Rolle spielt, u. a. weil in der Mehrheit der Fälle Aussagen über abstrakte Merkmale des Thementyps möglich sind und minimale Kenntnisse über den Thementyp und den behandelten Weltausschnitt ausreichen, um voraussehen zu können, welche Teilthemen abgearbeitet werden können (Adamzik 2004, S. 128). Demnach ließe sich die Folge verschiedener Rundfunknachrichten als kohärent deuten, indem sie unter einem Globalthema wie ‚für die Öffentlichkeit relevante aktuelle Ereignisse' subsumiert werden und wäre in diesem Sinne vorhersehbar. Nimmt man einmal an, dass den Rundfunknachrichten der Status einer Textsorte zukommt,[164] so wäre es zugleich möglich, thematische Aspekte an eine bestimmte Frame-/Skript-Erwartung zu koppeln, da hier etablierte Abläufe und zum Teil festgelegte Themensequenzen erwartbar sind (z. B. globale, nationale, ggf. lokale Nachrichten, Wetterbericht, Verkehr).

Soll nun schließlich aufgrund der hier zum Begriff des Themas angeführten Aspekte die Frage beantwortet werden, ob die Berücksichtigung eines Faktors ‚Thema' für eine Textsortenklassifikation des Bereichs Unternehmenskommunikation sinnvoll ist, so ist dies aus folgenden Gründen zu verneinen: Erstens deshalb, weil die Textsortenbezeichnungen (z. B. Werbeprospekt, Werbebrief, Mitarbeiterzeitschrift, Pressemitteilung) vergleichsweise wenig Aufschluss über die thematische Ausgestaltung geben, vielmehr enthalten sie eher funktionale Hinweise. Zweitens erweist sich auch ein abstraktes Inventar von Kategorien, wie Adamzik es in Anlehnung an andere Vorschläge erarbeitet, weder für eine vollständige Thementypologie ausreichend, noch hilfreich für eine Textsortendifferenzierung des genannten Bereichs. Für die Textsorten des hier zu untersuchenden Bereichs kann außerdem grundsätzlich davon ausgegangen werden, dass jeweils alle drei Gruppen von Thementypen (statische, dynamische und kognitive Objekte) als Gegenstand, Kerninformation oder eben Fragestellung der einzelnen Textsortenexemplare vorkommen können. So kann das Thema bei Kommunikationsaktivitäten für bestimmte Produkte / Unternehmen ein Gegenstand sein (z. B. Möbel), in anderen Fällen (z. B. Dienstleistungen) ein Beschreiben von Vorgängen und Handlungen, häufig auch ein Erklären oder Begründen (strittiger) Thesen und Propositionen (z. B. Krisen-PR bei Stromversorgungsunternehmen), so dass anhand der Textsorte in der Regel weder etwas über den Typ des Themas noch über mögliche Subthemen, die diesen Thementyp inhaltlich ausführen, gesagt werden kann.

Als aufschlussreich erscheint der Aspekt des Themas unter der Perspektive der allgemeinen Textmerkmale Kohäsion und Kohärenz. In diesem Zusammenhang geht es weniger um die Frage, wovon ein Text handelt, sondern vielmehr um die Möglichkeiten, thematische

164 Rundfunknachrichten stellen keinen prototypischen Vertreter des hier zugrunde gelegten Textsortenbegriffs dar, weil ihnen als textuelle Grundvoraussetzung die schriftliche Fixierung fehlt und es fraglich ist, ob es sich nicht doch um eine Textsortensammlung handelt.

Geschlossenheit herzustellen (durch Wiederaufnahme-Relationen usw.; vgl. Kap. 1.2 und Kap. 2.1.2). Bei dieser Art der Themenfixierung steht also der inhaltliche Zusammenhang der Bestandteile des Gesamttextes im Mittelpunkt. Dabei wird in der Regel unterstellt, dass dieser bei nahezu allen Textsorten vorauszusetzen ist. Innerhalb der einzelnen kommunikationspolitischen Textsorten ist häufig mit unterschiedlich ausgeprägter Kohärenz zu rechnen. Dieser Umstand resultiert in der Regel aus funktionalen Überlegungen und geht mit einer charakteristischen stilistischen Gestaltung einher. Es ist davon auszugehen, dass die Rezipienten aufgrund ihrer bisherigen Kommunikationserfahrung gerade bei diesen Arten von Gebrauchstexten – ebenso wie im Falle vieler anderer Textsorten – unterschiedlich ausgeprägte Grade an Kohäsion und Kohärenz erwarten sowie thematisch-inhaltlich nur schwach oder gar nicht verbundene Textteile tolerieren bzw. Zusammenhänge selbst suchen und stiften. Bei einigen Textsorten der Unternehmenskommunikation wie z. B. den Printanzeigen, die sich durch eine prinzipielle Offenheit im Hinblick auf die Formen der Textkonstitution auszeichnen, stellt das intendierte Suchen und Stiften von thematischer Zusammengehörigkeit durch den Rezipienten einen besonderen stilistischen Faktor dar, der zu positiven Motivationseffekten oder zur Unterhaltung beitragen soll (vgl. dazu auch Kap. 3.2.3). Deshalb wird dieser textkonstitutionsbezogene Themabegriff einerseits den stilistischen Eigenschaften von Textsorten oder bestimmten Textsortenexemplaren zugeordnet (vgl. Kap. 3.2.1). Andererseits steht das Thema unter diesem Aspekt in Zusammenhang mit der äußeren Gestalt, der Strukturiertheit und Ganzheitlichkeit von Textsorten (vgl. Kap. 4.3.4).

4.3.4 Äußere Form und Strukturiertheit

Texte sind an bestimmte Kommunikationssituationen gebunden, die die Ausprägung ihrer äußeren Gestalt und ihrer Struktur maßgeblich bestimmen. Brinker (vgl. 2005, S. 147) trägt diesem Umstand insofern Rechnung, als er den Faktor der ‚Kommunikationsform' einführt. Kommunikationsformen entstehen demnach aus den Gegebenheiten der Kommunikationssituation und äußern sich in Merkmalen, die die Kommunikationsrichtung und den Kommunikationskontakt zwischen den Beteiligten betreffen. Beispielsweise ist die Kommunikationsform ‚direktes Gespräch' in der Regel als dialogisch, akustisch und optisch sowie zeitlich und räumlich unmittelbar zu charakterisieren, während eine Rundfunksendung monologisch sein kann, hinsichtlich des Kontakts als zeitlich unmittelbar oder getrennt sowie als räumlich getrennt beschrieben werden kann. Im Vergleich zu diesen Beispielen für mündliche Kommunikationsformen sind andere an das Medium ‚Schrift' gebunden. Hierzu gehören typische Kommunikationsformen wie ‚Brief', ‚Buch' oder ‚Zeitungsartikel', die alle durch eine monologische Kommunikationsrichtung sowie einen zeitlich und räumlich getrennten Kommunikationskontakt gekennzeichnet sind. Derartige Kriterien sind grundsätzlich relevant für die Klassifikation von Kommunikationsformen, für die detaillierte Beschreibung der äußeren Form von Textsorten und deren Abgrenzung scheinen sie nicht ausreichend.

Im Rahmen von medienwissenschaftlichen Zugängen werden im Hinblick auf den Umgang mit journalistischen Textsorten (Textgattungen, Darstellungsformen) zum Teil sehr pragmatische Vorschläge gemacht. So integriert Renner (2007, S. 338 ff.) in die Klassifikation journalistischer Textsorten auch Kriterien wie ‚Textumfang' und ‚Stil'. Dabei unterscheidet er innerhalb des Faktors ‚Umfang' zwischen Merkmalen wie ‚kurz', ‚mittel', ‚lang' oder ‚kurz / mittel', womit er natürlich keine endgültige Charakteristik beansprucht, sondern lediglich die strukturellen und funktionalen Zusammenhänge zwischen den verschiedenen Textsorten sichtbar machen will: „So gibt es einen klaren Zusammenhang zwischen der Länge des Beitrags und der Art des Wissens, das mit diesem Beitrag vermittelt wird" (Renner 2007, S. 340). Dies zeigt etwa die unterschiedliche Wissensvermittlung der drei berichtenden Darstellungsformen ‚Meldung', ‚Bericht' und ‚Dokumentation', die in allen Parametern übereinstimmen (sprecherlos, informierend, deskriptiv), außer in ihrem Umfang. Dabei können längere Formate natürlich ausführlicher und genauer informieren als kurze, die sich auf punktuelle Informationen beschränken müssen.

Das Kriterium der ‚äußeren Form' findet sich auch in der von Hausendorf / Kesselheim erarbeiteten Suchheuristik zum Auffinden von Textualitätshinweisen (vgl. 2008, S. 36 f.). Aspekte der äußeren Form und Struktur von Textsorten spiegeln sich in diesem Zusammenhang vor allem in Merkmalen der ‚Textabgrenzung und Textgliederung' (vgl. auch Kap. 2.1.1). Merkmale der Textabgrenzung können dabei in solchen Fällen sinnvoll für Textsortenbeschreibungen angesehen werden, in denen sie musterhaft ausgeprägt sind. Dies können materiale Besonderheiten sein, wie etwa ein „kleines Stück Karton, auf der einen Seite liniert (je nach Anzahl der Einzelfahrkarten), oft perforiert […]" (Hausendorf / Kesselheim 2008, S. 178), das etwa auf die Musterhaftigkeit der Textsorte ‚Fahrkarte' hinweist, u. v. m. Zum Teil finden sich solche musterhaften Abgrenzungshinweise auch in den Textsortenbezeichnungen wieder (z. B. Aufkleber, Prospekt, Aktennotiz). Musterhafte Gliederungshinweise beziehen sich auf die spezielle Art, wie die Innenwelt eines Textes in unterschiedliche (teils hierarchisch strukturierte) Einheiten aufgeteilt werden kann. Diese Musterhaftigkeit der Textgliederung ist bei den einzelnen Textsorten sehr unterschiedlich ausgeprägt. Gegenüber der relativ stark standardisierten Textsorte ‚Geschäftsbrief' (vgl. Kap. 2.1.1) ist z. B. ein Privatbrief deutlich weniger standardisiert, eine Textsorte in Formularform (z. B. Steuererklärung) wesentlich stärker.

Krause et al. klassifizieren Textsorten nach ihrer ‚Strukturiertheit'. Als Analyse- bzw. Beschreibungsebenen nehmen sie dabei folgende Strukturebenen an (vgl. Krause et al. 2000, S. 74 f.):

1. eine makrostrukturelle kompositorisch-architektonische Ebene, die sich aus Einheiten wie Teiltexten, Absätzen, Paragraphen etc. zusammensetzt,
2. eine Ebene der propositional-kognitiven Aktualisierung, deren Gegenstand die lexikalischen Nominationen und die syntaktisch-semantischen Prädikationsstrukturen sind,
3. die Ebene der funktional-kommunikativen Aktualisierung, die sich auf die kommunikativ-pragmatische Einbettung bezieht und als thematische Linien, Themenentfaltung usw. skizziert werden kann.

Die Notwendigkeit der Berücksichtigung von äußerer Form und Struktur bei der Textsortenbeschreibung verdeutlicht in diesem Modell die erste Ebene, auf der es um eine semantische Grobgliederung von Textteilen geht, die in Beziehung zur Ganzheitlichkeit des Textes gesetzt werden. Auf dieser Makroebene zeigen sich vielfach die für einzelne Textsorten charakteristischen Merkmale, die jeweils auf spezifische Weise zur Entstehung von Kohärenz beitragen. Dies zeigt sich deutlich am Beispiel des folgenden Postskriptums, dessen Funktion innerhalb der Argumentationsführung des entsprechenden Direct Mailings – hier seitens einer Non-Profit-Organisation – klar erkennbar ist:

> *P. S.: Es wäre schön, wenn Sie durch einen Beitrag in beliebiger Höhe einem weiteren Kind die Chance geben, Ihr stiller Gast zu sein.*

In Bezug auf den Bereich der Unternehmenskommunikation sollen Aspekte der äußeren Form und Struktur nun exemplarisch an ausgewählten Textsorten der Instrumente ‚Direct Marketing', ‚Public Relations' und ‚Mediawerbung' beschrieben werden, nämlich an den Textsorten ‚Mailing',[165] ‚Produktprospekt', ‚Printanzeige' und ‚Pressemitteilung'.

Ein wichtiges Kriterium zur Unterscheidung kommunikationspolitischer Textsorten ist zunächst der Umfang. Hinsichtlich dieses Kriteriums ist jedoch weiter zu differenzieren, denn es betrifft einerseits den materiellen Umfang, den die jeweilige Textsorte einnimmt bzw. einnehmen kann, andererseits den Textumfang bzw. dessen Variationsspielraum. Beispielsweise gibt es Printanzeigen, die abgesehen von einer Schlagzeile (die im extremsten Fall nur aus einem Wort bestehen kann) kaum Text enthalten, jedoch trotzdem zwei DIN-A4-Seiten umfassen. Ein weiteres Kriterium, das hier zur formalen und strukturellen Kennzeichnung von Textsorten herangezogen werden soll, steht in engem Zusammenhang mit den situativen Aspekten (vgl. Kap. 4.3.1). Es handelt sich um die ‚Objektgebundenheit' von Texten, die sich auf die Fixierung oder Bindung von Textsorten an bestimmte Gegenstände oder Orte bezieht und damit Auswirkungen auf die Beschreibung der äußeren Form von Textsorten hat. Dabei wird zwischen materiell selbständigen Texten (z. B. Brief) und fixierten Texten unterschieden. Fixierte Texte können in diesem Sinne an bestimmte (bewegliche) Objekte (z. B. Printanzeige an eine Zeitschrift) oder an bestimmte Orte bzw. nicht-bewegliche Objekte gebunden sein.

Von zentraler Bedeutung ist die Art der Grobstruktur bzw. Makrostruktur von Texten, die sich prototypisch als Musterhaftigkeit von Textsorten ausbildet. Hier geht es um die typische Anordnung der Textelemente sowie um typische Formen von Textbestandteilen wie etwa Rahmenstrukturen. Im Falle der hier zu klassifizierenden Textsorten gehören dazu relativ weiche, d. h. wenig stabile Rahmenstrukturen, z. B. in der Form von Betreffzeile, Anrede, Mitteilung und Grußformel.

Andere Formen von Makrostrukturen betreffen die graphische Gliederung der beschrifteten Fläche (beispielsweise in erste Schlagzeile, zweite Schlagzeile, Fließtext, Slogan) und der nicht-sprachlichen Elemente (Bilder, Abbildungen, Logos). Gerade im Hinblick auf

165 In Analogie zum wirtschaftswissenschaftlichen Terminus wird der Textsortenbegriff ‚Mailing' hier gleichbedeutend zur Bezeichnung ‚Werbebrief' verwendet.

die stilistische Gestaltung ist in diesem Zusammenhang von Bedeutung, dass in derartigen Fällen vielfach hierarchische Beziehungen bestehen können, z. B.: zwischen Schlagzeile und Bild oder zwischen Schlagzeile und Fließtext. Daraus resultieren Abhängigkeiten, die erheblichen Einfluss auf die Wirkung der Einzelelemente haben.

Anhand der genannten Kriterien können die exemplarisch ausgewählten Textsorten hinsichtlich ihrer äußeren Form und Struktur folgendermaßen beschrieben werden:

	Mailing	**Produktprospekt**	**Printanzeige**	**Premit**[166]
Materialumfang	1 Seite (max. 2)	mehrere Seiten	1 Seite (max. 2)	1-3 Seiten
Textumfang	1 Seite (max. 2)	geringer	deutlich geringer	1-3 Seiten
Objektgebundenheit	materiell selbständig	materiell selbständig	dynamisch fixiert	materiell selbständig
Makrostruktur/ Muster	Rahmen ‚Geschäftsbrief'	1. (evtl. 2.) Überschrift, Fließtext, nicht-sprachliche Elemente	1. (evtl. 2.) Schlag- zeile, Fließtext, Slogan, nicht-sprachliche Elemente	Fließtext
Hierarchische Strukturen	optional	ja	ja	nein

Aufgrund der Art der ausgewählten Textsorten werden weitere Parameter, die im Hinblick auf eine vollständige Klassifikation der kommunikationspolitischen Textsorten notwendig wären, nicht berücksichtigt. Hierzu gehören vor allem Aspekte der äußeren Form, die aus den verschiedenen Möglichkeiten der technischen Verbreitung von Kommunikation resultieren.

4.3.5 Sprachlicher Stil

Die verschiedenen Aspekte der sprachlichen Ausgestaltung von Textsorten sind eng mit allen bisher genannten Dimensionen verbunden, am intensivsten jedoch mit der **Textfunktion**. Wie oben bereits näher ausgeführt wurde (vgl. Kap. 4.3.2), ist in Bezug auf den Parameter ‚Textfunktion' innerhalb der einzelnen Textsorten der Unternehmenskommunikation stärker zu differenzieren. So können zwar für einzelne Textsorten bestimmte Funktionen mehr oder weniger typisch sein (z. B. die Kontaktfunktion für die Textsorte ‚Mailing'), prinzipiell ist aber davon auszugehen, dass diese Textsorten auch mit den anderen Funktionen verbunden werden können (z. B. das Mailing mit einer Informationsfunktion innerhalb des Industriegütermarketings). Hinweise auf die Textfunktion gibt dabei hauptsächlich die sprachliche Gestaltung, weshalb dem stilistischen Aspekt der Textsortenbeschreibung ein besonders großes Gewicht beizumessen ist.

166 ‚Premit' steht für ‚Pressemitteilung'.

Ein bedeutender Aspekt stilistischer Gestaltung besteht in diesem Kommunikationsbereich im unterschiedlichen Anteil konvergenter und divergenter Elemente (vgl. Kap. 3.3.1). Gerade in Bezug auf die Ausgestaltung strukturell determinierter Handlungsmuster unterscheiden sich die ausgewählten Textsorten, wodurch sowohl die Textsortenerwartung seitens des Rezipienten, als auch die Handlungsorientierung für den Produzenten beeinflusst wird.

Strukturell determinierte stilistische Handlungsmuster können sich deutlich im Grad ihrer Divergenz unterscheiden. Der jeweilige Grad an Divergenz lässt sich prinzipiell durch die Länge einer entsprechenden Paraphrase darstellen (vgl. Kap. 3.3.3), wobei einschränkend zu bemerken ist, dass sich die einzelnen Strukturexemplare in Abhängigkeit vom jeweils zugrunde liegenden Bildungsmuster unterschiedlich gut zum Paraphrasieren eignen bzw. mitunter nicht eindeutig paraphrasierbar sind. Dies zeigt etwa das folgende Beispiel, bei dem sich für den Rezipienten nicht unmittelbar und eindeutig erschließen lässt, worauf sich die durch das Adverb kodierte konsekutive Folgerung bezieht:

Es gibt mehr im Leben als einen Volvo. Deshalb fahren Sie einen. (Werbeslogan von Volvo)

Relativ hohe Grade an Divergenz sind häufig mit dem Auftreten zusätzlicher Äußerungen, beispielsweise im Sinne von Unterüberschriften oder Subheadlines verbunden, die die Verständlichkeit erhöhen sollen, z. B.:

Drei Buchstaben für 1 000 Newtonmeter.

Der S 65 AMG: die Spitze der S-Klasse.
… das stärkste Modell der S-Klasse … erreicht ein maximales Drehmoment von 1 000 Nm.
(Direct Marketing-Prospekt Mercedes)

Wie das Beispiel zeigt, lässt sich aus der Kombination des übergeordneten Strukturexemplars und der untergeordneten Aussage relativ leicht die entsprechende Paraphrase ermitteln:

Die drei Buchstaben AMG verweisen auf die Spitze der S-Klasse. Das stärkste Modell der S-Klasse erreicht ein maximales Drehmoment von 1 000 Newtonmeter. (Direct Marketing-Prospekt Mercedes)

Innerhalb der strukturell determinierten Handlungsmuster ist im Allgemeinen mit einer Divergenzzunahme von den ersten drei genannten Strukturmustern (Satzverkürzung durch Subjektauslassung, Satzverkürzung durch Prädikatauslassung, Satzfragment) hin zu den als ‚lexikalisch stilisiert' beschriebenen Mustern auszugehen. Dies legen auch die eingangs als Klassifikationsparameter herangezogenen Paraphrasen nahe (z. B. *Das ist …/ Das bedeutet …*). Natürlich kann auch bei Exemplaren dieser zuerst genannten Mustertypen das Maß an Divergenz erhöht werden. Möglichkeiten dafür bieten u. a. intendierte Formen von Undeutlichkeit, die der Verständlichkeit der Struktur entgegenwirken. Dies kann etwa aus der fehlenden Bekanntheit von Denotaten resultieren (z. B. *Anhänger und ESP – ein gutes Gespann.* (Direct Marketing-Prospekt Mercedes)) oder – wie im Falle der Subjektauslassung – aus der fehlenden semantischen Rolle, die in der Regel dann das Thema des Bezugskontextes bildet (z. B. *Schärft Ihren Schulterblick.*). Hinzukommen spielerische, verfremdende Elemente, die den Grad an Divergenz erhöhen können (z. B. *Steht für Ihr Rückgrat gerade.* (Direct Marketing-Prospekt Mercedes) oder *Folgt keiner Strömung. Gibt Sie vor.*).

Für zahlreiche Textsorten der externen Unternehmenskommunikation scheinen relativ niedrige bis höchstens mittlere Divergenzgrade typisch und erwartbar zu sein. Dies betrifft insbesondere solche Texte, die – legt man die von Linneweh (1984, S. 52 f.) getroffene Einteilung zugrunde (vgl. Kap. 3.3.1) – auf einem ‚pragmatischen Denkstil' basieren. Beim **pragmatischen** Denken werden konvergente und divergente Denkoperationen miteinander verbunden, wobei die konvergenten jeweils deutlich überwiegen, um den Realitätsbezug zu sichern. Der pragmatische Denkstil wird auch als eine Variante des logischen Denkstils beschrieben, die sich durch einzelne divergente Elemente als dessen kreative Verfremdung darstellt (vgl. Zielke 1991, S. 144). Einen guten Indikator für die Zuordnung strukturell determinierter Musterexemplare zum pragmatischen Denkstil stellt im Allgemeinen das Vorhandensein eines kohäsiven, auf konvergenten Denkoperationen basierenden Bezugskontexts, dar. Derartige Bezugskontexte fußen in der Regel auf einem logischen Denkstil, der kommunikativ unspektakulär wirkt und hinsichtlich seines Umfangs gegenüber den divergenten Strukturen klar überwiegt. Vor seinem Hintergrund heben sich die Musterexemplare jeweils als kreative Figuren ab.

Anders verhält es sich beim **kreativen** Denkstil. Die auftretenden Strukturmuster können hier über ein erheblich größeres Maß an Divergenz verfügen. Der Textproduzent setzt hier willentlich eigene Akzente, wodurch die Texte überraschend und neuartig erscheinen. Gegenüber dem pragmatischen Denkstil dominieren beim kreativen Denkstil deutlich die divergenten Denkoperationen gegenüber den konvergenten. Dabei ist es nur unter bestimmten Voraussetzungen möglich, die kreativen Zuordnungen nachzuvollziehen, z. B.:

(1) *Ist es nicht ungerecht, daß Ihr Müll immer Mercedes fährt und Sie nicht?*
(2) *Neid und Missgunst ab CHF 179,–/Tag.*
(3) *Auch ein Mercedes kann Fahrfreude bringen.*

In Zusammenhang mit dem kreativen Denkstil ist es deshalb notwendig, dass eben diese Voraussetzungen, die notwendig für das Verstehen sind, hergestellt und gesichert werden. Das kann erreicht werden, indem die einzelnen Strukturexemplare in entsprechende Bezugskontexte (künstlich geschaffen oder an Tatsachen gebunden) integriert werden und vor diesem Hintergrund als konvergent erscheinen und nachvollziehbar wirken.

Als Bezugskontext scheinen sich hier Text-Bild-Zusammenhänge besser zu eignen als zusätzliche sprachliche Botschaften, die der kreativen Äußerung die Originalität und damit auch das Aktivierungspotential nehmen würden. In auffälliger Weise zeigen dies die möglichen Paraphrasierungen, z. B.:

zu (3): *Wenn man einen Autotransporter der Marke Mercedes-Benz dazu benutzt, Fahrzeuge der Marke BMW (beispielsweise BMW 5er) zu den einzelnen Händlern zu bringen, die die Fahrzeuge an die Kunden weitergeben, so können diese dann die mit einem BMW verbundene Fahrfreude genießen und verdanken sie auch zu einem ganz geringen Teil der Firma Mercedes-Benz.*

Dient hingegen als Bezugskontext primär eine bildliche Darstellung, so ermöglicht diese einerseits die Nachvollziehbarkeit der divergenten Zuordnung und erlaubt andererseits auch Schlussfolgerungen, die weit über das wörtlich Gesagte hinausgehen etwa auch im Sinne von Ironie, Zweideutigkeit, Pointen o. ä. Dies ist auch in den oben genannten Kommunikationsbeispielen der Fall (vgl. Abb. 21):

Abb. 21: Beispiele Werbeanzeigen

Das bedeutet gleichzeitig, dass (in Bezug auf die Divergenzgrade der einzelnen stilistischen Handlungsmuster) ein fehlender Bezugstext einen kontextuellen Hinweis auf ein hohes Maß an Divergenz abgeben kann. Alles in allem führen das hohe Maß an Divergenz und das Fehlen konvergenter sprachlicher Zuordnungen dann zu einem im Ganzen hohen Anteil an divergenten Operationen und das ist im Allgemeinen kennzeichnend für den kreativen Denkstil.

Im Hinblick auf stilistische Aspekte der Textsortenbeschreibung ist davon auszugehen, dass innerhalb der Unternehmenskommunikation im Bereich ‚**Mediawerbung**' die höchsten Grade an Divergenz erwartbar und entsprechend tolerierbar sind. Das heißt, für Exemplare der Textsorte ‚Printanzeige' ist es durchaus typisch, dass sie auf der Basis eines **kreativen** Denkstils entstehen, der – durch hohe Grade an Divergenz in den Strukturexemplaren, die große Bedeutung nichtsprachlicher Elemente sowie einen insgesamt geringen Textumfang – zu überraschenden und neuartigen Ergebnissen führt.

Ebenso können Exemplare der Textsorte ‚Printanzeige' durch einen **pragmatischen** Denkstil gekennzeichnet sein, der zwar konvergente und divergente Zuordnungen miteinander verbindet, bei dem jedoch die konvergenten deutlich in der Überzahl sind. Die durch die divergenten Strukturanteile geschaffene ‚kreative Verfremdung' ist dabei ein wichtiger Aspekt ästhetischer Gestaltung, der relativ fest mit der Textsortenerwartung verbunden ist. Dies ist auch der Grund, weshalb eine Anzeigengestaltung auf der Basis des logischen Denkstils, der durch eine systematische Abfolge von hierarchisierten aufeinander bezogenen gedanklichen Zuordnungen entsteht, zwar unter Umständen möglich, jedoch in Bezug auf die Textsorte eher untypisch ist.

Der Einsatz divergenter Strukturen ist generell auch als erwartbar und typisch für den Bereich des **Direct Marketing**s anzusehen. Gerade im Falle von Produktprospekten treten gelegentlich auch divergente Strukturexemplare auf, denen nicht unmittelbar ein kohärenter Bezugstext zugeordnet werden kann. Dieser wird dann ersetzt durch Text-Bild-Zusammenhänge (Abbildung des Produkts oder des produktspezifischen Zusatznutzens), unter Umständen auch das Thema des Textsortenexemplars (in der Regel wieder das Produkt). In der Mehrzahl der Fälle scheint jedoch ein relativ umfangreicher kohäsiver Bezugstext vorhanden, weshalb die divergenten Musterexemplare im Sinne des pragmatischen Denkstils als kreative Verfremdung oder Ästhetisierung der kohäsiven Textabschnitte angesehen werden müssen (vgl. Abb. 19).

Die Prospektgestaltung auf der Grundlage eines konsequent logischen Denkstils ist unter bestimmten Voraussetzungen möglich (z. B. bei Investitionsgütern[167]), ebenso wie die Verwendung überwiegend divergenter Zuordnungen (z. B. extrem emotionale Strategien), d. h. ein kreativer Stil. Entscheidend für die Wahl der sprachlichen Strategie sind dabei gewöhn-

167 Investitionsgüter bzw. Industriegüter erfüllen betriebliche Zwecke und sind damit Teile eines komplexen und auf optimales Funktionieren ausgerichteten Prozesses, wodurch ihr Beschaffungs- und Einsatzrisiko sehr hoch ist. Die externe Unternehmenskommunikation in der Investitionsgüterbranche muss deshalb besonders informativ sein bzw. ein spezifisches Angebot detailliert darstellen und zudem generelles Vertrauen bezüglich der Leistungsfähigkeit des Anbieters vermitteln.

lich **textexterne Faktoren**. So kann etwa davon ausgegangen werden, dass mit der höheren Komplexität eines Produktes in der Regel das Erklärungsbedürfnis der Konsumenten zunimmt und diese sich eher auf die Aufnahme umfangreicher Informationen einstellen.

Auch die Differenzierung zwischen **High- und Low-Involvement-Bedingungen**[168] besitzt Relevanz für die Textsortenklassifikation bzw. die Frage nach einem textsortentypischen Stil, denn aufgrund der Rezeptionsbedingungen kann grundsätzlich von einem unterschiedlichen Grad an Interesse ausgegangen werden. Deshalb scheint es berechtigt, für die Rezeption der Textsorte ‚Printanzeige' im Normalfall von Low-Involvement-Bedingungen auszugehen, für die eine Gestaltung auf der Basis des kreativen Denkstils als besonders wirkungsvoll gilt. Hingegen sind während der Rezeption von Prospekten, gerade im Falle von langlebigen, in der Regel hochpreisigen Konsumgütern, vor allem in der Wunschphase[169] und der Entscheidungsphase High-Involvement-Bedingungen anzunehmen, die keine reizintensiven Stimulierungen zur Aufmerksamkeitssteuerung benötigen. Die Techniken kreativer Verfremdung bzw. Stilisierung dienen hier vielmehr einer ästhetischen Gestaltung, die als eine Form des sekundären Bewertens die Botschaft unterstützt. Dies spricht wiederum dafür, die Textsorte ‚Prospekt' hauptsächlich dem pragmatischen Denkstil zuzuordnen.

Besonders für das **Mailing**, einer weiteren Textsorte des Direct Marketings, ist von einem starken Einfluss der Produktkategorie auf den Grad an Involviertheit auszugehen. So gelten beispielsweise Dienstleistungen für „jedermann" als Low-Involvement-Produkte (z. B. Kreditangebote von Banken; vgl. Zielke 1991, S. 131). Im Hinblick auf das Rezeptionsverhalten ergibt sich daraus, dass im Low-Involvement-Segment eine reizintensivere und zugleich textärmere Gestaltung gefordert ist als unter High-Involvement-Bedingungen, womit zugleich der Anteil an divergenten Operationen bzw. Strukturen steigt. Aufgrund des Parameters ‚äußere Form' und der damit einhergehenden Rahmenstruktur ‚Geschäftsbrief' ist eine Realisierung der Textsorte vor dem Hintergrund eines kreativen Denkstils schwierig.[170] Deshalb kann für das Mailing angenommen werden, dass es sich um eine

168 Unter High-Involvement-Bedingungen gilt die Aktivierung der Konsumenten als erhöht. Deshalb muss die Aufmerksamkeit gegenüber dem Kommunikationsmittel bzw. der inhärenten Botschaft nicht erst durch reizintensive Codierungen geschaffen werden.

169 Wirtschaftswissenschaftliche Modelle differenzieren zwischen verschiedenen Phasen der Kaufentscheidung. Beispielsweise nimmt Lachmann (vgl. 1993, S. 840) für den Prozess des Kaufs von Gebrauchsgütern folgende drei Phasen an: (1) Wunschphase, (2) Entscheidungsphase, (3) Bestätigungsphase. Die Wunschphase ist gekennzeichnet durch ein ansteigendes Interesse an dem in Betracht kommenden Produkt. In dieser Phase sind Konsumenten motiviert, Eindrücke und Informationen aus dem Produktfeld aufzunehmen und zu speichern. Eine aktive Informationssuche findet in dieser Phase noch nicht statt und es besteht üblicherweise noch kein Interesse an Details. Die tatsächliche Entscheidungsphase ist die Periode vor dem Produktkauf. Sie ist durch die aktive Suche nach Informationen, die Auswahl von Entscheidungsalternativen und die Entscheidung selbst gekennzeichnet. Die Konsumenten sind an Informationen zur Produktkategorie interessiert, sie suchen solche Informationen und speichern sie.

170 Die Versuche, eine Werbesendung besonders reizintensiv, bildlastig und mit einem hohen Anteil an Divergenz zu gestalten, konzentrieren sich in der Regel auf bestimmte Beilagen, die zusammen mit

Textsorte handelt, die vorzugsweise auf pragmatischen Denkoperationen, oft aber auch auf rein logischen Zuordnungen basiert.

Gegenüber den genannten Textsorten zeichnet sich die **Pressemitteilung** in der Regel durch eine deutliche Dominanz konvergenter Strukturelemente aus, was vor allem aus der Funktion, den Zielen und den Zielgruppen des Kommunikationsinstruments Public Relations resultiert. Pressemitteilungen enthalten – gemessen am Verhältnis vom Textumfang zum Umfang der divergenten Strukturen – ein sehr geringes Maß an Divergenz, also mit Abstand den größten Anteil an konvergenten Zuordnungen.

Das bedeutet in Bezug auf die Frage nach einem textsortentypischen Stil, dass sich Einzellexeme (Hochwertwörter etc.), bestimmte grammatische Formen (z. B. Komparative), Phraseologismen oder rhetorische Figuren nicht per se als stiltypische Indikatoren für kommunikationspolitische Textsorten extrapolieren lassen. Dennoch können textsortenspezifische Stilunterschiede abgeleitet werden und diese befinden sich eben genau auf der Ebene der Kreativitäts-/Denkstile bzw. des jeweiligen Anteils an divergenten und konvergenten Zuordnungen (vgl. Zielke 1991, S. 180). Das drückt sich natürlich auch in der unterschiedlichen Länge der Texte aus.

Die kreativen Denkoperationen als stiltypische Indikatoren für kommunikationspolitische Textsorten bzw. als textsortenspezifisches Merkmal manifestieren sich auch an den relativ festen **Positionen**, an denen üblicherweise Divergentes platziert wird. Bei den Printanzeigen sind dies die Schlagzeilen, die mitunter auch die einzigen Textelemente darstellen und die etwa mithilfe eines starken Bezugs zum Bild besonders hohe Grade an Divergenz erzielen können. Im Falle von Direct-Marketing-Prospekten treten divergente Strukturen typischerweise in den Überschriften zu den einzelnen Textabschnitten auf, in Pressemitteilungen – wenn überhaupt – ebenfalls in der Textüberschrift. Innerhalb von Mailings werden divergente Strukturen in die sog. „Betreffzeile" integriert und können dann im Bezugstext auf besondere Weise wieder aufgenommen werden.

Schließlich soll versucht werden, die in Kap. 3.3.3 unterschiedenen strukturell determinierten Handlungsmuster einzelnen Textfunktionen zuzuordnen, obwohl sowohl die generelle Beschreibung komplexer stilistischer Strukturen als auch die Versuche einer Funktionszuweisung bei einzelnen Musterexemplaren deutlich gemacht haben, dass eine eindeutige Funktionszuweisung im Sinne einer Eins-zu-Eins-Beziehung nicht möglich ist. Zudem lässt sich die Stil-Funktion-Relation nicht ausschließlich an der Wahl des divergenten Strukturtyps und dessen konkreter sprachlicher Ausgestaltung festmachen, sondern ist auch in Zusammenhang mit der stilistischen Gestaltung des Bezugstextes zu betrachten.

Dennoch scheint es plausibel und berechtigt, die einzelnen divergenten Strukturtypen vor allem den Texten mit meinungsbildender und kontaktorientierter **Funktion** zuzuordnen. Eine Funktionszuweisung in Richtung ‚Unterhalten' scheint immer dann berechtigt, wenn die Komponente ‚ästhetischer Mehrwert' mehr oder minder stark enthalten ist bzw. den Strukturtyp in funktionaler Hinsicht dominiert (z. B. Muster 4, vgl. Kap. 3.3). Ebenso

den Mailings verschickt werden.

ist die Funktion ‚Meinungsbildung über Meinungsäußerung' gerade für diejenigen stilistischen Strukturen anzunehmen, die explizit (etwa durch den Einsatz von Hochwertwörtern und attributiv verwendeten Adjektiven) bewerten, was gerade für Teile des dritten Musters charakteristisch ist, aber – in jeweils unterschiedlicher Gewichtung – auch in den meisten anderen Mustertypen enthalten sein kann. Einer Meinungsbildung durch die Strategie der Informationsbetonung können insbesondere die Strukturexemplare des ersten Musters dienen, die durch die kreative Operation ‚Vereinfachen' und die Wirkung ‚Aufmerksamkeitssteuerung' gekennzeichnet wurden. Im Hinblick auf eine kontaktorientierte Funktion (z. B. Position der Betreffzeile in Mailings) scheinen wiederum vor allem Mustertypen geeignet, die eine starke Aufmerksamkeitswirkung haben, indem sie beispielsweise emotional stimulieren (z. B. Muster 5, vgl. Kap. 3.3).

5. Anwendungen

Im fünften Kapitel soll die Anwendbarkeit der linguistischen Stil- und Textanalyse am Beispiel unterschiedlicher Kommunikationsbereiche gezeigt werden. Dazu wird zunächst auf die Bedeutung von Stilanalysen im Rahmen der forensischen Linguistik eingegangen und anhand von Erpresserbriefen demonstriert, inwiefern diese zur Identifizierung und Kategorisierung von Tätern beitragen können. Da das stilistische Analyseinventar in den vorangegangenen Kapiteln größtenteils an geschriebener Sprache beschrieben wurde, wird im zweiten Abschnitt dieses Kapitels in Zusammenhang mit Kiezdeutsch ein methodischer Zugang vorgestellt, der sich insbesondere für die Beschreibung gesprochener Sprache sowie deren Dynamik eignet. Abschließend wird die Relevanz der Stil- und Textanalyse für das komplexe Anwendungsfeld ‚Deutschunterricht' skizziert.

5.1 Forensische Linguistik

Die Forensische Linguistik bildet ein Teilgebiet der Angewandten Linguistik, das an der Schnittstelle zwischen Sprache und Recht angesiedelt ist.

Der Begriff *forensisch* geht auf das lateinische Wort *forensis* zurück, das im Gegensatz zum Begriff *domesticus* (‚privat') so viel wie ‚auf dem Markt' bzw. ‚öffentlich' bedeutet, woraus sich später ‚gerichtlich' entwickelte. Jedoch beschäftigt sich die Forensische Linguistik nicht ausschließlich mit der Sprache vor Gericht. Zu ihrem Forschungsfeld gehören alle Bereiche des Rechts und der Rechtsprechung, die einer linguistischen Untersuchung unterzogen werden können. Denn juristisches Handeln manifestiert sich in vielfältiger Weise als sprachliches Handeln. Ebenso können sprachliche Handlungen zum Gegenstand juristischer Auseinandersetzungen werden. Dies ist beispielsweise bei Beleidigungen, Drohungen und Erpressungen der Fall. Auch die sprachliche Verfasstheit von Recht wurde in den letzten Jahren zunehmend zum linguistischen Gegenstand (vgl. Lerch 2008, Klein 2000).[171]

Forensische Linguistik ist ein Teilbereich der Linguistik, der die linguistische Analyse solcher sprachlicher Daten (einschließlich ihrer Präsentation vor Gericht) umfasst, die Gegenstand juristischer Betrachtung sind. (Fobbe 2011, S. 16)

171 Vgl. auch die Einführung in das Thema ‚Sprache und Recht' von Rathert (2006) oder die Einführung in die Forensische Linguistik von Fobbe (2011).

Aufgabenbereiche der Forensischen Linguistik

Die Aufgabenfelder der Forensischen Linguistik werden unterschiedlich gefasst. Grewendorf differenziert zwischen folgenden drei Bereichen (vgl. 1992, S. 5 f.):

a) Die Sprache des Gesetzes
b) Die Sprache des Täters
c) Die Sprache vor Gericht

In Bezug auf den zweiten Anwendungsbereich ‚Die Sprache des Täters' und die damit verbundene sprachliche Spurenanalyse ist zunächst prinzipiell zwischen mündlichen und schriftlichen Äußerungen des potentiellen Täters zu unterscheiden.

Die **Forensische Sprechererkennung** untersucht die gesprochene Sprache des Täters. Mit dem Ziel der Sprecheridentifizierung werden die Stimme, die Sprache und die Sprechweise analysiert (vgl. Schall 2007, S. 571). Mittels der Stimmuntersuchung können beispielsweise die Sprechstimmlage und die Stimmhöhenvarianz bzw. die Melodik einer Stimme gemessen werden. Außerdem sind verschiedene Stimmtypen wie ‚Knarrstimme' oder ‚Flüsterstimme' bestimmbar. Das Kriterium ‚Sprache' bezieht sich nicht nur auf die Bestimmung der Einzelsprache (z. B. Deutsch, Russisch, Französisch), sondern auch auf die Zuordnung zu verschiedenen Varietäten einer Sprache. Dazu gehören u. a. Dialekte und Soziolekte. Bei der Feststellung der Sprechweise werden Merkmale wie Intonation, Rhythmus, Sprechgeschwindigkeit und Pausen untersucht.

Darüber hinaus beschäftigt sich die Forensische Sprechererkennung auch mit der Bestimmung der nicht-sprachlichen Hintergrundgeräusche, die beispielsweise Hinweise auf den Standort des Täters geben oder der Tonträgerauthentisierung dienen können, wenn etwa der Verdacht auf Manipulation von Tonbandgeräten besteht.

Auf geschriebenen Sprachprodukten des Täters basiert der Forensische Handschriftenvergleich, der auf die funktionalen Eigenschaften einer Handschrift abzielt. Durch physikalisch-technische Verfahren werden bestimmte grafische Grundkomponenten, wie die Strichbeschaffenheit, die Druckgebung, der Bewegungsfluss, die horizontale und vertikale Ausdehnung usw. gemessen und hinsichtlich ihrer Variabilität und Streuung bestimmt.

Sowohl für die Forensische Sprechererkennung als auch für den Forensischen Handschriftenvergleich gilt allerdings, dass so etwas wie der persönliche Stimm- oder Schriftabdruck in Analogie zum Fingerabdruck nicht existiert. Denn die Merkmale, die im Rahmen der Sprecher- oder Handschriftenanalyse untersucht werden, können leicht manipuliert werden oder sich im Laufe der Zeit ändern. Mitunter unterliegen sie starken situationsspezifischen Schwankungen, so ist beispielsweise die Stimmmelodie stark von der psychischen Verfasstheit einer Person abhängig.

Die linguistische Stil- und Textanalyse kann vor allem für diejenigen Bereiche der Forensischen Linguistik nutzbar gemacht werden, die sich im Bereich der Strafverfolgung mit der Aufklärung von Verbrechen beschäftigen, die in Form sprachlicher Handlungen verübt werden. Im Folgenden soll deshalb die Autorenerkennung anhand von schriftlichen Texten im Vordergrund stehen.

Autorenerkennung

Die linguistische Analyse inkriminierter Texte dient in der Rechtspraxis dazu, Informationen über den möglichen Autor zu gewinnen und durch Textvergleiche herauszufinden, ob ein Text einer bestimmten Person bzw. Personengruppe zugeordnet werden kann.

Die Autorenerkennung als kriminaltechnische Disziplin und als Teilgebiet der Forensischen Linguistik beschäftigt sich deshalb mit der linguistischen Bewertung anonymer oder fraglicher schriftsprachlicher Texte. Sie basiert auf der Annahme, dass der Sprachgebrauch der Kommunikationsteilnehmer zum einen variabel und zum anderen nicht vollständig arbiträr ist, so dass konkreter Sprachgebrauch z. T. auf außersprachliche Faktoren wie Alter, Bildung, räumliche Herkunft usw. zurückgeführt werden kann. Um derartige Faktoren der Sprachverwendung herausfiltern zu können, bedient sich die Forensische Linguistik diverser Erkenntnisse und Methoden der Sozio- und Varietätenlinguistik, der Fehleranalyse und vor allem der Stilistik.

Grundlegend für die Autorenerkennung als Teilbereich der Forensischen Linguistik ist neben der Fehleranalyse hauptsächlich die stilistische Analyse inkriminierter Schriftstücke, weil sie die durch das Sprachsystem gegebenen Wahlmöglichkeiten einer Einzelsprache aufzeigt.

Charakteristisch für Fehleranalysen ist ein deviatorisches Vorgehen, d. h., es geht im weitesten Sinne um Abweichungen von Norm und Usus. Normverstöße betreffen natürlich vor allem die genuin stärker geregelten Bereiche der Grammatik und Orthographie. Das Feststellen von usuellen Abweichungen bezieht sich auf im Sprachgebrauch einer Kommunikationsgemeinschaft eher unübliche Formulierungen, Kombinationen oder das Abweichen von textsortentypischen Merkmalen. Das heißt, als Fehler können z. B. auch Verstöße gegen die Situationsangemessenheit gewertet werden, wie umgangssprachliche Grußformeln in einem offiziellen Schreiben. Hier können sich Berührungspunkte mit der Stilanalyse ergeben, die Stil nicht nur prinzipiell als ein Phänomen der Wahl auffasst (vgl. Kap. 3.1), sondern auch stilistische Merkmale von Textsorten erfasst (vgl. Kap. 4.3.5).

> Während das Fehlervorkommen Rückschlüsse auf das sprachliche Vermögen eines Autors zulässt, können nicht-fehlerhafte Auffälligkeiten individualstilistische Eigenheiten eines Autors darstellen oder Rückschlüsse z. B. auf die Textproduktionssituation erlauben. (Dern 2009, S. 67)

Innerhalb der Forensischen Linguistik sollen sowohl Fehleranalyse[172] als auch Stilanalyse dazu dienen, diejenigen sprachlichen Merkmale eines Textes zu bestimmen, die Rückschlüsse über den Autor / die Autoren ermöglichen. Es geht darum, aussagekräftige sprachliche Elemente, d. h. solche mit Indikatorfunktion, herauszuarbeiten. Sie werden als ‚Befunde' bezeichnet.

Für den Bereich der Autorenerkennung ist deshalb ein spezifischer stilistischer Zugang erforderlich, der den **Aspekt des Individuellen** stärker (als in der Sprachwissenschaft und der sprachwissenschaftlichen Stilistik üblich) in den Vordergrund rückt. Darüber hinaus müssen bei der Analyse von Tatschreiben nicht nur solche sprachlichen Merkmale einbezogen werden, die der Textproduzent reflektiert und intendiert aus den im System angelegten Varianten auswählt, sondern vor allem auch diejenigen, die er unbewusst verwendet.

Im Rahmen der Autorenerkennung muss immer auch die Möglichkeit der **Verstellung** sowie die Beteiligung mehrerer Personen an der Textproduktion, sog. **multiple Autorenschaft**, in Betracht gezogen werden. Dennoch hat es sich in der kriminalistischen Praxis bewährt, Verstellung und multiple Autorenschaft nicht als Normalform der Textproduktion anzunehmen (vgl. Dern 2009, S. 61), sondern davon auszugehen, dass Texte dafür konkrete Hinweise, wie beispielsweise Brüche, erkennen lassen.

> Die Möglichkeit der Verstellung oder die der multiplen Autorschaft erschweren die Arbeit des Linguisten in der Bewertung eines fraglichen Textes erheblich. (Dern 2009, S. 61)

Zu berücksichtigen ist außerdem, dass Autoren bei der Produktion schriftlicher Texte durch Gespräche, Beratungen oder eventuell auch kleinere Formulierungshilfen dem Einfluss anderer Personen unterliegen können. Ferner erfolgt die Textproduktion immer auf der Grundlage von kulturellem Wissen, zu dem neben lexikalischem Wissen und Weltwissen u. a. ein Textsortenwissen gehört. Deshalb ist auch bei forensischen Stilanalysen der enge Zusammenhang zwischen individuellen Stilentscheidungen und textsortenspezifischen Mustern zu berücksichtigen. Auch für den Bereich der forensischen Stilanalyse gilt, dass einzelne sprachliche Elemente nur selten aussagekräftig genug sind, um auf einen Autor zu schließen. Vielmehr geht es darum, einzelne Befunde ausfindig zu machen, die zu **aussagekräftigen Merkmalsbündeln** zusammengefasst werden können.

Nicht alle inkriminierten Texte sind gleichermaßen für eine linguistische Analyse geeignet, denn sie müssen bestimmte qualitative und quantitative **Voraussetzungen** erfüllen. So sollten die zu untersuchenden Schreiben eine Textlänge aufweisen, die das Auftreten aussagekräftiger sprachlicher Befunde wahrscheinlich macht. Zudem sollten zu vergleichende Schriftstücke idealerweise derselben oder einer vergleichbaren Textsorte angehören, um

---

172 Im Rahmen von Fehlerklassifikationen wird grundsätzlich zwischen solchen Fehlern unterschieden, die im tatsächlichen Sprachvermögen einer Person begründet sind, und denen, die Flüchtigkeitserscheinungen in der Sprachverwendung darstellen (vgl. z. B. Cherubim 1980).

textsortenspezifische Gemeinsamkeiten filtern und von individualstilistischen Merkmalen unterscheiden zu können.

Fragestellungen und Methoden

In Zusammenhang mit der Autorenerkennung lassen sich zwei grundlegende Formen der Untersuchung unterscheiden: die Textanalyse und der (darauf aufbauende) Textvergleich.

Bei der **Textanalyse** geht es in der Regel um eine Täterprofilerstellung, die zunächst nicht zur Identifizierung, sondern zur Kategorisierung eines Autors beitragen soll. Dazu gehören die Autoreneinschätzung, die Bewertung der Autorenabsicht oder die Einschätzung der Textproduktionssituation. Die beiden Letzteren beziehen sich etwa auf die Fragen, ob ein Text den Einfluss Dritter oder das Vorliegen einer Zwangssituation erkennen lässt oder sich Aussagen zur Ernsthaftigkeit bzw. Glaubwürdigkeit eines Autors ableiten lassen.

In Zusammenhang mit der **Kategorisierung des potentiellen Autors** ist für die Kriminalistik vor allem die Beantwortung folgender Fragen relevant (vgl. Schall 2007, S. 578):

1. Ist der Autor Muttersprachler? (auf welche Muttersprache kann zurückgeschlossen werden)
2. Aus welcher Region kommt der Autor? (dialektale Prägung)
3. Welchen Bildungsgrad hat der Autor?
4. Welcher Berufsgruppe gehört der Autor an?
5. Welche Erfahrung hat der Autor in der Textproduktion?
6. Wurde der Text von einem Autor oder mehreren Autoren verfasst?
7. Ist der Autor eine Frau oder ein Mann?
8. Wie ist die Ernsthaftigkeit eines Textes zu beurteilen?

Da die Stilmerkmale eines Textes nur Indizien sein können, die zu relativen Aussagen führen, geht es hierbei jedoch nur um Tendenzen. Deshalb werden in der Praxis der Strafverfolgung sowohl bei der Autorenerkennung als auch der Sprechererkennung und dem forensischen Handschriftenvergleich graduelle Wahrscheinlichkeitsangaben gemacht.

Dern (vgl. 2009, S. 76) gibt die im Bundeskriminalamt im Bereich "Schrift / Sprache / Stimme" zur Ergebnisdarstellung verwendete Rangskala wie folgt an:

- Zu vergleichende Texte / Textgruppen stammen **mit an Sicherheit grenzender Wahrscheinlichkeit** von einem gemeinsamen Autor / nicht von einem gemeinsamen Autor.
- Zu vergleichende Texte / Textgruppen stammen **mit sehr hoher Wahrscheinlichkeit** von einem gemeinsamen Autor / nicht von einem gemeinsamen Autor.
- Zu vergleichende Texte / Textgruppen stammen **mit hoher Wahrscheinlichkeit** von einem gemeinsamen Autor / nicht von einem gemeinsamen Autor.
- Zu vergleichende Texte / Textgruppen stammen **wahrscheinlich** von einem gemeinsamen Autor / nicht von einem gemeinsamen Autor.

- Die Frage, ob zu vergleichende Texte / Textgruppen von einem gemeinsamen Autor / nicht von einem gemeinsamen Autor stammen, **kann nicht entschieden werden (non liquet)**.

Von zentraler Bedeutung für die Textanalyse innerhalb der Forensischen Linguistik ist eine systematische **Befunderhebung**, die alle sprachwissenschaftlichen Beschreibungsebenen und deren stilistische Merkmale erfasst. Sie können folgendermaßen zusammengestellt werden:

- **Orthografie** und **Interpunktion** (z. B. alte oder neue Rechtschreibung; Verzicht auf Groß- oder Kleinschreibung; Häufung von Ausrufezeichen, Fragezeichen oder Semikola; Verwendung von Gedanken- oder Schrägstrichen)
- **Grammatik** (z. B. Differenzierung der Tempora und Modi; morphologische Formvarianten; Komplexität der Sätze; Art der verwendeten Nebensätze)
- **Lexik** (z. B. stilschichtige Markierungen; in chronologischer, regionaler, sozialer oder fachlicher Hinsicht markierter Wortschatz; expressive Ausdrücke; Auftreten und Variation von Phraseologismen)
- **Textstruktur** und **äußere Form** (z. B. Formen der Kohärenz- und Kohäsionserzeugung; Anrede- und Verabschiedungsformeln, Layout des Textes)

Anhand der genannten Sprachebenen kann auch die Klassifikation bestimmter Fehlertypen im Rahmen der Fehleranalyse erfolgen. Dabei bietet es sich an, Normabweichungen immer auch im Verhältnis zu normgerechten Verwendungsweisen innerhalb derselben Ebene und Kategorie zu erfassen.

Beim **Textvergleich** geht es darum, ob eine verdächtige Person als Autor eines Schreibens in Frage kommt.[173] Der Textvergleich baut auf der Analyse zweier oder mehrerer Texte auf. Dabei kann prinzipiell zwischen einem Vergleich zweier oder mehrerer anonymer Schreiben (z. B. Briefserie im Rahmen einer Erpressung) und dem Vergleich von Schreiben eines bekannten Autors und einem oder mehreren anonymen Schreiben mit dem Ziel der Be- oder Entlastung einer verdächtigen Person aufgrund linguistischer Evidenzen unterschieden werden.

Zentral für den Textvergleich sind Entscheidungen darüber, wann eine sprachliche Befundkonstellation als Beleg für bzw. gegen eine Autorenidentität oder als distinktiv für einen Autor angesehen werden kann. Relevant ist in diesem Zusammenhang neben der Häufigkeit und Konstanz sprachlicher Merkmale auch der Grad ihrer Erwartbarkeit im jeweiligen Kontext. An dieser Stelle zeigt sich als ein wesentliches Problem der Autorenerkennung, dass sie nur auf wenige empirisch gewonnene und zuverlässige Ergebnisse über das sprachliche Verhalten erwachsener Sprecher als Referenzmaterial zurückgreifen kann (vgl. Dern 2009, S. 72).

173 Wie Dern (2009, S. 66) betont, vermag der linguistische Textvergleich niemals zweifelsfrei, einen bestehenden Verdacht zu untermauern oder auszuräumen.

Analysebeispiele

Im Folgenden werden anhand der o. g. Fragen exemplarisch kleinere Textausschnitte und die Relevanz einzelner stilistischer Kategorien zur Gewinnung von Eckdaten für die Einordnung des Täters diskutiert.

1) **Ist der Autor Muttersprachler? (Auf welche Muttersprache kann zurückgeschlossen werden?)**

Die Beantwortung dieser Frage ist weniger von stilistischen Merkmalen, sondern vielmehr von einer **Fehleranalyse** abhängig. Im Zuge derer sind sprachliche Befunde dahingehend zu interpretieren, ob der Textproduzent eine Sprache als Muttersprache oder als Fremdsprache erlernt hat.

Dabei muss generell auch die Möglichkeit einer **Verstellung** einbezogen werden, denn die Vortäuschung der Nichtmuttersprachlichkeit gehört zu den häufigsten Verstellungsstrategien. Das Streben nach Verstellung erfordert vom Autor neben dem Wissen über die Regularitäten einer Sprache vor allem auch die Reflexion des eigenen sprachlichen Verhaltens, um dessen Charakteristika bei der Textproduktion möglichst umfassend unterdrücken zu können. Gerade im Falle der Vortäuschung von Nichtmuttersprachlichkeit konkurriert die Verstellungsabsicht zudem mit dem Streben nach Verständlichkeit bzw. Eindeutigkeit. So ist es erwartbar, dass sich ein in linguistischer Hinsicht unkundiger Textproduzent bei einem Verstellungsversuch auf sprachliche Elemente beschränkt, die er leicht verändern kann, ohne dass sich ihre Fehlerhaftigkeit verständnisgefährdend auswirkt. Dies ist beispielsweise durch orthografische Abweichungen oder durch das Auslassen oder Abändern von Flexionsendungen, Artikeln usw. möglich.

Dern (vgl. 2009, S. 81 f.) empfiehlt für die Bewertung eines fraglichen Textes zunächst die Untersuchung der Umsetzung bestimmter Eigenschaften des Deutschen, die „für den Lerner von Deutsch als Fremdsprache vorhersehbare Hürden und damit Fehlerquellen darstellen“ (Dern 2009, S. 82). Dementsprechend ist von einer ziemlich guten Kenntnis des Deutschen auszugehen, wenn die Bestandteile zusammengesetzter Verben richtig platziert und der deutsche Satzbau korrekt umgesetzt wird. Auch idiomatische Aspekte wie der Umgang mit festen Wendungen und Wortverwendungsweisen sind in der Regel gute Indikatoren. Bedeutsam ist schließlich, ob korrekte Formen einer bestimmten Kategorie neben inkorrekten Formen derselben vorkommen und ob die Fehlerhäufigkeit im Textverlauf relativ konstant bleibt oder gegen Ende hin abnimmt.

Rückschlüsse auf die tatsächliche Muttersprache des Textproduzenten können mittels stilistischer Kriterien alleine nicht gezogen werden. Hierzu bedarf es kontrastiver Analysen.

Beispiel 1:

> *... ich bin ainer von dennn leut te der hierrr imobjekt arbn xxx ich möcht e ihnen nur saegen dass meine kolegen etwas vorhaben die sind es auch die schohn mal gechrieben hahben [...]*

Der Textausschnitt weist sehr auffällige Fehler auf der oberflächlich zugänglichen Ebene der Orthografie auf. Im Wesentlichen werden Buchstaben verdoppelt, verdreifacht, weggelassen oder ausgetauscht. Ebenso verhält es sich mit Spatien, die fehlen oder an falscher Position eingefügt wurden. Mehrfach wird ein *-h-* als Längenzeichen hinzugefügt, auf das Interpungieren durch Kommata und die Großschreibung wird durchgängig verzichtet. Damit sind erstens genau diejenigen sprachlichen Strukturen betroffen, die ein sprachlich ungeschulter Autor leicht manipulieren kann. Zweitens stellen diese Fehler keine Gefahr für die Verständlichkeit des Textes dar.

Nach Tilgung der Fehler und Ergänzung von Interpunktionszeichen und Großschreibung ergibt sich die folgende komplexe Satzkonstruktion:

Ich möchte Ihnen nur sagen, dass meine Kollegen etwas vorhaben, die sind es auch, die schon mal geschrieben haben.

Die Position der komplexen Verben entspricht den differenzierten Stellungsregularitäten des Deutschen, mehrere Nebensätze werden richtig angeschlossen. Auch die Verwendung des umgangssprachlich reduzierten Ausdrucks *schon mal* (vs. *schon einmal*) spricht für eine Verstellung im Sinne einer vorgetäuschten Nichtmuttersprachlichkeit.

2) **Aus welcher Region kommt der Autor? (dialektale Prägung)**
Regionale Markierungen betreffen im Deutschen die drei nationalsprachlichen Varietäten sowie die Unterschiede zwischen den einzelnen Dialektgruppen und regionalen Umgangssprachen.

Reine Dialektwörter wie beispielsweise der mittelbairische Ausdruck *Leich* (‚Beerdigung') werden in schriftlichen Texten sehr selten verwendet, da sie genuin an das Medium der Mündlichkeit gebunden sind.

Beispiel 2:

Schauen Sie hier: www.Name.de

In Bezug auf die Wortverwendung sind Regionalismen, die eine regionale Umgangssprache kennzeichnen (z. B. *schauen*), von erheblich größerer Bedeutung. Dazu gehören auch regionale Dubletten, also Wörter wie z. B. *Rotkohl, Rotkraut, Blaukraut* oder *Traktor, Trecker, Bulldog*, bei denen es kein überregionales, standardsprachlich verbindliches Wort gibt. Bei derartigen Varianten verwendet ein Sprecher häufig unbewusst diejenige, die seinem Heimatbereich entspricht. Auch Wörter mit relativ klarer regionaler Begrenzung (z. B. *Sonnabend* vs. *Samstag*) können deshalb Indikatoren für die Herkunft des Sprechers sein.

Eine regionale Interpretation lassen mitunter auch bestimmte Vorlieben bei relativ neutralen, synonymischen Varianten von Funktionswörtern zu (z. B. *daher* oder *deshalb*). Neben solchen lexikalischen Befunden können vor allem aussprachebedingte orthografische Abweichungen Hinweise in Bezug auf die regionale Zugehörigkeit eines Autors geben. So verweist die geschriebene Variante *Glatzköppe* etwa auf eine regionale Prägung jenseits des oberdeutschen Sprachraumes, denn hier wurde *–pp* im Gegensatz zum Mitteldeutschen und Niederdeutschen verschoben (*Appel/Apfel*-Linie).

Wann und in welchem Kontext die Sprache einer Person bestimmte feststellbare regionale Prägungen erhalten hat, kann in diesem Zusammenhang natürlich nicht herausgefunden werden. In der Regel kann sich auch nur eine sehr grobe Lokalisierung ergeben.

3) **Welchen Bildungsgrad hat der Autor?**

Im Rahmen der Autorenerkennung geht es um das Offenlegen von individualstilistischen Merkmalen, die in engem Zusammenhang mit der jeweils vorhandenen Sprachkompetenz stehen. In der Regel kann davon ausgegangen werden, dass ein höherer Bildungsgrad mit einer höheren Sprachkompetenz korreliert. Da mit einer höheren Sprachkompetenz im Allgemeinen ein umfangreicherer Wortschatz und eine bessere Kenntnis grammatischer Paradigmen verbunden ist, erhöhen sich prinzipiell die sprachlichen Auswahlmöglichkeiten und somit die stilistische Vielfalt. Dies kann sich u. a. an der Verwendung von (seltener gebrauchten) Fremdwörtern (z. B. *diffizil*), Konjunktivformen oder einem erhöhten Höflichkeitsniveau (*bitten* vs. *fordern, Hochachtungsvoll* vs. *Mit freundlichen Grüßen*) zeigen.

Mit zunehmender Sprach- bzw. Stilkompetenz erhöhen sich indessen auch die Möglichkeiten des Verstellens:

Beispiel 3:

rechtschreibfehler sind absicht und fingerabdrücke findet ihr keine

Auf eine derartige Verstellungsabsicht kann – wie das dritte Beispiel zeigt – metasprachlich Bezug genommen werden. Häufig geht es dabei jedoch um die Vortäuschung einer geringeren Bildung oder einer schwächeren sozialen Schicht. Dies lässt sich an der Textoberfläche relativ leicht durch die Senkung der Stilebene, also die Verwendung umgangssprachlicher, salopper, vulgär- und fäkalsprachlicher Ausdrucksweisen bewirken.

Beispiel 4:

Hallo Sie kleiner Steuerbetrüger,

wenn wir wollen haben Sie das Finanzamt im Nacken ...

Beispiel 5:

Hallo Sie kleiner Steuerbetrüger,

letzte Warnung. Wir möchten an unsere erste Nachricht erinnern. Wollen Sie uns vielleicht verarschen ...

Schwerer scheint es demgegenüber, durchgängig einen gehobeneren Stil umzusetzen (z. B. mit dem Bestreben der Selbstaufwertung oder der Vortäuschung einer bestimmten Autorschaft). Hierbei kann das Kriterium der stilistischen Einheitlichkeit hilfreich für die Bewertung sein (vgl. 5. „Welche Erfahrung hat der Autor in der Textproduktion?“).

4) **Welcher Berufsgruppe gehört der Autor an?**
Sprachliche Hinweise auf die berufliche Tätigkeit können natürlich in engem Zusammenhang mit Hinweisen auf den Bildungsgrad und die Erfahrungen in der Textproduktion stehen. Im Bereich der Lexik geht es hier insbesondere um die Verwendung von Fachwörtern und Fachjargonismen (vgl. Kap. 3.2.3), da für beide dieser Gruppen eine auf Fachleute beschränkte Distribution und eine eingeschränkte Allgemeinverständlichkeit charakteristisch ist. In diesem Zusammenhang ist jedoch die bereits oben thematisierte Tendenz zur zunehmenden Verwissenschaftlichung vieler Bereiche des gesellschaftlichen Lebens zu beachten, die durch die elektronischen Medien begünstigt wird und sich in den letzten Jahrzehnten erheblich auf die Standardsprache ausgewirkt hat.

Sprachliche Indikatoren für bestimmte Typen beruflicher Tätigkeiten können sich auch aus Struktur und Komplexität der Sätze sowie bestimmter globalerer Stilmittel wie dem Nominalstil ergeben. So könnten die folgenden Beispiele auf den ersten Blick eine Verwaltungstätigkeit nahe legen:

Beispiel 6a:

Bei Ihnen haben wir Verfehlungen in Bezug auf die Abrechnung festgestellt [...] *Im Rahmen einer Überprüfung ...*

Beispiel 7a:

Bei einer Verkehrsüberwachung wurde von Ihnen ein Verkehrsverstoß dokumentiert, der einen Führerscheinentzug und eine Geldstrafe zur Folge hat ...

5) **Welche Erfahrung hat der Autor in der Textproduktion?**
Ob der Produzent eines inkriminierten oder fraglichen Scheibens einen schreibenden oder einen nicht-schreibenden Beruf ausübt oder ausgeübt hat, lässt sich anhand des erkennbaren Grades an Professionalität, der – wiederum abgesehen von Täuschungsversuchen – bereits an der äußeren Form des Textes und dem Textaufbau deutlich wird, erkennen.

Als zentrale Kriterien für die Bewertung der Textproduktionserfahrung eines Autors können darüber hinaus die Fähigkeit zur variablen sprachlichen Gestaltung, die sich in Relation zur Textsorte / zum Kommunikationsbereich als ‚Angemessenheit‘ niederschlägt, sowie die Einheitlichkeit des sprachlichen Stils angesehen werden. Wird etwa der mit behördlicher Terminologie gefüllte Nominalstil der o. g. Beispiele mit umgangssprachlichen oder auch emotional-wertenden Elementen kombiniert, kann dies darauf hinweisen, dass der Autor über die Fähigkeit zur Umsetzung einer Textsorte nur teilweise oder gar nicht verfügt.

Beispiel 6b [Fettdruck zur Hervorhebung, nicht im Original]:

> *Bei Ihnen haben wir* ***Verfehlungen in Bezug auf die Abrechnung*** *festgestellt [...]* ***Im Rahmen einer Überprüfung*** *[...] Es wurden ganz* ***geschickt*** *in bestimmten Zusammenhängen, Leistungen abgerechnet [...] Wir wollen an Ihren* ***betrügerischen Bereicherungen*** *teilhaben.*

Beispiel 7b [Fettdruck zur Hervorhebung, nicht im Original]:

> *Bei einer Verkehrsüberwachung wurde von Ihnen ein Verkehrsverstoß dokumentiert der einen* ***Führerscheinentzug*** *und eine* ***Geldstrafe zur Folge*** *hat [...] Wenn Sie wollen* ***schwärzen*** *wir das Bild, [...] Sie können es uns* ***ruhig*** *glauben – Einige haben schon ...*

Gegen einen in professioneller Hinsicht erfahrenen Textproduzenten sprechen auch Wiederholungen von Wörtern und Wendungen in aufeinanderfolgenden Sätzen, denn sie verstoßen gegen das Variationsgebot beim Herstellen von sprachlichem Stil. Hinzu kommen Abweichungen auf verschiedenen Sprachebenen (z. B. ungewöhnliche Wortstellung durch die Platzierung von *bei Ihnen* im Vorfeld oder Redundanzen wie *betrügerische Bereicherungen;* vgl. Beispiel 6b) und natürlich Fehler:

Beispiel 8 [Fettdruck zur Hervorhebung, nicht im Original]:

> *Denken Sie auch daran,* ***das*** *die behördlichen Strafen weitaus höher sind* ***wie*** *das was Sie uns zur Verfügung stellen [...] Mit uns ist besser* ***wie*** *gegen uns.*

Auch der wiederholte Einsatz fehlerhafter Textbausteine innerhalb von Briefserien kann für wenig Erfahrung in der Textproduktion sprechen:

Beispiel 9 [Hervorhebung nicht im Original]:

> *Hallo Sie kleiner Steuerbetrüger und Unterstützer der Scharzarbeit,*
> *letzt Warnung.*
>
> *[...] Nehmen Sie den Betrag (nur gebrauchte Scheine a20,– und 50,– €) und stecken Sie diese in eine Flasche mit großem wasserdichten Verschluß. Fahren Sie Sie am Donnerstag und am Freitag, jeweils um genau 17.00 Uhr folgende Strecke:*
>
> *Hallo Sie kleiner Steuerbetrüger und Unterstützer der Scharzarbeit,*
> *Nochmals letzt Warnung.*
> *[...] Nehmen Sie den Betrag (nur gebrauchte Scheine a20,– und 50,– €) und stecken Sie diese in eine Flasche mit großem wasserdichten Verschluß. Fahren Sie Sie sofort nach Erhalt dieses Briefes ...*

6) **Wurde der Text von einem Autor oder mehreren Autoren verfasst?**

Auch für die Beantwortung dieser Frage kann zunächst eine Fehlertypologie hilfreich sein: Treten bestimmte Fehlertypen durchgängig auf? Wird – wie im Beispiel 8 – etwa ausnahmslos *wie* anstelle von *als* verwendet?

Darüber hinaus geht es um Unterschiede in der stilistischen Gestaltung. Diese können sich auf verschiedene Ebenen der Sprachbeschreibung beziehen: So betrifft die Verwendung bestimmter Konnektoren oder deren Fehlen die Ebene des Textes, genauer der Textverknüpfung. Unterschiede im Höflichkeitsniveau liegen im Bereich morphologischer Formen oder der Verwendung bestimmter Wendungen wie z. B. Begrüßungs- und Verabschiedungsformeln.

Im Bereich des Wortschatzes und des Wortgebrauchs kann das Auffinden individueller Vorlieben (z. B. *beeindruckend* vs. *eindrucksvoll*; *schon* vs. *bereits*; *besonders* vs. *insbesondere*, *speziell* vs. *vor allem*; *danken* vs. *bedanken*) sowie deren Kombination mit anderen Elementen aufschlussreich sein. Dabei muss natürlich prinzipiell die Möglichkeit des Vorhandenseins intraindividueller Varianten einbezogen werden (z. B. sowohl *vergebens* als auch *vergeblich*).

Unterschiede können auch am Gebrauch von alter und neuer Rechtschreibung, an der Verwendung von Fremdwörtern und deren Schreibung (vgl. zur integrierten und nicht integrierten Schreibung von Fremdwörtern Kap. 3.2.3) deutlich werden oder an Besonderheiten der Wortstellung und des Satzbaus.

Beispiel 10 [Fettdruck zur Hervorhebung, nicht im Original]:

> ***Packen*** *Sie zunächst das Geld in eine Plastik- oder feste Glasflasche mit einem großen Verschluss-kopf (z. B. Obstsaftflasche) und verschließen Sie die Flasche. Dadurch wird gewährleistet, dass das Geld nicht nass wird …*
>
> *Nehmen Sie den Betrag (nur gebrauchte Scheine a20,– und 50,– €) und* ***stecken*** *Sie diese in eine Flasche mit großem wasserdichten Verschluß. Fahren Sie Sie am Donnerstag und am Freitag, jeweils um genau 17.00 Uhr folgende Strecke:*

Zeigen sich beispielsweise in Serien von Erpresserschreiben (vgl. Beispiel 10) wiederholt Unterschiede, die als regionale Markierungen oder als individuelle Vorlieben interpretiert werden können (z. B. *in die Flasche packen* vs. *in die Flasche stecken*), spricht dies für zwei oder mehrere Autoren. Diese Vermutung wird durch das gemeinsame Vorkommen von alter und neuer Rechtschreibung gestützt (*Verschlusskopf* vs. *Verschluß*).

Treten nur in einigen Briefen oder an einzelnen Stellen einer Erpressungsserie gehäuft ungewöhnliche Wortstellungen auf, kann dies ebenfalls ein Indikator für mehr als einen Autor sein, denn derartige Abweichungen gelten als schwer manipulierbar. So scheinen auf der topologischen Ebene die im folgenden Beispiel zuerst genannte Passage (mit Verschiebung von *dort* und *Ihnen* innerhalb des Mittelfeldes) von demselben Textproduzenten zu stammen, der in einem späteren Schreiben wiederum das Adverb *daher* in markierter Position einsetzt:

Beispiel 11 [Fettdruck zur Hervorhebung, nicht im Original]:

> *Lassen Sie sich während dieser Zeit* ***dort*** *nicht sehen. [...] Wir haben bereits in 2 Fällen anonym Anzeige erstattet und könnten uns vorstellen, daß zumindest ein Fall* ***Ihnen*** *bekannt ist.*
> (vs. *Lassen Sie sich dort während dieser Zeit nicht sehen. [...] Wir haben bereits in 2 Fällen anonym Anzeige erstattet und könnten uns vorstellen, daß Ihnen zumindest ein Fall bekannt ist.*)
>
> *Wir möchten Ihnen auf diesem Wege* ***daher*** *ein Angebot unterbreiten.*
> (vs. *Wir möchten Ihnen daher auf diesem Wege ein Angebot unterbreiten.*)

7) **Ist der Autor eine Frau oder ein Mann?**
Sprachliche Indikatoren für die Beantwortung der Frage nach dem Geschlecht eines Autors anzugeben, ist auf der Grundlage des heutigen sprachwissenschaftlichen und stilistischen Forschungsstandes nicht möglich. Gerade hier wird – wie auch im Hinblick auf andere Fragen der Autorenerkennung – die Notwendigkeit deutlich, das schriftsprachliche Verhalten erwachsener muttersprachlicher Sprecher unterschiedlicher sozialer Hintergründe breit zu erforschen. Dies würde in Bezug auf verschiedenste sprachliche Aspekte Prognosen über erwartbare Fähigkeiten erlauben, die für eine grundlegende Kategorisierung unbekannter Täter unerlässlich sind. Als Grundlage könnte ein korpusanalytischer Ansatz dienen, mittels dessen Indikatoren für die Kategorisierung unbekannter Täter aus den Bereichen ‚Allgemeinsprache', ‚Gruppensprache' und ‚Tätersprache' abgeleitet werden können.

8) **Wie ist die Ernsthaftigkeit eines Textes zu beurteilen?**

Beispiel 12:

> *Ihr haus ist von vielen seiten sichtbar ihre autos stehen mal hier mal dort somit ist ihr leben in gefahr um nicht damit zu spielen bitte ich sie freundlichst um 99 990, 00 € (in worten neunundneunzig tausend neunhundertneunzig euro) in kleinen scheinen*

Die Einschätzung der Ernsthaftigkeit eines Textes ist vor allem an inhaltliche Aspekte, weniger an eine spezifische sprachliche Form gebunden. In Fällen von Erpressung oder Bedrohung kann aus der Art der sprachlichen Formulierung zwar geschlossen werden, ob ein Täter in der Lage ist, ein potentiell überzeugendes Drohpotential aufzubauen (im Beispiel 12 ist das eher nicht der Fall), ob er seine Drohung jedoch umsetzt, ist aus solchen Schreiben alleine nicht erkennbar. Im Mittelpunkt kriminalistischen Interesses stehen deshalb weniger die aufgestellten Behauptungen, sondern vielmehr das Ausmaß vorhandener Schädigungen (z. B. Wurden in einem Lebensmittelmarkt tatsächlich vergiftete Milchprodukte gefunden? (Vgl. Dern 2009, S. 96 f.)).

Weiterführende Literatur:

Dern, Christa: Autorenerkennung. Theorie und Praxis der linguistischen Tatschreibenanalyse, Richard Boorberg, Stuttgart 2009.

Schall, Sabine: Forensische Linguistik. In: Knapp, Karlfried et. al. (Hrsg.): Angewandte Linguistik. Ein Lehrbuch, A. Francke, Tübingen 2007, S. 566–584.

5.2 Kiezdeutsch

Im Fokus der vorangegangenen Kapitel stand die Analyse geschriebener Sprache. Dieses Teilkapitel widmet sich den Besonderheiten einer Sprachform, die primär mündlich realisiert wird. Es handelt sich um eine - durchaus facettenreiche - Sprechweise, die insbesondere unter Jugendlichen, die im multiethnisch geprägten urbanen Raum leben, über ein hohes verdecktes Prestige[174] verfügt: das sogenannte Kiezdeutsch.

Kiezdeutsch ist ein relativ junges sprachliches Phänomen, das seit Anfang der 2000er Jahre in der linguistischen Forschung diskutiert wird und seit Wieses „Kiezdeutsch. Ein neuer Dialekt entsteht" (2012) auch große Beachtung in den überregionalen Medien findet. Sowohl in der Forschungsliteratur als auch im allgemeinen Sprachgebrauch wurden zuvor verschiedene Begriffe wie ‚Türkendeutsch', ‚Türkenslang', ‚Ghettodeutsch', ‚Kanak Sprak' oder ‚Jugendslang' verwendet. Bei der Suche nach einer sprachpolitisch korrekten Form hat sich allerdings der Begriff ‚Kiezdeutsch' durchgesetzt.[175]

Zur Entwicklung und Einordnung

Kiezdeutsch hat sich zunächst in multiethnisch dominierten Großstadtvierteln wie Berlin Kreuzberg entwickelt und wird insbesondere von Jugendlichen gesprochen. Typische Ausdrucksformen sind z. B.:

Lassma Kino gehen.
Gehst du heute auch Viktoriapark?
Isch bin Schule.
Ey, wir sollen Fahrstuhl gehen!
Danach isch muss zu mein Vater.
Teilweise so für Bikinifigur und so, weißt doch so.

Diese Sätze reflektieren zum Teil Entwicklungen und Tendenzen, die in den Varietäten des Deutschen bereits angelegt sind, wie z. B.:

---

174 Von sog. ‚verdecktem' Prestige wird gesprochen, weil Kiezdeutsch bei vielen Lehrern und Erwachsenen auf Ablehnung stößt.

175 *Kiez* bezeichnete ursprünglich einen Ort an dem „Fischer wohnen" (Kluge 2002, S. 487), später wird Kiez vor allem im Berlinischen verwendet. Mit der Begriffswahl verbinden sich zudem bestimmte Aspekte in der diskursiven Auseinandersetzung um das Phänomen, wie die mögliche Ähnlichkeit mit deutschen Dialekten und die Verortung der Sprechweise im urbanen Raum.

- enklitische Prozesse an der Wackernagelposition[176] (z. B. *Geht's dir gut?*),
- den Ausfall von Präpositionen und Artikeln (z. B. *Dann steigen sie Mollstraße aus.*),
- die Verwendung bestimmter Partikeln (z. B. *Is voll krass eh.*).

Hinzu kommen lautliche und prosodische Merkmale. Besonders auffällig sind dabei das gerollte [r] und die Koronalisierung von [ç] zu [ʃ] (z. B. *isch*), die vor allem auf den Sprachkontakt mit dem Türkischen und dem Arabischen zurückzuführen sind (vgl. Hinrichs 2013).[177] Generell sind die Einflüsse, die die Entwicklung von Kiezdeutsch prägen, jedoch äußerst vielfältig. Zu den wichtigsten Faktoren zählen: Migration, Sprachkontakt, Mehrsprachigkeit, verdecktes Prestige und mediale Inszenierung.

Kiezdeutsch (das ja mitunter auch ‚Türkendeutsch' genannt wird) ist natürlich primär eine Form des Deutschen, das im Allgemeinen die lexikalische und grammatische Struktur vorgibt. Darüber hinaus zeigt sich insbesondere der **Sprachkontakt** mit dem Türkischen. Dies belegt beispielsweise die Übernahme türkischer Lexik, z. B.: *lan* für Typ / Mann; *hadi çüç* für tschüss. Auch Sprachen wie Russisch, Polnisch und Arabisch wirken sich auf Kiezdeutsch aus. Um Beispiele wie *Ich bin Schule.* oder *Ich werde zweiter Mai fünfzehn.*[178] analysieren zu können, ist es notwendig, die Struktur der Migrantensprachen zu berücksichtigen. So besitzt z. B. das Türkische weder den bestimmten Artikel noch Präpositionen. Es ist eine agglutinierende Sprache, bei der suffixähnliche Äquivalente von Präpositionen an das Bezugsnomen angehängt werden. Deutschlernern mit türkischem Migrationshintergrund bereitet dementsprechend die Verwendung von Präpositionen und Artikeln häufig Probleme. Hinrichs (2013) bemerkt in diesem Zusammenhang, „dass keine Migrantensprache von Hause aus auch nur annähernd auf den deutschen Artikel eingestellt ist" (Hinrichs 2013, S. 211) und neben dem Türkischen auch in anderen ‚orientalischen' Sprachen Ortsangaben ohne Präpositionen gemacht werden (vgl. Hinrichs 2013, S. 209). Deutschlerner mit Migrationshintergrund vermeiden Präpositionen vermutlich auch aus Gründen der Sprachökonomie. Dabei steht das Ökonomieprinzip auch in Zusammenhang mit dem Sprecherbedürfnis, potenzielle Fehlerquellen zu umgehen. In Sprachkontaktsituationen kommt es dadurch häufig zu strukturellen Vereinfachungen des Sprachgebrauchs.

Sprachkontakt tritt immer im Kontext von Mehrsprachigkeit auf. Auch Kiezdeutsch hat sich primär in einem mehrsprachigen Umfeld entwickelt. In seiner ersten Phase wurde Kiezdeutsch von Sprechern mit Migrationshintergrund geprägt, die in der Regel mehrsprachig waren und Deutsch als Zweit- bzw. Fremdsprache erlernt hatten. Für diese Sprecher war zunächst charakteristisch, dass sie das Deutsche nur sehr unzureichend beherrschten.

Viele Spracherwerbsforscher gehen davon aus, dass das Sprachwissen der Lerner einer Fremdsprache auf dem Weg zur zielsprachlichen Kompetenz verschiedene Stufen durch-

---

176 Die Wackernagelposition (benannt nach Jacob Wackernagel) bezeichnet die zweite Position im Satz nach einem betonten Satzglied, auf der sich sehr häufig schwach- oder unbetonte Wörter wie Pronomen oder Partikeln an die vorangehenden anlehnen und so ‚enklitisch' mit diesen verschmelzen (‚proklitisch' demgegenüber Anlehnung an das folgende Wort).

177 Die Koronalisierung ist auch ein Merkmal mitteldeutscher Dialekte.

178 Vgl. Wiese (2012, S. 56 f.)

läuft (sog. ‚Lernergrammatiken' oder ‚Lernervarietäten'). Im gesteuerten Spracherwerb sind Lernervarietäten nicht sehr stabil, denn der Sprach- bzw. Grammatikunterricht führt in der Regel zu beständigen Modifikationen der Lernervarietäten und im Idealfall zur Beherrschung der zielsprachlichen Strukturen. Demgegenüber können sich unter den schlechteren Bedingungen des **ungesteuerten Zweitspracherwerbs** Lernervarietäten auch dann stabilisieren, wenn die zielsprachlichen Strukturen noch nicht beherrscht werden. Die Gründe für eine derartige **Fossilierung** einer Lernervarietät sind bisher nicht vollständig erforscht, sie könnten in Überforderung oder schlicht im ökonomischen Verhalten der Individuen bestehen.

Als mögliche Folge kann es zur Generalisierung bestehender Regeln, zu Übernahmen aus der Muttersprache oder anderen Sprachen, zu Vermeidung und Ausweichhandlungen, zur Anwendung nicht ausreichender Regeln oder (Misch-)Regeln kommen (vgl. Roche 2013, S. 57). Insbesondere Migrationssituationen, in denen die Sprecher im alltäglichen Leben nicht zwingend auf das Erlernen der Zielsprache des aufnehmenden Landes angewiesen sind, führen häufig zu Fossilierungen. Denn die bis zu einem bestimmten Grad erlernten Muster und Regeln der Zielsprache reichen aus, die wichtigsten Dinge des Alltags zu regeln. Tritt innerhalb einer Community of Practice (CofP; vgl. Kap. 3.1) eine derartige Fossilierung bei vielen Sprechern auf, können sich die fossilierten Lernervarietäten zu **Ethnolekten**[179] bzw. **ethnischen Sprechweisen** entwickeln. Ethnische Sprechweisen bilden sich insbesondere in großstädtischen Lebensräumen in Vierteln mit hohem Migrantenanteil heraus, in denen eine allochthone ethnische Gruppe dominiert. Zu dieser Migrantengruppe sind in der bundesdeutschen Nachkriegsgeschichte vor allem die sogenannten Gastarbeiter aus der Türkei und Italien zu zählen. Die Merkmale einer ethnischen Sprechweise sind auch der zweiten und dritten Generation einer Migrantenpopulation vertraut.

Die besondere Entwicklung von Kiezdeutsch versucht Auer (2013, S. 12 ff.) mithilfe des folgenden Modells nachzuzeichnen (vgl. Abb. 22):

179 Auer (2013, S. 9) hält den Terminus ‚Ethnolekt' für ebenso „problematisch und diskussionsbedürftig" wie die Begriffe ‚Dialekt' oder ‚Multiethnolekt' und spricht deshalb von „ethnischen Sprechweisen".

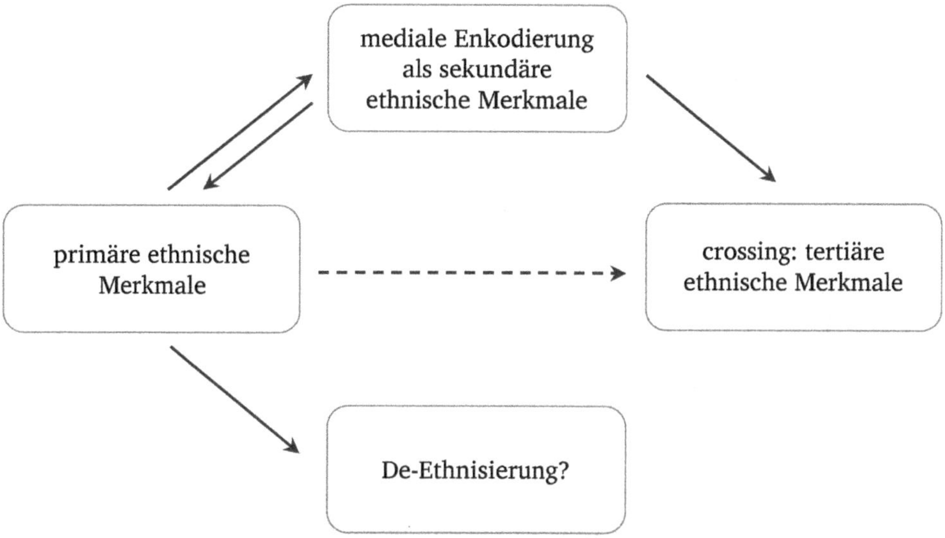

Abb. 22: Modell ethnischer Merkmale nach Auer (2013, S. 12)

Ausgegangen wird von **primären ethnischen Merkmalen** in der Sprechweise von Jugendlichen mit Migrationshintergrund Anfang der 1990er Jahre. Diese Merkmale werden Mitte der 1990er Jahre von den Medien aufgegriffen und zu einem „**sekundären ethnischen Stil**“ kodiert. Bis heute wählen die Medien auffällige Merkmale aus der Sprechweise der Jugendlichen aus, die durch ihre mediale Vermittlung dann zu allgemein bekannten „ethnischen Stereotypen“ werden. Mittlerweile weisen die über das Türkischsein hinaus auf einen ausländischen Hintergrund im Allgemeinen hin.[180] Diese Merkmale können nun auch verstärkt von deutschen Jugendlichen ohne Migrationshintergrund genutzt werden. Unter dem Einfluss ethnischer Sprechweisen bauen jugendliche Sprecher in bestimmten Kommunikationsräumen auffällige Merkmale in ihre Sprechweise ein, was als sog. ‚**crossing**‘ (vgl. Rampton 1995) bezeichnet wird. In Verbindung mit Kiezdeutsch wird Crossing zur sozialen Positionierung von Sprechern genutzt. Vor der Folie der Standardvarietät erscheinen die ethnischen Marker besonders salient[181] und relevant. Teilweise erfahren Einzelelemente im Gespräch durch Betonung eine besondere Stilisierung, um Effekte zu erzielen. Zur **De-Ethnisierung** derartiger Merkmale kommt es dann, wenn diese nicht mehr zum Anzeigen einer ausländischen Herkunft dienen. Medial wird dies bereits entworfen, beispielsweise in

180 Um die Jahrtausendwende scheint der sprachliche Einfluss türkischer Sprecher noch deutlich zu dominieren, da zu dieser Zeit beispielsweise fast ausschließlich Anredeformen und Diskursmarker aus dem Türkischen genutzt werden (vgl. Auer 2013, S. 18 f.).

181 Mit dem Begriff ‚Salienz‘ wird hier die Wahrnehmung sprachlicher Auffälligkeiten verstanden, die sowohl stimulusinduziert als auch erwartungsinduziert zu verstehen ist (vgl. Purschke 2014).

der deutschen Komödie „Fack Ju Göhte" (2013).[182] Durch die massenmediale Inszenierung wird Kiezdeutsch propagiert, sichtbar und verfügbar gemacht (Androutsopoulos 2001, S. 334), es wird zu einer allgemein zugänglichen kommunikativen Ressource. Kiezdeutsch wird damit zum Identitätsmarker und Träger soziosymbolischen Potentials für Jugendliche, denn durch die Medien wird der Eindruck verstärkt, dass von der sprachlichen Struktur auf die soziale Einbettung der Sprecher geschlossen werden kann.

Insgesamt kommt es zu einer De-Ethnisierung des ursprünglich deutsch-türkischen Ethnolekts, weil insbesondere deutsche und drittethnische jugendliche Sprecher das soziosymbolische Potential der sprachlichen Form nutzen.[183] Kiezdeutsch wird so zu einer Sprechweise des Deutschen, die für die einzelnen Sprecher Unterschiedliches bedeuten kann. Dabei ist zwischen mindestens zwei Funktionen zu unterscheiden, dem Basiscode multiethnischer Ghetto-Identität und stilisierten Formen von deutschen Jugendlichen (vgl. Deppermann 2007b, S. 43 ff.).

Stil oder Varietät

Kiezdeutsch wurde bisher als Sprechweise oder Stil bezeichnet. Dies widerspricht oberflächlich gesehen der Intention von Wiese (2012), Kiezdeutsch als Varietät, genauer als Dialekt des Deutschen zu verorten. In der Forschungsliteratur werden die Konzepte ‚Stil' und ‚Varietät' häufig voneinander abgegrenzt. Einzelne sprachliche Merkmale bzw. Merkmalsbündel können jedoch sowohl Stile als auch Varietäten kennzeichnen. Sog. Gruppenstile (vgl. Kap. 3.2.4), wie sie beispielsweise typisch sind für bestimmte Altersgruppen (z. B. Jugendliche) oder bestimmte Berufsgruppen (z. B. Seefahrer),[184] könnten sich in ihrem Überschneidungsbereich befinden. So schlägt Auer (2013, S. 20 f.) in Bezug auf Kiezdeutsch eine weitere Möglichkeit der Abgrenzung von Stil und Varietät auf der Grundlage des ethnografisch-interaktionalen Stilbegriffs von Eckert (2000) vor. Grundlegend für diesen Stilbegriff ist das Konzept der Community of Practice (vgl. Kap. 3.1). Es kennzeichnet Stile als sprachliche Erscheinungsformen, die in kleineren Personengruppen entwickelt werden, die regelmäßig miteinander interagieren und bestimmte soziale Praktiken miteinander vollziehen (z. B. in der Wohngemeinschaft oder im Sportverein). Stile gelten dabei als hochgradig kontextabhängig und äußerst dynamisch, weshalb dieser Stilbegriff die situativen Varianten der Individuen innerhalb der CofP fokussiert. Besondere Betonung finden die Wechselwirkungen zwischen der sozial-situativen Einbettung und der Art des Sprechens. Sprechen wird in diesem Zusammenhang als ‚stylistic practice' verstanden (vgl. Kap. 3.1). Sie erlaubt es, den Prozess der interaktionalen Konstruktion von Identitäten besser zu beschreiben und zu verstehen.

182 Im Film sprechen Schüler mit und ohne Migrationshintergrund Kiezdeutsch.

183 Hinweise auf die De-Ethnisierung der Merkmale finden sich beispielsweise in den Sprechweisen Hamburger und Berliner Jugendlicher ohne Migrationshintergrund (vgl. Auer 2013, S. 20).

184 Besonders relevant können Merkmale solcher Gruppenstile etwa bei der Erhebung sprachlicher Befunde im Rahmen der Autorenerkennung sein (vgl. Kap. 5.1).

Varietäten sind hingegen in erster Linie strukturell definiert. Das heißt, ihre Merkmale werden als System mit relativ festen Grenzen und Strukturen beschrieben. Varietäten beziehen sich zudem auf größere Sprechergemeinschaften, in denen die Individuen nicht unbedingt in persönlichen Kontakten miteinander stehen müssen. In der angloamerikanischen Soziolinguistik werden die Begriffe ‚variety' und ‚style' häufig synonym verwendet.[185] Diese Gleichsetzung ermöglicht Wiese (2012), Kiezdeutsch als Dialekt zu verorten. In der deutschen Forschungstradition werden Dialekte jedoch primär diatopisch definiert. Da Kiezdeutsch weniger diatopisch, sondern vielmehr ethnisch oder sozial bestimmt werden kann, fasst es Auer (vgl. 2013, S. 20) unter den Prämissen der ethnografisch-interaktionalen Stilistik als Stil.[186]

Für diese Auffassung spricht weiterhin, dass sich ethnische Sprechweisen mit soziosymbolischer Aufladung oft erst ab der zweiten Migrantengeneration herausbilden. Für die zweite Generation, die in der Regel zweisprachig aufwächst, ist es leichter, die zielsprachlichen Normen zu erlernen. Der Sprachgebrauch der Elterngeneration – auch deren fossilierte Lernervarietät – spielt dabei weiterhin eine wichtige Rolle. Die auffälligen ethnischen Merkmale, wie die Nichtrealisierung von Artikeln und Präpositionen werden für die Verortung der eigenen Identität als relevant gesetzt. Damit bekommt die Sprechweise eine soziale Bedeutung. Von ihr wird auf die ethnische Herkunft, den Bildungsgrad oder das Alter der Sprecher geschlossen. Für die Betrachtung von Kiezdeutsch als Stil innerhalb einer CofP spricht außerdem, dass die Sprecher der zweiten und dritten Generation Kiezdeutsch auch in Formen des Code-Switchings und Code-Mixings ausdrücken (vgl. Keim 2006). Diese Fähigkeit, die mit einem hohen Maß an sprachlicher Kreativität verbunden ist, genießt in bestimmten Kontexten ein ebenso hohes Prestige wie das Crossing. Kiezdeutsch wird so zum Marker einer bestimmten Kiez-Identität.

Kiezdeutsch als Stilphänomen

Stil lässt sich vor der Folie von Varianten bestimmen und ethnische Sprechweisen stellen in ihren Einzelelementen einen Teil eines sprachlichen Repertoires, des Optionsraumes (vgl. Kap. 3.2), dar. Wie Stil in der Interaktion erzeugt wird, können die Analysen von Wechselwirkungen verdeutlichen. So beeinflussen zwar soziale Parameter wie Alter, Geschlecht, ethnische Zugehörigkeit und Lebensumfeld die Art des Sprechens. Zugleich wird die Sprechweise aber durch diese Parameter nicht determiniert. Sie beeinflusst zudem auch soziale Parameter und die Einstellung eines Individuums oder einer Gruppe dazu. Die Art des Sprechens kann beispielsweise das biologische Geschlecht betonen (*die Studentin und der Student*) oder verdecken (*Studierende*). Entscheiden sich alle Sprecher einer CofP dazu,

185 Vgl. Trudgill (1992, S. 23): „[A] variety of language which differs grammatically, phonologically and lexically from other varieties, and which is associated with a particular geographical area and / or a particular social class or status group."

186 Nach Coupland (vgl. 2007, S. 2) lässt sich Dialektgebrauch auch als Anwendung eines sozialen Stils verstehen.

genderneutral zu kommunizieren, kann die Kategorie (soziales) ‚Geschlecht' für diese CofP an Bedeutung verlieren.

Die ethnografisch-interaktionale Stilistik geht auch der Frage nach, auf welche Weise sozial relevante Kategorien in der Interaktion durch die Verwendung sprachlichen Stils hergestellt und reproduziert werden und damit die soziale Wirklichkeit derjenigen Gruppe bestimmen, die sich dieses Stils bedient (vgl. Deppermann 2007a, S. 34). Dabei können mehrere Kategorien gleichzeitig relevant sein. So kann Kiezdeutsch in bestimmten Kontexten sowohl die Ethnizität als auch eine männlich aggressive Sprechweise zum Ausdruck bringen. In anderen Kontexten verweist es eher auf andere Attribute wie das Alter und den urbanen Lebensraum. Dies zeigt erneut, dass eine sprachliche Form kontextabhängig unterschiedliche Bedeutungen entfalten kann, weshalb sprachliche Strukturen Ressourcen darstellen, die in der Interaktion sowohl abgerufen als auch erst diskursiv belegt und erzeugt werden können.

Sprechstile werden fast immer in der sozialen Interaktion realisiert. Dadurch unterliegen sie in noch stärkerem Maße als Schreibstile Strategien der sozialen Anpassung und Differenzierung. Entscheidend für die Beschreibung und Interpretation von Sprechstilen ist das interaktional erzeugte Kontextwissen. So ist etwa denkbar, dass Kontexte geschaffen werden, in denen die Verwendung der Bezeichnungen *Kanake* oder *Nigger* nicht beleidigend gemeint ist. Natürlich wissen die Sprecher, dass diese Begriffe in anderen Kontexten negative Konnotationen enthalten. Daher ist jeweils genau zu analysieren, Wer Was zu Wem auf welche Weise **in welchem Kontext** mit welcher Wirkung sagt, in welchem sozialen Verhältnis die Sprecher zueinander stehen und wie sich das Verhältnis der Sprecher durch das Gesagte verändert. Die Kontextgebundenheit der Wirkung sprachlichen Stils betont u. a. Coupland (2007, S. 18): „style lives in a dialogic relationship with context". Der soziale Kontext wird permanent diskursiv ausgehandelt in einem komplexen Zusammenspiel mit sprachlichem Stil. Die Fokussierung auf diese komplexen Zusammenhänge stellt zum einen die Stärke der ethnografisch-interaktionalen Stilistik dar, zum anderen zeigt sie deren Grenzen. Denn einerseits kann der prozessuale Charakter und die Dynamik der Herstellung von Stil deutlich klarer herausgearbeitet werden. Andererseits ist die Vielschichtigkeit und Komplexität mündlicher Kommunikation kaum vollständig erfassbar, weil niemals alle relevanten Kontextfaktoren und deren Wechselwirkungen erschöpfend offen gelegt, beschrieben und ausgewertet werden können.[187] Der persönliche und zeitliche Aufwand ethnografischer Untersuchungen ist darüber hinaus sehr groß.

Ethnische Sprechweisen wurden bisher insbesondere im Rahmen der ethnografisch-interaktionalen und/oder der pragmatisch-kommunikativen Stilistik beschrieben (vgl. Auer 2013; Quist 2008; Eckert 2008). Kiezdeutsch stellt eine solche ethnische Sprechweise bzw. einen solchen Sprechstil dar. Es zeichnet sich durch besonders auffällige prosodische und grammatische Merkmale aus, die u. a. durch Sprachkontakt entstanden sind (s. o.).

187 Der beobachtende Wissenschaftler nimmt zudem mit seiner Präsenz selbst Einfluss auf die Interaktion, die er wiederum nur bedingt beobachten kann, indem er beispielsweise die Gesamtinteraktion mit einer Kamera filmt.

Werden diese Merkmale in der Interaktion oder in Medienprodukten realisiert, sind sie häufig Anzeichen bzw. Index für eine spezielle Kiez-Identität. Wird nun im Hinblick auf eine interaktionale Stilanalyse versucht, die relevanten Kontextfaktoren zu bestimmen, zeigen sich etwa Grenzen in Bezug auf die Intentionen der Sprecher, die sich vielfach nur aus dem Gesagten rekonstruieren lassen. Als Indiz gilt die sprachliche Form, die im Face-to-Face-Gespräch vom Rezipienten in Kombination mit anderen Faktoren wie Mimik, Gestik und Intonation interpretiert wird.[188] Dieses komplexe Zusammenspiel von Sprache, Mimik, Gestik und anderen sozial-relevanten Faktoren kann hier nicht in einer umfassenden Mehrebenenanalyse dargestellt werden.[189]

Kiezdeutsch wird vor allem im urbanen und multiethnischen Milieu unter Jugendlichen gesprochen. Werden die Sprecher älter und verlassen sie dieses Milieu, verliert ihre Sprechweise die ethnischen Marker (vgl. Keim 2007). Daran zeigt sich auch, dass Kiezdeutsch verschiedene Merkmale und Funktionen mit jugendlichen Sprechstilen teilt. Jugendliche Sprechstile sind immer Ausdruck von sozial-kultureller Positionierung. Diese Positionierung erfolgt etwa in Relation zum Verhalten bzw. zu den Sprechweisen der Elterngeneration oder der Mehrheitsgesellschaft. Als typische Ausdrucksmittel, um sich nach innen (in Richtung Peer-Group) und nach außen (beispielsweise gegenüber der Erwachsenengeneration) zu positionieren, gelten in diesem Zusammenhang Hyperbolisierungen, Abtönungen und / oder Intensivierungen.

Der CofP-Ansatz impliziert, dass Sprechstile Ausdruck maximengeleiteter Sprachhandlungen sind. Das heißt, unseren sprachlichen Handlungen liegen oft Motivationen und Leitsätze zu Grunde, die der Befriedigung bestimmter Kommunikations- und Ausdrucksbedürfnisse dienen. Die Sprechstile spiegeln sprachliche Wissensbestände, Problemlösungs- und Emanzipationsstrategien wider, die die soziale Praxis innerhalb der CofP hervorgebracht hat. Keller (2003) formuliert unter der Voraussetzung, dass Sprechen eine soziale und maximengeleitete Handlungsform ist, folgende Hypermaxime: „Rede so, daß Du sozial erfolgreich bist, bei möglichst geringen Kosten.“ (Keller 2003, S. 143) Bezogen darauf bedeutet ‚erfolgreich zu sprechen‘, in bestimmten Kontexten, die grob als urban, multiethnisch und jugendlich beschrieben werden können, eben Kiezdeutsch zu sprechen. Aus der genannten Hypermaxime lassen sich für jugendliche Kiezdeutschsprecher besonders die Befolgung zweier Teilmaximen ableiten (Keller 2003, S. 137): „Rede so, daß Du als nicht zu der Gruppe gehörig erkennbar bist“ (nicht zur Gruppe der Erwachsenen) und „Rede so, daß Du als Gruppenzugehöriger zu erkennen bist“ (als Angehöriger der Peer-Group). Die Jugendlichen versuchen sich durch (un)bewusste sprachliche Variation von ihrer Elterngeneration, der Mehrheitsgesellschaft, den Lehrern, der nachfolgenden Generation und anderen Jugendgruppen abzusetzen. Dazu dienen ihnen beispielsweise individuelle und / oder kleingruppenspezifische Strategien des Crossings, Code-Switchings und / oder Code-Mixings. Die CofP erfüllt auch durch die gemeinsame Art des Sprechens

---

188 Deshalb beschränken sich ethnomethodologische Konversationsanalytiker wie Garfinkel (1967) bei ihren Untersuchungen nur auf ‚sichtbare‘ Strukturen wie die Sprachverwendung.

189 Zur Mehrebenenanalyse von Gesprächen vgl. Deppermann 2007a, S. 43 ff.

eine wichtige Funktion in der Sozialisation der jugendlichen Sprecher, indem sie bei der Identitätssuche Muster und Vorbilder anbietet.

Ein wichtiger Faktor besteht außerdem darin, dass Kiezdeutsch – insbesondere unter den deutschstämmigen Sprechern – ein hohes sogenanntes verdecktes Prestige hat und gleichzeitig von vielen Lehrern, die als Repräsentanten der Mehrheitsgesellschaft gelten können, abgelehnt wird. Kiezdeutsch wird nicht von Erwachsenen gesprochen und viele Lehrer bewerten Kiezdeutsch negativ, mitunter als Provokation. Jugendliche aktivieren das sozial-symbolische Potential, das mit Kiezdeutsch und seiner Wahrnehmung in der breiten Öffentlichkeit verbunden ist. Gerade deutsche Jugendliche intendieren nicht primär, ihre Ethnizität anzuzeigen, sondern vielmehr die Abgrenzung gegenüber älteren Generationen. Zudem geht es darum, über die Sprechweise vom verdeckten Prestige der Kiez-Lebensform zu partizipieren. Innerhalb von verschiedenen Kontexten kann Kiezdeutsch darüber hinaus weitere Einstellungen transportieren, z. B. die Zugehörigkeit zu einer bestimmten Altersgruppe, zur Hip-Hop-Kultur oder die Betonung von Männlichkeit und Aggressivität (vgl. Deppermann 2007b). In der Regel werden mehrere dieser sozialen Bedeutungen gleichzeitig zum Ausdruck gebracht.

Anwendungsbeispiel

Die folgende Analyse basiert auf einem authentischen Dialog aus dem KiezDeutsch-Korpus[190] (transkribiert veröffentlicht in Wiese et al. 2012, S. 112). Großbuchstaben markieren dabei Hauptakzente, unbekannte Sprecher werden als Spk 1 gekennzeichnet. Die Zeichenkombination MuH9WT beinhaltet folgende vier Informationen:

Mu	= multiethnischer Hintergrund (Sprecher aus dem Hauptkorpus),
H9	= Sprechernummer,
W	= weiblich und
T	= Türkisch als Familiensprache.

Das heißt, das folgende Transkript enthält die Unterhaltung eines unbekannten Sprechers mit einer Sprecherin, die aus einem der multiethnischen Stadtteile Berlins kommt und innerhalb der Familie Türkisch spricht. Diskutiert wird der Erwerb eines Kleidungsstücks.

190 Das KiezDeutsch-Korpus ist ein Korpus gesprochener Sprache, das 2008 in multiethnischen (Hauptkorpus) und monoethnischen (Ergänzungskorpus) Berliner Stadtteilen erhoben wurde. Die Erhebung erfolgte durch Selbstaufnahmen von 23 Jugendlichen zwischen 14 und 17 Jahren mit verschiedenen sprachlichen Hintergründen. Diese wurden als sogenannte ‚Anker-Sprecher' mit Mikrofonen ausgestattet, um Peer-Group-Gespräche im privaten und öffentlichen Raum aufzuzeichnen. Das KiezDeutsch-Korpus besteht somit aus spontansprachlichen, nicht-monologischen Gesprächsmitschnitten von Jugendlichen mit und ohne Migrationshintergrund. Die Daten wurden für korpuslinguistische Untersuchungen aufbereitet und sind nach Anmeldung frei zugänglich. Die Daten liegen in einer literarischen Transkription vor, die weitgehend orthografisch ist, jedoch die Kennzeichnung von prosodischen, varietätenspezifischen und individuellen Merkmalen erlaubt (vgl. Wiese et al. 2012, S. 104).

MuH9WT: wir GUCken so , da is so ein oberteil ja rischtisch SCHÖN ,
Spk 1: wie siehts AUS ?
MuH9WT: **so Lila** , aber GLITzern , weißt doch so voll SCHÖN und (-)
Spk 1: war war dis auf TRÄger ?
MuH9WT: nein . (-) dis war so TI:shirt und dann noch hier so OFfen , weißtu , so LOCker .
Spk 1: hier OFfen ?
MuH9WT: ja .
Spk 1: in SILB so GRAU ?
MuH9WT: nein , **in LIla so** .
Spk 1: isch habs in GRAU geholt von vera MOda , drei Euro wa ?

Sprechstile können natürlich nicht an einem sprachlichen Merkmal festgemacht werden, sondern treten immer als Merkmalsbündel in Zusammenhang mit bestimmten Kontextfaktoren auf. Wiese et al. (2012, S. 112) demonstrieren am zitierten Dialog die Verwendungsweise von *so* als Fokusmarker im Kiezdeutschen.[191]

Im transkribierten Beispiel (s. o.) betont das vorangestellte *so* in *so LIla* die Antwort auf die Frage nach der Farbe des Oberteils. Das nachgestellte *so* in *in LIla so* betont hingegen die Korrektur der Frage, die vorher im Gespräch mit *so LIla* eigentlich schon beantwortet wurde. Weitere Beispiele für die Verwendung dieses Fokusmarkers sind im Transkript: *wir GUCken so, so voll SCHÖN, so TI:shirt, so OFfen* und *so LOCker.*[192] Weitere Merkmale, die in diesem Dialog auf Kiezdeutsch hinweisen, sind das sporadische Auslassen von Artikeln (*war war dis auf TRÄger ?; dis war so TI:shirt*) und Pronomen (*weißt doch so*), die Gesprächspartikel *weißtu*, die Intensivierung mit *voll* (*so voll SCHÖN*), Enklisen wie in *wie siehts AUS ?* und *isch habs in GRAU geholt* und die Aussprache von [iç] als [iʃ] (*ja rischtisch SCHÖN; isch habs in GRAU geholt*). Als Merkmalsbündel zusammengefasst, generieren diese Abweichungen von der Standard- und der Umgangssprache den kiezdeutschen Sprechstil. Dieser Sprechstil ist Teil einer Gesamtsituation und mit dem Wissen um die Gesprächssituation, den ethnischen Hintergrund und das Alter der Sprecher sowie weiterer Faktoren verbunden, die alle in Wechselwirkung stehen. Sie alle müssten betrachtet werden, um die Dynamik der Selbstdarstellung bzw. der Identitätserzeugung der Sprecher in der Interaktion und die daraus resultierenden Rückkopplungen auf die sprachliche Struktur vollständig verstehen und erklären zu können. Diesbezügliche umfassende Mehrebenen-

191 Fokusmarker dienen der Informationsstrukturierung, indem sie den zentralen Punkt einer Aussage markieren. In semantischer Hinsicht sind sie entleert, d. h., sie haben keinen Anteil an der Bedeutung. *So* kann demnach dann als Fokusmarker klassifiziert werden, wenn es nicht zur Satzbedeutung beiträgt, unbetont ist und zusammen mit einem Element auftritt, das im Fokus einer Aussage steht. *So* wird als Fokusmarker zwar nicht ausschließlich von Kiezdeutschsprechern verwendet, ist bei diesen jedoch besonders häufig (vgl. Wiese et al. 2012, S. 110).

192 Vielfach können derartige Elemente erst dann präzise zugeordnet werden, wenn der Ko(n)text und die Prosodie bekannt sind.

analysen setzen die Analyse des Sprechstils voraus, um die Interaktion innerhalb einer CofP erklären zu können.

Das folgende Beispiel zeigt, wie eine Gruppe von deutschen Jugendlichen durch den Gebrauch von Kiezdeutsch Identität konstruiert. Dabei wird einerseits deutlich, dass sie sprachlichen Merkmalen in der Interaktion soziosymbolisches Potential zuschreiben und Kiezdeutsch andererseits auch unter Jugendlichen mit geringem Prestige belegt sein kann. Das Transkript (transkribiert veröffentlicht in Deppermann 2007b, S. 48–49) veranschaulicht, wie die Sprechweise eines Kiezdeutsch-Sprechers von Gleichaltrigen verspottet und gegen seine Intention gewendet wird, besondere ‚street credibility' durch sein Sprechen zu erlangen.

```
01  Denis:  du hast ja auch <<len>> vOll kO:mischen hAwacks[193]
02          bei dir in de gruppe ey,> (-)
03  Knut:   ja wer bei mir?
04  Denis:  =äh also in de kl: (.) in de klAsse, (-)
05  Knut:   isch hab kein: hAwack-
06          (1,0)
07  Bernd   [höhö-]
08  Denis   [kennst]t=e der eine spAst der immer so <<all, p> komisch labert>
09          <<gepresst, f, tiefer werdend> HÖY Aldär höy AOldär öy kr↓Ass öy,>
10          hh.he. (-)
11  Frank:  <<len> is=hald ↑Uldra den kerle WEIß=u,> (-)
12  Knut:   wEn meinst=en dU? (1,0)
```

Zunächst unterhalten sich Denis, Knut und Bernd in ihrer jugendsprachlich und südhessisch getönten Umgangssprache (Zeile 01–08). Denis bezieht sich dann in Zeile 09 – sprachlich deutlich abgesetzt – auf die Sprechweise eines Klassenkameraden von Knut, der vorher abwertend als ‚Hawack' (Zeile 01) und als ‚Spast' (Zeile 08) bezeichnet wird. Um den Kiezdeutsch-Sprechstil dieses Jugendlichen zu zitieren, verändert Denis auffällig seine Stimmlage. Das *Code-Switching* ist deutlich durch die folgenden Merkmale markiert: Die auffälligen lexikalischen Code-Marker sind *krass* und *alder*. Lautlich fallen das geschlagene [ʀ] in *krass*, der zu [d] lenisierte Fortis-Plosive [t] und die nach hinten verlagert gebildeten und in Richtung Schwa verdumpft und zentralisierten Vokale ([a] > [ɒ]) wie in *AOldär* ins Gewicht. Hinzu kommt ein verlangsamtes Sprechtempo, das mitunter den Charakter der Inszenierung verdeutlicht (vgl. Deppermann 2007b, S. 48). Frank baut in seinen anschließenden Redebeitrag ebenfalls stilisierte Merkmale ein (Zeile 11). Die Verwendung von *Uldra* als Adjektiv und die Klitisierung zu *WEIß=u* kennzeichnen die Kiezdeutsch-

193 Der Begriff ‚Hawack' (oder ‚Hawak') tritt in dem von Deppermann (2007b, S. 46) untersuchten Korpus auf als eine abwertende Bezeichnung für „einen spezifischen Typus des südländisch aussehenden und sich in bestimmter Weise verhaltenden männlichen Jugendlichen".

imitation. Außerdem kommt es auch hier zur Lenisierung der Fortis-Plosive (*hald*, *Uldra*) und einem verlangsamten Sprechtempo. Auffällig sind weiterhin die Reduzierung des Konsonantenclusters /st/ zu /s/ in *is=hald*, das Subjektpronomen *den* (anstatt *der*) und die Verb-Subjekt-Stellung (anstatt Subjekt-Verb-Stellung).

Identität wird dadurch konstruiert, dass die Kiezdeutsch-Merkmale zunächst dekontextualisiert werden und anschließend stilisiert in die eigenen Redebeiträge Eingang finden. „Mit der Überlagerung von Stimmen wird Identitätsarbeit betrieben. Durch das Portrait des Fremden wird nicht nur diesem Identität zugeschrieben, sondern auch der Sprecher selbst nimmt für sich, durch den sozialen Vergleich der Stimmen, kontrastiv eine bestimmte Identität in Anspruch." (Deppermann 2007b, S. 48) Aus der Einschätzung von Frank in Zeile 11 wird beispielsweise ersichtlich, dass der zitierte Kiezdeutsch-Sprecher mit seiner Sprechweise Stärke und Männlichkeit zum Ausdruck bringen möchte. Dieser Identitätsanspruch wird letztlich von Denis und Frank verspottet.

Zusammenfassend kann festgehalten werden, dass Kiezdeutsch und die deutsche Standardvarietät keine völlig unterschiedlichen Codes sind. Die Lexikongebersprache ist Deutsch und auch die grammatischen Strukturen der Standardsprache lassen sich vielfach im Kiezdeutschen nachweisen. Allerdings weist Kiezdeutsch auf allen linguistischen Beschreibungsebenen Merkmale auf, die auffällig vom Standarddeutschen abweichen. So realisieren die Sprecher oftmals ‚falsche' oder gar keine Artikel und Präpositionen. Sie integrieren an zentralen Punkten des Gesprächs die Lexik anderer Sprachen (z. B. türkische oder arabische Wörter). Hinzu kommen grammatisch-pragmatische Innovationen wie neue Diskursmarker, Partikeln und Wortstellungsvarianten. Auf der phonologischen Ebene ist die Koronalisierung von [iç] zu [iʃ] am auffälligsten. Eine stilistische Perspektive auf Kiezdeutsch ist insbesondere dann gewinnbringend, wenn die soziale Einbettung der Sprache in einer CofP untersucht werden soll und es darum geht, sprachlichen Stil als Mittel zur Identitätskonstruktion und zur Positionierung in sozialen Geflechten zu verstehen. Inwieweit diese Sprechweisen auf dem Weg sind, sich zu stabilen Varietäten auszubilden, welche Formen bei den Sprechern auf Dauer erhalten bleiben und wie viel schließlich in die Gemeinsprache übergehen wird, scheint noch offen (vgl. Deppermann 2013, S. 2).

Weiterführende Literatur:

Auer, Peter: Ethnische Marker im Deutschen zwischen Varietät und Stil. In: Deppermann, Arnulf (Hrsg.): Das Deutsch der Migranten. (= Jahrbuch des Instituts für Deutsche Sprache 2012). De Gruyter, Berlin 2013, S. 9–40.

Neuland, Eva: Jugendsprache. Eine Einführung. Francke, Tübingen 2008.

Riehl, Claudia M.: Sprachkontaktforschung. Eine Einführung. Narr, Tübingen 2014.

Wiese, Heike: Kiezdeutsch. Ein neuer Dialekt entsteht. C. H. Beck, München 2012.

5.3 Schreibdidaktik

Eine der Hauptaufgaben des Muttersprachunterrichts besteht darin, Kinder zum Umgang mit Schriftlichkeit zu befähigen. Schriftspracherwerb bedeutet dabei viel mehr als die Techniken des Lesens und Schreibens zu erlernen, er umfasst auch spezifische Formen der Sprachverwendung und des Denkens, die für das Planen und Schreiben schriftlicher Texte notwendig sind. Er schließt z. B. die Fähigkeit ein, die eigenen Formulierungen zu überprüfen, zu revidieren und am Planungsziel zu messen.

Ein Blick auf die Aufgaben, die Kinder beim Schriftspracherwerb zu meistern haben, zeigt, dass der Schriftspracherwerb ein sehr anspruchsvoller Prozess ist, der zunächst mit dem Kennenlernen der Buchstaben beginnt. Diese **Anfangsphase der Aneignung der Schriftsprache** gilt als zentraler Gegenstand der Muttersprachdidaktik und wurde bereits entsprechend breit erforscht. In diesem Zusammenhang geht es z. B. um die Grundlagen der alphabetischen Schrift (Einheiten und Strategien der Verschriftlichung lautlichen Wissens, den schriftspezifischen Wortbegriff oder Stufen der Rechtschreibentwicklung) und soziale Aspekte wie z. B. den Einfluss der familiären Umgebung, Unterschiede zwischen Jungen und Mädchen, Interkulturelles und Mehrsprachigkeit. Es betrifft darüber hinaus auch mögliche, zum Teil sogar medizinisch begründete Schwierigkeiten beim Erlernen des Lesens und Rechtschreibens (z. B. Legasthenie) und vor allem natürlich die verschiedenen didaktisch-methodischen Konzeptionen, die Kindern Hilfestellungen beim Erlernen der schriftsprachlichen Techniken geben sollen.

An die anfängliche Stufe des Schriftspracherwerbs schließen sich verschiedene **reifere Phasen der Schreibentwicklung** an. Schüler müssen sich mit methodisch-handwerklichen Seiten des Herstellens komplexer Texte befassen und Schritt für Schritt bestimmte Teilkompetenzen[194] für das Schreiben erwerben. Dazu gehört beispielsweise eine Zielsetzungskompetenz, die die Berücksichtigung der Schreibfunktion und des Adressaten einschließt, eine Strukturierungskompetenz[195] und eine Formulierungs- und Revisionskompetenz (vgl. Budde et al. 2012 in Anlehnung an Fix 2006).

Wie das abgebildete Textbeispiel (Abb. 23) zeigt, hat das mit inhaltlichem Wissen und Sprachwissen, pragmatischem Wissen und vor allem einem Musterwissen zu tun.

194 Nachdem die Kultusministerkonferenz der Bundesrepublik Deutschland 2003 das viel beachtete Konzept der nationalen Bildungsstandards vorgeschlagen hatte, rückte der Kompetenzbegriff in vielen Lehrplänen stärker in den Vordergrund. Im Zuge dessen richten sich auch die verschiedenen Teilbereiche des Deutschunterrichts in den meisten Bundesländern nicht mehr wie bisher an verbindlich vorgeschriebenen Inhalten, sondern an Kompetenzen aus. Diese konsequente Ergebnisorientierung des Bildungssystems ist eine Reaktion auf die PISA-Vergleichsstudie.

195 Strukturierungskompetenz umfasst im Kompetenzmodell von Budde et al. (2012) auch die Fähigkeit, bestimmte Textmuster zu realisieren.

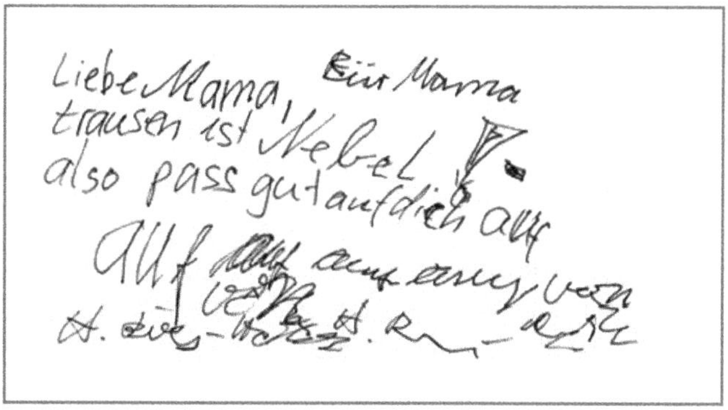

Abb. 23: Textbeispiel frühe Phase des Schriftspracherwerbs

Ziel der modernen Schreibdidaktik sind die Lehr- und Lernbarkeit des Schreibens im Sinne der Entwicklung einer Schreib- bzw. Textgestaltungskompetenz. **Schreib- oder Textkompetenz** umfasst dabei zunächst allgemein die Fähigkeit, Texte zu erstellen. Hinzu kommt Wissen über Textsorten, das die Schüler befähigt, im Hinblick auf Kommunikationsbereiche und deren Kommunikationsziele angemessene Texte zu produzieren. Der Aspekt der Angemessenheit bezieht sich in erster Linie auf den Stil, also die Art der sprachlichen Formulierung, und die Gestaltung von Texten in Relation zu vorhandenen Textsortenmustern.

Es gehört zu den Aufgaben der Sprachdidaktik, immer wieder neu über die Gegenstände, die im Deutschunterricht behandelt werden, nachzudenken und zu fragen, welche **Bildungsaufgabe** sie erfüllen. Als unstrittig gilt die Bildungsaufgabe ‚Textkompetenz', denn sie ist zentral für sozial erfolgreiches Handeln und stellt heutzutage für viele Berufsfelder eine „Schlüsselqualifikation" dar. Allerdings herrscht keine Einigkeit darüber, welche sprachwissenschaftlichen Gegenstände für Entwicklung von Schreibkompetenz nutzbar gemacht werden können:

> Generelle Stilregeln und ‚Schreib-Rezepte', die die Ausdrucksvielfalt mit normativem Anspruch in eine bestimmte Richtung lenken, entsprechen jedoch nicht einer Schreibdidaktik, die Schreiber befähigen soll, möglichst vielfältigen stilistischen Anforderungen unterschiedlicher Schreibsituationen und Textsorten gewachsen zu sein und eigenständig Formulierungsentscheidungen treffen zu können. (Steinig / Huneke 2011, S. 138)

Um die Anwendbarkeit einzelner Aspekte der vorangegangenen vier Kapitel im Deutschunterricht zu zeigen, soll zunächst ein Blick auf die Arbeitsfelder im Schulfach ‚Deutsch' gerichtet werden. Die thematischen Inhalte, die im Schulfach ‚Deutsch' in Lehrplänen der einzelnen Bundesländer im Zentrum stehen, lassen sich zu folgenden Arbeitsfeldern zusammenfassen:

- **Mündliche Kommunikation** (miteinander sprechen)
- **Umgang mit Texten** (lesen und verstehen)

- **Reflexion über Sprache** (Sprache untersuchen)
- **Texte schreiben** (Aufsatzunterricht)
- **Rechtschreiben**
- **Medien** (Internet, Fernsehen)

Mit Ausnahme des Bereichs ‚Rechtschreiben' sind bestimmte Gegenstände der Stilistik und Textlinguistik[196] für jedes dieser Arbeitsfelder bedeutsam. Das betrifft auch das Arbeitsfeld ‚Umgang mit Texten', das traditionell der Literaturdidaktik näher steht und zugleich als Verbindung zwischen den beiden Arbeitsbereichen ‚Sprachdidaktik' und ‚Literaturdidaktik' innerhalb der Deutschdidaktik angesehen werden kann. Im Kern ist das Arbeitsfeld ‚Texte schreiben' betroffen, das sich mit dem Schreiben von Aufsätzen sowie schulischen und außerschulischen Textsorten allgemein befasst.

Innerhalb des Arbeitsfeldes **‚Texte schreiben'** sind im Allgemeinen diejenigen sprachwissenschaftlichen Gegenstände relevant, die Wissensbestände enthalten, die ein Schreiber für einen gelingenden Schreibprozess benötigt. Dazu gehört Wissen über:

- den Gegenstandsbereich **‚Text'**,
- **Merkmale von Textsorten** und nicht zuletzt
- **stilistische Kenntnisse**, aus denen sich eine Handlungsorientierung ergibt.

Eine begrenzte Aufstellung von Textualitätsmerkmalen und -hinweisen – wie sie im ersten Kapitel erfolgt ist – kann dazu dienen, Schülern grundsätzliche Anforderungen an die Textgestaltung (wie Kohärenz und Kohäsion) bewusst zu machen und zugleich alternative Möglichkeiten ihrer Realisierung zu vermitteln (= **Textwissen**).

Mit dem Textualitätsmerkmal der Musterhaftigkeit ist zudem ein Wissen über Textmuster verbunden, das ganz zentral für die Realisierung von Textsorten sowie deren Interpretation (z. B. ästhetische Formung bei Gedichten) ist. Zur Musterhaftigkeit zählen darüber hinaus auch die konvergenten und divergenten stilistischen Handlungsmuster. Vor allem letztere haben entscheidenden Einfluss auf die textsortenspezifische Prägung von Texten (= **Textmusterwissen**).

Besonders lohnend für das schulische Arbeitsfeld ‚Texte schreiben' scheint das Sprachwissen im Sinne eines systematischen Wissens über Wahlmöglichkeiten im Sprachsystem, die als allgemeine Voraussetzung für stilistische Entscheidungen anzusehen sind (= **Stilistisches Wissen**). Stil konsequent als Wahlphänomen aufzufassen, steht im Widerspruch zur weitverbreiteten Meinung, dass Stil etwas Zusätzliches ist, das zur korrekten sprachlichen Form nur hinzukommt. Eine derartige Stilauffassung, die sich etwa auf die Analyse rhetorischer Figuriertheit und anderer exzeptioneller Ausdrucksweisen beschränkt, reicht jedoch nicht aus, um Schreiber zu befähigen, möglichst vielfältigen stilistischen Anforderungen unterschiedlicher Schreibsituationen und Textsorten gewachsen zu sein und eigenständig

196 Für das Arbeitsfeld ‚Mündliche Kommunikation' lassen sich natürlich auch Inhalte der linguistischen Teildisziplin ‚Gesprächsanalyse' – als an die Medialität des Mündlichen gebundenes Pendant zur Textlinguistik – nutzbar machen.

Formulierungsentscheidungen treffen zu können. Demgegenüber hat die Herangehensweise, Stil konsequent als Wahlphänomen aufzufassen – gerade für die Erklärung von Textproduktions- und Rezeptionsprozessen – und damit auch für die Ausbildung von Schreibkompetenz erhebliche Vorteile. Denn zum einen kann durch das Aufzeigen von Alternativen auf allen Ebenen des Sprachsystems (insbesondere der lexikalischen, der morphologischen und der syntaktischen Ebene) sprachliches Wissen über Wortbedeutungen, Möglichkeiten des Satzbaus und der Textverknüpfung vergrößert werden, das für das Formulieren und Überarbeiten benötigt wird. Zum anderen ermöglicht ein solches Vorgehen beispielsweise für den Bereich des Lexikons, Wortschatzelemente mit hoher Frequenz, umfangreicher Verteilung und einer Tendenz zu stilistischer Merkmallosigkeit von denen an der Peripherie des Feldes zu unterscheiden, die in der Regel stilistisch markiert sind, weil sie konventionellen Gebrauchsrestriktionen unterliegen (vgl. Abb. 24 und Kap. 3.2.3).

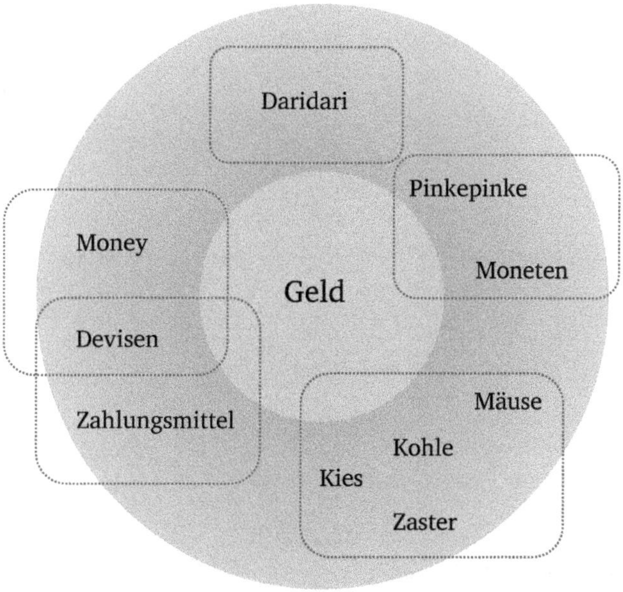

Abb. 24: Wortfeld ‚Geld' mit potentieller Markierung

Die Beschreibung von Gruppen entsprechender Elemente nach der Art ihrer Einschränkung bzw. Markierung und den damit verbundenen funktionalen Optionen dient einerseits Deutschlehrern, um Abweichungen und Fehler zu erklären und andererseits nachvollziehbare Begründungen für die Bewertung von Schülertexten zu geben. Und in diesem Sinne ermöglicht die stilistische Charakteristik von Wahlmöglichkeiten und systematischen Beschränkungen sogar eine – wenn auch natürlich begrenzte – normative Einschätzung, womit dem Vorwurf entgegen getreten werden kann, dass die linguistische Stilistik für didaktische Zwecke zu deskriptiv und nicht normativ genug sei (vgl. Steinig/Huneke 2011,

S. 139). Seitens der Schüler fördert die Beschäftigung mit textlinguistischen und stilistischen Themen zunächst ganz allgemein die Entwicklung von Sprachbewusstheit.

Die Entwicklung von Sprachbewusstsein erfolgt mit dem Ziel, das Sprechen und Schreiben anderer differenziert und kritisch wahrzunehmen, die Folgen eigenen Sprachhandelns genauer abzuschätzen sowie sprachliche Äußerungen anderer besser verstehen und beurteilen zu können.

Da die linguistische Stilistik sprachlichen Stil nicht nur als WIE?, als spezifische Form der sprachlichen Äußerung, sondern auch als WAS?, als zusätzliche Information beschreibt, fördert sie die Schreibkompetenz in Bezug auf pragmatische Aspekte, die aufs Engste mit der Intentionalität und Akzeptabilität von Äußerungen verbunden sind (= **Pragmatisches Wissen**, vgl. Abb. 25).

Abb. 25: Aspekte von Textkompetenz

Wird in der Schule von Erwartungsnormen und Abweichungen gesprochen, fällt dies in den Bereich der **Sprachreflexion** (Arbeitsfeld ‚Reflexion über Sprache'). Sprachreflexion in einem pragmatischen, stilistischen und textlinguistischen Sinne bezieht sich auf die Wirksamkeit, Verständlichkeit, Überzeugungskraft und die situations- und sachgebundene Angemessenheit von Äußerungen. Ein entsprechendes pragmastilistisches Sprachwissen sollte das grammatische Wissen, das traditionell im Zentrum des Arbeitsbereichs ‚Sprachreflexion' steht, ergänzen, indem es Wahlmöglichkeiten bewusst macht und zu stilistisch reiferen Texten führt. Es würde damit als prozedural-gestalterisches Wissen über die Tätigkeit des Schreibens unmittelbar zur Erhöhung von Textgestaltungskompetenz beitragen.

Zu den Aufgaben der Sprachwissenschaft gehört es in diesem Zusammenhang, klare Kriterien für die Stilbeschreibung und Textsortenklassifikation aufzustellen, um Schreib-

und Textkompetenz lehr- und lernbar zu machen. Denn für einen kompetenzorientierten Schreibunterricht ist eine Beschränkung auf einzelne Aufsatzarten und Vertextungsstrategien nicht ausreichend. Er erfordert im Sinne einer Textdidaktik vielmehr eine systematische Einführung in Schreibstile, Textsorten und deren unterschiedliche Grade an Normiertheit. Innerhalb des schulischen Arbeitsfeldes ‚Texte schreiben' betrifft dies natürlich sowohl unterschiedliche Stadien von Schreibentwicklung als auch Entwicklungsprozesse von individuellen Schreibern.

Im Schnee spielen

1 2 3 4

der Schnee
der Schneemann
die Schneefrau
der Schneeball
die Schneeflocken
der Schlitten
holen
er holt
bauen
sie baut
rollen
er rollt
frieren
er friert
tauen
es taut
er taut
schneien
es schneit
weiß
kalt

1 Erzähle zu den Bildern!
Schreibe zu jedem Bild einen Satz auf!

2 Finde Wörter mit dem Wort **Schnee**:
der Schneemann, die …

Schnee

Erkläre die Wörter aus Aufgabe 2 so wie im Merksatz!

Mit zusammengesetzten Namenwörtern (Substantiven) kann man Dinge genauer bezeichnen.
der **Mann**, der **Schnee** → der **Schneemann**
Ein ***Mann*** *aus* ***Schnee*** *ist ein* ***Schneemann.***

Abb. 26: Sprachfreunde Klasse 2

Schreibunterricht erfolgt in verschiedenen Klassenstufen, vor allem in der Grundstufe und der Sekundarstufe I. Hier werden – wie das Beispiel aus dem Lehrwerk „Sprachfreunde"[197]

197 „Sprachfreunde" ist ein Lehrwerk für den Deutschunterricht der Klassenstufen 2–4, das in der abgebildeten Ausgabe Süd vorwiegend in Thüringen, Sachsen und Sachsen-Anhalt eingesetzt wird (vgl. Sprachfreunde 2 und 4, Ausgabe Süd, Volk und Wissen Verlag).

zeigt (vgl. Abb. 26) – bereits ab der 2. Klassenstufe einzelne Gesichtspunkte aus den genannten Bereichen thematisiert. So wird in Verbindung mit einzelnen Wortbildungsverfahren in den ersten beiden Klassenstufen[198] das Bilden einfacher Zusammensetzungen (Komposita) behandelt, in der 3. Klassenstufe erfolgt eine Einführung in ein weiteres sehr produktives Verfahren, die explizite Derivation (Ableitung).

Bereits ab der 4. Klassenstufe wird auf Bedeutungsveränderung und Textwirkung eingegangen. Demgemäß bezieht sich der abgebildete Ausschnitt aus dem Lernbereich ‚Sprache untersuchen' auf den unmittelbaren Einfluss von Wortbildungsprozessen und auf die stilistische Gestaltung eines Textes. Drei der fünf Fragen beziehen sich dementsprechend unmittelbar auf Folgen für die stilistische Gestaltung (vgl. Abb. 27):

Erkläre, was die zusammengesetzten Adjektive im Text bewirken!
Schreibe zu dem Bild passende Sätze! Verwende passende Adjektive!
Schreibe eine „farbenprächtige" Geschichte!

Derartige Aufgabentypen dienen der Entwicklung stilistischer Kompetenz, die zunächst prinzipiell auf Wortschatzerweiterung angelegt ist. Formulierungen wie „zu dem Bild passende" oder „passende Adjektive" wirken normativ, sollen offenbar aber ein Hinweis auf die textsortenspezifische Prägung einer Beschreibung als schulischer Aufsatzform sein. In der Sekundarstufe I wird die Wissensvermittlung in Bezug auf markierte Bereiche des Wortschatzes weitergeführt. Beispielsweise eröffnet der Lernbereich ‚Sprache thematisieren' in der 6. Klasse einen „Einblick in die Wortschatzentwicklung"; Gegenstand sind die Erb-, Lehn- und Fremdwörter. In der 8. Klassenstufe ist eine Unterrichtseinheit zu Anglizismen vorgesehen.

In Bezug auf die didaktische Modellierung solcher linguostilistischer Einzelphänomene lässt sich am Thema ‚fremdes Wortgut' besonders gut erkennen, dass es – zumindest in den Lehrwerken – vorrangig um die Vermittlung von analytischer Kompetenz geht. So erfolgt etwa die Beschreibung von Erb-, Lehn- und Fremdwörtern ausschließlich an Texten zu historischen Themen, so dass ihre Relevanz für andere Textsorten nicht deutlich wird. Darüber hinaus findet weder eine Übung zu deren Schreibung noch eine funktionale Zuordnung statt. Auch auf systematische Vergleiche mit heimischen Äquivalenten wird verzichtet, obwohl diese deutlich machen würden, dass Fremdwort und heimisches Äquivalent:

198 Die Ausführungen beziehen sich exemplarisch auf den sächsischen Lehrplan, der gegenüber zahlreichen anderen Bundesländern nach wie vor inhaltlich orientiert ist.

Die Farben des Herbstes

Leuchtender Herbst
Im Oktober bereiten sich die Laubbäume auf die Winterruhe vor. Sie zeigen sich in herrlichen Farben. Die Buchen hatten bisher mattes grünes Laub. Jetzt leuchten die Blätter kupferrot. Das Eichenblatt färbt sich rostrot. Die Blätter der Kastanie und der Birke schimmern goldgelb. Das Ahornlaub hat auf seiner Blattfläche feuerrote Tupfen.

1 Welche Bedeutung haben die zusammengesetzten Adjektive im Text?
Schreibe so: *kupferrot – so rot wie Kupfer*

2 Erkläre, was die zusammengesetzten Adjektive im Text bewirken!

3 Bezeichne die Farben **Grün**, **Gelb**, und **Rot** genauer!
Bilde dazu zusammengesetzte Adjektive mit passenden Substantiven! Die Bilder helfen dir!
Schreibe so: *so grün wie Moos – moosgrün*

4 Schreibe zu dem Bild passende Sätze!
Verwende passende Adjektive!

5 Schreibe eine „farbenprächtige" Geschichte!
Ich lag auf einer grünen Wiese. Als ich meine Augen schloss, tippte mir ein rotes Teufelchen auf die Schulter und …

Abb. 27: Sprachfreunde Klasse 4

- zur Ausdrucksvariation nebeneinander verwendet werden können (z. B. *Geschichte* vs. *Story*) und
- bezüglich ihrer stilistischen Wirkung auf vielfältige Weise voneinander abweichen können, indem sie z. B. verschiedene Stilebenen und Kommunikationsbereiche anzeigen (z. B. *entgiften* vs. *dekontaminieren*); Fremdwörter mitunter eleganter und pointierter erscheinen (z. B. *modellieren* vs. *schminken, ambitioniert vs. ehrgeizig*) oder sich aufgrund ihrer undurchsichtigen Benennungsstruktur gut als Euphemismen oder Verdunklungen eignen (z. B. *Servicecenter, City-Safety System*).

Eine funktionale Beschreibung in diesem Sinne könnte zur Entwicklung von stilistischer Sensibilität und Formulierungskompetenz als wichtigem Aspekt von Schreib- und Textgestaltungskompetenz beitragen.

Die Schreibentwicklung von Schülern ist ein gestufter Prozess, der als Unterrichtsgegenstand natürlich die Prozesse des Anfertigens und Überarbeitens von Texten umfasst. Im Zuge entsprechender Unterrichtseinheiten wäre es gerade in den oberen Klassenstufen möglich und notwendig, eine systematische Stil- und Textsortenklassifikation in den Rahmenplan zu integrieren. Lerninhalte früherer Klassenstufen könnten hier vertieft und miteinander vernetzt werden, indem z. B. an inhaltlich attraktiven und altersmäßig passenden Textsorten (etwa auch Gebrauchstextsorten) charakteristische Stil- und Textmerkmale erarbeitet werden. In Zusammenhang mit dem Anfertigen und Überarbeiten von Texten können dann z. B. stilistische Entscheidungen für oder gegen ein bestimmtes Wort oder eine Formulierung diskutiert werden:

Was passt besser?
Was klingt besser?
Was ist angemessener?

Und warum?

Ein Beispiel:

> *Anna* ***setzte sich*** *mit ihrer Mutter, ihrem Vater und ihrem Freund in die Kutsche und fuhr nach Hause. Als sie aus der Kutsche* ***sah****, gefror ihr das Blut in den Adern.*
>
> *Anna* ***stieg*** *mit ihrer Mutter, ihrem Vater und ihrem Freund in die Kutsche und fuhr nach Hause. Als sie aus der Kutsche* ***blickte****, gefror ihr das Blut in den Adern.*

Der abschließende Exkurs in die Schreibdidaktik soll als Plädoyer für die breitere Erforschung der Stil- und Textlinguistik und die Anwendung dieses Wissens im Muttersprachunterricht verstanden werden. Denn Stil- und Textwissen ermöglichen prinzipiell, die Ausdrucksvielfalt zu erweitern und funktional in bestimmte Richtungen zu lenken, was unmittelbar zur Ausbildung von Stil- und Textkompetenz beiträgt.

Weiterführende Literatur:

Budde, Monika / Riegler, Susanne / Wiprächter-Geppert, Maja: Sprachdidaktik. Akademie, Berlin 2012.

Fix, Martin: Texte schreiben. Schreibprozesse im Deutschunterricht. Ferdinand Schöningh, Paderborn 2006.

Steinig, Wolfgang / Huneke, Hans-Werner: Sprachdidaktik Deutsch. Eine Einführung. Erich Schmidt, Berlin 2011.

Literaturverzeichnis

ADAMZIK, Kirsten (2004): Textlinguistik. Eine einführende Darstellung. Tübingen: Niemeyer.

ALTHAUS, Hans-Peter (1980): Lexikon der germanistischen Linguistik. Tübingen: Niemeyer.

ANDROUTSOPOULOS, Jannis K. (2000): Zur Beschreibung verbal konstituierter und visuell strukturierter Textsorten: Das Beispiel Flyer. In: Fix, U./Wellmann, H. (Hrsg.) (2000): Bild im Text - Text im Bild. Heidelberg: Winter. S. 343–366.

ANDROUTSOPOULOS, Jannis K. (2001): Ultra korregd Alder! Zur medialen Stilisierung und Aneignung von „Türkendeutsch". In: Deutsche Sprache 29. S. 321–339.

ANDROUTSOPOULOS, Jannis K. (2006): Jugendsprachen als kommunikative Stile. Schnittstellen zwischen Mannheimer Soziostilistik und Jugendsprachforschung. In: Deutsche Sprache 34. S. 106–121.

AUER, Peter (2013): Ethnische Marker im Deutschen zwischen Varietät und Stil. In: Deppermann, A. (Hrsg.) (2013): Das Deutsch der Migranten. (= Jahrbuch des Instituts für Deutsche Sprache 2012). Berlin: de Gruyter. S. 9–40.

BACHTIN, Michail Michailowitsch (1979): Бахтин, М. М.: Эстетика словесного творчества. Москва.

BARZ, Irmhild (1998): Neologie und Wortbildung. Zum Neuheitseffekt von Wortneubildungen. In: Teubert, W. (Hrsg.) (1998): Neologie und Korpus. Tübingen: Narr. S. 11–30.

BARZ, Irmhild (2006): Die Wortbildung. In: Duden. Band 4 Die Grammatik. Mannheim: Dudenverlag. S. 641–772.

BEAUGRANDE, Robert-Alain de/**DRESSLER**, Wolfgang U. (1981): Einführung in die Textlinguistik. Tübingen: Niemeyer.

BLOOMFIELD, Leonard 1933: Language. New York: Holt, Rinehart und Winston.

BOETTCHER, Wolfgang (2009a): Grammatik verstehen. Band 1: Wort. Tübingen: Niemeyer.

BOETTCHER, Wolfgang (2009b): Grammatik verstehen. Band 2: Einfacher Satz. Tübingen: Niemeyer.

BOETTCHER, Wolfgang (2009c): Grammatik verstehen. Band 3: Komplexer Satz. Tübingen: Niemeyer.

BRINKER, Klaus (1985): Linguistische Textanalyse. Eine Einführung in Grundbegriffe und Methoden. Berlin: Erich Schmidt.

BRINKER, Klaus/**ANTOS**, Gerd/**HEINEMANN**, Wolfgang/**SAGER**, Sven F. (Hrsg.)(2000): Text- und Gesprächslinguistik: Ein internationales Handbuch zeitgenössischer Forschung. Berlin / New York: de Gruyter. (Handbücher zur Sprach- und Kommunikationswissenschaft. Band 16. Halbband 1)

BRINKER, Klaus (2005): Linguistische Textanalyse. Eine Einführung in Grundbegriffe und Methoden. Berlin: Erich Schmidt.

BROWN, Penelope/**LEVINSON**, Stephen C. (1987): Politeness: Some universals in language usage. Cambridge: Cambridge University Press.

BRUHN, Manfred (2005): Unternehmens- und Marketingkommunikation. Handbuch für ein integriertes Kommunikationsmanagement. München: Vahlen.

BUDDE, Monika/**RIEGLER**, Susanne/**WIPRÄCHTER-GEPPERT**, Maja (2012): Sprachdidaktik. Berlin: Akademie.

BÜHLER, Karl (1978): Sprachtheorie. Die Darstellungsfunktion der Sprache. Frankfurt / Berlin / Wien: Ullstein.

BURGER, Harald (2005): Mediensprache. Berlin / New York: de Gruyter.

CHERUBIM, Dieter 1980: Fehlerlinguistik. In: Zeitschrift für Germanistische Linguistik 8. S. 1–22.

COUPLAND, Nick (2007): Style: Language Variation and Identity. Cambridge: Cambridge University Press.

CRUSE, Alan D. (1986): Lexical Semantics. Cambridge: Cambridge University Press.

CRUSE, Alan 2011: Meaning in Language. An Introduction to Semantics and Pragmatics. Oxford: Oxford University Press.

DANEŠ, František (1970): Zur linguistischen Analyse der Textstruktur. In: Folia Linguistica 4. S. 72–78.

DEPPERMANN, Arnulf (2007a): Grammatik und Semantik aus gesprächsanalytischer Sicht. Berlin: de Gruyter.

DEPPERMANN, Arnulf (2007b): Stilisiertes Türkendeutsch in Gesprächen deutscher Jugendlicher. In: Zeitschrift für Literaturwissenschaft und Linguistik 148. S. 43–62.

DEPPERMANN, Arnulf (2013): Einleitung: Das Deutsch der Migranten. In: Deppermann, Arnulf (Hg.): Das Deutsch der Migranten. (= Jahrbuch des Instituts für Deutsche Sprache 2012). Berlin: de Gruyter. S. 1–5.

DERN, Christa (2009): Autorenerkennung. Theorie und Praxis der linguistischen Tatschreibenanalyse, Richard Boorberg, Stuttgart 2009.

DIJK, Teun A. van (1980): Textwissenschaft. Eine interdisziplinäre Einführung. München: DTV.

DIMTER, Matthias (1981): Textklassenkonzepte heutiger Alltagssprache. Kommunikationssituation, Textfunktion und Textinhalt als Kategorien alltagssprachlicher Textklassifikation. Tübingen: Niemeyer.

DITTGEN, Andrea Maria (1989): Regeln für Abweichungen. Funktionale sprachspielerische Abweichungen in Zeitungsüberschriften, Werbeschlagzeilen, Werbeslogans, Wandsprüchen und Titeln. Frankfurt am Main: Lang.

DRESSLER, Wolfgang U. (1980): A semiotic model of diachronic process phonology. Wiener Linguistische Gazette 22 / 23. S. 31–94.

Duden. Der Deutsch-Knigge. (2008). Mannheim: Dudenverlag.

Duden. Band 4 Die Grammatik. (2006). Mannheim: Dudenverlag.

ECKERT, Penelope/**MCCONNELL-GINET**, Sally (1992): Think Practically and Look Locally: Language and Gender as Community-Based Practice. In: Annual Review of Anthropology 21. S. 461–490.

ECKERT, Penelope (2000): Linguistic Variation as Social Practice. The Linguistic Construction of Identity in Belten High. Malden Mass.: Blackwell Publishers.

ECKERT, Penelope (2005): Variation, Convention, and Social Meaning. Paper Presented at the Annual Meeting of the Linguistic Society of America. Oakland CA. Jan. 7, 2005. (online: http://www.stanford.edu/~eckert / EckertLSA2005.pdf, Stand 08. 09. 2013)

ECKERT, Penelope (2008): Where do ethnolects stop? In: International Journal of Bilingualism 12. S. 25–42.

EGGS, Ekkehard (2000): Vertextungsmuster Argumentation. Logische Grundlangen. In: Brinker, K. et al. (Hrsg.) (2000): Text- und Gesprächslinguistik. Ein internationales Handbuch zeitgenössischer Forschung. Band 1. Berlin / New York: de Gruyter. S. 397–413.

EHRENREICH, Susanne (2009): English as a Lingua Franca in Multilingual Corporations – Exploring Business Communities of Practice. In: Mauranen, A./Ranta, E. (Hrsg.)(2009): English as a Lingua Franca. Studies and Findings. Newcastle upon Tyne: Cambridge Scholars Publishing. S. 126–150.

EISENBERG, Peter (2006a): Grundriss der deutschen Grammatik. Band 1: Das Wort. Stuttgart: Metzler.

EISENBERG, Peter (2006b): Grundriss der deutschen Grammatik. Band 2: Der Satz. Stuttgart: Metzler.

ELSEN, Hilke (2011): Grundzüge der Morphologie des Deutschen. Berlin / New York: de Gruyter.

ENGEL, Ulrich (1988): Deutsche Grammatik. Heidelberg: Julius Groos.

ENKVIST, Nils Erik (1987): A Note Towards the Definition of Text Strategy. In: Zeitschrift für Phonetik, Sprachwissenschaft und Kommunikationsforschung. Band 40. S. 19–27.

ERBEN, Johannes (2000): Einführung in die deutsche Wortbildungslehre. Berlin: Erich Schmidt.

ERMERT, Karl (1979): Briefsorten. Untersuchungen zu Theorie und Empirie der Textklassifikation. Tübingen: Niemeyer.

EROMS, Hans-Werner (2000): Syntax der deutschen Sprache. Berlin / New York: de Gruyter.

EROMS, Hans-Werner (2008): Stil und Stilistik. Eine Einführung. Berlin: Erich Schmidt.

FABRICIUS-HANSEN, Cathrine (2006): Das Verb. In: Duden. Band 4 Die Grammatik. Mannheim: Dudenverlag. S. 395–572.

FELDER, Ekkehard (2010): Semantische Kämpfe außerhalb und innerhalb des Rechts. In: Der Staat. Zeitschrift für Staatslehre und Verfassungsgeschichte, deutsches und europäisches öffentliches Recht. 49. Band 4. S. 543–571.

FIEHLER, Reinhard (1990): Kommunikation und Emotion. Theoretische und empirische Untersuchungen zur Rolle von Emotionen in der verbalen Interaktion. Berlin / New York: de Gruyter.

FIEHLER, Reinhard (2001): Emotionalität im Gespräch. In: Brinker, K. et al. (Hrsg.) (2001): Text- und Gesprächslinguistik. 2. Halbband. Berlin / New York: de Gruyter, S. 1425–1438.

FIX, Martin (2006): Texte schreiben. Schreibprozesse im Deutschunterricht. Paderborn: Ferdinand Schöningh.

FIX, Ulla/**GARDT**, Andreas/**KNAPE**/Joachim (Hrsg.): Rhetorik und Stilistik. Ein internationales Handbuch historischer und systematischer Forschung. Band 2. Mouton de Gruyter, Berlin / New York 2008.

FIX, Ulla/**POETHE**, Hannelore/**YOS**, Gabriele (2003): Textlinguistik und Stilistik für Einsteiger. Ein Lehr- und Arbeitsbuch. Frankfurt am Main: Lang.

FLEISCHER, Wolfgang/**MICHEL**, Georg (1977): Stilistik der deutschen Gegenwartssprache. Leipzig: Bibliographisches Institut.

FLEISCHER, Wolfgang (1983): Phraseologie. In: Fleischer, W. et al. (Hrsg.) (1983): Deutsche Sprache. Leipzig: Bibliographisches Institut. S. 307–323.

FLEISCHER, Wolfgang/**MICHEL**, Georg/**STARKE**, Günter (1993): Stilistik der deutschen Gegenwartssprache. Frankfurt a. M. u. a.: Lang.

FLEISCHER, Wolfgang/**BARZ**, Irmhild (1995): Wortbildung der deutschen Gegenwartssprache. Tübingen: Niemeyer.

FOBBE, Eilika (2011): Forensische Linguistik. Eine Einführung. Tübingen: Narr.

FÖRSTER, Hans Peter (1999): Neue Briefkultur mit Corporate Wording. Vom Geschäftsbrief zum lebendigen Kundendialog. Frankfurt a. M., New York: Campus.

FREGE, Gottlob (1892): Über Sinn und Bedeutung. In: Zeitschrift für Philosophie und philosophische Kritik. S. 25–50.

FRITZ, Thomas (2006): Der Text. In: Duden. Band 4 Die Grammatik. Mannheim: Dudenverlag. S. 1067–1174.

GALLMANN, Peter (2006): Die flektierbaren Wortarten (außer: Das Verb). In: Duden. Band 4 Die Grammatik. Mannheim: Dudenverlag. S. 146–394.

GANSEL, Christina/**JÜRGENS**, Frank (2009): Textlinguistik und Textgrammatik. Göttingen: Vandenhoeck&Ruprecht.

GANSEL, Christina (2011): Textsortenlinguistik. Göttingen: Vandenhoeck&Ruprecht.

GARFINKEL, Harold (1967): Studies in Ethnomethodology. Englewood Cliffs: Prentice-Hall.

GLÜCK, Helmut (Hrsg.) (2000): Metzler-Lexikon Sprache. Stuttgart: Metzler.

GREWENDORF, Günther (Hrsg.) (1992): Rechtskultur als Sprachkultur. Zur forensischen Funktion der Sprachanalyse, Suhrkamp, Frankfurt a. M. 1992.

GREWENDORF, Günther/**HAMM**, Fritz/**STERNEFELD**, Wolfgang (1996): Sprachliches Wissen. Eine Einführung in moderne Theorien der sprachlichen Beschreibung. Frankfurt am Main: Suhrkamp.

GRICE, Paul (1989): Logic and Conversation. In: Grice, P. (1989): Studies in the Way of Words. Harvard University Press. Cambridge, Mass. S. 22–40.

GÜLICH, Elisabeth/**HAUSENDORF**, Heiko (2000): Vertextungsmuster Narration. In: Brinker, K. et al. (Hrsg.) (2000): Text- und Gesprächslinguistik. Ein internationales Handbuch zeitgenössischer Forschung. Band 1. Berlin / New York: de Gruyter. S. 369–385.

HALLIDAY, Michael A. K./**HASAN**, Ruqaiya (1976): Cohesion in English. London: Longman.

HARNISCH, Rüdiger (1994): Stammerweiterung im Singular – Stammflexion im Plural. Zum Bautyp der deutschen Substantivdeklination. In: Köpcke, K.-M. (Hrsg.) (1994): Funktionale Untersuchungen zur deutschen Nominal- und Verbalmorphologie. Tübingen: Niemeyer. S. 97–114.

HARNISCH, Rüdiger (2004): Verstärkungsprozesse. Zu einer Theorie der „Sekretion" und des „Rekonstruktionellen Ikonismus". In: Zeitschrift für germanistische Linguistik 32. S. 210–232.

HAUSENDORF, Heiko/**KESSELHEIM**, Wolfgang (2008): Textlinguistik fürs Examen. Göttingen: Vandenhoeck&Ruprecht.

HEINEMANN, Margot (2000): Textsorten des Alltags. In: Brinker, K. et al. (Hrsg.) (2000): Text- und Gesprächslinguistik. Berlin / New York: de Gruyter. S. 604–614.

HEINEMANN, Margot/**HEINEMANN**, Wolfgang (2002): Grundlagen der Textlinguistik. Interaktion – Text – Diskurs. Tübingen: Niemeyer.

HEINEMANN, Wolfgang/**VIEHWEGER**, Dieter (1991): Textlinguistik. Eine Einführung. Tübingen: Niemeyer.

HENNE, Helmut/**REHBOCK**, Helmut (1982): Einführung in die Gesprächsanalyse. Berlin / New York: de Gruyter.

HINRICHS, Uwe (2013): Multi Kulti Deutsch. Wie Migration die deutsche Sprache verändert. München: C. H.Beck.

HOLLY, Werner (2000): Beziehungsmanagement und Imagearbeit. In: Brinker, K. et al. (Hrsg.) (2000): Text- und Gesprächslinguistik. Berlin / New York: de Gruyter, S. 1382–1393.

JAHR, Silke (2000): Vertextungsmuster Explikation. In: Brinker, K. et al. (Hrsg.) (2000): Text- und Gesprächslinguistik. Ein internationales Handbuch zeitgenössischer Forschung. Band 1. Berlin / New York: de Gruyter. S. 385–397.

JUNG, Holger/**MATT**, Jean-Remy von (2002): Momentum. Die Kraft, die Werbung heute braucht. Berlin: Lardon Media.

KEIM, Inken (2006): Der kommunikative soziale Stil der „Türkischen Power-Girls", einer Migrantinnengruppe aus Mannheim. In: Deutsche Sprache 34. S. 89–105.

KEIM, Inken (2007): Die „türkischen Powergirls". Lebenswelt und kommunikativer Stil einer Migrantinnengruppe in Mannheim. (= Studien zur Deutschen Sprache 39). Tübingen.

KELLER, Rudi (2003): Sprachwandel. Von der unsichtbaren Hand in der Sprache. Tübingen: Francke.

KLEIN, Wolfgang (2000): Was uns die Sprache des Rechts über die Sprache sagt. In: Zeitschrift für Literaturwissenschaft und Linguistik. Heft 118, 115–148.

KOCH, Günter (2013): Jugendsprache(n): Jugendliche Identität durch sprachliche Symbolisierung. In: Koch, G. (Hrsg.)(2013): Sprachminderheit, Identität und Sprachbiographie. Regensburg: Vulpes. S. 255–268.

KOCH, Peter/**OESTERREICHER**, Wulf (1994): Funktionale Aspekte der Schriftkultur. In: Günther, H./Ludwig, O. (Hrsg.) (1994): Schrift und Schriftlichkeit. Berlin / New York: de Gruyter, S. 587–604.

KÖNIG, Werner (2007): dtv-Atlas Deutsche Sprache. München: Deutscher Taschenbuch Verlag.

KRAUSE, Wolf-Dieter (Hrsg.) (2000): Textsorten. Kommunikationslinguistische und konfrontative Aspekte. Frankfurt am Main: Lang.

KRAUSE, Wolf-Dieter (2000): Kommunikationslinguistische Aspekte der Textsortenbestimmung. In: Krause, W. (Hrsg.) (2000): Textsorten: Kommunikationslinguistische und konfrontative Aspekte. Frankfurt am Main: Lang, S. 34–67.

KRESIC, Marijana (2006): Sprache, Sprechen und Identität. Studien zur sprach-medialen Konstruktion des Selbst. München: Iudicium.

KRIEG, Ulrike (2005): Wortbildungsstrategien in der Werbung. Zur Funktion und Struktur von Wortneubildungen in Printanzeigen. Hamburg: Buske.

KRIEG-HOLZ, Ulrike (2009): Sprachatlas von Oberbayern: Band 6 – Lexik 2 (hrsg. von Ludwig M. Eichinger). Heidelberg: Winter.

KROEBER-RIEL, Werner/**WEINBERG**, Peter (1999): Konsumentenverhalten. München: Vahlen.

LACHMANN, Ulrich (1993): Kommunikationspolitik bei langlebigen Konsumgütern. In: Berndt, R./Hermanns, A. (Hrsg.) (1993): Handbuch Marketingkommunikation. Wiesbaden: Gabler. S. 833–856.

LAVE, Jean/**WENGER**, Etienne (1991): Situated Learning. Legitimate Peripheral Participation. Cambridge: Cambridge University Press.

LERCH, Kent D. (2008): Lesarten des Rechts. Sprache und Medien der Jurisprudenz. Berlin: Avinus.

LINKE, Angelika/**NUSSBAUMER**, Markus, **PORTMANN**, Paul R. (2004): Studienbuch Linguistik. Tübingen: Niemeyer.

LINNEWEH, Klaus (1984): Kreatives Denken. Techniken und Organisation produktiver Kreativität. Karlsruhe: Dieter Gitzel.

LÖTSCHER, Andreas (1987): Text und Thema. Studien zur thematischen Konstituierung von Texten. Tübingen: Niemeyer.

LUDWIG, Klaus-Dieter (1991): Markierungen im allgemeinen einsprachigen Wörterbuch des Deutschen. Ein Beitrag zur Metalexikologie. Tübingen: Niemeyer.

LÜGER, Heinz-Helmut (1995): Pressesprache. Tübingen: Niemeyer.

LYONS, John 1995: Linguistic Semantics. An Introduction. Cambridge: Cambridge University Press.

MAYERTHALER, Willy (1981): Morphologische Natürlichkeit. Wiesbaden: Akademische Verlagsgesellschaft Athenaion.

MEIBAUER, Jörg (2001): Pragmatik. Eine Einführung. Tübingen: Stauffenburg.

MEIBAUER, Jörg/**DEMSKE**, Ulrike/**GEILFUß-WOLFGANG**, Jochen/**PAFEL**, Jürgen/**RAMERS**, Karl Heinz/**ROTHWEILER**, Monika/**STEINBACH**, Markus 2002: Einführung in die germanistische Linguistik. Stuttgart: Metzler.

MEFFERT, Heribert (1991). Marktorientierte Unternehmensführung und Direct Marketing. In: Dallmer, H. (Hrsg.) (1991): Handbuch Direct Marketing. Wiesbaden: Gabler. S. 31–50.

MICHEL, Georg (1983): Grundzüge der Stilistik. In: Fleischer, W. et al. (Hrsg.) (1983): Deutsche Sprache. Leipzig: Bibliographisches Institut. S. 450–521.

MICHEL, Georg (2002): Gehobene Stilschichten. In: Cruse, D. A. et al. (Hrsg.) (2002): Lexikologie. Berlin / New York: de Gruyter. S. 794–798.

MINSKY, Marvin (1977): Frame theory. In: Johnson-Laird, P. N./Wason, P. C. (Hrsg.) (1977): Thinking: Readings in Cognitive Science. Cambridge: Cambridge University Press. S. 355–376.

NEULAND, Eva (2008): Jugendsprache. Eine Einführung. Tübingen: Francke.

NÜBLING, Damaris (2006): Die nicht flektierbaren Wortarten. In: Duden. Band 4 Die Grammatik. Mannheim: Dudenverlag. S. 573–640.

POLENZ, Peter von (1988): Deutsche Satzsemantik. Grundbegriffe des Zwischen - den - Zeilen - Lesens. Berlin / New York: de Gruyter.

PÖRKSEN, Uwe (1992): Plastikwörter. Die Sprache einer internationalen Diktatur. Stuttgart: Klett.

PUNKKI-ROSCHER, Marja (1995): Nominalstil in populärwissenschaftlichen Texten. Frankfurt: Lang.

PURSCHKE, Christoph (2014): „I remember it was like interesting." Zur Theorie von Salienz und Pertinenz. In: Linguistik online 66. S. 31–50.

QUIST, Pia (2008): Sociolinguistic approaches to multiethnolect: Language variety and stylistic practice. In: International Journal of Bilingualism 12. S. 43–61.

RAMPTON, Ben (1995): Crossing. Language and Ethnicity among Adolescents. London: Longman.

RATHERT, Monika (2006): Sprache und Recht. Winter, Heidelberg 2006.

REINERS, Ludwig (1976): Stilkunst. Ein Lehrbuch deutscher Prosa. München: Beck.

REINERS, Ludwig (2004): Stilkunst. Ein Lehrbuch deutscher Prosa. Neubearbeitung von Stephan Meyer und Jürgen Schiewe. Darmstadt: Beck.

REINS, Armin (2006): Corporate Language. Wie Sprache über Erfolg oder Misserfolg von Marken und Unternehmen entscheidet. Mainz: Hermann Schmidt.

RENNER, Karl Nikolaus (2007): Fernsehjournalismus. Konstanz: UVK.

REUMANN, Kurt (1994): Journalistische Darstellungsformen. In: Noelle-Neumann, E./Schulz, W./Wilke, J. (Hrsg.) (1994): Fischer Lexikon Publizistik. Massenkommunikation. Frankfurt a.M. S. 91–116.

RIEHL, Claudia M. (2014): Sprachkontaktforschung. Eine Einführung. Tübingen: Narr.

RIESEL, Elise/**SCHENDELS**, Eugenie (1975): Deutsche Stilistik. Moskau: Hochschule.

ROCHE, Jörg (2013): Mehrsprachigkeitstheorie. Erwerb – Kognition – Transkulturation – Ökologie. Tübingen: Narr.

ROELCKE, Thorsten (2011): Typologische Variation im Deutschen. Grundlagen – Modelle – Tendenzen. Berlin: Erich Schmidt.

RÖMER, Christine/**MATZKE**, Brigitte 2003: Lexikologie des Deutschen. Eine Einführung. Tübingen: Narr.

ROLF, Eckard (1993): Die Funktionen der Gebrauchstextsorten. Berlin / New York: de Gruyter.

RÖMER, Ruth (1980): Die Sprache der Anzeigenwerbung. Düsseldorf: Schwann.

RUMELHART, David E. (1975): Notes on a schema for stories. In: Bobrow, D. G./Collins, A. (Hrsg.) (1975): Representation and Understanding. Studies in Cognitive Science. New York: Academic Press. S. 211–236.

SANDERS, Willi (1986): Gutes Deutsch – besseres Deutsch. Praktische Stillehre der deutschen Gegenwartssprache. Darmstadt: Wissenschaftliche Buchgesellschaft.

SANDIG, Barbara (1972): Zur Differenzierung gebrauchssprachlicher Textsorten im Deutschen. In: Gülich, E./Raible, W. (Hrsg.) (1972): Textsorten. Differenzierungskriterien aus linguistischer Sicht. Frankfurt am Main: Athenäum. S. 113–124.

SANDIG, Barbara (2006): Textstilistik des Deutschen. Berlin / New York: de Gruyter.

SAUSSURE, Ferdinand de (1931): Grundfragen der allgemeinen Sprachwissenschaft. Berlin / Leipzig: de Gruyter.

SCHALL, Sabine (2007): Forensische Linguistik. In: Knapp, Karlfried et. al. (Hrsg.): Angewandte Linguistik. Ein Lehrbuch. A. Francke, Tübingen, 566–584.

SCHANK, Roger/**ABELSON**, Robert (1977): Scripts, Plans, Goals and Understanding. An Inquiry into Human Knowledge Structures. New Jersey: Lawrence Erlbaum.

SCHANK, Gerd/**SCHOENTHAL**, Gisela (1983): Gesprochene Sprache. Eine Einführung in Forschungsansätze und Analysemethoden. Tübingen: Niemeyer.

SCHMIDT, Wilhelm (1980): Thesen zur Beschreibung und Einteilung von Textsorten. In: Brünner Beiträge zur Germanistik und Nordistik II. S. 77–89.

SCHNEIDER, Wolf (2001): Deutsch für Profis. Wege zu gutem Stil. München: Goldmann.

SCHNEIDER, Wolf (2010): Deutsch fürs Leben. Was die Schule zu lehren vergaß. Hamburg: Rowohlt.

SCHUBERT, Christoph (2008): Englische Textlinguistik. Eine Einführung. Berlin: Erich Schmidt.

SCHWARZ, Monika/**CHUR**, Jeanette (2003): Semantik. Ein Arbeitsbuch. Tübingen: Narr.

SCHWARZ-FRIESEL, Monika (2007): Sprache und Emotion. Tübingen: Francke.

SEARLE, John R. (1969): Speech Acts. An essay in the philosophy of language. Cambridge: Cambridge University Press.

SEARLE, John R. (1975): A Taxonomy of Illocutionary Acts. In: Searle, J. R.: Expression and Meaning. Studies in the Theory of Speech Acts. Cambridge 1979, S. 1–29. Deutsche Übersetzung: Eine Taxonomie illokutionärer Akte. In: Searle, J. R.: Ausdruck und Bedeutung. Untersuchungen zur Sprechakttheorie. Frankfurt: Suhrkamp. S. 17–50.

SELTING, Margret; **HINNENKAMP**, Volker (1989): Einleitung: Stil und Stilisierung in der interpretativen Soziolinguistik. In: Hinnenkamp, V./Selting, M. (Hrsg.) (1989): Stil und Stilisierung. Tübingen: Niemeyer. S. 1–23.

SICK, Bastian (2006): Der Dativ ist dem Genitiv sein Tod. Köln: Kiwi.

SOWINSKI, Bernhard (1978): Deutsche Stilistik. Beobachtungen zur Sprachverwendung und Sprachgestaltung im Deutschen. Frankfurt am Main: Fischer.

SOWINSKI, Bernhard (1999): Stilistik. Stiltheorien und Stilanalysen. Stuttgart: Metzler.

SPIEKERMANN, Helmut (2004): Regionale Standardisierung, nationale Destandardisierung. In: Eichinger, L. M./Kallmeyer, W. (Hrsg.) (2004): Standardvariation. Wie viel Variation verträgt die deutsche Sprache? Berlin / New York: de Gruyter. S. 100–125.

SPILLNER, Bernd (1984): Grundlagen der Phonostilistik und Phonoästhetik. In: Spillner, B. (Hrsg.) (1984): Methoden der Stilanalyse. Tübingen: Narr. S. 101–119.

STEINIG, Wolfgang/**HUNEKE**, Hans-Werner: Sprachdidaktik Deutsch. Eine Einführung. Berlin: Erich Schmidt.

STOEVA-HOLM, Dessislava (2005): Zeit für Gefühle. Eine linguistische Analyse zur Emotionsthematisierung in deutschen Schlagern. Tübingen: Narr.

STÖCKL, Hartmut (1997): Werbung in Wort und Bild. Textstil und Semiotik englischsprachiger Anzeigenwerbung. Franfurt am Main: Lang.

STÖCKL, Hartmut (2004): Die Sprache im Bild – Das Bild in der Sprache. Zur Verknüpfung von Sprache und Bild im massenmedialen Text. Berlin / New York: de Gruyter.

THIEROFF, Rolf/**VOGEL**, Petra M. (2009): Flexion. Heidelberg: Winter.

TRUDGILL, Peter (1992): Introducing Language and Society. London: Penguin.

UEDING, Gert/**STEINBRINK**, Bernd (2005): Grundriß der Rhetorik. Geschichte – Technik – Methode. Stuttgart: Metzler.

VATER, Heinz (1994): Einführung in die Textlinguistik. Struktur, Thema und Referenz in Texten. München: Fink (= UTB 1660).

WAGNER, Mirjam (2000): Annäherungen an einen Alltagsbegriff. Wie wird ‚Anschaulichkeit' stilistisch greifbar? In: Fix, U./Wellmann, H. (Hrsg.) (2000): Bild im Text – Text im Bild. Heidelberg: Winter. S. 415–425.

WEINERT, Frederik (2009): Der Nominalstil im Deutschen – Eine linguistische Analyse am Beispiel der Pressesprache. Bachelorarbeit Universität Passau.

WEINRICH, Harald (1993): Textgrammatik der deutschen Sprache. Mannheim: Dudenverlag.

WENGER, Etienne (1998): Communities of practice: learning, meaning, and identity. Cambridge: Cambridge University Press.

WIESE, Heike (2012): Kiezdeutsch. Ein neuer Dialekt entsteht. München: C. H. Beck.

WIESE, Heike/**FREYWALD**, Ulrike/**SCHALOWSKI**, Sören/**MAYR**, Katharina (2012): Das Kiez-Deutsch-Korpus. Spontansprachliche Daten Jugendlicher aus urbanen Wohngebieten. In: Deutsche Sprache 40. S. 97–123.

WURZEL, Wolfgang U. (1984): Flexionsmorphologie und Natürlichkeit. Studia Grammatica XXI. Berlin: Akademie-Verlag.

YULE, George (1996): Pragmatics. Oxford: Oxford University Press.

ZIELKE, Achim (1991): Beispiellos ist beispielhaft. Pfaffenweiler: Centaurus.

Textnachweise

AUE, Hartmann von: Iwein. Text und Übersetzung. Hrsg. von Benecke, Georg F./Lachmann, Karl / Wolff, Ludwig. Übers. von Cramer, Thomas. Berlin: de Gruyter 2001.
BACHMANN, Ingeborg: Sämtliche Erzählungen. München: Piper 2003.
DÜFFEL, John von: Houwelandt" © 2004 DuMont Buchverlag, Köln, S. 9.
FALK, Rita: Schweinskopf al dente. Ein Provinzkrimi. Augsburg: Weltbild 2011.
FREYTAG, Gustav: Soll und Haben. Erster Band. Leipzig: Schlüter & Co 1926.
FRISCH, Max: Stiller. Leipzig: Reclam 1986.
FRISCH, Max: Fragebogen. Frankfurt a. M.: Suhrkamp 2011.
GLATTAUER, Daniel: Ewig Dein. Wien: Deuticke 2012.
GERNHARDT, Robert: Mondgedicht. Aus: Ders., Wörtersee. © Robert Gernhardt 1981. © S. Fischer Verlag GmbH, Frankfurt am Main 1996.
GRIMM: Die besten Märchen der Gebrüder Grimm. Bindlach: Gondrom 2001.
GRYPHIUS, Andreas: Es ist alles eitel (1637). Werke in drei Bänden. 3. Bd. Hildesheim: Olms 1961, S. 102.
HEIN, Christoph: Weiskerns Nachlass. Roman © Suhrkamp Verlag Berlin 2011.
HETTCHE, Thomas: Die Liebe der Väter. Köln: Kiepenheuer & Witsch 2010.
KAFKA, Franz: Die Verwandlung. Erzählungen. Berlin: Aufbau 2003.
KAFKA, Franz: Das Urteil. Erzählungen. Berlin: Aufbau 1985.
KAMPA, Daniel (Hrsg.): Mit Gedichten durchs Jahr. Ein lyrischer Kalender mit 365 Gedichten. Zürich: Diogenes 2012.
KIRSCH, Sarah: Katzenkopfpflaster. Sämtliche Gedichte © 2005, Deutsche Verlags-Anstalt, München, in der Verlagsgruppe Random House GmbH.
KLÜPFEL, Volker/**KOBR,** Michael: Milchgeld. © 2004 Piper Verlag GmbH, München.
KLÜPFEL, Volker/**KOBR,** Michael: Laienspiel. © 2008 Piper Verlag GmbH, München.
MANN, Thomas: Frühe Erzählungen 1893–1912. Frankfurt a. M.: Fischer 2012.
McEWAN, Ian: Liebeswahn. Zürich: Diogenes 2000.
MORGENSTERN, Christan: Das große Christian Morgenstern Buch. München: Piper 1976.
MUELLER, Anousch: Brandstatt. © 2013 Verlag C. H. Beck oHG, München.
MÜLLER, Herta: Der Fuchs war damals schon der Jäger. © Carl Hanser Verlag GmbH & Co. KG. 2009.
MÜLLER, Herta: Der König verneigt sich und tötet. © Carl Hanser Verlag GmbH & Co. KG. 2009.
MUNRO, Alice: Zug. Aus: dies., Liebes Leben. 14 Erzählungen. © Alice Munro 2012. Aus dem Englischen von Heidi Zerning. © S. Fischer Verlag GmbH, Frankfurt am Main 2013.
PREUSSLER, Otfried: Der kleine Wassermann. © 1956 Thienemann-Esslinger Verlag GmbH, Stuttgart.
PRODUKTARGUMENTER „Der neue Volvo C70". Volvo Car Germany. Köln 2005.
SCHILLER, Friedrich: Maria Stuart. Stuttgart: Reclam 1965.
SCHMIDT, Arno: Seelandschaft mit Pocahontas. Die Umsiedler © Frankfurter Verlagsanstalt, Frankfurt am Main 1953. Alle Rechte vorbehalten. S. Fischer Verlag GmbH, Frankfurt am Main.
SHALEV, Zeruya: Liebesleben. © 2000 Berlin Verlag in der Piper Verlag GmbH, Berlin.
STEMMLER, Markus: Baby- und Kindertagebuch. https://issuu.com./lb-medienservice / docs / babybuch-braun_web (15. 07. 2013).

STEWNER, Tanya: Liliane Susewind. Tiger küssen keine Löwen. © S. Fischer Verlag GmbH, Frankfurt am Main 2008.
WERNER, Markus: Am Hang. Frankfurt am Main: Fischer 2004.

Abbildungsnachweise

Bei den hier nicht genannten Abbildungen handelt es sich um eigene der Autorin.

Abb. 1: Buchcover Gudula List: Wie Kinder soziale Phantasie entwickeln. Tübingen: Narr 2015.
Abb. 2: Cover Verlagsprospekt Narr Francke Attempto Verlag. Neuheiten, 1. Halbjahr 2016.
Abb. 4: Beispiel Geschäftsbrief. © Narr Francke Attempto Verlag. Tübingen 2016.
Abb. 5: Werbeanzeige Audi TTRS. ADAC-Motorwelt. Ausgabe 11, 2011.
Abb. 14: ‚Heidelbeere': Ulrike Krieg-Holz. Sprachatlas von Oberbayern, Band 6 – Lexik 2. Heidelberg: Universitätsverlag Winter 2009. Karte 75.
Abb. 18: Beispielüberschrift eines Zeitungsartikel. Die Zeit Nr. 20, 8. Mai 2014, S. 59. Mit freundlicher Genehmigung von DIE ZEIT und INTERTOPICS.
Abb. 19: Direct Marketing-Prospekt „Das neue BMW 3er Coupé. Freude gibt der Ideallinie eine Form." BMW AG. München 2010. Mit freundlicher Genehmigung der BMW Group.
Abb. 20: Texthierarchie nach Christina Gansel / Frank Jürgens (2009): Textlinguistik und Textgrammatik. Göttingen: Vandenhoeck & Ruprecht. S. 72.
Abb. 21a: Werbeanzeige SIXT.
Abb. 21b: Werbeanzeige SIXT.
Abb. 21c: Werbeanzeige BMW. BMW Group Archiv. Mit freundlicher Genehmigung der BMW Group.
Abb. 22: Modell ethnischer Merkmale nach Peter Auer (2013): Ethnische Marker im Deutschen zwischen Varietät und Stil. In: Deppermann, A. (Hrsg.) (2013): Das Deutsch der Migranten. (= Jahrbuch des Instituts für Deutsche Sprache 2012). Berlin: de Gruyter. S. 12.
Abb. 26: Sprachfreunde 2. Ausgabe Süd. Berlin: Cornelsen: Volk und Wissen 2012. S. 52.
Abb. 27: Sprachfreunde 4. Ausgabe Süd. Berlin: Cornelsen: Volk und Wissen 2012. S. 18.